밀턴의
산문선집 2
교육론 / 아레오파기티카 / 왕과 관료의 재직조건 / 국가권력론

서양편·791

밀턴의
산문선집 2

교육론 / 아레오파기티카 / 왕과 관료의 재직조건 / 국가권력론

존 밀턴(John Milton) 지음
송 홍한 옮김

한국문화사

한국연구재단 학술명저번역총서 서양편·791

밀턴의 산문선집 2
교육론 / 아레오파기티카 / 왕과 관료의 재직조건 / 국가권력론

1판 1쇄 2021년 1월 20일

| 원   제 | Prose Works of John Milton
| 지 은 이 | 존 밀턴(John Milton)
| 옮 긴 이 | 송홍한
| 펴 낸 이 | 김진수
| 펴 낸 곳 | 한국문화사
| 등   록 | 제1994-9호
| 주   소 | 서울시 성동구 아차산로49, 404호(성수동1가, 서울숲코오롱디지털타워3차)
| 전   화 | 02-464-7708
| 팩   스 | 02-499-0846
| 이 메 일 | hkm7708@hanmail.net
| 홈페이지 | http://hph.co.kr

ISBN 978-89-6817-943-3 94840
      978-89-6817-941-9 (세트)

· 이 책의 내용은 저작권법에 따라 보호받고 있습니다.
· 잘못된 책은 구매처에서 바꾸어 드립니다.
· 책값은 뒤표지에 있습니다.

· 이 저서는 2016년 대한민국 교육부와 한국연구재단의 지원을 받아 수행된 연구임.
  (NRF-2016S1A5A7021029)
· '한국연구재단 학술명저번역총서'는 우리 시대 기초학문의 부흥을 위해
  한국연구재단과 한국문화사가 공동으로 펼치는 서양고전 번역간행사업입니다.

밀턴이여!
당신이 이 시대에 살아계셔야 합니다.
영국은 당신을 필요로 합니다.
영국은 썩은 물의 늪지와 같습니다.
제단, 칼, 펜, 난롯가, 회관과 정자의 영웅적인 풍요가
내면의 행복이라는 영국의 옛 유산을 앗아가 버렸습니다.
우리는 이기적인 사람이 되었습니다.
오! 우리를 일으켜 세워주시길 바랍니다.
다시금 우리에게 돌아와 주십시오.
그리고 우리에게 예절, 덕성, 자유, 힘을 주십시오.
당신의 영혼은 별과 같이 고결하였으며,
당신은 바다 같은 소리를 지니셨습니다.
청명한 하늘처럼 순결하고, 장엄하고, 자유롭게,
당신은 삶의 공적인 길을 유쾌하고 경건하게
여행하셨습니다. 그렇지만 당신의 가슴은
가장 미천한 의무마저 자청하셨습니다.

윌리엄 워즈워스,
「런던, 1802」 ("London, 1802")

역자 서문

 영국혁명과 관련된 역사적 관점에서 존 밀턴(John Milton)의 산문 작품은 그의 시작품 못지않게 중요성을 지닌다. 17세기 중엽에 일어났던 영국혁명은 영국사뿐만 아니라 세계사 전체의 흐름을 놓고 보더라도 인류 역사의 발전에 지대한 영향을 끼친 사건이었음을 부인할 수 없다. 셰익스피어가 절대군주제의 안정과 질서를 추구한 문예적 휴머니스트였다면, 밀턴은 이를 뛰어넘어 문예적 휴머니즘을 공민적 휴머니즘(civic humanism)으로까지 확장했던 정치적 휴머니스트라고 할 수 있을 것이다. 밀턴은 자신의 시적 소질에 대해 "목숨을 걸고서도 숨길 수 없는 재능"이라고 생각하면서도, 찰스 1세(Charles I)의 폭정과 영국 국교회의 횡포에 대항하는 혁명의 절박성을 느끼자, 시작(詩作) 활동을 뒤로 미루고 20여 년 동안 영국혁명을 위한 산문 논쟁에 전념하였다. 산문 논쟁에서 표출되었던 그의 정치적 관심은, 왕정복고(1660)로 그의 꿈이 좌절된 후에도 『실낙원』(*Paradise Lost*) 같은 후기 대작들 속에 깊숙이 스며들어 있다.

 밀턴의 산문은, 그의 대표 서사시 『실낙원』(*Paradise Lost*)과 『복낙원』(*Paradise Regained*)을 비롯하여, 시극(poetic drama) 『투사 삼손』(*Samson Agonistes*)과 같은 대표적인 문학작품의 역사적 맥락과 사상적 배경을 좀 더 깊게 이해하기 위해 필수적인 연구 자료이다. 그의 산문은 밀턴 학자들에 의하여 주도적으로 연구되어왔는데, 이는 그가 셰익스피어 다음가는 영국의 최고 시인으로 흔히 인정되기 때문이기도 하지만, 그의 산문 작품이 문학적 비유와 수사적 논쟁이 포함된 문학적 작품의 성격을 지니고 있기 때문이다. 르네상스 시대는 전인교육의 시대여서 직업적인 시인은 거의 없었고, 다른 직업을 가지고 부수적으로 시를 쓰는 경우가 대부분이었다. 특히 밀턴은 문학, 정치, 신학 등 다양한 학문에 대해 광범위한 지식을 가진 시인 겸 문필가였고 영국혁명의 상징적인 존재였다. 밀턴의 생애는 영국혁명과 궤도를 같이 하였으며, 그의 문학은 정치적 투쟁의 한 방편이거나 그 결과물이었다고 할 수 있기 때문이다.

영국혁명의 배경을 이해하여야 밀턴의 문학을 이해할 수 있다는 주장은, 반대로 그의 문학(시와 산문)을 이해하면 영국혁명을 이해할 수도 있다는 말이 된다. 시인의 꿈을 접으면서까지 그가 20여 년 동안이나 전념한 산문 논쟁은 당대의 대표적인 지성이 실행한 고도의 정치 행위였다고 볼 수 있다. 따라서 그의 산문 작품들은 영국혁명의 전개 과정을 가장 적나라하게 보여주는 역사적, 정치적, 종교적 기록물이라 해도 과언이 아닐 것이다. 그의 자유사상이나 공화주의 사상을 제대로 평가한다면, 그가 오늘날의 민주사회를 발전시킨 토대를 마련한 위대한 사상가임을 알 수 있을 것이다.

다만 그의 산문은 4~5백 년 전에 쓰인 데다 논쟁적인 성격의 글이어서 문체가 평범하지 않고 난해하며 길게 이어져 일반인이 쉽게 접근하기에는 어려움이 있다. 이런 점이 역자로 하여금 밀턴의 산문을 번역하게 한 동기이자 필요성이 되었다.

밀턴의 산문은 간단한 산문과 공문서의 성격을 지닌 산문을 제외하더라도 총 30편이 넘으며, 본 번역의 원본으로 삼은 예일대 출판사(Yale UP)의 밀턴 산문전집은 해설을 포함하여 총 8권, 6,600쪽이 넘는 방대한 분량이다. 이 모든 그의 산문 작품을 번역하기가 현실적으로 불가능하여 본 번역서는 그의 대표적인 산문으로 여겨지는 주요 작품 7편을 번역하였다. 『종교개혁론』(*Of Reformation*), 『교회정치의 이유』(*Reason of Church-Government*),

『이혼의 교리와 계율』(Doctrine and Discipline of Divorce), 『교육론』(Of Education), 『아레오파기티카』(Areopagitica), 『왕과 관료의 재직 조건』(Tenure of Kings and Magistrates), 그리고 『국가권력론』(Treatise of Civil Power)이다.

    이들은 종교적 자유, 가정적 자유, 언론출판의 자유, 정치적 자유 등 인간과 사회의 자유 문제를 다양하게 접근하는 밀턴의 대표 산문 작품이다. 이 가운데 언론출판의 자유를 주장한 『아레오파기티카』는 이미 국내에 단행본으로 번역된 바 있으나, 나머지 6편은 국내 초역이므로, 독자들이 영국혁명을 이해하는 데 이바지할 수 있는 소중한 자료가 되리라고 생각한다. 이미 번역된 바 있는 『아레오파기티카』는 언론출판의 자유를 옹호한 산문으로서 밀턴의 산문 논쟁에서 매우 중요한 위치를 차지하기도 하거니와, 기존 번역본들의 오역을 수정·보완할 필요도 있어 『밀턴의 산문선집』에 포함하기로 하였다.

    밀턴의 산문은 한동안 국내 밀턴 전공학자들이 독해모임의 형태로 모여 토의하고 연구하였을 정도로 역사적 배경의 이해가 필요하고 영어 구문도 난해하여 쉽게 접근하기 힘든 게 사실이다. 밀턴의 산문은 마치 그의 서사시의 문체가 복잡하게 얽힌 장문으로 이어지듯이, 여러 개념들이 꼬리에 꼬리를 물고 얽히는 문체이다. 밀턴의 산문이 깊이 있는 논쟁이나 학술적 담론의 성격을 띠기에, 그에 따라 문체 또한 복잡해지는 것은 당연한 일일지도 모른다. 그래서 밀턴의 산문은 고전 영문학 전공자가 아닌 다른 분야 연구자나 일반 독자가 원문으로 접근하기는 쉽지 않다.

    밀턴 전공자인 역자에게도 그의 복잡한 산문을 원문에 충실하면서도 가독성 있게 번역하는 것은 난제였지만, 원문의 의미나 문체를 훼손하지 않는 범위 내에서 최대한 가독성을 높이고자 노력하였다. 원문의 내용과 복잡한 문체까지 최대한 그대로 전달하고자 하다 보니, 번역본 구문의 이해가 어려워지는 경우가 생기기도 하였고, 원문 자체의 난해성에서 오는 이해하기 힘든 대목도 있었다. 이런 경우엔, 각주를 통해 저자의 의도를 부연 설명하여 원문의 모호성을 해결하고자 하였다. 또한 문화적, 시대적 거리감으로 인해 해독하기 어려운 구절도 있어 정확한 의미를 파악하기 위해 영어권 대학의 밀턴 학자로부터 도움을 받기도 하였다. 이런 번역 과정을 거치면서 4년이라는 긴 세월이 흘렀다.

본 번역의 원본으로 사용한 예일대 출판사(Yale UP)의 『존 밀턴의 산문전집』(Complete Prose Works of John Milton)은 일반 독자를 위해 기획된 책이 아니라, 학문적 연구서이자 역사적 기록물로서의 가치를 지닌 책이다. 1953년부터 1958년까지 6년에 걸쳐 예일대 출판부가 기획하고 출판한 것으로서, 영미의 밀턴 학자들이 동원되어 본문에 상세한 각주를 첨부하고 별도의 작품해설을 넣어 밀턴의 산문 텍스트와 학술적 연구를 합친 주석본인 셈이다.

본 역서는 한국연구재단 명저번역 사업의 지원을 받아 학술적, 문화적인 가치가 있는 동서양의 명저를 국내에 소개하고자 하는 목적에서 기획되었다. 따라서 전문 연구자들뿐만 아니라 일반 독자들도 동서의 고전 명저에 쉽게 접근할 수 있도록 문화적 저변확대를 지향하고자 하였다. 그러므로 사업의 취지에 맞게 본 역서의 각주는 예일판 밀턴의 산문전집에 있는 각주를 그대로 옮기지 않고, 본문의 이해에 도움이 되고 가독성을 높이도록 선별적으로 번역하였다. 또한 예일판 전집의 각주 외에 역자가 필요하다고 생각하는 추가적인 정보를 첨가하기도 하였다.

밀턴의 산문 작품에는 그리스와 로마 시대의 고전에 대한 언급도 많고, 특히 성경에 대한 언급이나 인용이 많다. 인용된 성경 구절의 번역은 국내에서 공인된 번역본 성경을 사용하여야 하는바, 어떤 한글 성경 번역본을 사용할 것이냐의 문제가 제기된다. 밀턴이 그의 산문에서 사용한 성경은 제임스 1세(James I) 때 번역된 킹제임스 성경(*King James* Bible)이며, 이 판의 한글 번역본은 『한글킹제임스 성경』과 『킹흠정역 성경』이 있다. 그러나 이 두 번역본은 지나치게 영어의 자구적 번역에 치우쳐 한글 표현이 어색한 경우가 있다. 예를 들면, "waters"를 "물들"이라고 번역하고, "heavens"를 "하늘들"이라고 번역한 것이다. 또한, 현재 이 두 번역본은 특정 군소 교파에서만 사용되기 때문에, 본 역서에서는 독자들의 편의를 위하여 국내 개신교에서 가장 널리 사용하는 한글 개역개정판 『성경전서』를 따랐다. 다만, 인용구의 어구가 문제시될 경우, 『한글킹제임스 성경』과 『공동번역성서』를 참고하였다.

번역문 표기에 있어서 원본의 글자체에 관한 문제도 제기된다. 오늘날의 표기법과 달리 인용구에 인용부호(" ")를 사용하지 않고 이탤릭체로 사용한다거나, 저서명 외에도 강조를 나타내기 위해서 특정 단어나 어구를 이탤릭체로 표기하기도 하고, 더러는 단어 전체를 대문자로만 표기하여 강조한 경우도 있다. 예일(Yale)판에서 내용상 인용구인데도 인용부호 대신 이탤릭체로 표기하거나 아예 평서체로 사용한 경우도 있는데, 다른 판에서는 이런 경우에 인용부호를 사용했다는 것을 발견하였다. 이런 경우, 독자들의 편의와 가독성을 높이기 위하여, 번역 시 인용부호를 삽입하기도 하였다.

번역의 대상이 된 산문들은 공통적으로, 불특정 개별 독자를 대상으로 밀턴 자신의 의견을 개진한 글이 아니라, 어떤 개인이나 단체를 염두에 두고 이야기하거나 연설하듯이 쓴 글이며 전반적으로 독자에 대한 존대가 드러나므로 존대어를 사용하여 번역하였다. 예를 들면, 『종교개혁론』은 어느 친구에게 쓰는 글임을 표지에서 밝히고 있으며, 글 중간에 이따금 "Sir"라는 경칭이 등장한다. 친구라고는 했지만 우리나라 개념으로 친근하게 반말을 하는 대상은 아니기 때문이다. 그리고 『아레오파기티카』의 경우는, 의회를 상대로 연설하듯 쓴 글이며 상하원 의원을 청중으로 호칭하기도 한다. 그러므로 번역 어투에 있어서 독자나 청중에 대한 저자의 존대가 반영되도록 반말보다 존대어 어미를 사용하였다.

번역서의 문단 나누기도 문제가 되었다. 원본으로 사용한 예일판은 문단 나누기가 제대로 되어 있지 않다. 물론 밀턴의 원본 자체가 문단 나누기가 잘 되어 있지 않았겠지만, 지나치게 문단이 긴 경우가 많다. 예를 들자면, 예일판 『교회 정부의 이유』의 제6장은 전체가 한 문단으로 구성되어 있는데 무려 10쪽 이상이다. 당연히 독자의 입장에서는 가독성이 매우 저하될 수밖에 없다. 예일판 원문과 달리, 19세기 말, 헨리 몰리(Henry Morley)가 편집한 『존 밀턴의 영어 산문작품』(*English Prose Writings of John Milton* [London: George Routledge and Sons, 1889])은 예일판보다 160년 정도 이전에 출판된 책인데, 문단 나누기가 예일판보다 훨씬 잘 되어 있다. 따라서 가독성을 높이기 위하여 문단 나누기는 몰리의 산문집을 따랐다. 몰리의 판에도 어떤 문단은 5쪽 이상 이어지기도 하여, 원본의 의미를 훼손하지 않는 선에서 역자 임의로 문단을 가능한 한, 5쪽 이하가 되도록 나누었다.

역자로서 아쉬움이 남는다면, 역자 나름으로 밀턴의 난해한 산문을 좀 더 쉽게 풀어쓰고자 노력하였으나 원본에 대한 충실성을 저버릴 수 없었기에 다소간의 난해성이 남아있으리라는 점이다. 고전 학문과 성서에 너무나 해박한 밀턴이 개인의 생각을 펼치는 것에 머무르지 않고 수많은 고전 문헌에 의존하여 그의 복잡한 사상을 전개한 작품이기에 이를 이해하는 데 어려움이 따를 수밖에 없을 것이다. 그러나 전체적으로 밀턴의 자유사상이 전달되는 데에는 큰 장벽이 되지 않으리라고 생각한다.

정치, 종교, 사회, 가정 등 각 분야에서의 자유를 향한 밀턴의 외침은 오늘날도 그리고 미래에도, 국가나 사회나 가정 어디에서든지, 자유가 요구되는 곳에서라면 시대를 초월하여 그 반향이 계속 울려 퍼질 것이라고 확신한다. 밀턴의 핵심사상인 자유의 개념은 인간 존엄성의 척도로서 시공을 초월하여 존엄한 가치로 인정받을 것이기 때문이다.

끝으로, 이 번역서가 나오기까지 여러모로 도움을 주신 분들께 감사의 말씀을 전하고자 한다. 먼저, 역자의 밀턴 연구와 번역에 도움을 주신 해외 밀턴 학자들께 이 자리를 빌려 감사를 드린다. 역자가 미국과 캐나다를 연구차 방문했을 때, 친절하게 연구에 도움을 주시고 번역 과정에서 조언을 해주신, 미국 하버드 대학에 재직하셨던 고(故) 바바라 르월스키(Barbara Lewalski) 교수, 켄터키 대학의 명예교수이신 존 쇼크로스(John T. Shawcross) 교수 그리고 캐나다 브리티시 컬럼비아 대학의 명예교수이신 데니스 대니엘슨(Dennis Danielson) 교수께 이 자리를 빌려 심심한 감사를 드린다. 또한, 역자의 박사학위 논문(Milton's Vision of History in *Paradise Lost, Paradise Regained,* and *Samson Agonistes*)을 지도하신 서강대학교의 앤소니 티크(Anthony Teague, 한국명 안선재) 교수와, 역자의 밀턴 연구에 많은 도움을 주셨던 한국밀턴학회(한국중세근세영문학회로 통합) 초대 회장 조신권 교수(연세대학교 명예교수)께 감사의 말씀을 드린다. 그리고 이 번역서가 세상에서 빛을 볼 수 있도록 지원해주신 한국연구재단에 감사를 표하며, 편집 및 출판 과정에서 많은 도움을 주신 한국문화사 관계자 여러분께 심심한 사의를 표하는 바이다.

아무쪼록, 이 번역서를 통하여 밀턴이 설파했던 자유의 가치가 독자들의 마음속에 큰 메아리로 전달될 수 있다면, 역자로서 그 이상의 보람이 없겠다.

역자 송 홍 한

차례

- 역자 서문 _ vii
- 일러두기 _ xvi

1권

1. 종교개혁론 ··· 1
2. 교회 정부의 이유 ··· 117
3. 이혼의 교리와 계율 ··· 257

- 역자 해제 ·· 457
- 참고문헌 ·· 482
- 찾아보기 ·· 501

2권

4. 교육론 ··· 1
5. 아레오파기티카 ·· 33
6. 왕과 관료의 재직조건 ··· 129
7. 국가권력론 ··· 211

- 역자 해제 ·· 271
- 참고문헌 ·· 296
- 찾아보기 ·· 315

• 일러두기 •

1. 본 역서는, Don M. Wolfe, gen. ed., *Complete Prose Works of John Milton*, 8 vols. (New Haven: Yale UP, 1953-82)를 원본으로 사용하였으며, 각주는 이 전집에 수록된 각주를 자유롭게 선별 정리하여 소개하면서, 동시에 관련된 다른 자료와 역자의 주석을 추가하였다.
2. 밀턴의 산문은 문장이 지나치게 길게 이어지거나 복잡하게 얽혀있는 경우가 많고, 한 문단이 10쪽 이상 되기도 한다. 텍스트 영문의 문체를 존중하지만, 지나치게 문단이 긴 경우, 가독성을 높이기 위하여 문단의 길이를 최대 5쪽 이하가 되도록 재구성하였다. 문단 나누기는, Henry Morley, *English Prose Writings of John Milton* (London: George Routledge and Sons, 1889) 판을 참고하되 역자의 판단에 따라 적당히 조절하였다.
3. 밀턴의 복잡한 구문 특성상 세미콜론(;)이 자주 사용되는데, 원문의 문체상 특성을 유지하되, 가독성을 높이기 위해서 우리말 표현에 어울리게 쉼표(,)로 대체하거나 새로운 문장으로 분리하였다.
4. 원문에서 이탤릭체가 빈번히 사용되는데, 이탤릭체의 용도에 따라 번역문에서 달리 표기하였다. 저서명을 뜻하는 이탤릭체는 『 』 안에 번역된 저서명을 표기하고, 괄호 안에 이탤릭체 원어를 병기하고, 인용문을 의미하는 이탤릭체 구절은 인용부호(" ")를 사용하며, 강조를 의미하는 경우는 전체 본문과 다른 글자체를 사용하여 돋보이도록 표기하고, 영문 표기를 첨가할 필요가 있는 경우는 괄호 안에 보통글자체로 표기하였다.
5. 원문에서 특별히 강조하기 위하여 단어 전체를 대문자로 표기한 경우, 우리말 표기에서 글자체를 특별히 돋보이도록 표기하되, 원문의 영어표기를 괄호 안에 그대로 표기하였다.
6. 고유명사 표기는 외래어로 굳혀진 경우는 외래어 표기법을 따르고, 가급적 원어의 발음을 존중하여 표기하였다.
7. 밀턴이 인용한 성경 구절이나 고유명사 표기 등은 국내 개신교 교회가 가장 많이 사용하는 개역개정 『성경전서』(대한성서공회, 2006)를 따르며, 비교나 참고가 필요하다고 여겨지는 경우, 『한글킹제임스성경』(KJV 한글대역; 말씀보존학회, 2016)이나 『공동번역성서』(대한성서공회, 1977) 등의 해당 구절을 각주에 제시하여 참조하도록 하였다.
8. 인용구의 경우, 원문에 사용되지 않은 보충어나 짧은 대체어를 역자가 임의로 추가할 필요가 있다고 생각되면, [ ] 안에 넣어 표기하였다. 인용구가 아닌 본문의 경우, 보충적으로 다른 표현을 첨가하는 경우는 ( )를 사용하였다. 단, 역자의 추가적인 상세한 설명이 필요한 경우는 각주에서 별도로 보충하였다.
9. 일반 어휘나 어구에 영어를 병기할 필요가 있는 경우, 괄호 안에 원문의 철자 그대로 표기하는 것을 원칙으로 하였다.

4

교육론

새뮤얼 하틀립 선생님께

(1)

Of Education.

Master Hartlib,

Am long since perswaded, that to say, or doe ought worth memory, and imitation, no purpose or respect should sooner move us, then simply the love of God, and of mankinde. Neverthelesse to write now the reforming of Education, though it be one of the greatest and noblest designes, that can be thought on, and for the want whereof this nation perishes, I had not yet at this time been induc't, but by your earnest entreaties, and serious conjurements; as having my minde for the present halfe diverted in the persuance of some other assertions, the knowledge and the use of which, cannot but be a great furtherance both to the enlargement of truth, and honest living, with much more peace. Nor should the lowes of any private friendship have prevail'd with me to divide thus, or transpose my former thoughts, but that I see those aims, those actions which have won you with me the esteem of a person sent hither by some good providence from a farre country to be the occasion and the incitement of great good to this Iland. And, as I heare, you have obtain'd the same repute with men of most approved wisdom, and some of highest authority among us. Not to mention the learned correspondence which you hold in forreigne parts, and the extraordinary pains and diligence which you have us'd in this matter both heer, and beyond the Seas; either by the definite will of God so ruling, or the peculiar sway of nature, which also is Gods working. Neither can I thinke that so reputed, and so valu'd as you are, you would to the forfeit of your own discerning ability, impose upon me an unfit and over ponderous argument, but that the satisfaction which you professe to have receiv'd from these incidentall discourses which we have wander'd into, hath prest & almost constrain'd you into a perswasion, that what you require from me in this point, I neither ought, nor can in conscience deferre beyond this time both of so much need at once, and so much opportunity to trie what God hath determin'd. I will not resist therefore, what ever it is either of divine, or humane obligement that you lay upon me; but will forthwith set down in writing, as you request me, that voluntary *Idea*, which hath long in silence presented it self to me, of a better Education, in extent and comprehension farre more large, and yet of time farre shorter, and of attainment farre more certain, then hath been yet in practice. Briefe I shall endeavour to be, for that which I have to say, assuredly this nation hath extreame need should be done sooner then spok'n. To tell you therefore what I have benefited herein among old renowned Authors, I shall spare, and to search what many modern *Janua's* and *Didactics* more then ever I shall read, have projected, my inclination leads me not. But if you can accept of these few observations which have flowr'd off, and are as it were the burnishing of many studious and contemplative yeers altogether spent in the search of religious and civil knowledge, and such as pleas'd you so well in the relating, I here give you them to dispose of.

A   The

교육론[1]

새뮤얼 하틀립(Samuel Hartlib) 선생님께[2]

---

[1] 『교육론』은 밀턴의 『이혼의 교리』 제2판(1644년 2월)과 『부커의 판단』(1644년 7월)이 출판된 사이의 시점인 1644년 6월에 출판되었다. 『교육론』은 『아레오파기티카』와 같은 해에 출판되어 굳이 그 연관성을 찾는다면 다 함께 자유 공화국 건설을 위한 기반조성에 있다고 하겠다. 언론의 자유 없는 자유 공화국을 생각할 수 없듯이 전인적 인문주의 교육을 통한 지도자의 시민의식 재정립 없이 진정한 자유 공화국의 수립은 불가능한 것이었다. 이 산문은 어떤 새로운 개혁적 교육관을 피력하지는 않지만 영국의 미래를 짊어질 지도자를 교육하기 위한 실용성을 겸비한 인문주의적 교과과정을 제시하고 있는 것이다. 『교육론』의 목적은 대중교육론을 제시하는 것이 아니라 자유 공화국 건설에 앞장설 이상적 지도자들을 교육하기 위한 엘리트 교육론을 제공하는 것이다.

[2] 새뮤얼 하틀립(Samuel Hartlib)은 당시 런던에 거주하던 폴란드 출신의 상인 아버지와 영국인 어머니 사이에서 태어났으며, 영국으로 이주하여 과학자, 작가, 정치가 등 다양한 지식인들을 알게 되었고, 이들 중 밀턴도 포함되었다. 하틀립은 밀턴처럼 출판을 통한 지식의 전달이 시민의 자유를 확대하는 방편이라고 생각했다. 그들이 개인적으로 서로의 교육관을 논한 경험이 있어서 교육개혁가 하틀립이 혁명세력의 두뇌였던 밀턴에게 그의 교육관을 피력해 달라고 요청한 것이다. 물론 밀턴의 교육론은 결코 민주적 대중교육을 목표로 한 것이 아니며 청교도 사회의 일부 지배계층의 자녀를 위한 것이라는 점에서 현대적 민주 교육론과는 거리가 먼 것이 사실이다. 이 점이 그의 교육론을 혁명적 사상의 맥락에서 벗어나게 한다고 생각하기 쉽지만, 당시의 역사적 배경과 밀턴의 이상주의적 사고방식을 염두에 두고 평가한다면 결코 보수적인 것으로 치부할 수는 없을 것이다.

순전히 하나님과 인류에 대한 사랑보다 더 빠르게 우리로 하여금 기억하고 모방할 가치가 있는 것을 말하거나 이행하도록 감동시키는 목적이나 관심은 그 어떤 것도 없다고 저는 오래전부터 확신하게 되었습니다.[3] 그럼에도 불구하고, 또한 비록 교육 개혁이 생각할 수 있는 가장 위대하고 가장 고결한 계획 중 하나이고, 그것이 부족하면 이 나라가 멸망하겠지만, 제가 지금 이 시점에서 교육의 개혁에 대해 글을 쓰게 된 것은 선생님의 간절한 부탁과 진지한 간청 때문입니다. 그 이유는 현재 제 마음이 다른 어떤 주장들을 설득하는 데에 절반은 쏠리고 있기 때문인 바,[4] 그런 것들의 지식과 사용만이 더 많은 평화와 더불어 진리를 확장하고 진정한 삶을 위대하게 증진하기 때문입니다. 또한 어떤 개인적인 친분의 원리가 저의 이전 사상들을 이렇게 분리하거나 순서를 바꾸도록 저를 설득하진 못했을 것입니다. 선생님께서 이 섬나라에 대단한 유익을 끼칠 기회와 격려가 되게끔 먼 나라로부터 어떤 선한 섭리에 따라 여기로 보내진 분이라는 평가를 제가 내리도록 만든 그런 목적과 행위를 보기 전까지는 말입니다. 그리고, 제가 듣는 바와 같이, 선생님께서는 가장 인정된 지혜의 사람들과 똑같은 명성과, 우리 사이에서 최고의 권위를 어느 정도 성취하셨습니다. 선생님께서 외교 부분에서 지닌 박식한 소통, 그리고 여기서나 해외에서 이 문제에 있어서 사용해온 특별한 수고와 열성은 말할 나위도 없습니다. 그것이 그렇게 통치하는 하나님의 분명한 의지에 의한 것이든, 본성의 특이한 지배에 의한 것이든, 말입니다. 선생님께서 그만큼

---

[3] 『교회 정부』에서, 밀턴은 "후대가 의도적으로는 소멸하지 않기를 바라도록 쓰인 뭔가를 후대에 남길" 희망을 보여준 후, "가장 먼저 관심을 기울인 것은 나의 조국의 영예와 교육에 의하여 하나님께 영광을 돌리는 것입니다."라는 확신을 피력하고 있다(본서 89쪽 참고).
[4] 여기서 "어떤 다른 주장"이란 물론 밀턴이 이혼 논쟁에 몰두하고 있었음을 가리킨다.

저명하고 평판이 좋으시므로, 선생님 자신의 분별력이 사라질 정도로 저에게 부적절하고 과중한 논쟁을 부과하리라 생각할 수도 없습니다. 우리가 들어섰던 우연한 담론에서 얻으셨다고 주장하는 선생님의 만족이, 선생님께서 이런 문제에서 제게 요구하는 것을,—지금이 하나님께서 작정하신 것을[5] 즉각 시도할 필요성과 그만큼의 기회가 있는 때이기에,[6]—제가 양심상 이 시간 이후로 연기해서는 안 되며 연기할 수도 없다는 확신을 선생님께서 갖도록 압박했거나 거의 강제하지 않았다면, 말입니다. 그러므로, 선생님께서 저에게 맡기신 것이 신성한 의무이든 인간적인 의무이든 저는 그것을 거절하지 않을 것이며, 오랫동안 침묵 속에서 저에게 생성된 더 좋은 교육의 이데아(Idea)를[7] 글로서 즉시 적을 것입니다. 지금까지 실행된 것보다 훨씬 더 큰 범위와 내용으로, 더 짧은 시간에, 그리고 훨씬 더 확실하게 달성할 것입니다. 저는 간략히 논의하고자 합니다. 제가 말씀드려야 하는바, 이 나라가 절실하게 요구하는 것은 말보다 행동이 앞서야 한다는 것입니다.[8] 그러므로 제가 여기서 옛날 저명한 저자들 사이에서 혜택을 받은 것은 생략할 것입니다. 그리고 제가 지금보다 더 많이 읽게 될 많은 현대의 『언어입문』(*Janua's*)와 『대교수법』(*Didactics*)이 계획한

---

[5] 「사도행전」 17: 26 참조.

[6] 1641년 6월 15일, 평민원은 각종 교구 계급의 철폐를 위한 법안에 대한 국무위원회의 보고에 따르면, "그 법안에 의하여 부주교(Deans)나 참사회(chapters)에서 몰수된 모든 토지는 학문과 경건의 향상을 위해 사용될 것이다"(*Commons Journals*, II, 176).

[7] 플라톤적인 개념으로 사용된 것으로 보임(Herbert Agar, *Milton and Plato* [Princeton, 1928], 66). 이 산문 전체를 통해 드러나는 플라톤주의(Platonism)에 대해서는, Irene Samuel, *Plato and Milton* (Ithaca: Cornell UP, 1947), chap. 5를 참조할 것.

[8] 『종교개혁론』에서, 밀턴은 고위 성직자들이 그들의 의식이나 관사나 치장을 위해 탕진하는 비용 대신, "교회와 학교가 없어서 아우성치는 곳에는 교회와 학교를 세워야 하고, 너무 적은 곳에는 더 세워야 합니다"라고 주장한다(p. 82).

것을 조사할 의도도 없습니다.⁹ 그러나, 만일 활짝 피어난 관찰들, 이를테면, 종교적이고 공민적인 지식을 추구하면서 전적으로 소비한 많은 학구적이고 명상적인 세월의 광택,¹⁰ 그리고 이야기함으로써 그만큼 선생님을 기쁘게 해드릴 것들, 이런 몇 가지 소견을 선생님께서 수용하실 수 있다면, 여기서 제가 선생님께 제안하겠습니다.

그러면 학문의 목적은¹¹ 하나님을 올바르게 알게 되도록 회복하여 우리의 첫 조상의 파멸을 바로잡는 것이며, 그런 지식에서 그분을 사랑하고, 모방하고, 그분과 같이 되는 것입니다. 우리는 진정한 덕성의 영혼을 소유함으로써 그분과 가장 가까워질 것이며,¹² 그 덕성이 믿음의 거룩한

---

9 『언어입문』과 『대교수법』은 각각 코메니우스(John Atmos Comenius)의 두 저서인 『언어입문』(*Janua Linguarum Reserata*)와 『대교수법』(*Didactica Magna*)를 가리킨다. 밀턴이 이 책들을 복수로 언급한 것은 당대의 유사한 교육개혁론을 총칭하기 위함이다. 하틀립은 코메니우스의 계획에 깊은 관심이 있었으며, 잉글랜드에서 그의 활동을 지원하기 위해 기금을 모으고, 그의 잉글랜드 방문을 주선하기도 했다. 밀턴이 코메니우스를 만났다는 증거는 없고, 하틀립을 통해 그리고 그의 명성으로부터 그에 관해 알게 되었을 것이다.

10 전적으로 그렇게 보낸 세월은 밀턴의 생각으로는 그가 케임브리지 대학을 떠난 후 12년간이었을 것이다.

11 여기서 밀턴이 주장하는바, 본질적으로 종교적인 모든 교육의 목적은 그의 전체 계획의 근간이며, 이어지는 문단에서 교육의 실용적인 정의나 그의 교육과정의 세부적인 절차를 뒷받침한다. 이교적인 고전을 아무리 중시하더라도, 교육의 종교적인 목적이 르네상스 시대의 영국 교육자들에 의하여 일반적으로 받아들여졌던 것이다. 반면, 세속적인 고전 연구나 실용적인 교육이 종교적인 목적에 어떻게 이바지할 수 있는지를 밀턴만큼 분명하게 알고 있었던 저술가는 거의 없었다. 에인즈워스(Aintworth)는 밀턴의 소책자에서 "즉각 조화되는 듯 보이지 않는 두 가지 대상들 혹은 목적들"을 구분했다(*Milton on Education*, pp. 42~45). 인간 타락의 전통적 가정을 반영하는 히브리적인 목적과 국가에 봉사하는 준비로서의 그리스적인 교육관이다. 그러나 밀턴의 일관성 있는 종교적인 목적과 계획적인 인본주의 교육 사이에는 조금도 갈등이 없다. 바질 윌리(Basil Willey)는 밀턴이 "인본주의적 윤리와 관련지어 프로테스탄트 교리를 재구성하려 시도했다"고 주장했다(*The Seventeenth Century Background* [London: Chatto &Windus, 1934], pp. 241~245).

은총과 연합하는 것이 최고의 완성을 이루는 것이기 때문입니다. 그러나 우리의 이해력은 이 육체 속에서 감각적인 것 외에는 그 기초를 세울 수 없고, 가시적이고 열등한 피조물을 체계적으로 자세히 살펴보는 것처럼 그렇게 명백하게 하나님과 보이지 않는 것에 대한 지식에 도달하지 못하므로, 모든 신중한 가르침에 있어서 동일한 방법[13]을 따를 필요가 있는 것입니다. 그리고 모든 종류의 학문에 충분한 경험과 전통을 모든 나라가 제공하지는 않음을 알기에,[14] 언제나 지혜를 가장 열심히 추구해 온 그런 국민의 언어를 주로 배우는 것입니다. 그리하여, 언어는 우리에게 알면 유용한 것들을 전해주는 도구일 뿐입니다. 그리고 비록 어떤 외국어에 능한 자가 바벨탑(Babel)이 세계를 갈라놓은 모든 언어를 구사한다고 자만할지라도, 만일 그가 그 단어들과 어휘들뿐만 아니라 거기에 담긴 실질적인 것들을 연구하지 않는다면, 그는 그의 모국어로만 유능하고 지혜로운 향사(鄕士)나 소상인만큼도 존경받지 못할 것입니다. 그런 고로, 학문을 일반적으로 그토록 재미없고 실패하게 만들어온 많은 실수가 나타납니다. 첫째, 우리는 1년이면 다른 방식으로 쉽고 즐겁게 학습할 수 있는[15] 그토록 초라한 라틴어와 그리스어를 겨우 터득하느라 7~8년을

---

[12] 이 구절의 성서적 근거는 「요한1서」 3: 2 ("그분께서 나타나시면 우리가 그분과 같게 될 줄 아노니.")에서 보듯이, 앞으로 오게 될 삶을 가리킨다. 현재로선 우리가 진정한 덕성의 영혼을 소유함으로써 가장 근접하게 된다는 것이다.

[13] 감각적이고 가시적인 것에 대한 이해에서 출발하여 지적이고 추상적인 것으로 우리의 이해력과 학문을 높여가는 방법을 모든 진지한 학문에서 똑같이 적용할 수가 있다는 것이다.

[14] Andew Bongiorno ("Tendencies in Milton's 'Of Education'", *JGE*, IV [1950], 106~107)는 밀턴이 이 소책자에서 르네상스의 "새로운 민족주의"(new nationalism)를 예증한다고 지적한다. 그러나, Bongiorno가 지적하듯이, 밀턴이 자기 나라의 발전을 위해 제안한 교육 과정에서 "영국인이 쓴 책은 한 권도 없고", 그가 지정하는 모든 책이 그리스, 로마, 팔레스타인, 그리고 르네상스 시대의 이탈리아에서 출판된 것이었다."

소모하는 잘못을 저지르고 있습니다.[16] 그리고 거기에 우리의 유창성을 그토록 뒤지게 쳐지게 하는 것은, 학교나 대학 모두에서 너무나 빈번히 빈둥거리는 동안에 우리가 잃어버린 시간이며,[17] 그리고 어린아이들의 텅 빈 지력으로 하여금, 가장 성숙한 판단력의 행위이자 오랜 독서와 관찰에 의하여 우아한 격언과 풍부한 발명[18]으로 채워진 두뇌의 마지막 활동에 해당되는 주제, 운문 및 연설문을 작성하도록 강제하는, 앞뒤가 뒤바뀐 강요에서 그런 면도 있습니다.[19] 이런 것들은 코에서 나오는 피나 풋과일을 따는 것처럼 불쌍한 풋내기들을 짜낼 문제가 아니며, 라틴어나 그리스어의 숙어에 어긋나게 그들의 거친 **영어식 표현(Anglicisms)**으로, 읽기에 불쾌한, 조잡한 표현을 사용하는 나쁜 습관밖에는 얻을 게 없으며, 그들이 좀처럼 맛보지 못하는, 순수한 저자들 간에 잘 지속되는 현명한 대화를 소화하지 않고는 피치 못할 것입니다.[20] 만일, 말하기의 몇몇

---

[15] 에드워드 필립(Edward Philips)은 "한 해 안에"(in a years time) 밀턴이 그와 그의 동생(그들이 배우기 시작할 당시 각각 10세와 9세였음)이 "라틴 작가를 보자마자 해석할 수 있게"(capable of interpreting a Latin authour at sight) 만들었다고 한다 (Helen Darbishire, ed., *The Early Lives of Milton* [London, 1932], p. 12).

[16] 불필요한 장기간의 문법학습 때문에 저술가들의 내용 연구를 뒤로 미루는 것에 대한 항의는 그 당시 상당히 널리 퍼져 있었다.

[17] 밀턴의 반대는 아마도 규칙적인 방학에 대한 것이 아니다. "노고와 즐거움은 보통 과다하여 생겨나는 권태를 없애고, 우리에게 중지된 일을 더욱 재개하고 싶게 하는 효과가 있다" (*Cf.* Prolusion VI, *Complete Prose*, I, 266)고 했기 때문이다. 평소에 빈둥거리며 보내는 시간을 말한 듯하다.

[18] 발명(*Inventio*)는 수사법의 일부로서 글쓰기나 말하기에서 사용할 재료의 발견을 의미하며, 논쟁거리를 어디서 찾을 것이며, 자신의 목적에 부합하는 자료를 어떻게 인식할 것인지의 지식을 포함한다.

[19] 이처럼 고전어를 널리 읽고 난 후까지 쓰기나 말하기의 공식적인 훈련을 연기하자고 제안함으로써, 밀턴은 르네상스 시대의 문법학교의 기성 교육방식에 근본적으로 반대를 하고 있는 것이다. 그 당시의 교사가 고전 작가들을 가르칠 때, 학생들의 관심은 그들의 사상을 충분히 이해하려 하기보다 그 사상이 표현되는 웅변적인 구절에 관심이 대부분 쏠렸던 것이다.

예비적 기초를 그것의 어떤 규칙(form)²¹에 따라 기억한 후, 그들이 철저히 가르침(lesson'd)²²받은 어떤 선택된 짧은 책에서 연습하게 된다면, 그들은 그때 즉시 적절한 순서에 따라 유익한 사물의 본질과 일반교양(Arts)²³을 배울 수 있을 것이며, 그것이 그 언어 전체를 그들의 능력 안으로 빠르게 끌어들일 것입니다. 이것이 가장 이성적이고 가장 효과적인 언어학습법이라고 저는 생각하며, 그렇게 함으로써 우리는 거기에 소비된 우리의 젊음에 대하여 하나님께 그 전말을 가장 잘 밝힐 수 있을 것입니다. 그리고 일반교양을 가르치는 통상적인 방법에 대하여 말하자면, 가장 쉬운 교양(그것이 지각에 가장 확실한 것임)으로 시작하는 대신, 처음 들어온 젊은 대학 초년생들에게 먼저 수사학과 형이상학(Logick & metaphysicks)²⁴의 가장 지적인 추상 개념과 마주치게 하는 것은,²⁵ 야만

---

[20] 중세의 삼학(三學)은 문법(gramma), 논리학(logic), 수사학(rhetoric)의 교과인바, 이를 가르침에 있어서, 르네상스 학교의 일반적인 경향은 문법을 가장 중요한 위치에 올려놓았고, 문법적 규칙을 예시하기 위해 문학을 소개했다. 17세기 초의 영국 학교에서 널리 사용된 이런 경향에 반대하여, 밀턴은 16세기의 엘리엇(Elyot), 애스컴(Ascham), 에라스무스(Erasmus) 및 콜레트(Colet) 등 16세기 저술가들의 더욱 순수한 인문주의적 입장으로 돌아가려 했던 것이다.

[21] 문법의 어형 변화표나 활용 범례를 뜻함.

[22] Henry Morley의 판에는, "줄인"(lessened)이라고 되어 있다.

[23] 르네상스 시대의 7대 교양 교육(liberal arts)을 뜻한다기보다는 전체적인 지식 영역을 가리킨다. 밀턴은 습관적으로 교양 교육의 뜻으로 "art"를 사용할 때는 "liberal arts"라는 완전한 표현을 하기 때문이다.

[24] "형이상학"(metaphysics)이나 "형이상학적"(metaphysical)이란 단어를 밀턴은 잘 사용하지 않지만, 사용하는 경우도 경멸적이다. *Cf. Prolusion* VII (*Complete Prose* I, 301): "형이상학은 … 대단한 사람들의 권위가 내게 그렇게 믿게 하려 하지만, 특별히 풍부한 학문(Art)이 아닙니다. 그것은 전혀 학문이 아니고, 조난과 역병을 야기하도록 만들어진 불길한 바위요, 오류의 레르네 수렁(Lernian bog of fallacies)입니다."

[25] 수사학의 연기를 옹호함으로써, 밀턴은 주로 베이컨(Bacon)의 영향에 힘입은 대학 교육의 개혁에 대한 당시의 제안을 뒷받침하고 있다. 거의 40년 전, 베이컨은 "대

적인 시대의 학자적 역겨움에서 아직 충분히 회복되지 못한 대학의 오래된 잘못이라고 생각합니다.[26] 그래서 그들은 무리하게 한심한 구문으로 몇 단어 배우고자 달라붙었던 그 문법적 여울을 최근에야 떠났는데, 이제 갑자기 다른 풍토 아래 옮겨져서, 제정신도 없이, 논쟁이라는 깊이를 알 수 없는 불안한 심연에 내동댕이쳐지고 휘둘리게 되고, 그동안 내내 거친 개념과 허튼소리로 조롱당하고 기만당하여, 대부분 학문에 대한 증오와 경멸을 키웁니다. 드디어 가난이나 청년 시절이 그들을 몇 가지 길로 간절히 불러내어, 친구들에 휩쓸려 야심적이고 탐욕적인 혹은 무지하게 열성적인 신학으로 재촉합니다. 몇몇은 법의 거래(trade)[27]로 유인되는데, 그들의 목적을 그들이 배우지 않은 정의와 공평을 신중하고 거룩하게 숙고하는 데 두지 않고, 소송상의 조건, 수지맞는 분쟁, 그리고 넘치는 비용에 대한 기대와 즐거운 생각에 두고 있습니다. 다른 이들은 덕성과 진정한 폭넓은 교양 면에서 너무나 무원칙한 영혼을 지닌 채 국가의 일에 뛰어듭니다. 아첨과 궁정의 속임수,[28] 그리고 폭압적인 경구들이 그들에게는 지혜의 최고점으로 여겨지며, 그들의 황량한 가슴에 양심적 노예근성을 주입합니다. 만일, 제가 차라리 그렇게 생각하듯이, 그것이 가장

학생은 너무 일찍 너무 준비가 안 된 채 논리학과 수사학을 접하게 되며, 인문교육은 아이들이나 초보자들보다 대학 졸업생에게 더 적합하다."라고 했다(Advancement of Learning, Works, VI, 178).

[26] 밀턴은 당대의 대학교육의 퇴행적인 커리큘럼과 교수법에 대해 냉소적인 태도를 보인다. 특히 궤변적인 논쟁 중심의 전통적인 교육방식에 크게 반대했다.

[27] 여기서, "trade"라는 단어 자체는 상업적 거래뿐만 아니라 직업이라는 의미로도 사용되므로 경멸적이라고 볼 수는 없지만, 밀턴은 직업으로서의 법조인을 낮게 평가했다(Ad Patrem, ll. 71~72).

[28] Ainsworth (Milton on Education, p. 398)는 찰스 1세와 그의 궁전에 대한 밀턴의 논평에 주목하고 있다: "분명하게 궁정 교육과 아첨꾼들과 연속적인 대화는 하나의 나쁜 학교일 뿐이었다"(Eikonoklastes, Chap. VI).

된 것이 아니라면 그렇습니다. 마지막으로, 더 쾌락적이고 경박한 영혼을 지닌 다른 이들은 더 좋은 방편도 없으므로 평안과 사치를 즐기도록 물러서서, 이 모든 축제와 즐거움 가운데 그들의 일상을 살아가는데, 그것은 사실상 이 모든 과정 중에 가장 지혜롭고 안전한 과정입니다. 그들이 더욱 성실하게 뛰어들지 않는 한, 그렇습니다. 그리고 이런 것들이 실수요, 우리의 한창기의 젊음을 학교와 대학에서 잘못 보낸 결실입니다. 단순한 단어나 배우거나, 아니면 배우지 않았으면 더 좋았을 것들을 주로 배움으로써 우리가 그렇게 되는 것입니다.

저는 우리가 하지 말아야 하는 것을 보여주는 데 더는 당신을 잡아두지 않고, 바로 언덕으로 안내하여, 당신에게 덕스럽고 고상한 교육의 올바른 길을 지적해드리겠습니다.[29] 첫 등정은 사실상 힘들지만, 그밖에 곳곳에 아주 평탄하고, 푸르고, 멋진 광경과 듣기 좋은 소리가 너무나 충만하여 오르페우스(Orpheus)[30]의 하프가 그 이상 매력이 없을 정도입니다.[31] 당신이 이제 우리의 가장 선택되고 가장 희망에 부푼 똑똑한 젊은이들을, 가장 부드럽고 가장 유순한 나이에 줄 음식과 오락으로써 그들 앞에 주로 놓여 있는 돼지 엉겅퀴와 가시나무로 무성한 어리석은(asinine)[32] 잔치에 거칠

---

[29] 교육을 축양에 비유하여, 하지 말아야 할 금지보다 적극적으로 긍정적인 교육의 장으로 안내할 방안을 제시하겠다는 것이다.

[30] Cf. "Il Penseroso," ll. 105~108. 오르페우스는 목석을 포함한 모든 피조물을 유혹할 수 있는 가수로 전통적으로 여겨졌을 뿐만 아니라, 문화의 상징으로도 여겨졌다.

[31] Cf. Comus, l. 476: "거룩한 철학은 얼마나 매력적인가!" 밀턴이 음악과 연관 지어 "매력"(charm)과 "매력적"(charming)이란 단어를 사용한 것은 부분적으로, 라틴어 "카르멘"(carmen)에서 유래한 것이고, 부분적으로는 그 단어들에 어떤 신비로운 영향의 암시를 부여하기 때문이다. See Sigmund G. Spaeth, *Milton's Knowledge of Music* (Princeton, 1913), pp. 88~89.

[32] 엉겅퀴와 가시넝쿨을 먹는 나귀 같은 동물의 잔치에 비유할 수도 있지만, "얼간이" 잔치로 볼 수도 있다.

게 잡아당기고 끌어들이기보다, 이 같은 행복한 양육(happy nurture)[33]의 무한한 욕망으로부터 우리의 나무 밑동(stocks)이나 동강(stubbs)인[34] 가장 둔하고 게으른 젊은이들을 몰아내려면, 더 많은 법석을 떨게 되리라고 저는 확신합니다. 그러므로 저는 한 남자가 정당하게, 기술적으로, 그리고 넓은 도량으로, 사적이고 공적인, 평화로운 때나 전시 상황의 모든 임무를 수행하기에 적절한 교육을 완전한 전인교육(complete and generous Education)이라고 칭합니다.[35] 그리고 이 모든 것이 문법과 궤변(Sophistry)의 순전히 사소한 것에 지금 쓰는 것보다 적은 시간 안에, 12세에서 21세 사이에 이루어질 방법은 다음 같은 순서가 될 것입니다.

첫째, 하나의 **학원**(Academy)을 세우기에 적당하고, 150명을 숙박시키기에 충분히 큰, 넓은 집과 그 주위에 있을 운동장을 찾는 것입니다. 그중에 20명 정도는 직원일 수 있는데, 모든 걸 감당하거나 그것이 수행되는 것을 지시하고 감독할 만한 충분한 덕성과 능력이 있다고 여겨지는 한 사람의 지시를 받게 합니다. 이곳은 그들이 개설하려는 어떤 특이한 법대나 의대가 아닌 한, 동시에 학교(School)이며 대학(University)이어야 하며, 다른 학문의 거처로 옮겨갈 필요가 없어야 합니다. 그러나 릴리(Lilly)[36]에서 시작해 그들이 말하는 석사학위를 받을 때까지 우리의 모든 시간을

---

[33] 앞서 언급한 언덕 위에 펼쳐지는 평탄한 푸른 초장에서 일어나는 양들이 행복한 양육, 즉 즐겁고 실용적인 교육을 뜻한다.

[34] "Stocks" "stubbs"는 어원이 원래 둘 다 나무의 그루터기(stumps)를 뜻했고, 따라서 우둔하고 분별력 없는 사람에게 적용되었다.

[35] 여기서 "generous Education"은 교양 교육으로 번역할 수도 있지만, 글자 그대로 고귀한 출신이나 그런 정신의 소유자에게 알맞은 관대한 고품격 전인교육을 말한다. 폭넓고 관대하게 생각하고 모든 분야를 다 교육하는 고급과정이다. 대중교육이 아니라 국가를 이끌 고급 인재를 키우는 교육과정을 제안하고 있는 것이다.

[36] 윌리엄 릴리(William Lily, 1468~1523년경)가 성 바울 학교(St. Paul's School)에서 사용하려고 원래 준비했던 라틴어 문법서이다.

차지하는 교양 교육에 대하여 말하자면, 그것은 완벽해야 합니다. 이런 양식을 따라서 이 나라 전역에 걸쳐 모든 도시에 필요할 만큼의 건축물이 이런 용도로 전환될 수 있을 것이며, 모든 곳에서 학문과 시민 정신의 증진에 이바지할 수 있습니다. 얼마든 이렇게 모집된 숫자가 보병 중대[37]나 기마병 두 부대가 될 만큼 모이면, 그들의 일과를, 순서가 정해져 있듯이, 세 부분, 즉 연구, 운동 및 식사로 나누어야 할 것입니다.

그들의 학문에 대하여 말하자면, 첫째, 그들은 지금 사용되는 것이든 더 좋은 것이든,[38] 어떤 양호한 문법의 주요한 필수적인 규칙들에서 시작해야 합니다. 이렇게 하는 동안, 그들의 말하기는 **이탈리아인**(Italian)에 가까울 정도로 특히 모음에 있어서 분명하고 명확한 발음으로 다듬어지게 될 것입니다. 우리 영국인들은 아주 북쪽 사람이라 추운 공기에서 남쪽 언어를 우아하게 발음하기에 충분할 만큼 입을 벌리지 않아서, 다른 모든 나라 사람들은 영국인이 지나치게 폐쇄적으로 입안으로 말한다고 관측하고 있습니다. 그리하여 영어식 발음으로 라틴어를 하는 척하는 것은 법에 사용되는 프랑스어처럼 나쁘게 들립니다.[39] 다음으로, 그들을 문법의 가장 유용한 점에서 전문가로 만들고, 그리하여 어떤 기분 좋은 유혹이나 헛된 원리가 방황하는 그들을 사로잡기 전에, 그들이 일찍이 덕성과 진실한 노동을 사랑하도록 단련시키고 설득하려면,[40] 쉽고 즐거운 교육서 몇 가

---

[37] 보병대의 구성은 보통 10개 종대에 10개 혹은 그 이상의 횡렬을 갖춘 방진(方陣)이었다.

[38] 릴리(Lily)의 문법책이 유일한 권위 있는 문법책이었으나, 다른 책들도 비록 채택 가능성은 거의 없었지만 이따금 출판은 되었다고 한다. Watson(*English Grammar Schools*, pp. 273~274)은 1585~1665 사이에 출판된 8종의 문법책을 소개하고 있다.

[39] 법절차에 라틴어나 프랑스어의 사용은 그 당시에 금지되었으나, 법률보고서가 퇴화된 형태의 노르만 프랑스어(Norman French)로 여전히 쓰였다.

[40] 르네상스 시대의 영국에서 초급 라틴어 문법과 더불어 예절과 도덕을 가르치는

지를 그들에게 읽어주어야 합니다. 그리스인들은 케베스(Cebes),⁴¹ 플루타르코스(Plutarch) 및 다른 소크라테스의 대화록 같은 그런 책이 많습니다. 그러나 퀸틸리아누스(Quintilian)의 첫 두세 권과 다른 몇 권의 양서를 제외하면, 라틴어로 된 고전적인 권위를 지닌 현존하는 책은 없습니다. 그러나 여기에 주된 기술과 기반은 기회 있을 때마다 그들의 요구에 맞추어 하는 강의와 설명이 될 것인바, 이를 통해 그들을 자발적인 순종으로 안내하고 끌어들이며, 학문연구와 덕성에 대한 존경심으로 불타오르게 하고, 하나님에게 사랑받고, 모든 시대에 이름을 떨치는, 그런 용감한 사람이 되고, 또 훌륭한 애국자가 되도록 살겠다는 높은 희망으로 고무되게 할 것입니다. 그리하여 그들이 그들의 모든 유치하고 잘못 배운 자질들을 멸시하고 경멸할 수 있게 되고, 남자답고 자유로운 훈련을 즐기게 될 것입니다. 부드럽고 효과적인 설득으로든, 필요하다면, 어떤 두려움을 암시해서든, 그러나 주로 스스로 본을 보여, 그들을 사로잡을 기술과 적절한 언변이 있는 자는, 단기간에 그들을 믿기 어려운 성실과 용기로 끌어들일 수 있을 것이며, 그들의 젊은 가슴 속에 정직하고 고결한 열정을 불어 넣어줄 것이며, 그들 다수를 유명하고 탁월한 남자로 분명히 만들어 줄 것입니다. 동시에, 예전 방식이 그러했듯이,⁴² 다른 어떤 낮 시간에는 그들에게 산수의 규칙을 가르치고, 이후 곧장, 기하학의 기초, 놀이 수업

것은 평범한 관례였다. 그러나 밀턴은 고전적 권위가 있는 책을 읽음으로써 덕성 교육은 할 수 있다고 본 것이다.

⁴¹ 소크라테스의 제자이자 친구였던 케베스의 것으로 잘 못 알려진 케베스의 서판 (Table of Cebes)을 말하며, 헌도(votive offering)로서 표현된 비유적인 그림을 묘사하고 설명하는 대화로 되어 있다.

⁴² 플라톤은 『법률』(VII, 819~20d)에서 초등 산수와 기하학을 아이들에게 가르칠 때 놀이를 활용하는 것을 지지한다. 그에 따르면, 놀이 교육방식은 이집트인이 발명했다는 것이다. 『공화국』(VII, 536de)에서는, 놀이를 통하여 아이를 가르치는 원리를 산수와 기하학에서 그들이 이성적인 사고를 하기 전에 배우는 모든 분야로 확대한다.

까지 가르칠 수 있을 것입니다.[43] 저녁 휴식부터 취침 시간까지는, 종교의 쉬운 기초와 성경의 이야기에 그들의 생각이 가장 잘 끌릴 수 있을 것입니다. 다음 단계는 **농업(Agriculture)**에 관한 저자들, **카토(Cato), 바로(Varro), 콜루멜라(Columella)**[44]에게 넘어갈 것인데, 그 문제가 가장 쉽기 때문입니다. 그리고 만일 그 책의 언어가 어렵다면, 그럴수록 더 좋습니다. 그들의 학년에 버거울 만큼 어려운 것은 아닙니다. 그리고 여기서, 이후로 자기 나라의 경작을 늘리고, 나쁜 토양을 회복시키고, 좋은 땅에서 황폐해진 황무지를 개선할 수 있도록 그들을 자극하고 능력을 주는 기회가 될 것입니다. 이것이 헤라클레스(Hercules)의 칭찬 가운데 하나였습니다.[45] 이 저자들의 절반을 읽기 전에(매일 열성을 내면, 곧 그렇게 될 것임), 그들은 평범한 산문을 숙달하지 않을 수 없습니다. 그러다 보면 어느 현대 저자에게서나 지구본과 지도의 사용법을 배울 적기가 될 것이며, 먼저 오랜 지명들로 시작하여 그 다음에 새로운 지명들을 배울 것입니다. 혹은 그들이 그때 자연철학의 방대한 체계를 읽을 수 있을 것이며, 동시에, 라틴어를 배울 때 앞서 설명한 것과 동일한 방식을 따라 그리스어도 시작할 수 있을 것입니다.[46]

---

[43] 밀턴의 교육과정에서 수학에 특별한 지위를 부여하는 것은 당대에서 사실상 독특하지는 않지만, 진보적인 것이다.

[44] Cato the Censor(기원전 234~149년)의 *De Re Rustica*, Marcus Terentius Varro(기원전 116~27년)의 *De Re Rustica* 3권, 그리고 L. Junius Moderatus Columella(기원후 1세기)의 *De Re Rustica*, De 12권. 이 책들은 라틴어로 된 당시의 표준 농업 서적이었다. 이 서적들을 가장 쉽다고 표현하는 데서 알 수 있듯이, 밀턴의 학문체계가 학문연구에도 농업 같은 가시적인 분야에서 하나님과 불가시적인 것들의 지식 영역으로 올라가는 것을 볼 수 있다.

[45] *Cf.* Hercules' choice: 안일을 버리고 고생을 택함.

[46] 당시의 문법학교에서 그리스어 학습(라틴어로 쓰인 문법으로)이 시행되었으며, 히브리어도 마찬가지였는데 일차적으로 원어로 성경을 읽기 위한 목적이었다 (Baldwin, Shakspere's Small Latine, II, 617~619).

그런 방식으로 문법의 어려움을 곧 극복하면, 아리스토텔레스(Aristotle)[47]와 테오프라스투스(Theophrastus)[48]의 체계적인 생리학(Historical Physiology)[49]이 그들 앞에 공개되고, 저의 표현대로라면, 기부되어야(under contribution)[50] 합니다. 동일한 접근을 비트루비우스(Vitruvius),[51] 세네카(Seneca)의 자연적 질문(natural questions),[52] 멜라(Mela),[53] 켈수스(Celsus),[54] 플리니우스(Pliny),[55] 혹은 솔리누스(Solinus)[56]에게 할

---

[47] 특별히, 『동물의 역사』(Historia Animalium), 『동물의 분류』(De Partibus Animalium), 그리고 『동물의 계보』(De Generatione Animalium)를 말함. 밀턴은 아리스토텔레스 저서들의 다양한 판본을 사용할 수 있었으나 어느 판을 사용했는지의 증거는 없다고 함.

[48] 아리스토텔레스의 제자이자 그의 소요(逍遙)학파(Peripatetic school)의 지도를 계승했던 자로서, 식물에 대한 두 권의 저서, 『탐색』(Enquiry)와 『병인학(病因學)』(Aetiology)가 있었음.

[49] 여기서 "historical"이란 단어는 생리학의 역사를 제공한다는 "역사적"이라는 의미가 아니라, 자연현상에 대한 조직적 기술(記述)을 제공하겠다는 뜻이다. "History"의 의미 가운데 드물게 사용되는 "조직적 기술"이란 의미인데, "historical"도 그런 의미로 사용된 형용사이다.

[50] 문법 같은 어려운 과정이 끝나고 선물처럼 제공되는 과목이라는 뜻이다.

[51] Marcus Vitruvius Pollio(로마 초대 황제 아우구스투스 시대): 건축과 공학 분야에서 로마의 권위자. 그의 10권으로 된 저서, 『건축학』(De Architectura)은 공공 및 가정용 건물, 건축 자재와 건축법뿐만 아니라, 고대 사원과 그리스 "건축양식"(Orders)의 비례 원칙까지 다루고 있다.

[52] 밀턴이 제목으로 이탤릭 표기를 하지 않았으나, 루키우스 안나이우스 세네카(Lucius Annaeus Seneca, 기원전 5년경~기원후 65년경)의 저서, 『자연적 질문』(Quaestiones Naturales)을 지칭하며, 공기, 불, 물 그리고 지진과 혜성의 성격 같은 주제에 대한 초기 그리스와 로마의 저술가들의 자료를 모은 책이다.

[53] 폼포니우스 멜라(Pomponius Mela [1세기])는 지리학 저서, De Situs Orbis는 알려진 세 대륙들과, 대양(Ocean)의 해안에 있는 나라들과 그 대양의 바다들(seas)의 개관서이다.

[54] 아울루스 코넬리우스 켈수스(Aulus Cornelius Celsus [1세기])는 한 백과사전의 저자인데, 그중 의학에 대한 8권만 전체가 남아있다. 이 책은 내용뿐만 아니라 문체 때문에 르네상스 시대에 중시되었다.

수 있을 것입니다. 그리고 이리하여 산수(Arithmetic), 기하학(Geometry), 천문학(Astronomy) 및 지리학(Geography)의 원리를 물리학의 일반적인 개요와 더불어 공부하므로, 그들은 수학(Mathematicks)에서 삼각법(Trigonometry)의 도구적인 과학으로 내려오고, 거기서 축성술(Fortification), 건축학(Architecture), 기계류(Enginry) 혹은 항해술(navigation)을 배우게 됩니다. 그리고 자연철학(natural Philosophy)에서, 그들은 여유롭게 대기 현상(Meteors),[57] 광물, 식물 및 생물 등의 조직적 기술(History)[58]로부터, 해부학(Anatomy)에 이르기까지 나아갈 수 있을 것입니다. 그리고 역시 순조롭게 진행되면, 어떤 지루하지 않은 저자에게서 의술의 기초를 공부하게 될 것입니다. 그들이 기질(tempers),[59] 체액(humors),[60] 계절(seasons),[61] 미숙아(crudity)[62] 관리법을 알게 될 것이며,

---

[55] 가이우스 플리티우스 세쿤두스(Gaius Plionius Secundus [Pliny the Elder, 기원후 23~79년경])의 『자연사 총서』(*Historias Naturalis Libri XXXVII* [e. f., 3 vols., Leyden, 1635; PUL]는 지리학, 식물학, 동물학, 광물학 및 다른 주제들에 대한 자료를 포함하고 있다. 밀턴의 지도 하에 그의 조카는 이 책의 대부분을 읽었다고 한다(*Early Lives*, p. 60).

[56] 가이우스 율리우스 솔리누스(Gaius Julius Solinus, 3th C.)의 『기억할 곳들』(*Collectanea Rerum Memorabilium*)은 지리적으로 배열된 알려진 세계에 대한 간단한 묘사를 다양한 지역 주민들에 대한 정보와 더불어 제공한다. 대부분의 정보가 플리니우스와 멜라에게 의존하지만, 영국 섬들에 대한 몇 가지 사실을 덧붙이고 있다.

[57] 유성(流星)이나 운석을 뜻하기도 하지만, 여기서 대기 현상 전반을 뜻함. *NED*에 따르면, 바람, 눈비, 오로라, 번개 혜성 등을 의미함.

[58] 자연현상에 대한 조직적인 표현을 의미하며, 위의 각주 49번을 참조할 것.

[59] 고대 의학의 체질로서, 네 가지 체액 혹은 신체적 성질(뜨겁거나 차갑거나 습하거나 건조함)의 비율에 따라 생겨나는 몇 가지 신체적 구조로 여겨진다.

[60] 히포크라테스(Hippocrates)의 저서(아리스토텔레스는 히포크라테스의 사위 폴리부스[Polybus]가 쓴 것으로 여김), 『인간의 체질론』(*On the Nature of Man*)은 신체의 4체액, 즉 혈액(blood), 담(phlegm), 황담즙(choler, yellow bile), 흑담즙(melancholy, black bile)의 학설이다. 건강이란 이 네 가지 체액이 조화를 이루는 데서 오는 반

이런 것을 현명하게 적시에 수행할 수 있는 자는 자신과 친구들에게 위대한 의사일 뿐 아니라, 이런저런 때에 이런 소박하고 값싼 방식만으로 한 군대(Army)를 구할 수도 있고, 젊은 사람들의 건강하고 건장한 몸이 이런 훈련이 없어서 그가 보는 앞에서 썩어 없어지게 하지 않을 것인바, 그렇게 되는 것은 지도자에게 큰 유감일 뿐만 아니라 그만한 수치가 되는 것입니다. 필요할 때는 가끔 사냥꾼, 들새 사냥꾼, 어부, 목동, 정원사, **제약사**(Apothecaries)의 유익한 경험을 획득하러 가는 것 외에, 무엇이 자연과 수학에서의 이 모든 학습 절차를 미룰 수 있겠습니까? 그리고 다른 과학 분야에서, 건축가, 기술자, 선원, **해부학자**(Anatomists)의 경험도 얻을 것인데, 이들 중 일부는 보수를 받고자, 일부는 이 같은 전망이 밝은 학원을 확실히 후원하고자 할 것입니다.[63] 그리고 이것은 학생들에게 자연 지식에 대한 실제적인 풍미(tincture)를 제공할 것이며,[64] 이 지식은 그들이 결코 잊지 못하고 매일 즐겁게 늘려갈 것입니다. 그다음으로, 지금 가장 어렵게 여겨지는 시인들도 용이하고 즐겁게 될 것인바, **오르페우스**(Orpheus),[65] **헤시오도스**(Hesiod),[66] **테오크리투스**(Theocritus),[67] 아라투스

면, 병은 이것들의 부조화에서 온다는 것이다.
[61] 히포크라테스의 것으로 여겨지는 많은 저서 가운데, 건강에 끼치는 계절의 영향에 관련된 언급이 많다. 예를 들면, "계절 때문에 체액의 변화가 생긴다"는 주장이 있다. 겨울에는 담이 증가하는데 담은 몸의 가장 차가운 성분이므로 겨울에 가장 가깝다는 것이다. Cf. *Nature of Man*, VII (*Hippocrates*, tr. W. H. S. Jones [4 vols., New York and London, 1931], IV, 19~23.
[62] Cf. Elyot, *The Castel of Helthe* (1539, f. 74v). 조합(調合, concoction)은 위장에서 육식과 음주가 그 속성에 따라 변화를 일으켜 몸의 성분을 만드는 것인데, 미숙아의 경우는 섭취한 음식이 완전히 변화되지 않아서 생기는 잘못된 조합이라는 것이다.
[63] 정규과목은 아니지만, 엘리트 교육을 위한 정통 학문 외에 다양한 직종에 대한 경험을 하도록 하는데, 각개 분야의 직업 전문가들이 대가를 바라거나 학원을 돕기 위하여 교육에 참여한다는 뜻이다.
[64] 이런 맥락에서, 자연과학 지식뿐만 아니라 그 지식의 활용에 대한 지식을 말한다.

(Aratus),⁶⁸ 니칸데르(Nicander),⁶⁹ 오피아누스(Oppian),⁷⁰ 디오니시우스(Dionysius),⁷¹ 그리고 라틴어로, 루크레티우스(Lucretius),⁷² 마닐리우스(Manilius),⁷³ 그리고 베르길리우스(Virgil)의 목가 부분⁷⁴입니다.

그때가 되면,⁷⁵ 연령과 양호한 일반적 가르침이 그들에게 더 분명하게

---

65 신화적인 시인 오르페우스의 것으로 여겨지는 시 가운데, 밀턴의 교육과정에서 아주 일찍 언급되는 유일한 것은 보석의 특성과 점성술에서의 그것의 사용법을 다루는 시, 『리티카』(Lithica)이다. 서사시 『아르고노티카』(Argonautica)와 『찬가』(Hymns)는 역사, 영웅시 및 그리스 비극을 배우는 시기에 제공되었을 것이다.

66 헤시오도스의 『작업과 시절』(Works and Days)은 연중 농경 생활과 농사일을, 어떤 일의 알맞은 시기, 의복, 길한 날과 불길한 날 등에 대한 충고와 함께 다룬다. 에드워드 필립은 자기 삼촌의 지도 아래 읽은 시인 중에 헤시오도스를 포함하고 있다(Early Lives, pp. 12, 60).

67 테오크리토스의 『목가시』(Idyls)는, 밀턴의 「리시다스」(Lycidas)가 반영하듯이, 르네상스 전원시의 원천이 되었다.

68 아라투스(기원전 3세기)는 천문학에 대한 그리스어 시, 『현상』(Phaenomena)과 기상학에 대한 시 『디오세메이아』(Diosemeia)를 남겼다.

69 니칸데르 (2세기)의 현존하는 그리스어 시는 둘 다 의학연구와 관련된 것이다. 『테리아카』(Theriaca)는 독성 동물과 그에 물린 상처의 치료법을 다루었고, 『알렉시파마카』(Alexipharmaca)은 독과 해독제를 다룬 작품이다.

70 오피아누스는 사냥술에 대한 『키네제티카』(Cynegetica)와 낚시에 대한 『낚시법』(Helieuticks)을 썼는데, 밀턴의 조카 에드워드 필립은 삼촌과 함께 이 작품들을 읽었다고 한다(Helen Darbishire, Early Lives [London: Constable, 1932], p. 60).

71 디오니시우스(서기 300년경)은 알려진 세계에 대한 지리적 개관서를 썼으나 그리스어로 남아있을 뿐이다.

72 티투스 루크레티우스 카루스(Titus Lucretius Carus, 기원전 94~55년)의 교훈시, De Rerum Natura는 에피쿠로스(Epicurus)의 유물론적 우주관을 밝히고, 우주에 신의 개입을 부인하는 내용이다.

73 마르쿠스(Marcus) 마닐리우스 (아우구스투스와 동시대인)는 『천문학』(Astronomica)은 대체로 점성술을 다루고 있는 시이다.

74 고대 로마의 시인, 푸블리우스 베르길리우스 마로(Publius Vergilius Maro)의 『목가』(Eclogues)와 『농경시』(Georgics)를 말함.

75 이제까지 기초교육으로 3~4년 정도가 지난 시점이다.

윤리학에서 프로아이레시스(Proairesis)[76]라고 불리는 이성의 작용을 제공했을 것이며, 그들은 조금의 판단력을 가지고 도덕적 선악을 숙고할 수 있을 것입니다. 그리고 나면, 그들의 젊고 유연한 애착이 플라톤(Plato),[77] 크세노폰(Xenophon),[78] 키케로(Cicero),[79] 플루타르코스(Plutarch),[80] 라이르티우스(Laertius),[81] 그리고 로크리의(Locrian)[82] 후예들의 모든 도덕적 작품을 통하여 선도되는 동안, 그들을 덕성의 지식과 악행의 증오 가운데 더 충분히 지도하고, 올바르고 확고하게 해주는 일관성 있고 건전한 가르침을 특별히 강화할 필요가 있을 것입니다. 그러나 여전히 낮의 일과를 마무리하는 그들의 야간 공부에서는, 다윗(David)이나 솔로몬(Salomon)의 확실한 문장이나, 복음서와 사도의 성경을 공부하도록 되돌아갈 필요

---

[76] "프로아이레시스"는 선택이란 뜻으로서, 아리스토텔레스에 의하여 도덕적 덕성을 정의하는 용어로 사용되었다. 자유를 추구하는 데 가장 핵심적인 것으로서, 한마디로 자유의지를 뜻하며, 이성에 기초한 자발적인 결단이나 이성적 선택을 의미한다.

[77] 플라톤의 도덕적인 작품(moral works)은 『변명』(*Apologia*)과 대화록인, 『메넥세노스』(*Menexenus*), 『크리톤』(*Crito*), 『향연』(*Symposium*), 『파이돈』(*Phaedo*), 『파이드로스』(*Phaedrus*)가 포함된다, Cf. Samuel, *Plato and Milton*, pp. 16~17.

[78] 크세노폰의 단행본, 『오페라』(Opera [Basle, 1545; NYPL])는 그 자신의 작품, 『키루스의 교육』(*Cyropaedia*)와 『원정』(*Anabasis*)뿐만 아니라, 플라톤의 『변명』과 『향연』 등의 발췌문을 그리스어 원문과 라틴어 번역을 병행하여 수록했다.

[79] 키케로의 『의무론』(*De Officiis*)은 르네상스 시대의 표준 윤리학 저서였으며, 에라스무스가 인정했고, 학교에서 흔히 가르치던 작품이었다. Cf. Baldwin, *Shakspeare's Small Latine*, II, 585~590.

[80] 당시 소년들이 이전에 라틴어나 영어로 들어봤을 수 있는, 플루타르코스의 『윤리서』(*Moralia*)는 이제 그리스어로 철저히 학습될 수 있을 것이다.

[81] 디오게네스 라이르티우스(Diogenes Laertius, 기원후 2~3세기)의 작품으로 여겨지는 『탁월한 철학자들의 삶과 견해』(*Lives and Opinions of Eminent Philosophers*).

[82] 『세계와 자연의 영혼에 관하여』(*On the Sould of the World and Nature*)는 플라톤의 『티마이오스』의 주요 화자인 로크리의 티마이오스(*Timaeus of Locri*)의 작품으로 예전에는 여겨졌으나, 지금은 서기 1세기에 만들어진 그 대화록의 빈약한 바꿔 쓰기로 간주되고 있다.

가 있습니다. 개인적 의무의 지식이 완전하므로, 그들은 그 다음에 가정 경제의 공부를 시작해도 좋습니다. 그리고 지금이든 이전에든, 그들은 어떤 자투리 시간에는 이탈리아어를 쉽게 배울 수 있었을 겁니다. 그리고 그 후 곧, 경계심과 좋은 대책을 가지고, 그들에게 선별된 그리스어나 라틴어나 이탈리아어 희극을 몇 편 맛보게 하는 것은 충분히 건전할 것이며, **트라키니에(Trachiniœ), 알케스티스(Alcestis)** 등과 같이,[83] 가족 문제를 다루는 그런 비극들도 이에 해당될 것입니다. 그 다음 차례는 정치학 연구로 진행되어야 하는데, 정치 사회의 시작과 끝 그리고 이유들을 알게 하기 위함입니다. 그들이 공화국의 위험한 발작(fit)에서, 위대한 평의원 중 많은 이가 최근에 보여준 바와 같이, 이처럼 초라하게 흔들리고, 불확실한, 아장아장 걷는 양심의 갈대가 되지 않고, 국가의 굳건한 기둥이 될 수 있도록, 말입니다. 이 단계를 지나서 그들은 **모세(Moses)**가 처음으로 그리고 최고의 권위로써 전했고,[84] 그리고 인간의 분별을 신뢰할 수 있는 한, 그리스 입법자들, **리쿠르고스(Lycurgus)**,[85] **솔론(Solon)**,[86] **잘레우쿠스(Zaleucus)**,[87] **카론다스(Charondas)**[88]의 그 칭송되는 유물에 남

---

[83] 이 비극작품들은 모두 헌신적인 아내들을 표사한다. 소포클레스의 『트라키스 여인들』(Trachiniae)는 데이아니라(Deianira)는 뜻하지 않게 그녀의 남편 헤라클레스의 죽음을 야기했으나, 탄식하며 자살을 하고, 에우리피데스의 『알케스티스』(Alcestis)는 아드메토스(Admetus)의 아내가 그의 생명을 구하기 위하여 자신의 생명을 포기한다.

[84] 밀턴은 『교회 정부의 이유』의 서언에서, "모세는 … 하나님이 실제적으로 가르쳤다고 우리가 믿을 수 있는 유일한 입법자"라고 했다(본서 1권 p. 121).

[85] 리쿠르고스는 전통적으로 스파르타 헌법의 창립자로 묘사되는데, 기원전 1100~600년에 살았을 것이다. 크세노폰이 그를 가장 칭송했으나, 플루타르코스는 리쿠르고스가 그의 법을 쓴 것이 아니라고 기술하고 있다.

[86] 아테네의 입법자로서(기원전 640~561년경), 그의 개혁은 그의 도시의 법을 개정한 것을 포함했다.

[87] 이탈리아 남쪽 끝단, 로크리(Locri) 지역의 그리스 정착민들에게 법을 만들어준

은,[89] 법과 법적인 정의의 기초로 뛰어들어야 하고, 그리고 거기서 **유스티니아누스**(Justinianus)의 것[90]과 더불어 로마의 칙령과 법률로 넘어가고, 그렇게 하여 잉글랜드의 색슨족 보통법, 그리고 법령집으로 내려가야 합니다. 일요일은 물론 매일 저녁 시간은 고대와 현대의 신학과 교회사의 최고 문제들을 다루는 데에 분별력 있게 쓸 수 있을 것입니다. 그리고 이에 앞서 정해진 시간에, 히브리어를 습득한 뒤여서, 성경을 원어로 이제 읽을 수 있을 것입니다. 거기에 **갈데아**(Chaldey)[91]와 **시리아**(Syrian) 방언[92]을 덧붙이는 것도 불가능하지 않을 것입니다. 이 모든 일이 잘 성취되었을 때, 선택된 역사(Histories),[93] **영웅시**(heroic poems), 그리고 가장 장중한 제왕의 논쟁을 다루는 **아테네의 비극**(Attic tragedies)[94]이 모든 유명한 정치적 연설문과 더불어 제공될 것입니다. 만일 그중 일부가, 가

자이며, 그의 법전은 기원전 7세기 중엽에 작성된 유럽 최초의 성문법으로 여겨진다.

[88] 시칠리아 칸타나(Cantana)의 입법자로서, 그의 성문법은 기원전 500년경에 작성되었고, 시칠리아나 이탈리아의 다른 그리스 식민지들에 의하여 채택되었다.

[89] 밀턴 당시에 고대 그리스의 법전은 연구대상으로 아무것도 남아있지 않았다. 유물로 남은 것은 후기 고전 작가들에 의하여 초기 입법자들에 대한 기록이 있을 뿐이었다.

[90] 동로마 제국의 황제(527~565), 유스티니아누스의 감독 아래, 모든 유럽을 위하여 만든 로마 시민법을 규정한 네 가지 법전을 가리킴.

[91] 옛 시리아 팔레스타인 등의 셈계(系) 언어인 아람어를 말하며, 구약성경 「에스라」와 「다니엘」의 일부가 아람어로 보존되었음.

[92] 초기 기독교의 중심지였던 메소포타미아의 에데사(Edesa) 지역 방언이었던 옛 시리아어(Syriac).

[93] 그리스 작가 가운데 헤로도토스(Herodotus)와 투키디데스(Thucydides), 로마 작가로는 살루스트(Sallust)와 리비우스(Livy)가 확실히 포함될 것이다.

[94] 영웅시는 서사시를 말하는데, 밀턴이 위대한 서사시 연구를 비교적 늦은 단계로 연기한 의도는 아마 영웅적인 인물의 성격과 행위를 이해하기 위해서는 철저한 준비가 필요하다고 생각했을 것이다.

르친 대로 읽을 뿐만 아니라, 암송하고, 올바른 억양과 우아함으로 엄숙하게 발음하면, 그들에게 데모스테네스(Demosthenes)나 키케로(Cicero), 에우리피데스(Euripides)나 소포클레스(Sophocles)의 정신과 활력까지 부여할 것입니다. 그리고 이제, 마지막으로,[95] 지금이 사람들로 하여금 명확하고, 품위 있게, 그리고 적절한 문체에 따라, 고결하거나 평범하게 혹은 저급하게 논의하고 쓸 수 있게 해줄 유기적인 학문(organic arts)[96]을 읽을 때가 된 것입니다. 그러므로, 논리학(Logic)은 그만큼 유용하기 때문에, 그 모든 잘 표현된 제목과 착안(Topics)[97]으로써 그 적당한 위치에 회부되어야 하며, 드디어 논리학의 움츠린 손바닥을 펼쳐서,[98] 플라톤(Plato),[99] 아리스토텔레스(Aristotle),[100] 파렐레우스(Phalereus),[101] 키케로(Cicero),[102] 헤르모게네스(Hermogenes),[103] 롱기누스(Longinus)[104]의 규칙 안에서 가

---

[95] 비로소 이 과정의 학생들이 논리학, 수사학, 그리고 시를 공부할 준비가 된 것이다.

[96] 단순한 문법을 익히는 읽기과정을 넘어서 드디어 창의적으로 생각하고 논리적으로 추리하는 단계에 온 것이다.

[97] 밀턴은 그의 저서, 『논리술』(*Art of Logic*)에서 "토피카"(*Topica*)를 "논쟁의 발명"(the invention of arguments)이라고 규정했고, "invention"은 적절한 자료를 발견하고 인식하는 것으로 생각했다.

[98] 밀턴은 이미 "Prolusion II"에서 변증법(dialectic)을 쥔 주먹에 비유한 적이 있으며, 키케로(Cicero)와 퀸틸리아누스(Quintilian)에 의하면, 제논(Zeno)이 수사법(rhetoric)을 편 손에 비유하였다고 한다.

[99] 밀턴이 플라톤의 『고르기아스』나 『파이드로스』에서 배운 바는, 고결한 논리학은 진리와 덕성을 가르치는 것을 그 목표로 삼는다는 것이다. *Cf.* Clark, "Milton and 'the fitted style'" p. 5.

[100] 아리스토텔레스의 『수사학』(*Rhetoric*)은 문체의 적합성에 대한 이론을 제공했을 것이다.

[101] 밀턴이 아테네의 웅변가 데메트리우스 파렐레우스(기원전 350년경~)를 언급하지만, 『문체론』(*On Style*)을 쓴, 서기 1세기에 살았던 다른 데메트리우스를 가리킬 수도 있다.

[102] 키케로는 그의 『웅변가』(*Orator*)에서 완벽한 웅변가를 묘사하며, 주로 문체를 다루고 있다.

르치는, 우아하고 화려한 수사학(Rhetorick)으로 펼칠 때가 됩니다. 시는 수사학 다음에 일어나거나 사실상 도리어 선행되어야 할 것인바,[105] 시는 수사학보다 덜 민감하고 덜 세밀하지만,[106] 더 단순하고, 감각적이고 열정적이기 때문입니다.[107] 저는 여기서 그들이 이전에 문법의 기초를 배울 때 부딪히지 않을 수 없었을 운문시의 운율을 뜻하는 것이 아니라, 아리스토텔레스의 『시학』(*Poetics*)[108]이나 호라티우스(Horace),[109] 그리고 카스텔베트로(Castelvetro),[110] 타소(Tasso),[111] 마초니(Mazzoni)[112] 등의 이탈리아 평론에서 주목할 만한 최고의 걸작인, 진정한 **서사시**(Epic poem)와 **극시**(Dramatic)와 **서정시**(Lyric)의 규칙들, 그리고 **적격**(適格, decorum)은 무엇인지를 가르치는 숭고한 기술을 뜻하는 것입니다.

---

[103] 타르소스의 헤르모게네스(Hermogenes of Tarsus, 기원후 150년경 출생)는 학교 수사법에 대한 일련의 저작물을 남겼다.

[104] 『숭고미에 대하여』(*On the Sublime*)는 숭고한 문체에 대한 탁월한 고전적 작품인데, 오랫동안 롱기누스의 작품으로 여겨져 왔으나 익명의 작가가 쓴 것이다.

[105] 시는 교육과정에서는 수사법에 뒤따르지만, 그 가치나 본질적인 품격에서는 앞선다는 의미임.

[106] 수사법(修辭法)의 문체가 미묘하고 얇고 곱다면, 시는 그보다 덜 미묘하고 도리어 더 두텁다는 뜻임.

[107] 고전적인 수사법보다 시가 더 직접적으로 감각에 영향을 끼친다는 의미에서 더 단순하고 감각적이고 열정적이라는 뜻임.

[108] 아리스토텔레스의 『시학』은 모방의 형식으로서의 시를 논의한 후, 주로 비극을 다루고, 더욱 간단하게 서사시를 다루고 있다.

[109] 호라티우스의 『시의 기술』(*Ars Poetica*)은 3분의 1이나 드라마에 관한 내용이다.

[110] 카스텔베트로는 아리스토텔레스의 『시학』을 이탈리아어로 번역했고, 드라마의 세 가지 통일성(시간, 장소, 줄거리)의 이론을 형성한 공로를 인정받고 있다.

[111] 타소는 『시 예술론』(*Discorsi dell'Arte Poetica*)과 『영웅시론』(*Discorsi del Poema Eroico*)을 남겼으며, 고대 시인이나 비평가를 존경하면서도, 고전 형식에 현대 로망스의 최상의 요소를 추가해야 한다고 주장했다.

[112] 마초니는 아리스토텔레스의 원칙에 의한 비판에 맞서 단테의 시적 창작기술을 옹호했다.

이것이 그들로 하여금 우리의 흔한 엉터리 시인들이나 극작가들이 얼마나 경멸스런 작자들인지를 금방 깨닫게 할 것입니다. 그리고 신성한 것이든 인간적인 것이든, 시를 얼마나 종교적이고, 영광스럽고 장엄하게 사용할 수 있는지를 그들에게 보여줄 것입니다. 여기서부터, 그리고 여태까지는 아니었지만, 그들이 사물에 대한 보편적인 통찰력으로 이처럼 충만하게 되었을 때, 모든 탁월한 문제에서 유능한 저자와 창작자가 되도록 그들을 양성할 시기가 될 것입니다. 혹은 그들이 의회에서나 위원회에서 연설을 하더라도, 존경과 관심이 그들의 입술에 집중될 것입니다. 그러면 설교단에서도, 우리가 지금 설교를 듣는 것과 다르게 표현되는 표정, 다른 몸짓과 내용이 나타날 것인바, 지금 우리가 듣는 설교는 그들이 가르치는 다른 측면만큼이나 우리의 인내를 시험할 정도입니다.[113] 그들이 살아있는 자신들보다 죽은 선조들에게 더 많이 의존하지 않는 한,[114] 이것이[115] 열두 살에서 스물한 살까지의 훈련 방식에서 우리의 고귀하고 품위 있는 젊은이가 그들의 시간을 바쳐야 하는 학습 내용입니다. 이런 방법적인 과정에서, 편리한 시점에 기억을 단단히 하고자 그들이 학습한 것의 중간으로 되돌아가고, 때로는 그 후미로 되돌아가는 식으로 하여, 그들이 그들의 완성된 지식의 전체를 확증하고 굳건히 통합할 때까지, 그들이 배움의 일정한 속도에 따라 앞으로 나아가야 한다고 생각합니다.

---

[113] 지금 밀턴이 제시하는 교육을 잘 받은 미래의 성직자는 현재의 설교자보다 훨씬 좋은 내용과 형식으로 설교할 수 있을 것이라는 점과, 현재의 설교는 인내를 시험할 정도로 내용과 형식이 부실하다는 주장이다.

[114] 밀턴은 『해명』(An Apology, CPW, I, 923)에서 1642년의 의회를 이렇게 묘사한다. "그들 대부분은 오랜 전통을 지닌 고귀한 귀족이거나 적어도 잘 알려진 명성 있는 선조를 두고 있는데, 이는 한편으론 덕성에 큰 유익이 되지만, 다른 한편으론 다정하고 친절한 교육에 따른 부, 여유, 아첨 덕분에 그만큼 방해가 되기도 한다."

[115] 밀턴이 이상에서 제시한 교육과정을 가리킴.

이제 어떤 운동과 오락이 이런 학습에 가장 일치하고 어울리는지 살펴볼 가치가 있을 것입니다.

그들의 운동

여기까지 간략하게 묘사한 학습의 과정은 제가 독서를 해서 추정할 수 있었는데, 이 과정은 고대의 유명한 **피타고라스**(Pythagoras),[116] **플라톤**,[117] **이소크라테스**(Isocrates),[118] **아리스토텔레스**[119] 및 이런 부류의 다른 이들의 학교들과 가장 흡사하며, 그런 곳에서 **키레네**(Cyrene)[120]와 **알렉산드리아**(Alexandria)[121]의 번성하는 학문적 노력 외에도, 그리스, 이탈리아 및 아시아 전역에 걸쳐서 수많은 유명한 철학자, 웅변가, 역사가, 시인, 군주가 양육되었습니다. 그러나 이런 점에서, 이 학습 과정이 그 학원들을

---

[116] 기원전 6세기의 피타고라스 "학파"(school)는 그가 이탈리아 크로톤(Croton)에서 그의 종교적·철학적 이론을 가르쳤던 학문적 동지를 가리킨다.

[117] 플라톤이 40년간 가르친 아테나 외곽의 학원(Academy)은 영웅 아카데무스(Academus)에게 헌납된 작은 숲에서 유래된 명칭이었다. 아리스토텔레스는 20여 년간 플라톤의 학원에서 배운 바 있다.

[118] 이소크라테스(기원전 426~338년)는 아테네의 웅변가로서, 처음에 잠시 키오스(Chios)에서 수사학을 가르쳤고, 나중에 40년간 아테네에서 가르침으로써 스승으로서의 큰 명성을 얻었다.

[119] 자신이 플라톤의 학교에서 20년간 학생이었던 아리스토텔레스는 아테네의 리케이온(학원, Lyceum, Lykeion)에서 기원전 335~323년에 걸쳐 가르쳤다. 그 학원은 거기에 있던 건물들 사이에 덮인 정원에서 소요(逍遙)학교(Peripatetic school)로 알려지기도 했다.

[120] 키레네는 기원전 4세기에 수학연구의 중심지로 알려졌고, 알렉산드리아에 있었던 도서관의 목록을 작성한 칼리마코스(Callimachus, 기원전 305~240년경)와 그곳의 도서관장이던 에라토스테네스(Eratoshehenes, 기원전 274~194년경)의 출생지였다.

[121] 알렉산드리아에서 마지막 기원전 3세기 동안 과학과 문학적 활동의 중심지가 된 위대한 도서관 겸 박물관이 있었다.

능가하고,[122] 플라톤이 스파르타(Sparta)[123]의 공화국에서 주목한 것과 같은 큰 결점을 보충할 것입니다. 스파르타는 그들의 청년을 대부분 전사로 기르고자, 그리고 아카데미(Academies)나 리케이온(Lyaeum)의 학생들은 전적으로 가운(gown)을 입고자 훈련했던 반면,[124] 제가 여기서 묘사하는 교육기관은 평화와 전쟁 둘 다에 똑같이 유익할 것입니다. 그러므로, 그들이 정오에 식사하기 전 한 시간 반 정도가 그들에게 운동으로 허용되어야 하며, 그 이후 적절한 휴식이 허용되어야 합니다. 그러나 이를 위한 시간은 아침 기상 시간이 이르냐에 따라 재량껏 확대될 수도 있습니다. 제가 먼저 추천하는 운동은 자신을 방어하고 칼날이나 끝으로 안전하게 치도록 그들의 무기를 정확히 사용하는 방법입니다. 이것이 그들을 건강하고, 유연하고, 강하고, 호흡이 좋도록 유지할 것이며, 역시 그들을 몸집이 크고 키가 크게 성장하도록 하며, 호방하고 두려움 없는 용기를 심어줄 가장 그럴듯한 수단입니다. 그런 용기는, 그들을 진정한 용기와 인내(patience)[125]가 있는 사람으로 만들어줄 시기적절한 강의와 교훈으로 조절되면, 본연의 영웅적인 용맹으로 변할 것이며, 잘못 저지르는 어리석음을 증오하게 만들 것입니다. 그들은 레슬링의 모든 조르기와 잡기를 연습해야 하며, 그 점에서 영국 남자들은 곧잘 월등한데, 싸움에서 잡아당기

---

[122] 이제까지 논의한 내용으로 본다면, 밀턴이 제안하는 교육과정은 위대한 고대의 학원과 유사하지만, 밀턴의 교육과정은 그것으로 끝나지 않기에 고대 교육과정을 능가한다는 뜻이다.
[123] 플라톤의 『법률』 제1권 전체를 통하여, 크레타(Crete)와 스파르타 두 곳 정부의 결함이 논증된다.
[124] 대체적으로, 토가(toga)는 로마 시민이 평화 시에 공적으로 입던 의상으로써 평화의 상징이었으며, 가운은 관직 혹은 법관직이나 성직을 상징하였다.
[125] 밀턴은 그의 후기 문학 작품에서 반복적으로 인내가 최고의 용기라고 주장한다. *Cf. Paradise Lost*, IX, 31~32; XII, 569~570; *Samson Agonistes*, ll. 654, 1288~1291.

고, 잡고, 그리고 막을 필요가 종종 있을 수 있기 때문입니다. 그리고 아마, 이것으로 그들의 단순한 힘을 입증하고 강화하기에 충분할 것입니다. 규칙적으로 땀을 식히는 중간휴식과 식사 이전의 편한 휴식은 장중하고 신성한 음악의 하모니를 듣거나 배우며, 그들의 힘든 정신을 즐겁게 하고 가라앉힘으로써 유용하고도 즐겁게 보낼 수 있습니다. 유능한 오르간 연주자(Organist)가 장엄한 푸가(fugues)의 엄숙하고 환상적인 수창부(隨唱部, descant)를[126] 열심히 연주하거나, 혹은 심포니(Symphony)[127] 전체가 예술적이고 환상적인 터치로 어떤 탁월한 작곡가의 잘 연구된 화음을 장식하고 아름답게 꾸미는 동안 말입니다. 이때 이따금, 류트(lute)[128]나 부드러운 오르간 음전(音栓)이 종교적, 군사적 혹은 시민적 소곡(ditties)[129]에 맞추어 우아한 소리를 곁들이며, 이것들은, 만일 현자들이나 예언자들이 완전히 제거되지 않는다면,[130] 성향이나 예절에 큰 힘을 지니므로, 조야한 냉담과 언짢은 열정으로부터 그들을 부드럽고 점잖게 만드는 것입니다. 그런 것은 역시 식사 후, 태초에 만들어진 본성을 돕고 소중히 여기며, 그들의 마음을 조화롭고 만족스럽게 하여 학업으로 되돌리는 데에 유리

---

[126] "수창부"는 "따로 떨어진 노래"를 뜻하는 라틴어 "discantus"에서 유래된 음악 용어로서, 잘 알려진 가락 위에 따로 작곡하거나 즉흥적으로 덧붙인 대위 선율이나 정해진 주제에 대한 즉흥연주를 의미한다.
[127] 밀턴은 여기서 심포니를 하모니와 별로 구별 없이 사용하고 있다. 그의 의도는 학생들 자신이 음악에 어떻게 참여할 수 있는지를 보여주는 것이다. 위에서 "신성한 음악의 하모니를 듣거나 배우며"라고 하였는바, 여기서 학생들은 루트나 오르간 반주에 맞춰서 함께 연주를 하거나 때로는 아카펠라(a cappella)로 노래하는 것으로 표현된다.
[128] 14~17세기의 기타 비슷한 현악기.
[129] 단순하지만 종종 엄숙한 노래를 뜻함.
[130] 군사적 소곡을 포함하고 있긴 하지만, 밀턴은 소년들이 활기찬 군사적 행동을 요구하도록 열정적으로 만들 음악을 옹호하지 않고, 덕성과 훈계를 포함하거나 감정을 가라앉히는 노래를 옹호하고 있다.

할 것입니다. 거기서 저녁 식사 두 시간 정도 이전까지 지켜보는 눈길 아래 그것을 따르고 나면, 갑작스런 알람이나 암호에 따라 그들은 군사적 동작에서 벗어나, 로마 사람들이 그랬듯이 계절에 따라 옥외나 지붕이 덮인 곳으로 나와서, 먼저 도보로, 다음으로, 그들의 나이가 허용하는 대로, 말을 타고 모든 기마술에 돌입합니다. 운동으로 하지만, 상당한 정확성으로 일상적인 소집을 하여, 포진하기, 행군하기, 막사 치기, 요새 구축, 포위, 타격 등의 모든 기술에서 그들의 군인자질의 기초를 마치게 됨으로써, 고대 및 현대의 전략, **전술**(Tactiks) 그리고 전시의 처세훈 같은 모든 도움과 더불어,[131] 그들은, 이를테면 장기전에서 그들의 조국에 봉사하는 훌륭하고 완전한 지휘관으로 진출하는 것입니다. 그들은, 만일 그들에게 양호한 희망적인 군대가 맡겨진다면, 비록 그런 기회가 자주 오진 않더라도, 옳고 현명한 훈련이 부족하여 병든 깃털처럼 군대가 자기 주변에서 떨어져 나가는 상황을 겪진 않을 것입니다. 그들은 한 부대에서 20명을 거느리는 장교들이 자리가 비어있어도 신병을 모집하지도 못하고, 술이나 마셔대거나, 기만적인 명부와 처참한 잔존 병사들의 임금을 은밀한 곳에 옮겨 놓거나, 그러나 그 와중에 그들 주변에 남아있는 유일한 병력인 수십 명의 술주정뱅이에게 제압되거나, 혹은 그렇지 않으면, 모든 약탈과 폭력과 빈둥거리는 꼴을 겪진 않을 것입니다.[132] 아니, 분명히, 만일 그들이 선한 사람이나 지배자에 속하는 그런 지식의 뭔가를 안다면, 그들

---

[131] 군사전략이나 정책에 대한 밀턴의 관심은 그의 『비망록』(*Commonplace Book*)에서 "군사훈련에 대하여", "내란에 대하여", "동맹국에 대하여", "도시의 포위와 포위된 도시에 대하여" 등 많은 표제어에서 나타난다.

[132] 나중에 밀턴은, 『두 번째 변명』(*Second Defence*, 1654), p. 145에서, 이렇게 무기력한 장교들과 정반대의 특성을 보여주는 사령관으로서의 크롬웰을, 철저한 훈련과 정상적인 보수에 의해 좋은 군인을 모집하고 거느리는, 자기 인식과 자제력이 준비된 장교라며 칭송했다.

은 이런 것들을 겪지 않을 것입니다.

　그러나 우리 자신의 학교 이야기로 돌리자면, 집에서 하는 이런 부단한 운동 외에도, 야외에서 즐거움 자체에서 얻을 수 있는 경험을 얻을 또 다른 기회가 있습니다. 한 해 중 봄철에, 대기가 고요하고 상쾌할 때, 야외에 나가서 자연의 풍요로움을 보고, 자연이 하늘과 땅과 더불어 즐거워하는 모습에 동참하지 않는다면, 이는 자연에 대한 상처와 냉대가 될 것입니다. 그러므로, 저는, 그들이 2~3년 후 학문의 기초를 잘 놓게 된 다음에는 더 공부하라고 하지 않고, 신중하고 성실한 안내자와 함께 단체로 전국 모든 지방에 말을 타고 다니며, 모든 장점 있는 곳들, 도시와 경작을 위한 건물과 토양의 모든 물자, 항구와 무역항을 배우고 관찰하라고 권유할 것입니다. 때로는 우리의 해군이 있는 곳까지 항해를 하며, 거기서도 역시 항해와 해전에서 그들이 할 수 있는 것을 배우게 될 것입니다. 이런 방식으로 그들의 타고난 특별한 모든 재능을 시도해볼 것이며,[133] 만일 그중에 어떤 비밀스런 우수성이 있다면, 그것을 끌어내서 향상시킬 정당한 기회를 줄 것이며, 그것이 이 나라의 국익을 아주 드높이고, 이제 기독교적 지식의 순수함 가운데 훨씬 많은 혜택을 가지고 예전에 존경받던 덕성과 우수성을 다시금 유행하게 할 수 있을 것입니다. 그러면 우리는 파리(Paris)의 선생님들(Mounsieurs)이 우리의 희망찬 젊은 이를 그들의 소홀하고 방탕한 보호 아래 받아들여서, 모방자, 원숭이, 허황된 인간으로 바뀐 모습으로 되돌려 보내게 할 필요는 없을 것입니다.

　그러나 만일 그들이 스무 서너 살 나이에, 원칙을 배우려는 게 아니라 경험을 넓히고 현명한 관찰을 하고자 다른 나라들을 구경하고 싶다면,[134]

---

[133] 밀턴의 교육체계가 모든 잠재적인 지도자들을 위하여 동일할 것인 반면, 그는 오늘날 적성이라고 불리는 개인적인 차이점과 그에 따른 역할을 인식하고 있다.
[134] 밀턴은 그의 『비망록』에서 "외국의 관습"이라는 표제 아래, "이웃 나라들의 유행

그때 즈음엔 그들은 자신들이 지나가는 곳에서 사람들의 관심과 존경을 받고, 그리고 모든 곳에서 가장 돋보이고 최고인 자들의 교제와 우정을 얻을 자격이 있는 사람일 것입니다. 그리고 아마도 그때는, 다른 나라들이 자신들 나라의 교육을 위해 우리를 방문하거나, 아니면 그들 자신의 나라에서 우리를 모방하는 것을 기뻐할 것입니다.[135]

이제, 마지막으로, 식사에 대해서는 같은 집에서 식사하는 것이 최상이라는 말밖에는 할 말이 별로 없습니다. 그렇게 하지 않으면, 많은 시간이 야외에서 소모될 것이며, 많은 나쁜 습관이 생길 것이기 때문입니다. 더구나 그것이 간단하고, 건강에 좋으며, 절도 있어야 한다는 것은 논쟁거리가 아니라고 저는 생각합니다. 이리하여, **하틀립** 선생님, 당신께서 원하신 대로, 교육의 가장 훌륭한 최상의 방법에 대하여 저와 몇 번 논의한 것의 개관을 글로서 받으신 겁니다. 요람에서 시작한 자들처럼, 시작하지는 않았지만, 그들의 글도 많이 고려할 가치가 있을 것이며, 만일 제가 간결하게 쓰려 하지 않았다면, 여전히 많은 사항을 고려할 수 있었을 것입니다. 그러나, 시도해볼 가치가 있는 자들에게는, 이것이 향해야 할 빛의 방향을 잡는 데는 충분할 것입니다. 이것이 스스로 스승이라고 생각하는 모든 사람이 쏠 수 있는 활은 아니지만, 호메로스가 율리시즈(Ulysses)에게 준 것과[136] 거의 대등한 체력을 요구할 것이라고 저는 믿을

을 심각하게 모방하니 위험한 일이고, 불길한 일이다. 그래서 영국인은 참회왕 에드워드 시대에 프랑스인을 모방하려고 환장을 했다. … 하나님은 이 시대로부터 불길한 조짐으로 바꿨다."고 적고 있다.

[135] 여기서 밀턴은, 종교개혁과 언론의 자유를 위한 그의 제안을 따름으로써 그렇듯이 온전한 교양교육을 제공하는 그의 계획을 채택함으로써 잉글랜드가 국가들 사이에서 명백한 지도력을 회복할 수 있을 것이라는 확신을 보여준다. 『이혼』, 서문, pp. 243~245; 『아레오파기티카』, pp. 492~495를 참조할 것.

[136] 『오디세이』(*Odyssey*), XXI권 참조.

뿐입니다. 그렇지만 동시에 제가 확신하는바, 그것이 지금 멀리서 보는 것보다, 직접 시도한다면, 훨씬 더 쉽고, 훨씬 더 빛날 수 있을 것입니다. 그렇긴 하나, 그것은 제가 상상하는 것보다 더 어렵지는 않을 것이며, 그래서 그 상상은 제게 매우 행복하고 매우 가능한 것만 선물할 뿐입니다. 만일 하나님이 그렇게 명령하셨고, 이 시대가 이해할 만한 정신과 능력이 있다면, 말입니다.

5

아레오파기티카

검열 없는 출판의 자유를 위하여
영국 의회에 바치는
존 밀턴의 연설

자유롭게 태어난 사람들이
대중에게 조언해야 할 때 자유롭게 말할 수 있고,
그렇게 할 능력과 의지가 있는 자는 높이 칭송을 받을 자격이 있으며,
그렇게 할 능력도 의지도 없는 자는 침묵할 수 있을 때,
이것이 진정한 자유이다.
한 국가에서 무엇이 이보다 더 정의로울 수 있겠는가?

— 에우리피데스, 『탄원자』

런던, 1644년 출판

AREOPAGITICA;
A
SPEECH
OF
Mr. JOHN MILTON
For the Liberty of Vnlicenc'd
PRINTING,
To the Parlament of England.

Τοὐλεύθερον δ' ἐκεῖνο, εἴ τις θέλει πόλει
Χρηστόν τι βούλευμ' εἰς μέσον φέρειν, ἔχων.
Καὶ ταῦθ' ὁ χρῄζων, λαμπρός ἐσθ', ὁ μὴ θέλων,
Σιγᾷ. τί τούτων ἔστ' ἰσαίτερον πόλει;

Euripid. Hicetid.

This is true Liberty when free born men
Having to advise the public may speak free,
Which he who can, and will, deserv's high praise,
Who neither can nor will, may hold his peace;
What can be juster in a State then this?
Euripid. Hicetid.

LONDON,
Printed in the Yeare, 1644.

검열 없는 출판의 자유를 위하여

영국 의회(High Court of Parliament) 의원 여러분, 공화국(the Commonwealth)[1] 정부 수뇌부(States)[2]와 통치자들을 상대로 연설을 하거나, 개인적인 여건상 이런 접근이 불가하여, 공공의 이익을 향상시킬 수 있으리라고 예상하는 주장을 글로 쓰는 자들은, 제가 추측하기로는, 적잖은 노력으로 시작하면서 그들의 마음속에 상당한 내적 변화와 동요가 있을 것입니다. 어떤 식의 성공을 거둘지 의심하는 사람도 있을 것이고, 어떤 비난을 듣게 될지 두려워하는 사람도 있을 것이며, 희망을 품는 사람도 있고, 자신이 말해야 하는 내용에 확신을 품은 사람도 있을 것이기 때문입니다. 그리고 저에게는 아마 이런 기분들이, 제가 시작하는 주제에 따라 제각각, 이전 같으면[3] 서로 다르게 영향을 끼쳤을지도 모릅니다. 그리고 지금 역시 이 서두의 표현 가운데 그런 기분 중 어떤 면이 가장 크게 작용하는지를 보여줄지도 모르겠습니다. 이렇게 하는 연설의 시도 자체와, 그

---

[1] "공화국"(the Commonwealth)은 왕정이 폐지되고 크롬웰의 공화정이 들어섰던 1649~1660년 사이의 잉글랜드의 공식적인 명칭이었으나, 밀턴은 이 산문에서 이미 "공화국"이라는 명칭을 사용하고 있다. 지금은 영연방을 간단히 그렇게 부르거나, the British Commonwealth 혹은 the Commonwealth of Nations라고 부르기도 한다. 밀턴이 아직 왕이 다스리는 때에 이런 국명을 사용한 것은 그가 지향하는 국가가 공화국이었기 때문인 것 같다.

[2] 여기서 원문의 "States"는 교회(종교)와 대조되는 세속 정부를 의미하며, "States and Governours"로 표현되므로 정부 수뇌부"(heads of state)를 뜻함.

[3] 『아레오파기티카』에 앞서 쓴 일곱 편의 산문 작품 가운데, 『이혼론』의 수정판(1644)과 『마르틴 부커의 판단』(*The Judgment of Martin Bucer*, 1644)은 공식적으로 의회에 한 연설이었고, 다른 모든 작품은 의회를 염두에 두고 쓴 글이었다.

것이 호소하는 청중에 대한 생각 때문에, 저의 내부에 있는 힘이 연설의 서두에 수반되는 것보다 훨씬 더 반가운 열정으로 타오르게 되었습니다. 제가 이런 기분을 누가 묻기도 전에 선뜻 자백할지라도, 저는 비난받을 리는 없습니다. 만일 그 자백이, 자기 조국의 자유를 소망하고 증진시키는 모든 이에게 그 시도가 가져다주는 즐거움과 감사에 다름 아니라면 말입니다. 그 자유에 대해 제기되는 이 모든 담론이 전리품은 아니더라도 분명한 증거는 될 것이기 때문입니다. 공화국에서 아무런 불평도 결코 일어나지 않아야 한다는 것이 우리가 소망하는 자유는 아니며, 이 세상에 누구도 그것을 기대하진 않습니다. 그러나 불평을 자유롭게 말하며, 깊이 숙고하고, 속히 개선할 때, 지혜로운 사람들이 추구하는 최대한의 공민적인 자유(civill liberty)가 성취되는 것입니다. 만일, 제가 지금 털어놓는 말 자체로써 제 소견을 분명히 말씀드리거니와, 우리가 그런 자유에 이미 상당히 도달해 있고, 더구나 **로마**를 탈환하는 용맹으로도 감당할 수 없을 정도로 우리의 규범 속에 깊이 뿌리내린 폭정과 미신의 이런 혹독한 피해에서 벗어났다면, 그것은, 무엇보다 가장 마땅하게, 우리의 구원자이신 하나님의 강한 도우심 때문이며, 다음으로, **잉글랜드**의 상하원 의원 여러분의 신실한 지도와 꺾이지 않는 지혜 덕분입니다. 하나님이 평가하시기로는, 선량한 사람들이나 훌륭한 관료에 대하여 영예로운 말을 한다 해서, 그것이 그분의 영광을 축소하는 것은 아닙니다. 만일 의원님들의 칭송받을 만한 행위의 그 아름다운 과정과, 지칠 줄 모르는 여러분의 덕성에 대하여 이 나라 전체에 걸친 이 같은 호의가 그토록 오랫동안 지속되고 나서야, 이제 제가 처음으로 그런 말씀을 드리는 것이라면,[4] 저는 여러분을 칭송하는

---

[4] 장기의회에 대한 밀턴의 초기의 칭송의 가장 두드러진 예는 『해명』(*An Apology*)에 서였다(*CPW*, I, 922~928). 이 산문에서의 칭송과 비교하여, 『이혼론』(*Doctrine and Discipline*)의 2판 첫머리에 언급된 의회에 대한 칭송은 상대적으로 조심스러운

자 가운데 당연히 가장 게으르고 가장 마지못해서 하는 사람에 속할 것입니다. 그럼에도 불구하고, 다음 요건이 갖춰지지 않으면 모든 칭송은 예의와 아첨이 될 뿐인 세 가지 원칙이 있습니다.

첫째, 진정으로 칭송받을 가치가 있는 것만이 칭송될 때. 다음으로, 이 같은 장점이 거론되는 사람에게 그 장점이 진정으로 그리고 실제로 있을 가장 큰 가능성이 제시될 때. 나머지 것은, 칭송하는 자가 이러한 자신의 설득이 자신이 묘사하는 자에 대한 것임을 보여줌으로써 자신이 아부하지 않는다는 것을 증명할 수 있을 때입니다. 이 가운데 앞의 두 원칙에서는 제가 여태껏 애써왔고, 보잘것없고 악의적인 **찬사**(Encomium)[5]로써 여러분의 공적을 손상하고자 했던 자에게 그런 짓을 하지 못하도록 했습니다. 세 번째 원칙은 주로 저 자신의 면소에 대한 것으로서, 제가 그토록 칭송하는 자에게 아부하지 않았다는 점인데, 이 기회에 시의적절하게 밝히게 된 셈입니다. 훌륭하게 이행한 일을 거리낌 없이 크게 보이게 하고, 더 잘 이행할 수 있었던 것을 마찬가지로 거리낌 없이 선포하기를 두려워하지 않는 자가, 여러분에게 그의 충성심을 최대한 서약하는 것이며, 그의 가장 충성스러운 사랑과 그의 희망이 여러분의 일 처리에 수반될

것이다 (I, 224~226). 하여튼 여기서 밀턴은 이번이 의회의 영예로운 노력을 처음 칭송하는 것임을 상기시킨다.

[5] 노위치(Norwich)의 주교였던 조셉 홀(Joseph Hall, 1574~1656)은 그의 저서 『고등법원에 바치는 겸손한 항의』(*Humble Remonstrance to the High Court*, 1641)에서 스멕팀누스의 논쟁(Smectymnuan controversy)을 초래했으며, 이 논쟁에 밀턴은 『비난』(*Animadversions* [1641])과 『한 팸플릿에 대한 해명』(*An Apology against a Pamphlet* [1642])으로 참여했다. 후자의 전체 제목은, *An Apology against a Pamphlet Call'd A Modest Confutation of the Animadversions upon the Remonstrant against Smectymuus, ets.* 였다. 1654년에 초판 재고분이 *An Apology for Smectymnuus*라는 간단한 제목으로 재발행된 후, 이 제목으로 통용되었다. 이 산문에서 밀턴은 홀이 왕당파 정서를 가지고 있으면서 겉으로 의회를 찬양하고 있음을 비난했다.

것입니다. 그의 최상의 칭송은 아첨이 아니며, 그의 가장 평범한 충고는 일종의 칭송입니다. 비록 제가 논쟁에 의해 확인하고 주장해야겠지만, 제가 거명하게 될 것인바, 만일 여러분의 공포된 법령 가운데 하나의 법령이 철회되면,[6] 진리와 학문에, 그리고 공화국에 훨씬 유익이 될 것입니다. 또한 동시에, 이로써, 다른 국가통제주의자들(statists)이 여태까지 공적인 아첨을 기뻐했던 것보다,[7] 여러분이 공적인 권고를 더 기뻐한다고 생각하게끔 개인들이 고무될 때, 여러분의 온건하고 공정한 정부의 영예를 드높이게 되지 않을 수 없습니다. 그러면 사람들은 삼년회기 의회(trienniall Parlament)[8]의 관대함과, 최근에 권력을 찬탈한 고위 성직자들과 내각 자문관들의 질투심 많은 오만함 사이에,[9] 무슨 차이가 있는지를 알게 될 것입니다. 그들은, 여러분이 여러분의 승리와 성공 가운데서 투표로 통과된 법령에 대한 서면상의 예외 조항을 이전의 다른 의회들보다 더 온건하게 심사숙고하고 있음을 보게 될 것입니다. 다른 의회들은 부를 과시하는 열등한 짓 외에는 기억할 만한 것을 아무것도 내어놓지 않았으

---

[6] 밀턴이 철회되길 바라는 하나의 법령이란, 1643년의 출판 허가법(the Licensing Order)를 말한다.

[7] 참고로, 허버트 파머(Hermert Palmer)는 평민원에서 행한 설교에서 더 신속한 개혁을 요구하면서, "우리는 오랫동안 가장 그러지 말아야 할 자들에 의하여 군주들이 아부를 받는 것과, 그 때문에 우리와 군주들이 얼마나 많이 파괴되는지를, 오랫동안 그리고 아주 정당하게 불평을 해왔습니다."라고 말했다. *Cf. The Necessity and Encouragement of Utmost Venturing*, June 21, 1643; E60[3], p. 49.

[8] 삼년회기 의회의 법령(1641년 2월 16일)은, 만일 왕이 마지막 회의를 소집한 후 3년 안에 의회를 소집하지 않으면, 새로운 의회가 자동적으로 소집되도록 한 것이었다. 밀턴은 이처럼 긴 휴회에 대응하여 안전해진 의회가 왕의 임의적인 소집보다 더 관대해졌다고 주장하는 것 같다. 밀턴은 장기의회의 권한에 엄청나게 더 큰 결과를 초래한, 1641년 5월 10일의 법령에 대해서는 언급하지 않는바, 이 법안은 의회 자체의 허가 없이는 의회를 해산할 수 없게 했다.

[9] 찰스 1세는 1629년부터 1640년 사이에 의회를 한 번도 소집하지 않았는데, 이때 전적으로 자문관들에 의하여 권력을 행사했던 것이다.

므로, 어떤 갑작스러운 포고에 대한 가장 작은 증오의 표출을 허용했을 것입니다.

　상하원 의원 여러분! 만일 여러분이 공포한 법령이 직접 말한 내용을 부정하기 위한 것으로써, 제가 여러분의 예의 바르고 품위 있는 위대성을 보여주는 온유한 행동을 이렇게 지나치게 믿는 것이라면, 만일 누가 저를 경험 없고 거만하다고 비난하더라도, 저는 쉽게 저 자신을 옹호할 수 있을 것입니다. 여러분이 **훈족**(Hunnish)이나 **노르웨이인**(Norwegian)의 위엄 있는 야만적인 자만심보다[10] 그리스의 오래된 품위 있는 인간성을 모방하는 것을 얼마나 더 좋게 간주하는지를 제가 파악하고 있음을 그들이 알기만 한다면 말입니다. 그 시대의 교양 있는 지혜와 학문 덕분에 우리가 지금까지도 **고트족**(Gothes)이나 **유틀란트족**(Jutlanders)이 아닌바, 그런 시대 출신으로는, 자기 개인 집에서 **아테네 의회**(the Parliament of Athens)에 연설문을 썼던 자를[11] 제가 거명할 수 있을 것입니다. 그 글은

---

[10] 여기서 밀턴은 당시의 스칸디나비아 사람들의 평판과, 6세기부터 10세기에 이르는 사이에 그들이 덴마크인의 잉글랜드 침범에 가담한 것을 염두에 두고 있다.

[11] 이소크라테스(Isocrates, 기원전 436~338년)를 가리키며, 그는 아테네의 변론가로서, 40년간 유명한 수사학 스승으로서 큰 명성을 얻었다. 여기서 아테네의 의회가 아레오파고스(Areopagus)의 법정을 가리키는 것은 아닌 것 같다.『아레오파고스 연설』(*Areopagiticus*)에서, 이소크라테스는 아레오파고스의 귀족회의가 시민들의 행동에 대해 전반적인 관리를 행사했던, 민주제 시기 이전의 이러한 고대의 정치체제로 돌아가자는 주장을 했다. 밀턴의『아레오파기티카』는 제목은 물론 읽힐 것을 염두에 둔 연설문의 형식이라는 점에서 이소크라테스의 글과 비슷한 점이 많다. 그러나, 그 목적에 있어서 두 연설문은 상이하다. 기원전 4세기에 아레오파고스 법정은 형사재판권만 가지고 있었는데, 이소크라테스는 이 법정에 교육과 풍속 등의 전반적인 감독 및 통제 기능의 부활을 촉구했던 반면, 밀턴은 언론에 있어서 국가의 감독권을 배제하려는 취지로 글을 쓴 것이다. 이런 모순에 대해, 어니스트 설럭(Ernest Sirluck)은 추정하기를, 밀턴이 독자들에게『신약성경』의 「사도행전」(17: 16~34)에 나오는 바울의 아레오파고스 연설을 연상하기를 원했으리라고 하는데, 별로 설득력이 있어 보이진 않는다.

그 당시에 설립된 민주주의 체제를 변경하도록 그들을 설득하는 내용입니다. 그 당시에는 그들 자신의 나라뿐만 아니라 다른 국가들에서도 지혜와 웅변의 공부를 직업으로 하는 사람들에게 대단한 경의를 표했던바, 만일 그들이 공적으로 국가에 충언을 해야 했다면, 도시와 장원(莊園)의 시민들은 그들의 말을 기꺼이 그리고 대단한 존경심으로 경청했던 것입니다. 이리하여 이방인이자 개인 웅변가(Privat Orator)인 디온 프루사에우스(Dion Prusaeus)[12]가 이전의 법령에 반대하여 로도스인들(Rhodians)[13]에게 충고했습니다. 그리고 여기서 보여줄 필요가 없어 보이는 다른 비슷한 예는 많습니다. 그러나 만일 연구하는 일에 전 생애를 바친 근면으로부터, 그리고, 북위 52도로 인하여[14] 아마도 최악으로 된 것은 아닌, 타고난 재능으로부터, 제가 이 특권을 가졌던 자들 누구와도 대등하지 않다고 여기실 정도로 많이 훼손된 것이 틀림없다면, 여러분 자신이 그들의 자문을 받은 자들 대부분보다 우수하듯이, 제가 그렇게 열등하지 않다고 여겨지길 바라는 바입니다. 그리고 상하의원 여러분, 여러분이 얼마나 그들을 능가하는지를 확신하십시오. 이에 대한 가장 큰 증거는, 여러분의 신중한 정신이 이성의 소리를 어디에서 듣더라도, 그 이성의 음성을 인정하고

---

[12] 디온의 그리스 이름은 크리소스토모스(Dion Chrysostomos)이며, 그는 비티니아(Bithynia)의 프루사(Prusa) 출신 그리스 수사가이자 철학자였으며, 이집트를 거쳐 로마에 갔으나, 도미티아누스 황제에 의하여 정치적인 이유로 추방되어 14년간 흑해 연안을 유랑했다. 그 후, 그의 친구 네르바(Nerva)가 황제로 등극하자, 로마로 돌아와서 네르바와 트라야누스에 의하여 인정을 받았다. 그의 연설은 주로 온건한 금욕주의를 주장하는 철학성과 정치성을 띠었다. 그는 "로도스 연설"(Rhodian Discourse)에서, 동시대 공직자의 이름을 새겨 넣기 위한 이유로 공공 기념물에 새긴 인물들의 이름을 지우게 했던 법령을 철회하라고 권면했다.

[13] 지중해 섬인 로도스(Rhodes)의 사람들을 가리키며, 로도스 해상법(海商法, the Rhodian law)은 기원전 9세기경 제정된 세계에서 가장 오래된 해상법이다.

[14] 밀턴은 북쪽 나라의 차가운 기후를 그의 동포의 지적 부족의 원인으로 언급하기도 한다. Cf. *History of Britain*, Book III (Columbia, X, 325).

순종하고, 그리고 여러분의 선임자들이 제기한 그 어떤 법 조항만큼 여러분 자신이 제기한 법 조항을 여러분 자신들이 기꺼이 취소하도록 하는 것입니다.

만일 여러분이 이처럼 결심이 섰다면, 여러분이 그렇지 않다고 생각하는 것은 상처가 될 것입니다. 출판을 규제하기 위해 여러분이 제정한 법안을 다시금 판단함으로써, 여러분이 공언하는 진리에 대한 사랑과, 여러분 자신에게 편파적인 습관이 없는지와 여러분의 판단은 공정한지를, 둘 다 보여줄 적당한 예를 제시하지 않을 이유를 모르겠습니다. "어떤 책이나 팸플릿 혹은 논문도, 먼저 검열을 맡게 된 자들, 혹은 그들 중 한 사람이, 인가하거나 허가하지 않고는, 이제부터 출판해서는 안 된다"는 것입니다. 모두가 정당하게 자신의 저작권을 보유하거나 가난한 자들을 위해 공급하는 부분을 제가 언급하는 것이 아니라, 그들이 이러한 세부적인 조항 중 어느 것도 어기지 않고 정직하게 고생하는 사람들을 능욕하고 핍박하는 구실이 되지 않기를 희망할 뿐입니다. 그러나 고위성직제가 사라졌을 때,[15] 그 형제격인 **사순절**(quadragesimal)과 **결혼에 관한**(matrimonial) 조항과 더불어,[16] 사멸되었다고 우리가 생각했던 서적검열의 다른 조항에 대하

---

[15] 장로제 주의(Presbyterianism)는 1645년 1월 28일에 법적으로 규정되었고, 감독제(Episcopacy)는 1646년 10월 9일에 공식적으로 철폐되었다. 그러나 찰스 왕이 주교 배제법(Bishops Exclusion Bill)을 승인했던, 1642년 2월 13일에, 주교는 이미 실효적으로 배제된 것이었다.

[16] "Quadragesimal"은 사순절(四旬節, Lenten)을 뜻하며, 여기서 밀턴은 사순절에 주교에 의하여 개인 신청자에게 주어지는 금식 조항을 언급하고 있다. 결혼에 대한 조항은 결혼식 거행 이전에 연속적으로 세 번 일요일마다 예고하여 그 결혼에 대한 이의 여부를 묻는 결혼 예고의 공표를 말한다. 이런 모든 조항에 대한 주교의 면제 허가의 권한이 사라졌다는 것이다. 밀턴의 반대는 면제의 권한보다 통제의 권한에 대한 것인데, 후자를 폭압이라고 생각하기 때문이다. "결혼 허가"를 국가의 입법으로 보는 현대적 의미에서는 애매하게 읽힐 수도 있지만, 밀턴은 그의 이혼론 산문들에서 이러한 발전을 권고했으며, 나중에 그 첫 출현을 열렬히 환영했던

여, 제가 이제 여러분 앞에 설교식으로 제시하고자 합니다. 첫째, 그것을 창시한 자들은 여러분이 인정하기 싫어할 자들이며, 둘째, 책이 어떤 종류든, 독서에 대해 일반적으로 어떻게 생각해야 하는지, 그리고 이 법령이 불명예스럽고, 선동적이며, 비방적인 책들을 주로 통제할 의도였으나, 그런 억제 효과가 없다는 점을 다루겠습니다. 마지막으로, 그 법령은 우리가 이미 알고 있는 것에서 우리의 능력을 발휘하지 못하게 하고 무디게 할 뿐만 아니라, 종교적 및 시민적 지혜 둘 다에서 아직 더 이루어질 수 있는 발견을 방해하고 잘라냄으로써 모든 학문을 억제하며, 진리의 단절에 이바지할 것이라는 점을 다룰 것입니다.

저는 어떻게 책이 사람처럼 행세하는지 눈을 뜨고 지켜보고, 그다음으로 그것을 악인처럼 제한하고, 감금하고, 그것에 가장 혹독한 처벌을 하는 것이 교회와 공화국에 가장 큰 관심사라는 것을 믿어 의심치 않습니다. 책은 전혀 죽은 것이 아니라, 그것을 낳은 영혼처럼 그 속에 활동적인 생명의 잠재력을 포함하고 있습니다. 아니, 그것은 그것을 발생시킨 살아있는 지성의 가장 순수한 효험과 진액을 약병에 담듯이 보존합니다.[17] 저는 그것이 전설적인 용의 이빨처럼 살아있고, 왕성하게 생산적이라는 것을 알고 있습니다.[18] 그리고 여기저기 뿌려지면, 무장한 사람으로 솟아

것이다.

[17] Cf. Bacon, *Advancement of Learning*, I, viii, 6 (World Classics, Oxford, 1929), p. 65: "인간의 지혜와 지식의 표상은 책 속에 남는다. … 그것을 표상이라고 부르는 것조차 합당치 않은 것은, 그것이 여전히 다른 사람들의 마음속에서 그 씨앗을 생성하고 뿌리고, 뒤따르는 시대에 무한한 행동과 의견을 자극하고 일으키기 때문이다."

[18] 오비디우스(로마의 시인, 기원전 43년~기원후 17년?)의 카드모스(Cadmus) 이야기(*Metamorphoses*, III, 101~130)에 이하면, 카드모스가 뿌린 용의 이빨에서 무사들이 나왔다고 한다. 밀턴이 오비디우스를 잘 알고 있었으므로 이런 이미지를 사용했겠지만, 피에트로 사르피(Pietro Sarpi)의 『종교재판소의 역사』(*History of Inquisition*,

오를 가능성도 있습니다. 그렇지만 반면에, 신중하지 않으면, 양서(good Booke)를 죽이는 것은 한 사람을 죽이는 것이나 마찬가지입니다. 사람을 죽이는 자는 하나님의 형상을 따른 이성적인 피조물을 죽이는 것이지만, 양서를 파괴하는 자는 이성 자체, 말하자면, 눈으로 보는 하나님의 형상을 죽이는 것입니다. 많은 사람이 이 세상에 짐이 되는 삶을 살지만, 양서는 생명을 넘어 생명으로 보존하고자 향약으로 처리된 위대한 정신의 고귀한 생혈(生血)입니다. 사실상, 어떤 시대도 막대한 손실이 없이는 한 생명을 구할 수 없습니다. 시대의 혁명들이 거부된 진리의 상실을 종종 회복하지 못하기도 하며, 그것이 없기에 국민 전체가 더 나쁜 세상을 살아가기도 합니다. 그러므로, 우리가 공인들의 살아있는 업적에 대하여 어떤 핍박을 가하는지, 우리가 책 속에 보존되고 저장된 사람의 경험적 삶을 어떻게 쏟아버리는지 경계해야 합니다. 왜냐하면, 우리는 일종의 살인 행위, 때로는 하나의 순교가, 이렇게 자행될 수 있음을 보기 때문입니다. 만일 그것이 전체적인 인상, 일종의 학살로 확장되고, 그것이 시행되면, 육체적 생명의 살해로 끝나지 않고 영원한 다섯 번째 본질(essence),[19] 즉 이성 자체의 숨결을 타격한다면, 한 생명이라기보다 하나의 불멸성을 살해하는 것입니다. 그러나 제가 검열을 반대하면서도 방종을 소개하는 것으로 비난받지 않고자, 저는 역사적인 접근을 하는 수고를 마다하지 않을 것인바, **종교재판소(Inquisition)**[20]에서 가만히 기어 나온

---

tr. Robert Gentilis, 1639. p. 69)에서 착상했을 것 같다. "책의 문제는 그것이 말(words)을 다룬다는 이유로 사소한 것처럼 보일 수 있으나, 이 같은 말을 통하여 세상에 의견들이 생성되고, 이 때문에 편파와 선동 그리고 결국 전쟁을 야기한다."

[19] 고대·중세 철학에 따르면, 첫 네 가지 본질은 지수화풍(地水火風), 즉 물질세계의 원소들이며, 다섯째 본질은 우주의 구성 원질로 여겨지는 무형적인 천상의 물질이다. 그리하여 현대영어의 "quintessence"(진수, 眞髓)는 물질 혹은 비물질의 가장 본질적인 부분이나 특성을 뜻한다.

이 검열 계획이 우리의 고위 성직자들에게 붙잡히고, 우리의 장로파 일부의 마음을 사로잡은 바로 그때까지, 고대의 그리고 유명한 공화국들이 이런 무질서에 반대하여 무엇을 했는지를 보여주는 데 도움이 될 것입니다.

책과 지혜가 그리스(Greece)의 다른 어느 지역에서보다 항상 활동적이었던 아테네(Athens)에서, 저는 관료들이 주목한 두 종료의 글만 발견하는바, 이 둘은 불경하고 무신론적인 것과 불명예스러운 것입니다. 이리하여, 프로타고라스(Protagoras)[21]의 책은 아레오파고스(Areopagus)[22]의 재판

---

[20] 교회나 국가 권위에 의한 이단의 심문과 제재는 기독교 교회만큼 오래된 것이지만, 교회의 독자적인 법정으로서의 종교재판소는 1231년, 황제 프리드리히(Friedrich) 2세의 칙답서(勅答書)가 교황 호노리우스 3세가 채택할 때까지 존재하지 않았다. 그 이전에는 주교가 이단자를 지목하여 세속 정부가 처벌하는 방식이었으며, 그 후로는 두 세기 반 동안, 종교재판소는 스페인에서보다 독일, 프랑스 및 이탈리아에서 더 확산되었다. 그러나, 페르디난드(Ferdinand)와 이사벨라(Isabella)가 스페인에서 재조직을 고무하며, 1478년 토르케마다(Torquemada)가 첫 종교재판소장으로 임명되었다. 그 후 스페인의 "성성"(聖省, Holy Office)은 너무 가공할 정도여서 오늘날 종교재판소(Inquisition)라는 용어 자체가 스페인의 종교재판소를 뜻하는 경우가 많게 되었다. 그 성성은 나폴레옹에 의하여 억압되기도 했으나 1814년 재개되었고, 1864년의 혁명에 의하여 최종적으로 금지되었다. 로마에서는 그 강제적인 권력이 1870년에 이탈리아군의 등장과 더불어 끝이 났으나, 성성 자체는 여전히 존속하여 기능을 수행하고 있다.

[21] 프로타고라스(기원전 480~410년경)는 그리스 북쪽 트라키아 지방에 위치한 압데라(Abdera) 출신으로서, 데모크리토스(Democritus)의 문하생이었고, 소피스트의 시조(始祖)라 불리기도 한다. 그는 헤라클리토스(Heraclitus)가 주창한 물질의 영구유전설(流轉說)의 영향을 받아 이를 지식에 적용했다. 그의 가장 칭송받는 명제는 "인간의 만물의 척도이다"(Man is the measure of all things)라는 것이다. 여기서 인간은 개개의 인간을 가리키며, 동일한 사물과 사상(事象)에 대한 감각적 지각(知覺) 및 판단은 개개의 인간에 의해 다르거나 대립할 가능성이 있다. 따라서 모든 판단의 기준은 개개의 사람에게 속한다는 뜻이다. 따라서 플라톤식의 절대주의와 대립되는 상대주의가 시작된다. 신들(Gods)에 관한 그의 논문 서두에서 "나는 어떤 신들이 있는지 없는지에 대한 지식에 도달할 수 없다"는 말을 하여 아테네로부터 추방되었으며, 그의 책들은 공개적으로 불태워졌다. *Cf.* Cicero. *On the Nature of the Gods*, I, 23, tr. C. D. Yonge (New York, 1888), p. 231.

[22] 아테네의 언덕, 고대 아테네의 최고 재판소.

관들이 불태우라는 처분을 내렸고, "신이 존재하는지 아닌지를 알지" 못한다고 고백하는 것으로 시작된 담론 때문에 그 자신이 그 지역에서 추방되었습니다. 그리고 명예훼손에 반대하여, 아마도 명칭으로 인하여 비방해서는 안 된다고 공포되었습니다. **구희극**(舊喜劇, Vetus Comœdia)의 방식이 그러했으며,[23] 그것에 의하여 우리는 그들이 명예훼손을 어떻게 견책했는지를 추측할 수 있습니다. 그리고 **키케로**(Cicero)가 기록하듯이, 이런 과정은 그 사건이 보여주듯이, 다른 무신론자들의 무모한 지혜와 명예훼손의 공개적 방식 모두를 아주 재빠르게 진압했습니다. 다른 분파나 견해들은, 비록 넘쳐나긴 하지만, 그들이 주목하지 않았습니다. **에피쿠로스**(Epicurus)[24]나 자유분방한 **키레네**(Cyrene)학파[25], 혹은 **키니코스**(Cynick)학파[26]의 무례가 발언한 것도 법에 의하여 단연코 문제시되지

---

[23] 구희극(Old Comedy)은 공적 인물과 사건들을 화려하고 활기 넘치게 풍자하는 것이 특징인 아리스토파네스의 작품을 통해 널리 알려졌다. 춤, 그리고 개인적인 공격과 익살로 꾸며졌고, 기탄없는 정치적 비판과 함께 문학적, 철학적 주제와 관련된 언급도 포함하고 있다.

[24] 에피쿠로스(기원전 341~270년)는 그의 이름대로 에피쿠로스학파의 창시자이며 소위 쾌락주의 철학자라는 악평을 받았으며, 밀턴 역시 그런 편견을 가졌던 것이다. 그러나 오늘날 널리 수용되는 디오게네스 라에르티우스(Diogenes Laertius)는 그에 대한 모든 흔한 비난을 기록하고 나서, 다음과 같이 적고 있다: "그러나 이 사람들은 완전히 미쳤다. 우리의 철학자는 모든 인간에 대한 그의 출중한 선의를 증명할 충분한 증거들을 가지고 있다. ... 신들에 대한 그의 경건, 그리고 조국에 대한 그의 사랑은 말로 표현할 수 없을 정도이다" (*Lives and Opinions of Eminent Philosophers*, X, 9~10 [2 vols., London: Loeb Classical Library, 1925], 537~539).

[25] 키레네학파는 그 철학의 창시자 아리스티푸스(Aristippus, 기원전 435~356년경)의 출생지명에 따라 그렇게 불린다. 아리스티푸스는 키레네에서 태어나 아테네에서 소크라테스의 철학을 공부하고 고향으로 돌아가 쾌락주의(hedonism) 철학을 주창했다. 그는 여러 종류의 쾌락 사이에 정도와 지속 기간 외에는 구별하지 않았으며, 덕성은 그것이 쾌락을 생산할 때만 선이라고 주장했다. 『교회 정부의 이유』 각주 418(본서 1권, p. 248)을 참조할 것.

[26] 견유학파(犬儒學派)라고도 불리는 키니코스학파는 안티스테네스(Antisthenes, 기

않았음을 우리는 압니다. 또한 구희극 작가들의 공연이 금지되긴 했어도 그들의 글이 억압되었다는 기록은 없습니다. 그리고 **플라톤**이 그들 가운데 가장 느슨한 **아리스토파네스**(Aristophanes)를 읽으라고 그의 왕이며 학자인 **디오니시우스**(Dionysius)[27]에게 권면했다는 사실은 흔히 알려진 바이며, 만일 거룩한 **크리소스토무스**(Chrysostome)[28]가, 보고된 바와 같이, 밤마다 동일한 작가[29]를 그토록 연구했고, 험한 말투의 격정을 정화하여 감동적인 설교 스타일에 맞추는 기술을 가졌다면, 플라톤의 그런 권면이 용납될 수 있을 것입니다. 그리스의 다른 앞서가는 도시, **라케다이몬**(Lacedaemon)[30]이 그들의 입법자 **리쿠르고스**(Lycurgus)[31]가 이오니

원전 440~370년경)에 의해 키노사르게스 김나지움(Cynosarges gymnasium)에서 창시되었다. 안티스테네스는 덕성과 지혜의 완전성, 그리고 쾌락과 과시에 대한 경멸을 함께 가르쳤다. 그는 긍정적인 가르침 못지않게 예리한 비난으로 명성을 얻었다. 이 학파가 얻은 "몰염치"(impudence)하다는 평판은 그의 제자 시노페의 디오게네스(Diogenes of Sinope, 기원전 412~323년경)에게서 생겨났다. 디오게네스는 안티스테네스의 학설과 신랄함을 과장했고 고의적인 몰염치를 행동원칙으로 세웠다. 그는 오늘날 그의 나무 그릇과 램프 이야기로 가장 잘 알려져 있다. 그가 어린 소년이 손으로 물을 떠서 마시는 걸 보고 자신의 유일한 소유인 나무 그릇을 버렸다는 일화가 있고, 다른 일화는, 훤한 대낮에 등불을 들고 다니며 사람을 찾는 행위를 하여 사람들이 비웃곤 했는데, 그는 "나는 한 사람의 정직한 사람을 찾고 있는데, 내가 찾은 사람이라곤 불량배와 건달만 있구나!"라며 한탄하곤 했다고 한다.

[27] 디오니시우스는 시라쿠사(Syracuse, 기원전 430?~367)의 폭군이었으며, 그가 아테네의 헌법을 배우기를 원했을 때, 플라톤은 아리스토파네스의 시를 읽으라고 했다는 이야기가 오래된 익명의 저자가 쓴 그의『생애』(Life)에 나온다. *Cf. Life*, sec. ix. in the Teubner edition of Aristophanes, ed. Theodorus Bergk, Leipzig, 1852, p. 37.

[28] 크리소스토무스(기원후 347~407년경)은 콘스탄티노플 주교 및 안티오키아 대주교였으며, 그리스 교회 교부 가운데 가장 영향력 있는 자 중 하나였다. 그는 왕실의 도덕적 부패와, 더욱이나 황녀에 대한 우상숭배에 가까운 신격화를 반대했고 그 때문에 관직을 박탈당하고 추방되었다.

[29] 같은 문장에서 앞서 언급한 아리스토파네스를 가리킴.

[30] 스파르타(Sparta)의 별칭.

아(Ionia)에서 호메로스(Homer)의 흩어진 작품들을 들여오고, 크레타(Creet)에서 시인 탈레스(Thales)[32]를 내보내서 스파르타의(Spartan) 거만함을 그의 부드러운 노래와 송시(頌詩)로 조정하고 누그러뜨리고 스파르타인 사이에 법과 예절을 더 잘 심으려 했던 첫 번째 사람이 되었을 정도로 격조 높은 학문에 너무나 심취하였음을 알거니와, 스파르타인이 전쟁의 무훈에나 관심 있고 그토록 시심이 없으며(muselesse) 책을 싫어한다는 것은 불가사의한 일입니다. 그들은 책을 검열할 필요가 없었습니다. 그들은 그들 자신의 간결한 경구(Laconick apothegms) 외에는 모든 책을 싫어했으며, 사소한 기회를 잡아 아르킬로코스(Archilochus)[33]를 자기네 도시에서 추방했는데, 아마도 그가 그들 자신의 군사적 민요나 윤무(輪舞)가 도달할 수 없을 정도의 격조 높은 선율(旋律)로 작시(作詩)했기 때문이었을 것입니다. 혹은 그의 천박한 시들 때문이 아닌가 하고 묻는다면, 그들은 그 점에 그리 신경 쓰지 않았고, 그들의 문란한 대화에서 그만큼 방탕했던 것입니다. 그러므로, 에우리피데스(Euripides)는 『안드로마케』(Andromache)에서 그들의 여자들은 모두 음탕했다고 주장합니다.[34]

---

[31] 기원전 9세기의 인물로서 스파르타의 반(半)전설적인 입법자였음.
[32] 여기 언급된 크레타의 탈레스 혹은 탈레타스(Thaletas)는 기원전 7세기경의 인물로서 시인이자 음악가였으며, 밀레투스의 철학자 탈레스(기원전 640?~546년)와는 다른 인물이다. 탈레스와 리쿠르고스에 대한 일화들은 플루타르코스의 『영웅전』(*Lives*)에 등장한다("Lycurgus" IV; Bohn ed. [4 vols., London, 1906] I, 70).
[33] 파로스(Paros)의 아르킬로코스는 기원전 7세기의 서정시와 풍자시를 썼던 시인이었으며, 약강3보격(弱强三步格, iambic trimeter)과 강약4보격(强弱四步格, trochaic tetrameter)의 창시자였다. 발레리우스 막시무스(Valerius Maximus, IV, 3)는 그의 시가 방탕한 주제 때문에 스파르타에서 금지되었다고 전해지며, 플루타르코스(*Institula Laconic*, 239B)는 사람이 생명을 버리기보다 자기 방패를 버리는 것이 더 낫다고 주장했다는 이유로 그 도시에서 추방되었다고 한다.
[34] L1. 590~593: "아닙니다! 스파르타의 아가씨들은 / 정숙하고 싶어도 그럴 수가 없었어요. / 그녀들은 자기 집을 떠나 / 사지를 노출하고 옷자락을 휘날리며 / 젊은

이리하여, 어떤 종류의 책들이 그리스인들 사이에서 금지되었는지에 대해 우리에게 밝혀진 바가 많습니다. 로마인들도, 수많은 시대 동안 군사적 난폭성을 훈련받았고, 스파르타 사람의 겉치레만 가장 닮아서, 그들의 **열두 법조문(twelve Tables)**[35]과, **복점관(卜占官, Augurs)**[36] 및 **제관들(Flamins)**[37]과 함께 **주교단(Pontifick College)**[38]이 종교와 법에 대해 그들에게 가르친 것밖에는 학문에 대해 별로 아는 게 없었습니다. 그들은 그토록 다른 학문에 대해 친숙하지 않아서, **카르네아데스(Carneades)**와 **크리톨라우스(Critolaus)**가 **스토아 철학자인 디오게네스(Diogenes)**와 함께 **로마**에 대사로 와서, 그 도시에 그들의 철학의 맛을 보여주는 기회로 삼았을 때, 검열관 **카토(Cato)** 같은 사람은 그들을 유혹하는 자로 의심하여, 원로원을 움직여서 그들을 속히 면직하고, 이 같은 모든 **그리스의(Attick) 수다쟁이들**을 **이탈리아**에서 추방하도록 했습니다.[39] 그러나 가

이들과 경기나 스포츠를 즐기기 때문입니다.—내가 어쩔 수 없는 관습입니다"(tr. E. P. Coleridge).

[35] 기원전 451년, 10인 위원(decemvir)들이 로마의 구전 관습법을 법문으로 정비하여 열 개의 법조문을 만들었으며, 이듬해 두 개를 보충하여 12조문이 완성되고 청동에 새겨졌으며, 이로써 로마법의 기본이 되었다.

[36] 새의 행동 같은 것을 보고 점을 쳐서 공공사업이 신의 인정을 받았는지 결정하고 발표하는 로마의 사제단이었다.

[37] 신에게 봉헌하는 성화를 담당하는 제관들로서 15명이 각각 하나의 특별한 신을 모시고 매일 각자 성화를 지폈다고 한다. Flamins [flamines]는 flamen의 복수형이다. *Cf.* Milton, "Nativity Ode" l. 94.

[38] 고대 로마 교회의 최고 권위로서 종교예식과 관련된 문제를 명령하는 것 외에도, 어떤 종류의 지식, 특히 숫자와 측량과 관련된 지식을 독점했다. 복잡한 로마 달력이라든가 공공의 공학적 계획을 관장했다고 한다.

[39] 이 사건은 기원전 155년에 일어났다. 아테네는 오로푸스(Oropus)를 약탈했다는 혐의로 로마 원로원으로부터 무거운 벌금형을 받았으며, 그 벌금의 면제를 요청하기 위해 이 사절단이 파견되었다. 여기서 밀턴이 비웃는 카토의 조치는 가끔 옹호되어왔다. 카르네아데스(기원전 213~129년경)는 키레네 출신으로 아테네에 와서

장 고귀한 원로원 의원 가운데 스키피오와 다른 이들은 카토와 그의 사비누스적인(Savin)⁴⁰ 엄격성을 잘 견디면서, 그 사람들을 존경하고 칭송했습니다. 그리고 그 검열관 자신이 노년기에 이르자 드디어, 이전에 그토록 신중했던 것을 연구하기 시작했습니다. 그렇지만 같은 시기에, 최초의 라틴계 희극작가였던 나에비우스(Naevius)와 플라우투스(Plautus)는 메난드로스(Menander)와 필레몬(Philemon)에게서 차용한 모든 연극이 그 도시에 널리 퍼지게 했습니다.⁴¹ 그러자 명예를 훼손하는 책과 저자에 대하여 어떤 조처를 해야 할 것인지 이로써 역시 검토하기 시작했습니다. 나에비우스는 그의 방자한 문필 때문에 즉시 감금되었고, 그의 변설(變說)을 조건으로 호민관에 의하여 석방되었습니다. 우리가 역시 읽은 바로는, 아우구스투스(Augustus)도 명예훼손 저작물을 불태우고, 저자들을 처벌했

스토아 철학을 연구했으나, 회의적인 변증법을 보여줌에 있어서 신중하지 못했고, 크리톨라우스(기원전 192~110년경)는 기원전 2세기 중엽 소요(逍遙)학파의 우두머리였다. 바빌로니아의 디오게네스는 기원전 2세기에 활동했고, 같은 세기 중엽에 스토아학파의 우두머리였다. 검열관 카토(Marcus Porcius, 기원전 234~149년)는 탁월한 군복무를 마치고 184년에 로마의 검열관이 되었고 모든 개혁, 특히 그리스의 영향에 반대하여 그의 직무를 엄격히 수행했다.

⁴⁰ 마수리우스 사비누스(Massurius Sabinus)는 로마의 법학자로서, 로마의 시민법을 상속법·인법(人法)·채무법·물법(物法)으로 나누어 체계화한 저서 『시민법에 관한 3서』를 펴냈다. 그의 뒤를 이어 카시우스, 야보레누스, 가이우스, 율리아누스 등 후계자가 나타나서 사비누스 학파(Sabiniani)를 구성했다.

⁴¹ 나에비우스(기원전 264~202년경)는 로마의 서사시인 겸 극시 작가로서 그의 희극에서 스키피오(Scipio)와 메텔루스가(家)(the Metelli)를 비방했다는 이유로 감금되었다가 추방되었다. 플라우투스(기원전 254~184년경)는 로마의 가장 인기 있는 희극작가였고, 메난드로스(342~291)는 아테네의 신희극(New Comedy)의 최고 작가였다. 필레몬(기원전 361~263년경)은 매우 인기 있는 또 한 사람의 신희극 작가였다. 카르네아데스 등의 사절단이 방문한 시기는 나에비우스의 희극이 상연된 후 80여 년 지났으며, 플라우투스의 첫 작품 이후 70년이 지났는데도, 밀턴이 "같은 시기에"라고 표현한 것은 영어원문의 과거분사 동사구문을 사용한 것과 관련지어 이해하면 될 수 있다.

습니다.[42]

만일 그들이 경외하는 신들에 대하여 불경한 글이 뭔가 쓰였다면, 의심할 여지 없이, 동일한 엄벌이 내렸습니다. 이런 두 가지 사항을 제외하면, 어떻게 세상이 책 속에서 진행되는지 관료는 판단하지 못했습니다. 그러므로, **루크레티우스(Lucretius)**[43]는 비난받지 않고 **멤미우스(Memmius)**에게 바치는 쾌락주의(Epicurism)를 시로 지었고, 그 공화국의 위대한 아버지였던 키케로에 의하여 두 번째 발표되는 명예를 얻었습니다. 비록 키케로 자신은 그 자신의 글에서 그 의견을 논박하고 있지만 말입니다.[44] **루킬리우스(Lucillius)**,[45] **카툴루스(Catullus)** 혹은 **플라쿠스(Flaccus)**의 풍자적인 신랄함이나[46] 노골적인 명백성도 어떤 명령에 의해서 금지되지 않았습니다. 그리고 국가의 문제에 대해서, **티투스 리비우스(Titus Livius)**의 이야기는,[47] 비록 그것이 폼페이우스(Pompey)가 차지한 지역을 찬양하긴

---

[42] 사실상 기원전 450년 이래 존재했고 기원전 302년에 강화된 명예훼손법(law of libel)이 있었다. *Cf.* Tacitus, *Annals*, I, 72; Horace, *Epistles*, II, I, 152~154.

[43] 루크레티우스(기원전 98~55년)의 교훈 서사시, 『만물의 본성에 대하여』(*De Rerum Natura*)는, 인간을 신에 대한 외구(畏懼)와 죽음의 공포로부터 해방하기 위하여 에피쿠로스의 가르침을 해설하고, 세계는 자연의 기계적인 법칙에 지배되며, 영혼은 육체와 함께 사멸(死滅)한다는 것을 증명하고 있다. 시(詩)의 중점은 레우키포스와 데모크리토스로부터 에피쿠로스가 계승하여 수정했던 원소 기반의 우주론을 상세하게 전개하는 것이지만, 에피쿠로스의 자연학과 쾌락설(快樂說)에 대해서도 언급한다. 이 서사시는 기원전 58년 당시 법무관이었던 멤미우스에게 헌정되었다.

[44] 키케로가 루크레티우스의 『만물의 본성에 대하여』를 편집했다는 이야기는 에우세비우스(Eusebius, 263~339)의 교회사에 덧붙인 히에로니무스의 글에 나오는데, 이것은 밀턴이 말한 것처럼 두 번째가 아니라 첫 번째 출현을 뜻하는 것 같다.

[45] 루킬리우스(기원전 148~103년경)는 로마의 풍자시 전통을 창시했고, 호라티우스는 그의 『풍자』(*Satires*)에서 루킬리우스의 작품을 논의하고 있다(I, iv, x).

[46] 카툴루스(기원전 87~54년경)는 율리우스 카이사르를 희화했다. 플라쿠스는 호라티우스(Quintinus Horatius Flaccus, 기원전 65~8년)를 말한다.

[47] 리비우스(기원전 59~17년경)는 고대 로마 역사가로서, 그의 이야기는 『로마

했지만, 그 때문에 **옥타비우스 카이사르**(Octavius Cœsar)에 의하여 금지되지는 않았습니다. 단지 **나소**(Naso)[48]가 그의 젊은 시절의 방종한 시 때문에 노년에 그에 의해 추방된 것은 어떤 은밀한 명분에 대한 국가의 비호일 뿐이었던 것입니다. 반면에, 책은 추방되지도 않았고 회수되지도 않았습니다. 이제부터, 우리는 로마 제국에서 폭정밖에 다른 것을 별로 못 만날 것입니다. 그래서 우리는 비록 나쁜 책이 좋은 책만큼 자주 제지당하지 않더라도 놀라워하지 않을 것입니다. 고대인들 사이에서 어떤 글이 처벌되었는지 알리고 그밖에 다른 모든 논쟁은 자유롭게 다루어졌다는 점을 다룸에 있어서, 저는 충분히 넓게 다룬 것 같습니다.

이즈음에,[49] 황제들은 그리스도인이 되었으며, 이런 점에서의 그들의 계율이 이전에 실제로 그러했던 것보다 더 엄격했는지를 저는 발견할 수 없었습니다. 그들이 오만한 이단자로 여기는 자들의 책들이 **공의회**(General Councils)[50]에서 검토되고 반박되고, 그리고 정죄되었으나, 그때까지는 황제의 권위에 의하여 금지되거나 불태워지진 않았습니다. 이교

사』(*Ab Urbe Condita Libri*)를 말하는데, 라틴어 제목의 원뜻은 "도시(로마)가 세워진 이래로"라는 뜻이다.

[48] 나소는 오비디우스(Publius Ovidius Naso, 기원전 43년~기원후 18년)을 가리키며, 그가 추방된 진정한 이유는 오늘까지 알려진 바 없으나, 대부분의 학자는, 오비디우스의 『성애 기술』(性愛技術, *Ars Amatoria*)에 대한 주장이 당대 궁정의 추문을 감추기 위한 구실이었다는 밀턴의 의견에 공감한다. 오비디우스의 추방과 거의 같은 무렵에 아우구스투스의 손녀 율리아(Julia)가 추방되었기 때문이다. 그러나 그가 추방된 것은, 이 시집이 출판되고 10년 후, 그의 나이 43세였을 때였다. 그의 시집이 억압되지 않았다는 밀턴의 말은 옳지만, 그것이 공공도서관에서 회수되도록 명령은 내려졌다. 그 시집이 그의 추방의 공적인 이유일 뿐만 아니라 실제적인 이유라는 주장도 제기되었다. *Cf.* L. P. Wilkinson, *Ovid Recalled* (Cambridge: Cambridge UP, 1955), p. 208.

[49] 기독교를 공인한 첫 번째 황제였던 콘스탄티누스는 기원후 306~337년에 군림했다.

[50] 지방 교회의(local or regional synods)와 구별되는 상위 종교회의로서, 첫 공의회는 325년 비티니아(Bithynia)의 니케아에서 콘스탄티누스에 의하여 소집되었다.

도 작가들의 저작에 대하여 말하자면, 포르피리우스(Porphyrius)[51]와 프로클루스(Proclus)[52]의 저작처럼 기독교에 대한 명백한 독설이 아닌 한, 거론될 만한 어떤 금칙도 마주치지 않았고, 비로소 400년경의 카르타고 공의회(Carthaginian Council)[53]에서 주교 자신들이 이방인(Gentiles)의 책을 읽는 것은 금지되었으나, 이단 교리는 읽을 수 있었습니다. 그리고 그 초대 공의회와 주교들은 어떤 책이 추천할 만한지 선포할 뿐이었고, 그 이상 나아가지 않았으며, 읽든 말든 각자의 양심에 맡겨두었는데, 비로소 800년 이후, 트리엔트 공의회(Trentine Councel)의 비밀을 파헤친 파드레 파올로(Padre Paolo)[54]가 그것을 준수하게 됩니다. 그 이후, 로마의 교황들은 그들이 좋아하는 정치적 지배 부분을 자기들 수중에 독점하고, 이전에 그들의 판단을 지배하려 했듯이, 사람들의 눈을 지배하고자 영역을 확장했고, 그들이 좋아하지 않는 것을 불태우고 읽지 못하게 금지했습니다. 그러나 견책은 삼갔고, 그들이 그렇게 처리한 책은 많지 않았습니다. 비로소 마르티노 5세(Martin V)[55]가 그의 교서에서 이단 서적을 읽는 것을 금

---

[51] 포르피리우스(233~305)의 『반(反)기독교도론』(*Against the Christians*)이라는 논문은 콘스탄티누스에 의하여 소각되었다고 한다.
[52] 프로클루스(412~485)는 신플라톤학파 철학자로서, 기독교에 대해 공개적으로 완고하게 반대했다. 그의 책이 금지되었다는 기록은 없으나, 그의 사망 후 44년 지나서 유스티니아누스(Justinian)가 아테네의 철학 학원들을 탄압하는 칙령을 내렸을 때 금지되었다.
[53] 카르타고 공의회는 397~412년 사이에 네 차례 소집되었으며, 밀턴은 400년경이라고만 밝히고 있다. 공의회는 종교회의 내지 교회회의로 번역되기도 한다.
[54] 파올로 세르비타(Paolo Servita)는 피에트로 사르피(Pietro Sarpi, 1552~1623)의 세례명이며, 교회의 세속적인 패권을 철폐하려는 운동에서 베네치아의 지도자 중 한 사람이었다. 그의 주요 저작으로는 『트리엔트 공의회사』(*Historie of the Council of Trent*)와 『종교재판소의 역사』(*History of the Inquisition*)이 있다.
[55] 교황 마르티노 5세(Otto Colonna, 1368~1431)는 1417년부터 1431까지의 교황이었고, 그의 교서(bull)는 1418년에 공포되었다.

지했을 뿐만 아니라, 처음으로 그것을 파문하게 되었습니다. 그 무렵, 위클리프(Wiclef)와 후스(Huss)는 점차 끔찍하게 되어, 교황청이 더 엄격한 금지 정책을 펴도록 처음으로 몰고 간 장본인이었습니다. 그 과정을 레오 10세(Leo X)[56]와 그의 추종자들이 따랐으며, 비로소 트리엔트 공의회[57]와 스페인 **종교재판소(Spanish Inquisition)**가 함께 나타나서, 누군가의 무덤에까지 가할 수 있는 것보다 더 악독한 폭행을 가하면서, 수많은 훌륭한 옛 저자들의 속을 후벼 파내는 그런 목록과 정화 조항을 제시하고 완성했습니다.[58] 그들이 이단적인 문제에 머물러 있지도 않았으나, 그들의 입맛에 맞지 않은 어떤 주제도 그들이 금지하여 폐기하거나 하나의 지침이라는 새로운 연옥으로 직행하도록 했습니다. 위법의 기준을 보충하려는, 그들의 마지막 착안은 어떤 책이나 팸플릿이나 논설문도, 그것이 두세 명의 탐욕스런 탁발승의 손에서 인가되고 허가되지 않는 한, 인쇄되어서는 안 된다고 규정했던 것입니다. 마치 사도 **베드로**가 그들에게 천국의 열쇠뿐만 아니라 출판의 열쇠도 물려준 것처럼 말입니다.[59] 예를 들자면:

---

[56] 레오 10세의 본명은 Giovanni dei Medici(1475~1521)이며 1513년부터 교황이었다. 그는 플로렌스(Florence)의 메디치 가문 출신으로 교황 율리우스 2세(Julius II)의 뒤를 이어 교황이 되었다. 1515년 5월 3일 그의 교서(Bull)는 모든 저작물에 검열을 확대했다.

[57] 제19회 바티칸 공의회(ecumenical council)는 몇 번의 휴회를 거쳐 1545년 12월 13일에서 1563년 12월 4일까지 트리엔트(현재의 이탈리아 트렌토)에서 모였으며, 역사적으로 가장 중요한 사건 중 하나였으며, 그 주요 목적은 신교의 도전에 대처하는 교리의 결정이었고, 그 두 번째 목적은 교회조직과 운영의 개혁이었다.

[58] 여기서 해부학적인 이미지는 사르피의 『종교재판소』(*Inquisition*, tr. Gentilis, 1639, p. 71)에 나오는 구절에 의하여 암시되었을 수도 있다: "그들은 고대 저자들의 책을 다시 출판함으로써 그 기운을 빼버렸고 세속적 권위에 이바지할 수 있는 모든 것을 꺼냈다."

[59] 이런 관점에서 밀턴은 사르피와 갈라선다. 사르피도 검열에 전적으로 동의하지만, 허가권은 종교 문제에 있어서만 교회에 속해야 하며, 세속적인 문제에 있어서는 당연히 국가에 속한다는 주장이다. 반면, 밀턴의 주장은 허가 자체가 잘못이라는

치니 대법관님(chancellor Cini)은 이 책 가운데 출판에 어긋나는 내용이 포함되어 있는지 살펴주시길 바랍니다.
− 피렌체 주교 대리, 빈센트 라바타(Vincent Rabata)

나는 이 책을 살펴본 결과 가톨릭교의 신앙과 미풍양속에 어긋나는 것을 아무것도 발견하지 못했으며, 이에 대해 증언하는 바입니다.
− 피렌체 대법관, 니콜로 치니(Nicolo Cini)

판례에 따라, 다반차티(Davanzati)의 본서는 인쇄해도 좋다고 허가함.[60]
− 빈센트 라바다 외

출판을 허가함, 7월 15일.
피렌체 종교재판소 종교법 고문,
− 수도사 시몬 몸뻬이 다멜리아(Friar Simon Mompei d'Amelia)

분명히 그들은 자만하고 있으며, 만일 무저갱에 갇힌 자가 오래전에 지옥문을 부수지 않았다면, 이 네 겹의 퇴마 장치가 그를 가두어둘 수 있다고 생각할 겁니다. 제가 염려하는 바는, 그들의 다음 계획은 **클라우디우스**(Claudius)가 의도한 바 있으나 관철하지 못했다고 그들이 주장하는 것에 대한 검열을 그들의 관할 범위에 끌어들이는 것입니다. 그들의 또 다른 형식, 즉 로마가톨릭의 검인을 봐주시길 바랍니다.

것이다. 물론 출판에 대한 모든 통제를 다 없애야 한다는 주장은 아니다.
[60] 다반차티(Bernardo Davanzati Bostichi, 1529~1606)는 피렌체의 학자이자 역사가였으며, 본문에 나오는 구절은 1681년 피렌체에서 출판된 그의 유작, 『잉글랜드의 이교』(Scisma d'Inghilterra)의 면지(面紙)에 적혀있는 허가서를 밀턴이 번역한 것이다.

주교 관저 서기가 인정하는 경우, 출판승인(Imprimatur)[61].
- 행정대리인, 벨카스트로(Belcastro)

출판승인.
- 주교관저 서기, 수도사 니콜로 로돌피(Friar Nocolo Rodolphi)

때로는 다섯 개의 **출판승인**(Imprimaturs)이 속표지 전면에 대화하듯이 함께 모여, 탁발한 모습의 공손한 태도로[62] 서로 보완하고 서로에게 굽실거리는 형국입니다. 그의 서한 아래에서 당혹스럽게 대기하고 있는 저자가 출판하게 될지 혹은 폐기할지를 두고 말입니다. 이런 것들이, 그들이 만든 듣기 좋은 복창(Eccho)으로 최근에 우리의 고위 성직자들과 그들의 지도 신부들을 홀린 아름다운 답창(Antiphonies)이며, 소중한 교창(responsories)인 것입니다. 그리고 그것들이 우리에게 정신을 차리지 못하게 하여 위엄 있는 **출판승인**을 기꺼이 모방하게 했고, 하나는 램버스 수도원(Lambeth House)에서, 다른 하나는 성 바울 성당(Paul's)의 서쪽 끝에서 생겨났습니다.[63] 그렇게 원숭이처럼 로마가톨릭을 모방했고, 명령하는 단어는 여전히 라틴어로 적었습니다. 마치 그것을 기록한 학식 있는 문법에 맞는 펜은 라틴어가 아니면 잉크를 쏟아낼 수 없는 것처럼 말입니다. 혹은 아마도, 그들이 생각하기엔, 저속한 언어는 출판승인의 순수한 개념을 표현할 자격이 없

---

[61] 출판허가(Imprimatur): 로마가톨릭교회에서 특히 성서연구에 관한 출판, 또는 일반적으로 종교·신학·도덕에 관해 중요한 내용을 담은 저술을 출판하기 위해서 동시대의 교회법이 요구하고 있고 주교가 승인해야 하는 허가를 뜻함.

[62] 성직자의 탁발을 가리키는 표현이며, 종교재판소에 의하여 지명되는 검열관은 보통 도미니코회 수사였다.

[63] 오늘날 램버스 궁(Lambeth Palace)으로 불리는 램버스 수도원은 켄터베리 대주교의 런던 공관이며, 런던 주교의 궁은 성 바울 성당(St. Paul Cathedral)의 경내에 있었다.

었기 때문일 것입니다. 그러나 차라리 제가 바라는바, 자유를 성취함에 있어서 항상 유명하게 앞장서는 사람들의 언어인 우리의 영어가 이 같은 독재적인 뻔뻔스러운 표현을 할 만한 굴종적인 문자를 쉽게 찾지 못할 것이기 때문입니다.

이리하여, 저작검열을 창시한 자들과 기원은 그 어떤 계보 못지않게 직선적으로 갈라지고 그려진 것입니다. 우리는 그것에 대하여 어떤 고대 국가나 정체나 교회로부터 들은 바가 없으며, 초기 혹은 그 이후의 선조들이 우리에게 남긴 법규에 의해서도 들은 바가 없으며, 또한 해외의 어떤 개혁 도시나 교회의 현대적 관습에서도 들은 바가 없으며, 단지 가장 반기독교적인 교회 회의와 이제까지 심문한 중에 가장 폭압적인 **종교재판소**에서나 들을 수 있을 뿐입니다. 그때까지 책은 다른 어떤 출생만큼 세상에 자유롭게 항상 등장했으며, 두뇌의 소산은 자궁의 소산만큼이나 질식되지 않았습니다. 어떤 사람의 지적 자식이 탄생하는 것을 두고 시기심 많은 주노(Juno)가 다리를 포개고 앉아 있었던 것은 아니었습니다.[64] 그러나 만일 태어난 그것이 괴물임이 드러난다면, 그것을 정당하게 불태우거나 바닷물에 빠뜨렸음을 누가 부인하겠습니까? 그러나, 한 권의 책이, 죄 많은 영혼보다 더 나쁜 조건에서, 세상에 태어나기도 전에 심판관 앞에 서야 하고, 더구나 나룻배를 타고 빛 속으로 되돌아가기 전에,[65] 어둠 속에서, **라다만투스**(Rhadamanthus)[66]와 그 무리의 판결을 받아야 한다

---

[64] 밀턴의 의도는, 주노가 출산을 방지하거나 지연시키고자 전통적인 마법을 직접 수행한 것이 아니라, 해산의 여신 일리티아(Ilythia)가 그렇게 하도록 했다는 것이다.
[65] 고대 문학은 카론(Charon)의 배를 타고 아케론(Acheron)강을 건너 하데스 본토로 들어가야 하는 죽은 자의 영혼에 대한 많은 기술이 포함되어 있다.
[66] 라다만투스, 미노스(Minos) 및 아이아코스(Aeacus)는 하데스(Hades)의 재판관들이었다. 라다만투스는 제우스(Zeus)와 유로파(Europa)의 아들로서 사후에 명부의 재판관이 되었고, 엄정 강직한 재판관임.

는 것은 여태 들어본 적이 없습니다. 그런데 드디어 종교개혁의 시발점에서 자극되고 불안해진 신비로운 죄악(mysterious iniquity)[67]이 새로운 림보(limbo)[68]와 새로운 지옥을 찾게 되었고, 그 속에서 그들은 그들의 저주받은 책들의 숫자 속에 우리의 책을 포함하고자 했던 것입니다. 그리고 이것은 검열 욕구에 얼빠진(inquisiturient)[69] 주교들과 그들을 수행하는 작은 신부들(minorites)[70]인 지도 신부들이 강탈하고, 추잡하게 모방한 맛있는 진미였습니다. 여러분의 행위의 성실성을 알고 여러분이 진리를 얼마나 존중하는지를 아는 모든 이들은, 검열법(licensing order)을 고안했으리라고 가장 확실히 의심되는 자들을 이제 여러분이 좋아하지 않는다는 점, 그리고 여러분이 검열법을 통과시켜달라는 간청을 받았을 때, 모든 나쁜 의도가 여러분의 생각과 아주 거리가 멀다는 점을, 여러분을 위해 기꺼이 해명해드릴 것입니다.

그러나 혹자는 말하기를, 고안자들이 나빴다고 한들, 결국 유익이 될

---

[67] 「요한계시록」 17: 1~5 참조. "많은 물 위에 앉은 큰 음녀가 받을 심판을 내게 네게 보여 주리라. 땅의 왕들이 그녀와 음행했고 땅의 거주하는 자들도 그녀와 음행의 포도주에 취하게 되었도다 하고 … 그 여자의 이마에 한 이름이 기록되어 있었는데, 신비(Mystery)라, 큰 바빌론(Babylon)이라, 땅의 창녀들과 가증한 것들의 어미라, 했더라." 종교개혁은 바빌론을 로마의 "예표"(type)으로 보았고, 여기서 밀턴이 사용한 구절은 교황제도를 가리킨다.

[68] 지옥과 천국 사이에 있으며, 기독교를 믿을 기회를 얻지 못했던 착한 사람 또는 세례를 받지 못한 어린아이 등의 영혼이 머무는 곳.

[69] 밀턴 자신의 합성어로서, 종교재판소(Inquisition)의 사악한 유산과 호색적인(prurient) 성격을 동시에 보여줌. David Lowenstein, *Milton and the Drama of History* (Cambridge: Cambridge UP, 1990), p. 38 참조.

[70] 작은 탁발수사(Friars Minor)라는 이름은 프란시스(Francis)에 의하여 그의 계급에 강요된 겸손을 표현하는 호칭이었다("아무도 수도원 원장(prior)이라 불리지 말고, 모두 더 낮은 형제로 불리길 바랍니다."). 그 계급이 겸손을 선포하고 오만을 실천했다는 것이 종교개혁 측의 비난이었다. 청교도들은 영국 주교의 지도 신부의 임무와 행위도 이와 똑같은 비난을 받아 마땅하다고 생각했다.

수도 있다면, 무슨 상관이냐고 할 것입니다. 그럴 수도 있습니다만, 만일 검열법이 이런 깊은 고안이 아니라, 누구나 밝힐 수 있는 분명하고 쉬운 것이고, 그럼에도 불구하고, 모든 시대와 여건을 통틀어 최상의 가장 현명한 국가들이 그것을 사용하기를 삼갔으며, 사람들 가운데 가장 거짓된 유혹자들과 압제자들이 처음에 그것을 받아들였고, 다른 목적이 아니라 개혁의 첫 시도를 차단하고 방해하는 목적에서 받아들였다면, 이러한 고안에서 어떤 좋은 용도로 승화시키는 것은 **룰리우스**(Lullius)[71]가 알았던 가장 어려운 연금술일 것입니다. 저도 그렇다고 믿는 사람 중 한 사람입니다. 그렇지만, 이런 이유에서 제가 얻고 싶은 유일한 것이 있다면, 그것이 위험하고 의심스러운 과일이라고 주장할 수 있다는 것입니다. 제가 그것이 지닌 속성들을 하나씩 해체할 수 있을 때까지, 그런 과일을 맺는 나무에는 분명히 그럴 가치가 있기 때문입니다. 그러나 제가 제안한 바와 같이, 책이 어떤 종류든, 독서에 대해 일반적으로 무엇을 생각할 것인지, 그리고 거기서 생겨나는 유익이나 손해 가운데 어느 것이 더 많은지를 먼저 논의해야 하겠습니다.

    모세, **다니엘**, 그리고 **바울**의 예를 주장할 것도 없습니다. 이들은 이집트인, 갈데아인(Chaldeans), 그리스인의 모든 학문에 능통했으며, 이는 아마도 그들의 모든 종류의 책을 읽지 않고는 불가능했을 것이며, 비극작가 한 명을 포함한 그리스 시인 세 사람의 문장들을 성경에 삽입해도 신성모독이 아니라고 생각했던 **바울**의 경우에 특히 그렇습니다. 그럼에도 불구하고, 그 문제는 때때로 초대교회 학자들 사이에 논쟁이 되었는데, 모든

---

[71] 릴리우스(Lullius Raymundus; Raymond Lully, 1234~1315년경)는 이탈리아인 연금술사로서, 그가 기독교로 개종시키려 한 이슬람교도들에게 돌에 맞아 죽었으나, 화학, 의학 및 논리학에 대한 저술의 명성이 높아서, 연금술사의 수호성인이라 불릴 정도였다.

종류의 책을 읽는 것이 합당하며 유익하기도 하다고 주장하는 측에 아주 유리하게 전개되었습니다. 배교자이자 가장 교활한 우리 신앙의 원수인 율리아누스(Julian the Apostat)가 그리스도인에게 이교도 학문의 연구를 금지하는 법령을 선포했을 때, 그때 분명히 감지되었듯이 말입니다.[72] 그가 말하기를, 그들은 우리 자신의 무기로 우리에게 상처를 입히고, 우리 자신의 예술과 과학으로 그들이 우리를 정복할 것이라고 했습니다. 그리고 사실상 그리스도인은 이런 술책에 의하여 궁여지책에 내몰리게 되고, 완전 무지에 추락할 위험이 너무 커서, 아폴리나리우스(Apollinarius) 부자(父子)는 이를테면 성경에서 그 모든 일곱 가지 교양 학문(seven liberall Sciences)을 만들어내고 싶어 했으며,[73] 그것을 연설, 시, 대화의 다양한 형식으로 축소하고, 심지어 새로운 기독교 입문서를 만들 생각까지 했습니다. 그러나 역사가 소크라테스(Socrates)[74]는 말하기를, 하나님의 섭리가 그 법률을 고안한 자(율리아누스)의 생명과 함께 그 무지한 법률을 몰수함으로써, 아폴리나리우스와 그의 아들의 노력보다 더 잘 준비하셨다고 했습니다. 그들은 그리스 학문을 말살시키는 것을 그만큼 큰 상처로 간주했으며, 데키우스(Decius)나 디오클레티아누스(Dioclesian)[75]의 공개

---

[72] 배교자 율리아누스(Julian the Apostate, Flavius Claudius Julianus, 331~363)은 콘스탄티누스의 조카였으며, 361년부터 로마의 황제였다. 그는 원래 그리스도인이었으나, 그 뒤에 개종하여 고대 로마 신들을 섬겼고, 황제로서 로마를 이전의 종교로 되돌리기 위해 노력했다.

[73] 알렉산드리아의 아폴리나리우스 부자(父子)를 말하며, 시리아의 라오디케아(Laodicea) 주교였던 아들은 율리아누스 황제가 기독교인의 고전교육을 금지하자, 아버지와 함께 구약성경을 호메로스와 핀다로스의 시 형식으로 옮기고, 신약성경을 플라톤의 대화록 식으로 옮겼다. 그들은 일곱 분야의 교양 학문, 즉 3학(문법, 논리학, 수사학)과 4학(산수, 기하학, 천문학 및 음악)을 성경에서 구성하고자 하였다.

[74] 소크라테스 스콜라스티코스(Socrates Scholasticus [385~440년경])는 위대한 교회 역사가로서, 그의 『교회사』(*Ecclestiastical History*)는 에우세비오스(Eusebius)의 것과 함께 현재까지 초대교회에 대한 일차적인 정보자료이다.

적인 학대보다 교회를 더 크게 훼손하고 비밀스럽게 타락시키는 박해라고 생각했던 것입니다. 그리고 아마 그것은, 성 히에로니무스(St. Jerom)[76]가 키케로를 읽었다는 이유로 그의 사순절(Lenten) 꿈속에서 악마가 그를 매질했다는 것과 똑같이 정치적인 취지였거나, 아니면, 그것은 그때 그를 사로잡은 열병 때문에 생긴 환상이었을 겁니다. 그것이 키케로의 문체(Ciceronianisms)에 대한 지나친 의존 때문이 아니면, 만일 어떤 천사가 그를 훈계해서, 허영심이 아니라 책 읽기를 질책한 것이라면, 그것은 분명히 편파적이었을 것입니다. 첫째, 그가 조금 전에 읽었다고 자백하는 상스러운 플라우투스(Plautus)가 아니라 진지한 키케로 때문에 그를 바로잡는다는 것이 그렇고, 다음으로, 그 사람만 바로잡고, 그 수많은 고대 교부는 이렇게 지도하는 환영(幻影)의 매질 없이 그 즐겁고 화려한 연구를 하며 늙어가도록 했다는 것이 그렇습니다. 현존하지 않지만, 호메로스(Homer)가 쓴 장난스러운 시, 『마르기테스』(*Margites*)[77]를 어떻게 유용하게 활용할 수 있는지를 바실리우스(Basil)[78]가 가르쳐주고 있으니까 말입니다. 그

---

[75] 249년부터 로마의 황제였던 데키우스 트라야누스(Decius Trajanus, 201~251). 로마 고대 종교를 회복시키려는 노력으로, 기독교의 조직적인 박해를 실시했다. 284년부터 그가 양위한 305년까지 황제였던 디오클레티아누스(Diocletian, 245~313)은 데키우스의 반기독교 정책으로 돌아갔다.

[76] 히에로니무스(c. 340~420)는 라틴어 성경의 번역자이다. 로마 문학의 애호가였으나 기독교에 몰두하면서 겪었던 갈등에 대한 에피소드가 있다. 그가 사순절에 심한 열병에 걸렸는데 그의 영이 하나님 앞에 나아가 영혼의 상태에 대한 질문을 받자 자신이 그리스도인이라고 대답했으나 용납되지 않았다. 그의 마음이 키케로의 저작에 사로잡혀 있었기 때문이라는 것이다. 그래서 천사가 개심을 촉구하며 채찍질을 했으며, 그가 환상에서 깨어났을 때, 채찍 자국이 남아있었다고 한다. 그런데 밀턴은 여기서 그 채찍질을 천사의 탈을 쓴 악마의 한 소행이라고 주장한다.

[77] 플라톤과 아리스토텔레스가 호머의 시로 추정했던, 현재 4행만 남아있는 의사영웅시(mock-heroic poem)이다. 그러나 그 시의 진짜 작가가 누구인지는 알려져 있지 않다.

[78] 대성(大聖) 바실리우스(Basil the Great, c. 330~379)는 카이사레아(Caesarea)의 주

리고 또한 상당히 동일한 목적으로 쓰인 이탈리아의 로망스 『모르간테』(*Morgante*)[79]는 어떻습니까? 그러나 만일 우리가 환상에 의하여 시험당할 것을 인정한다면, 에우세비우스(Eusebius)[80]가 기록한 환상이 있는데, 이 환상은 수녀 에우스토키움(Eustochium)에게 들려준 히에로니무스(Jerome)의 이 이야기보다 훨씬 더 오래되었고, 게다가 거기에는 열병에 대한 이야기가 없습니다. 디오니시우스 알렉산드리누스(Dionysius Alexandrinus)[81]는 240년경, 교회에서 경건과 학문으로 아주 유명한 인물이었고, 이단들의 책에 정통하여 그들을 상대로 크게 활약하곤 했는데, 급기야 어느 장로파 성직자가 조심스럽게 그 문제를 그의 양심에 제기했으며, 어찌 그가 그 더러운 책들 사이에 자신을 감히 내맡기는지를 생각하게 했습니다. 화내기를 싫어하는 그 훌륭한 사람은 어떻게 생각해야 할지 자신과의 논쟁에 빠졌습니다. 그의 서한에서 주장하는 바에 따르면, 그때 갑자기 하나님이 보내신 환상이 그에게 이런 말로 확인했다는 겁니다. "그대의 수중에 들어온 책은 어떤 것이든 읽어라. 그대는 올바르게 판단하고 각

교로서, 바실리오 수도회 수사(修士)들이 따르는 수도 규칙의 저자였다. 그의 『그리스 문학의 올바른 용도에 관하여』(*On the Right Use of Greek Literature*)의 전반적 의미는 이교적인 저작물도 기독교적으로 유익하게 사용할 수 있다는 것이다. 바실리우스가 『마르기테스』가 아닌 호메로스에서 그 방법을 풍부하게 예증하고 있지만, 밀턴이 뜻하는 바는 바실리우스가 『마르기테스』를 잘 활용하는 방법을 가르쳐 준다는 것일 수 있다. 『마르기테스』는 의사영웅시(擬似英雄詩, mock-heroic poem)로서 4행만 남았을 뿐이며, 플라톤과 아리스토텔레스가 호메로스의 작품으로 여겼으나, 누구의 저작인지 확실하지 않다고 한다.

[79] 루이기 풀치(Luigi Pulci)는 1481년 베네치아에서 의사영웅시 로망스인 『모르간테 소령』(*Il Morgante Maggiore*)을 출판했다.

[80] 에우세비우스 팜필리우스(Eusebius Pamphilius, 264~340년경)는 카이사레아의 주교였으며, "교회사의 아버지"(Father of ecclesiastical history)라고 불린다. 그의 교회사는 초대교회에 대한 정보의 일차적인 자료이다.

[81] 디오니시우스 알렉산드리누스(190~265년경)는 247년부터 알렉산드리아(Alexandria)의 주교였다.

문제를 검토할 능력이 충분하니라."라고 했답니다. 그가 고백하듯이, 그는 이런 계시에 곧바로 동의를 했는데, 그것이 사도 **바울**이 데살로니가인들(Thessalonians)에게 한, "모든 것을 시험해보고 선한 것을 굳게 붙들라"[82]는 말씀과 상응했기 때문입니다. 그리고 그는 같은 저자의 또 다른 훌륭한 말씀을 보탤 수도 있었을 것입니다. "순수한 자들에게는 모든 것이 순수하니",[83] 고기와 마시는 것뿐만 아니라, 선하든 악하든, 모든 종류의 지식이 그러하며, 만일 의지와 양심이 더럽혀지지 않으면, 지식은 더럽힐 수 없고, 결국 책도 그럴 수 없다고, 말입니다. 책은 고기와 음식과 같아서, 어떤 것은 좋은 재료로, 어떤 것은 나쁜 재료로 만들어집니다. 그렇지만, 하나님은 출처가 확실한 환상에서[84] 예외 없이 말씀하시기를, "**베드로야, 일어나 잡아먹으라.**"고 하며, 선택을 각 사람의 분별에 맡기셨습니다. 손상된 배에는 건강에 좋은 고기나 건강에 나쁜 것이나 별로 차이가 없거나 아예 차이가 나지 않으며, 사악한 마음에는 가장 좋은 책도 악의 기회가 되지 말란 법이 없습니다. 나쁜 고기는 건강에 가장 좋은 소화 과정에서도 좋은 영양을 거의 생성하지 못할 것입니다. 이 점에서 나쁜 책과 차이가 있는데, 나쁜 책은, 신중하고 판별력 있는 독자에게는, 여러 가지 측면에서 찾아내고, 논박하고, 경고하고, 그리고 예시하는 데에 이바지하는 것입니다. 제가 들 수 있는 증인으로는, 의회에 지금 앉아

---

[82] 「데살로니가전서」 5: 21.

[83] 「디도서」 1: 15.

[84] 「사도행전」 10: 9~16. 이제까지 유대인의 율법을 준수해온 베드로가 배가 고르게 되어, 식사법에 따라 금지된 동물로 가득 찬, 하늘에서 내려진, 밥그릇의 환상을 보게 되었다. 그는 먹으라는 말을 들었고, 더 많은 사건이 이어져서, 유대인이 이방인과 교제하는 것이 더이상 불법이 아님을 뜻하는 것으로 이 환상을 해석하게 했다. "출처가 확실한"(unapocryphall)이란 표현은 히에로니무스의 "환상"과 대조시키려는 의도로 사용됨.

계신 여러분 자신들 가운데 한 사람이며, 이 나라에서 저명한 학식 있는 사람 가운데 최고이신, **셀던 선생**(Mr. Selden)[85]보다 더 좋은 증인을 내놓을 수는 없을 것입니다. 자연법과 국가법에 관한 그의 책이, 함께 모인 위대한 권위자들뿐만 아니라, 거의 수학적으로 논증되는 절묘한 이유들과 정리(定理)들에 의하여 입증하는바, 모든 의견은, 아니 그뿐 아니라, 실수들도, 알려지고, 읽히고, 대조되어, 가장 진실한 것의 신속한 성취에 주로 이바지하고 도움이 된다는 것입니다.

그러므로, 제가 이해하는 바로는, 하나님이 절제의 원칙을 늘 지키며 사람 몸의 보편적인 식품의 범위를 넓혔을 때, 그때 그분은 전처럼 역시, 우리로 하여금 우리의 정신적 식사와 식사량을 자의적으로 하게 하신 것입니다. 그 점에서 모든 성인은 그 자신의 주도적인 능력을 행사해야 할 것입니다. 절제가 얼마나 큰 덕성이며, 사람의 전 생애를 통하여 얼마나 중요한 것인지요! 그렇지만 하나님은 그토록 큰 책임의 관리를 특별한 법률이나 처방 없이 모든 성인의 행동에 전적으로 맡기십니다. 그러므로, 하나님 자신이 하늘로부터 유대인들에게 음식을 준비해 주셨을 때,[86] 모든 사람이 먹을 만나(Manna)의 하루 분량이었던 한 오멜(omer)은 가장 왕성한 대식가의 세 끼 식사를 충족시키고도 남을 분량이었다고 추정됩니다. 사람에게서 나오는 것보다 도리어 사람에게 들어가서 더럽히지 않

---

[85] 셀던(John Selden, 1584~1654)은 영국의 법률가, 법역사가, 동양학자 및 정치가였다. 그는 왕의 대권의 과도한 해석에 반대했기 때문에 찰스 왕에 의해 여러 차례 감금되기도 했다.

[86] 「출애굽기」 16: 16: "여호와께서 이같이 명령하시기를 너희 각 사람은 먹을 만큼만 이것을 거둘지니 곧 너희 사람 수효대로 한 사람에 한 오멜씩 거두되 각 사람이 그의 장막에 있는 자들을 위하여 거둘지니라 하셨느니라." 출애굽 후 광야를 유람하는 유대인들에게 하늘에서 내려주신 빵인 만나를 각 사람이 하루 분량으로 일 오멜씩 취하도록 명령하셨다는 것이다.

는 행동에 대해서는,[87] 하나님은 영원한 유아기의 처방으로 묶어두지 않으시고, 그에게 이성의 선물을 맡기어 스스로 선택하는 자가 되게 하십니다. 만일 이제까지 권고로만 다스리던 것들에 대해 법과 강제가 그토록 빨리 늘어난다면, 설교할 일은 별로 없어질 것입니다. **솔로몬**은 우리에게 가르치기를, 많은 독서는 눈을 피곤하게 한다고 합니다만,[88] 그나 다른 영감을 받은 저자 누구도 우리에게 이 같은 독서가 불법이라고 말하지는 않습니다. 더구나 만일 하나님이 이 점에서 우리를 제한하는 것이 유익하다고 생각했다면, 우리에게 무엇이 피곤한지 말씀하시기보다 무엇이 불법인지를 말씀하셨더라면 제한하기 훨씬 더 편리했을 것입니다.

사도 **바울**의 개종자들이 에베소의 책들을 불태운 것에 대하여 말하자면, 시리아 판(the Syriack)이 그렇게 표현하듯이,[89] 그 책들이 마법에 관한 책이라는 것입니다.[90] 그런 소각은 개인적인 행위고, 자의적인 행위이며, 우리에게 자의적으로 모방하게 하는 것입니다. 양심의 가책을 느낀 사람들이 그들 자신의 책을 불태운 것입니다. 이런 예에 의하여 관료가 지시받는 것이 아닙니다. 이 사람들은 그 책들을 실천에 옮겼으며, 또 다른 사람들은 아마 어떤 유용한 방식으로 읽었을 것입니다. 이 세상의 현장에서 우리가 아는 선악은 거의 분리될 수 없게 함께 자라납니다. 그리고 선의 지식(the knowledge of good)은 악의 지식(the knowledge of evil)과 거의 구별이 안 될 정도로 수많은 교묘한 유사점 가운데 밀접하게

---

[87] 사람 몸으로 들어가서 뒤로 배설되는 것보다 사람의 마음에서 나오는 것이 사람을 더럽게 하는 악한 생각과 행동이라는 것이다. 「마태복음」 15: 17~20, 「마가복음」 7: 14~23 참조.
[88] 「전도서」 12: 12.
[89] 「사도행전」 19: 19.
[90] 「사도행전」 19: 19: "또 마술을 행하던 많은 사람이 그 책을 모아 가지고 와서 모든 사람 앞에서 불사르니 그 책값을 계산한즉 은 오만이나 되더라."

연관되며 서로 얽혀 있어서, **프시케**(Psyche)가 선별하고 분리하도록 끊임없이 일거리로 받은 그 혼란스러운 씨앗들도 이보다 더 뒤섞여 있지는 않았을 정도입니다.[91] 선악의 지식(the knowledge of good and evil)이 굳게 결합한 두 쌍둥이로서 세상에 뛰쳐나온 것은, 사과 한 개의 껍질을 맛본 데서 시작된 것입니다. 그리고 아마 이것이 **아담**이 빠져든, 선악을 아는, 즉 악에 의하여 선을 알게 된 운명입니다.

그러므로, 지금 인간의 상태와 같습니다. 악에 대한 지식이 없이 선택하려면 어떤 지혜가 있을 수 있으며, 삼가게 하려면 어떤 절제가 있을 수 있겠습니까? 악덕을 모든 미끼와 보기 좋은 쾌락과 더불어 이해하고 고려하되, 여전히 삼가고, 여전히 구별하고, 진정으로 더 좋은 것을 여전히 선호하는 자, 그자가 진정한 전투적인 그리스도인(the true warfaring Christian)입니다. 저는 단련되지 않고 살아있지 않는, 도피적이고 은둔적인 덕성을 찬양할 수 없습니다. 이것은 원수를 공격하고 조우하는 것이 아니라, 불멸의 화관(花冠)을 위해 달려가야 하고, 먼지와 더위가 있게 마련인, 경주에서 슬쩍 도망치는 것이기 때문입니다. 확실히 우리는 세상에 순수를 탄생시키는 것이 아니라, 오히려 불순을 탄생시킵니다.[92] 우리를 정화하는 것은 시련이며, 그리고 시련은 상반된 것에 의하여 존재합니다. 그러므로 악을 주시함에 있어서 철부지일 뿐인, 그리고 악행이 그녀

---

[91] 큐피드와 프시케 이야기는 아풀레이우스(Apuleius)의 『변신 이야기』(*Metamorphoses*)에 나오는데, 마법을 따라하다가 실수로 당나귀로 변신한 주인공 루키우스라는 사람의 황당무계한 모험을 다룬 피카레스크 소설이며, 히포의 아우구스티누스가 『황금 당나귀』(*The Golden Ass*)로 언급했다. 오늘날까지 그 원본이 완전하게 보전된 유일한 라틴어 소설이다. 스타일은 당시의 이야기꾼들이 그렇듯이 다소 선정적이고, 수선스럽고, 불경스럽기까지 하지만, 그 내용 자체는 매우 도덕적이다.

[92] 밀턴, 『기독교 교리』(*Christian Doctrine*, I, 11): "모든 인간에게 공통된 죄악은 우리의 첫 부모, 그리고 그들 속에서 모든 그들의 후손이 범한 것이다."

의 추종자들에게 약속하는 최후를 모른 채 그것을 거부하는, 그런 덕성은 하나의 공허한 미덕일 뿐이며, 순수한 것이 아닙니다. 그런 덕성의 결백은 배설물 같은 결백일 뿐입니다. 그것이 우리의 현인이며 진지한 시인 스펜서(Spenser)[93]가—제가 그를 스코투스(Scotus)나 아퀴나스(Aquinas)[94]보다 더 좋은 스승이라고 생각한다고 감히 알려져도 좋습니다만,[95]—가이연(Guyon)이라는 인물로 절제를 묘사하면서, 그를 그의 순례자와 함께 맘몬(Mammon)의 동굴과 지상 낙원의 정자를 통과하게 끌어들여서,[96] 그가 보고, 알게 되고, 여전히 절제하게 하는 이유였습니다.

그러므로 악덕의 지식과 개괄은 인간의 덕성을 구성하는 데 이 세상에서 너무나 필요하고, 실수를 살펴보는 것은 진리를 확인하는 데 그토록 필요하므로, 모든 유형의 책자를 읽고 모든 방식의 이성을 들어보는 것보다 더 안전하고 덜 위험하게 죄와 거짓의 영역으로 정탐하러 들어설 수 있게 하는 방법이 무엇이 있겠습니까? 그리고 이것[97]이 다양하게 읽는

---

[93] 스펜서(Edmund Spenser, 1552?~1599)는 영국 르네상스의 대표적인 시인으로서, 밀턴의 이 글에서 스펜서의 서사시 『선녀 여왕』(*Faerie Queene*, 1590)의 등장인물인 가이연을 언급하고 있다.

[94] 둔스 스코투스(Duns Scotus, 1265~1308)와 아퀴나스(Aquinas, 1224?~1274)는 아마 가장 전성기의 중세 신학과 철학의 대표자로 거론되고 있다.

[95] *Cf.* "Il Penseroso," ll. 116~120; *Comus*, ll. 512~519 and l. 182; *Animadversions*, *CPW*, I, 722~723. 드라이든(Dryden)은 "밀턴은 스펜서가 자신의 기원임을 나에게 인정했다"고 주장한다("Preface" to the *Fables*).

[96] 이것이 밀턴의 가장 흥미로운 실수 중 하나인바, 『선녀 여왕』(II, vii, 2; viii, 3)에서 순례자(the Palmer)는 맘몬의 동굴 속으로 가이연과 동행하지 않았다. 밀턴이 이 시를 너무 잘 알기에 확인하지 않았다는 증거일 뿐만 아니라, 도리어 중요한 문제에서 스펜서의 정확한 심리적 요점을 놓쳤을 수 있다. 가이연은 아크라시아(Acrasia)의 환락의 정자(Bower of Bliss)의 유혹을 물리치기 위하여 이성(순례자)의 적극적인 중재를 요구한다. 그러나 그를 맘몬과 대적시키기 전에, 스펜서는 그를 순례자에게서 분리하는데, 이는 단순한 절제의 습관만으로도 맘몬의 간청을 견뎌내기에 충분하다는 것을 보여주기 위함이기도 하다.

책들에서 얻을 수 있는 혜택입니다. 그러나 이런 다양한 독서에서 생겨날 수 있는 해악도, 흔히 세 가지가 거론됩니다. 첫째, 번져나갈 수 있는 감염이 두렵다는 것입니다. 감염이 두렵다면, 종교적인 쟁점의 모든 인간 학문과 논쟁뿐만 아니라 성경 자체가 세상에서 없어져야 합니다. 이 모든 종교적 학문과 논쟁이 종종 신에 대한 불경을 아름답지 못하게 이야기하며, 악인의 세속적인 감각을 추하지 않게 묘사하고, 에피쿠로스(Epicurus)[98]의 모든 논쟁을 통하여 섭리에 저항하며 격렬하게 불평하는 가장 거룩한 사람들을 화제에 끌어들이는가 하면, 다른 큰 논쟁들에서는 일반 독자에게 애매하고 희미하게 대답하며, 그리고 탈무드 학자(Talmudist)[99]에게 여백의 케리(Keri)를 조심스럽게 달도록 무리한 요구를 하는바, 모세와 모든 다른 선지자가 그를 설득하여도 본문의 케티브(Chetiv)를 발음하도록 설득시킬 수 없는 정도입니다.[100] 이런 이유들 때문에, 우리 모두는 성경 자체를 교황주의자들이 일급 금서 목록에 올렸음을 압니다. 다음으로 세상

---

[97] 앞서 말한, 더 안전하고 덜 위험하게 죄와 거짓의 영역으로 정탐을 할 수 있는 것을 가리킴.

[98] 에피쿠로스(기원전 341~270년)는 쾌락을 인생 최대의 선(善)이라 한 고대 그리스의 철학자이다.

[99] 탈무드(*Talmud*)는 성경에 대한 1차적, 2차적 히브리어 해설을 담고 있으며, 성서 자체 다음가는 권위를 주장하는 성서주석의 구전을 성문화한 것이다. 탈무드 학자(Talmudist)라는 밀턴의 표현은 분명히 탈무드의 편집자가 아니라 탈무드 연구자를 뜻한다.

[100] 케리나 케티브는 마소라(Masorah, 히브리 성경의 본문비평)의 기술적인 용어이다. 케티브 즉 본문 독해가 전와(轉訛)될 의심이 들거나, 부적절하게 여겨지거나 (예: 여호와를 나타내기 위해 이교 신의 이름을 사용하는 경우), 혹은 테트라그라마톤(Tetragrammaton), 즉 히브리어로 신의 이름을 나타내는 4문자 YHVH(yod, he, vav, he)의 경우 그것을 발음하는 것이 금지될 때, 여백에 대신 읽힐 수정구나 완곡어구, 즉 케리를 제공하는데, 이는 수용된 원문 자체의 변경은 불가능하기 때문이다. 그만큼 본문의 감염을 두려워하였다는 것이다. *Cf.* Milton, *An Aplogy*, *CPW*, I, 902.

에서 없어져야 하는 것은, 알렉산드리아의 클레멘스(Clement of Alexandria)[101]처럼, 가장 고대의 교부들, 그리고 복음을 받아들이게 하고자 수많은 이교적인 음란한 사례를 우리에게 들려주는 에우세비우스의 (Eusebian) 『복음예비서』(*Book of Evangelic Preparation*)[102]입니다. 누구나 압니다. 이레나에우스(Irenaeus), 에피파니우스(Epiphanius), 히에로니무스(Jerom)[103] 등은 그들이 잘 논박할 수 없을 정도로 많은 이단 교리를 발견했으며, 더구나 종종 그 이교 교리가 더 진실한 의견이어서 그에 논박할 수 없었음을 모르는 사람은 없습니다.

또한 이들과, 인문학의 생명이 함께 묶여있는 (그렇게 여겨져야 마땅하다면) 가장 전염성이 큰 모든 이교도 저술가들에 대하여, 그들이 알려지지 않은 언어로 글을 썼다고 주장해도 소용이 없습니다. 우리가 확신하는 바, 그 언어가 가장 나쁜 사람들에게도 똑같이 잘 알려져 있으며, 그들이 자신들이 흡입한 독약을 먼저 군왕들의 궁정 안으로 가장 유능하게 그리고 가장 부지런하게 주입하여, 군왕들이 죄를 가장 선별적으로 즐기고 세밀하게 판단하게 할 수 있는 한, 그런 주장이 소용없다는 것입니다. 네로(Nero)가 그의 심판자(Arbiter) 겸 환락의 스승이라고 부른, 페트로니

---

[101] 알렉산드리아의 클레멘스(Clement)는 그리스의 종교, 철학 및 예술을 기독교의 신앙에 끌어들인 최초의 교주였다. 클레멘스는 『그리스인들에게 주는 권고』(*Hortatory Address to the Greeks*)에서 그리스인들이 이교도 의식에 참여하지 않게 하고자 그 외설과 음란성을 강조했다. 본문에서 밀턴은 이 책을 염두에 두고 있다.

[102] 클레멘스는 『그리스인들에게 주는 권고』에 대해 말한 것이 에우세비우스의 『복음예비서』에 적용될 수 있다.

[103] 이레나에우스(130~202년경)는 177년부터 리온스(Lyons)의 주교였고, 그의 유일한 유작은 『이교에 대한 반론』(*Against Heresies*)가 있으며, 에피파니우스(315~403)는 367년부터 콘스탄티아(*Constantia*)의 주교였고, 그의 주요 저서인 『파나리온』(*Pararion*)은 여덟 가지 이교들을 묘사하고 공격한다. 히에로니무스(Jerom)에 대해서는 위의 역주 76을 참고할 것.

우스(Petronius)¹⁰⁴가 아마 그러했고, 이탈리아 궁정에 두려움의 대상이면서도 소중한 **아레초**(Arezzo)¹⁰⁵의 상스러움도 그러했습니다. 저는 **해리 8세**(HARRY VIII)¹⁰⁶가 그의 지옥의 교구 사제라고 호칭한 자의 이름은 후손을 위해 밝히지 않으렵니다.¹⁰⁷ 이런 간단한 방식으로, **카타이오**(Cataio) 서쪽을 지나 동쪽으로, **캐나다**의 북쪽을 지나 서쪽으로 전염이 항해하더라도,¹⁰⁸ 외국 서적이 주입할 수 있는 모든 전염은 인도양 항해보다 더 쉽고 더 가까운 통로로 사람들에게 접근할 것입니다. 우리의 스페인 검열이 영국 출판을 결코 그리 심하게 억압하지 않더라도 말입니다.

그러나, 반면, 종교적 논쟁의 책들에서 오는 감염은 무지한 자들에게 보다 학식 있는 자들에게 더 의심스럽고 위험합니다. 그렇지만 그 책들은 검열관이 손대지 말고 허용해야 합니다. 어떤 무지한 사람이 영어로 쓰인 어떤 가톨릭 서적에 유혹된 적이 있었는지, 성직자 누군가가 그에게 추천하고 설명하지 않았다면, 그런 예를 들기는 어려울 것입니다. 그리고 사실상 이 모든 소책자는, 거짓이든 진실이든, **이사야**(Isaiah)의 예언이 **내시**(Eunuch)에게 그러했듯이, 누가 지도해 주지 않으면 깨달을 수 없었을 것입니다.¹⁰⁹ 그러나 우리의 사제와 학자 가운데 얼마나 많은 자가 예수

---

¹⁰⁴ 가이우스 페트로니우스(서기 66년 사망)는 유명한 『사티리콘』(*Satyricon*)의 저자이며, 네로를 위한 "취미의 심판자"(arbiter elegantiae)로서 그의 총애를 받았다.

¹⁰⁵ 아레초 출신의 피에트로 아레티노(Pietro Aretino, 1492~1557)를 가리키며, 그는 능숙한 외설 시인이었고, 문학적 독설가 가운데 가장 유명한 자였다.

¹⁰⁶ "Harry"는 "Henry"의 애칭이다. 해리 8세는 헨리 8세를 가리킨다.

¹⁰⁷ 이 구절 뒤에 숨긴 정체를 두고 여러 명이 거론된바, 휴즈(Hughes)는 처음으로 앤 불린(Anne Boleyn)의 사촌인 프란시스 브라이언 경(Sir Francis Brian)을 지명했는데, 토마스 크롬웰이 그를 "지옥의 교구 사제"로 여러 번 언급했다고 한다. *Cf. Milton:* Areopagitica, *Prose Selections* (1947).

¹⁰⁸ 해양 탐색의 주된 목적은 여전히 인도(Indies)로 가는 북동 혹은 북서쪽 통로를 발견하는 것이었다. 카타이오는 캐세이(Cathay)나 중국(China)의 변형이다.

회 수사나 **소르본 신학자**(Sorbonists)[110]의 글을 읽음으로써 부패했는지, 얼마나 빠르게 그들이 그 부패를 사람들에게 전염시킬 수 있었는지, 이에 대한 우리의 경험은 늦고도 슬픈 것입니다.[111] 명민하고 탁월한 **아르미니우스**(Arminius)도 델프(Delf)에서 쓰인 익명의 논문을 처음에는 논박하려고 수중에 넣었으나 그저 탐독만 하고서도 변절했기 때문에, 이를 잊을 수 없습니다.[112] 그러므로 삶과 교리 모두를 가장 오염시킬 법한 그런 책들, 그 풍성한 것들이 학문과 모든 논쟁 능력의 몰락 없이는 억제될 수가 없다는 것, 그리고 어떤 종류의 책이든 책이란 학식 있는 자들에게 가장 많이 그리고 가장 이르게 포착되며, 이들로부터 일반인들에게로 이단적이거나 방탕한 것이 무엇이든 빠르게 전해질 수 있다는 것, 또한 악한 풍습은 책이 없더라도 제지할 수 없는 천여 가지 다른 방법으로 완전하게 학습될 수 있고, 책이 없는 악한 교리도 스승의 안내가 없이 번져나갈

---

[109] 「사도행전」 8: 27~35 참조.

[110] 소르본(The Sorbonne)은 원래 1252년 로베르 드 소르본(Robert de Sorbon)에 의해 설립된 신학교였으나, 그것이 너무 두각을 드러내자 파리 대학의 전체 신학 대학이 그 이름으로 알려지게 되었고, 결국 문리대학 전체를 포괄하도록 확대되었다. 그것은 로마가톨릭 논쟁의 가장 영향력 있는 중심부 가운데 하나의 역할을 하게 되었다. *Cf. A Defence*, chap. III.

[111] "우리의 사제들"과 "우리의 경험"이란 표현은 밀턴이 영국의 성직자들을 염두에 두고 있음을 보여준다. 감독제 성직자들이 로마가톨릭 개종에 취약하거나 심지어 조장까지 한다는 것이 청교도들의 일반적인 불평이었다.

[112] 이후 밀턴 자신이 아르미니우스주의(Arminianism)로 돌아선 것은 여기서 아이러니하게 여겨진다. 아르미니우스(Arminius Jacob Hermanns, 1560~1609)는 레이덴(Leyden) 대학의 신학교수로서 너무 유명해져서 그가 참여하기 전에 이미 강력했던 하나의 운동이 그의 이름이 붙게 된 것이다. 이 운동은 칼뱅의 옛 동료였던 카스틸리오네(Castellion)가 제네바에서 벌어지는 종교적 통일성의 강요(당시 세르베투스를 화형시킨 것으로 입증됨)를 공격했던 1554년에 시작되었다. 아르미니우스의 입장은 특수 예정에 반대되는 일반적 예정, 무조건적인 선택에 반대되는 조건적인 선택, 자유의지, 그리고 종교적 다양성의 허용이었다.

수 있으며, 그런 안내는 집필 없이도 가능한 것이고, 그래서 금지할 수가 없다는 것, 이런 점들을 고려할 때, 저는 이 기만적인 검열 계획을 헛되고 불가능한 시도의 목록에서 제거할 수나 있을지 모르겠습니다. 그리고 유쾌한 기질을 가진 자는 그런 시도를, 공원 문을 닫으면 까마귀들을 가둘 수 있다고 생각하는 용감한 사람의 위업과 동일시하지 않을 수 없을 것입니다. 또 다른 불편 외에도, 만일 유식한 사람들이 책의 첫 수혜자이며, 악덕과 과실 모두를 확산시킨다면, 만일 우리가 무오류성과 결백성의 은총을 검열자들 자신에게 부여할 수 있거나, 아니면 그들이 나라 전체에서 다른 모든 자보다 그들 자신에게 그런 은총이 있다고 자처하지 않는 한, 그들을 어떻게 신뢰할 수 있겠습니까? 그리고 또한, 현명한 사람이 훌륭한 제련기술자처럼 가장 불순한 덩어리에서 금을 모을 수 있다면, 그리고 바보는 가장 좋은 책을 가진다면 물론이거니와, 혹은 책이 없어도, 바보가 될 것이 사실이라면, 우리가 현명한 사람에게서 그의 지혜에 유익한 것을 몰수할 이유가 없으며, 반면에 있으나 없으나 바보의 어리석음에 방해가 되지 않는 것을 바보에게 금지할 이유도 없습니다. 만일 그에게 그의 독서에 적당하지 않은 것을 허용하지 않기 위해서는 항상 아주 대단한 정확성이 있어야 한다면, 우리는, **아리스토텔레스**의 판단력뿐만 아니라,[113] **솔로몬**과[114] 우리 구세주의 판단력에 따라,[115] 그에게 좋은 가르침도 허용하지 말아야 하며, 결국 그에게 좋은 책을 마음대로 허용해서는

---

[113] Aristotle, *Ethics*, I, iii; 1095ᵃ (tr. W. D. Ross, in *Introduction to Aristotle*, ed. Richard McKeon, New York: Modern Library, 1947, p. 310): "그는 그의 열정을 따르는 경향이 있기 때문에, 그의 연구는 헛되고 무익할 것이다."

[114] 「잠언」 23: 9: "미련한 자의 귀에 말하지 말지니 이는 그가 네 지혜로운 말을 업신여길 것임이니라."

[115] 「마태복음」 7: 6: "거룩한 것을 개에게 주지 말며 너희 진주를 돼지 앞에 던지지 말라."

안 되기 때문입니다. 바보가 성경을 이용하는 것보다 현명한 사람이 보잘 것없는 소책자를 더 잘 이용할 것이 분명한 것과 같습니다.

다음으로 제기되는 주장은, 우리가 불필요하게 우리 자신을 유혹에 노출해서는 안 된다는 것입니다. 그 다음으로, 헛된 일에 우리의 시간을 사용할 필요가 없다는 것입니다. 이 두 가지 반대에 대하여, 이미 제시한 기초를 근거로, 한 가지 대답이면 충분할 것인바, 모든 사람에게 이 같은 책들이 유혹도 아니고 허영도 아니며, 인간의 생명에 꼭 있어야 하는 유용한 약품이자 효과적이고 강력한 약품을 조합하고 구성하는 재료라는 것입니다. 나머지 사람들은, 이 소용되는 광물질을 제련하고 준비할 기술이 없는 어린이나 유치한 어른처럼, 삼가도록 권고할 수는 있겠지만, 시성(諡聖)이 된(Sainted)[116] 종교재판소가 여태 고안해낼 수 있었던 모든 검열로도 강제적으로 막을 수는 없습니다. 이것이 제가 다음으로 말씀드리려고 약속한 것입니다. 이 출판허가법(Order of Licensing)은 그것이 수립된 목적에 아무런 도움이 되지 않는다는 것인바, 많은 설명을 하는 동안 이미 그것이 명확해져서, 제가 설명할 필요가 없게 된 것입니다. 진리의 창의력을 보십시오. 진리는 자유롭고 자발적인 손길이 가능할 때, 방법이나 담론의 발걸음이 그 자신을 앞지를 수 없도록 빨리 자신을 공개합니다. 제가 시작한 작업은, 나라(Nation)나 잘 조직된 국가(State)가,[117] 일단 책의 가치를 인정하면, 이런 검열의 방법을 사용한 적이 없음을 보여주는 것이었습니다. 그런데 이 검열제가 근래에 발견된 하나의 신중한 대응이

---

[116] 1542년 종교재판소에 의하여 채택된 공식적인 명칭, 즉 "성청(聖廳)의 성성(聖省)"(The Sacred Congregation of the Holy Office)에 대한 조롱적인 표현임.
[117] 나라(nation)는 정부·법률·제도·관습 따위를 공통으로 하는 인간 집단으로서 국민이나 민족으로 해석될 수도 있고, 국가(state))와 대립하는 개념이기도 함. "State"는 현실의 정치 형태인 데 비하여 "nation"은 언제라도 "state"의 형태를 취할 수 있는 잠재적 배경, 즉 "state"는 망해도 "nation"은 망하는 일이 없다고 할 수 있다.

라고 대답할지도 모르겠습니다. 그런 주제로 다시 돌아가면, 그것이 생각하기에 사소하고 분명한 것이어서, 만일 그것이 찾아내기 어려웠다면, 오래전부터 이러한 방침을 제안한 자가 그들 사이에 없지는 않았으나, 그들이 그 방침을 따르지 않고, 우리에게 그들이 판단하는 한 가지 방식을 남겨놓은 것입니다. 그들이 그 방침을 사용하지 않은 이유는 몰라서가 아니라 인정하지 않아서였습니다. **플라톤**은 진실로 높은 권위를 지닌 인물이지만, 그의 『법률』이라는 책에 나오는 그의 공화국 때문에 가장 권위가 낮았던바,[118] 어느 도시도 그런 공화국을 여태 받아들이지 않았습니다. 그가 그를 따르는 허황된 시장들(Burgomasters)을 상대로 많은 법령을 만들어줌으로써 자신의 환상을 만족시키긴 했지만, 다른 면에서 그를 존경했던 자들은 그의 환상이 차라리 **학문적** 야간좌담회(Academick night-sitting)[119]의 기분 좋은(genial) 술잔에 묻혀 용납되었기를 바라는 바

---

[118] 본문 구절 가운데, "공화국", "허황된 시장들" 그리고 "이 세상에서는 존재할 수 없는 그의 상상의 공화국"이 있다는 것은, 가능한 최상의 현실적인 국가를 겨냥하는 『법률』보다 이상적인 국가를 구상하는 『공화국』을 상기시킨다. 그러나 이 구절의 뒷부분에서 "불변하는 법령에 의하지 않고는, 어떤 종류의 학문도 관용하지 않는다"는 부분은 『법률』(7권)에 적용될 수 있는 만큼 『공화국』(2~3권)에도 적용될 수 있다. 그러나 나머지 부분은 『법률』을 언급하고 있는 것이 분명하다. "실용적인 전통으로 구성된 용인된 지식"이라는 표현은 『법률』에 적용할 경우에만 정확하다. "시인은 재판관과 입법자가 검토하고 허용하기까지는 그가 쓴 것을 어떤 사인(私人)에게도 읽어주어서는 안 된다"는 구절은 『법률』에 나오는 구절을 바꾸어 쓴 것이다. 플라톤의 "권위"에 가장 적게 기여했다는 표현은 이 두 권의 상대적인 명성을 고려해볼 때, 『법률』만 언급한다고 하겠다. 그러므로, 『법률』이라는 책에 나오는 플라톤의 "공화국"(Commonwealth)의 의미는 "『법률』이라는 서명의 책에서 그가 묘사한 국가(state)"를 뜻한다. 국가의 이상주의적 성격은 플라톤의 의견이 아니라 밀턴의 의견을 나타내는 것으로 보아야 한다.

[119] 플라톤의 『향연』(*Symposium*)은 밀턴이 여기서 반론을 제기하는 신조를 논의하지 않는다. 지성적 주연을 의미하는 "향연"과 플라톤의 "학원"(Academy)에서 유래한 "학문적"이라는 두 단어의 조합이 암시하는 바는 간접적인 비하이다. 플라톤의 대화를 둘러싼 상황을 상기시켜줌으로써 무책임한 취중분위기를 순간적으로 제공

입니다. 그 『법률』에 따르면, 그는 대부분 실용적인 전통으로 구성된 불변하는 법령에 의하지 않고는, 어떤 종류의 학문도 관용하지 않는 듯하며, 그 정도의 성취라면 그 자신의 『대화록』(Dialogues)보다 규모가 작은 서재 하나면 충분했을 것입니다.[120] 그리고 시인은 재판관과 입법자가 검토하고 허용하기까지는 그가 쓴 것을 어떤 사인(私人)에게도 읽어주어서는 안 된다는 규정도 있습니다. 그러나 플라톤이 이 법을 다른 어떤 국가가 아닌, 특히 그가 상상했던 공화국에 적용하려 했음은 분명합니다. 그렇지 않고서야 왜 그가 스스로에게 입법자가 되지 않고 범법자가 되었으며, 그 자신의 관료들에게 추방되어야 했겠습니까? 그가 작성한 자유분방한 경구나 대화록 때문이고, 그가 소프론 미무스(Sophron Mimus)[121]와 아리스토파네스(Aristophanes)의 가장 저속한 불온서적을 계속 읽었기 때문이며, 또한 이 둘 가운데 아리스토파네스는 자신의 주요한 친구들을 악의적으로 중상(中傷)했음에도 불구하고, 그의 작품을 폭군 디오니시우스(Dionysius)[122]에게 추천했기 때문인바, 디오니시우스는 이런 쓰레기 같은 책에 시간을 낭비할 필요가 없었던 것입니다. 디오니시우스는 자신의 관시(Poems)에 대한 이런 검열이 이 세상에서는 존재할 수 없는 그의 공상적인 공화국에서 제정된 다른 수많은 단서와 연관되고 좌우된다는 것을 알았던 것입니다. 그 자신이나 어느 관료나 도시도 그런 상상의 공화국의 방침을 모방한 적이 없으며, 다른 부수적인 명령이 따르지 않는다

하기 때문이다.
[120] 이 구절의 내용이 얼핏 생각하면 모순되게 들릴 수도 있다. 그러나...
[121] 소프론 "미무스"(Mimus, 5세기 활약)는 무언극(mimes, 라틴어로 mimus) 혹은 사실적인 극적 묘사로 유명한 작가였다. 플라톤이 소프론에게 중독되었다는 밀턴의 근거는 디오게네스 라에르티우스 (III, 13)이다.
[122] 위의 각주 27을 참조할 것.

면, 이는 헛되고 무익한 것일 수밖에 없습니다.

만일 그들이 한 종류의 엄격성에 집착한다면, 그들의 관리가 정신을 타락시킬 수 있는 동일한 성향의 다른 것들을 똑같이 통제하지 않는 한, 그들이 알던 단 한 가지 노력은 헛수고에 불과할 것입니다. 부패를 막겠다는 이유로 하나의 문을 닫고 요새화해놓고서는, 주변의 다른 문들은 활짝 열어놓은 꼴이 될 수밖에 없습니다. 만일 우리가 풍습을 바로잡고자 출판을 통제하려고 생각한다면, 우리는 모든 휴양과 오락, 인간에게 즐거운 모든 것을 통제해야 할 것입니다. 엄숙한 **도리아식**(Dorick)[123] 음악 외에는 어떤 음악도 들어서는 안 되고, 노래를 준비하거나 불러서도 안 됩니다. 무용가도 허가를 받아야 할 것입니다. 어떤 제스처나 움직임이나 자세도 그들의 허가에 따라 순수하다고 여겨지는 것밖에는 우리의 젊은이에게 가르쳐서는 안 될 것입니다. **플라톤**은 이러한 허가를 준비했던 것입니다. 집마다 있는 모든 류트, 바이올린, 기타를 검사하려면, 20명 이상 검열자들이 업무를 해야 할 것입니다. 지금처럼 재잘거리는 것이 용인되지 않아야 하며, 무슨 말을 해도 좋은지 허가를 받아야 할 것입니다. 방에서 부드럽게 속삭이는 모든 영창(詠唱)과 마드리갈을 누가 침묵하게 할 수 있습니까? 창문도 발코니도 염두에 둬야 합니다. 판매하려고 전시한 위험한 권두(卷頭) 그림(Frontispices)[124]이 있는 민감한 도서들도

---

[123] 『법률』(VII)은 허용될 음악 종류와 금지될 음악 종류에 대하여 광범하게 논의하지만, 그런 종류에 대해 지리적, 국가적 이름을 부여하지 않는다. 밀턴은 "도리아"라는 용어를 『공화국』(III, 398~399)에 나오는 이전의 논의로부터 끌어낸다. 그 논의에서 음악은 네 가지 선법(旋法)으로 구분되는바, "이완된" 리디아(Lydian)와 이오니아(Ionian) 선법은 억제대상이고, 좀 더 "남성다운" 도리아(Dorian)와 프리기아(Phrygian) 선법은 허용대상이다.

[124] 이 철자는, 마지막 음절을 "piece"와 관련짓는 잘못된 대중적인 어원에서 유래된 의미, 즉 인쇄업자의 기발한 아이디어를 표현하는 속표지 그림을 뜻하는 것이 아니다. 그것은 "specio", 즉 본다는 의미를 지닌, 중세의 "frontispicium", 즉 건축물

있습니다. 누가 이런 것들을 금지할 수 있습니까? 그것을 금지할 검열자 20명이 있을까요? 마을마다 역시 백파이프나 이현(二絃) 바이올린 (rebbeck)의 음악으로 무슨 내용을 연주하고 있는지, 모든 **지방** 바이올린 연주자(municipal fidler)의 민요와 음계에 이르기까지, 방문해 문의할 검열자가 있어야 합니다.[125] 이것들이야말로 그 지방 주민들의 **아카디아** (Arcadias)[126]이자 **몬테마요르**(Monte Mayors)[127]이기 때문입니다.

다음으로, 잉글랜드가 해외에서 나쁜 소문을 듣고 있는 국가적인 타락상으로 집안의 폭음보다 더한 것이 있겠습니까? 누가 우리의 일상적인 소란을 보살피는 교구 사제가 될 수 있겠습니까? 그리고 취기를 판매하는 그런 집들을 뻔질나게 드나드는 수많은 군중을 금지하려면 무엇을 할 수 있겠습니까? 우리의 의복들 역시 덜 음탕한 옷으로 재단하도록 감독하려면 어떤 더 건전한 장인의 허가에 맡겨야 할 것입니다. 이 나라의 유행이 그렇듯이, 우리 젊은 남녀가 함께하는 그 모든 혼합된 대화를 누가 통제하겠습니까? 무엇을 논의할지, 무슨 추정을 할지, 그 이상은 안 된다고 그 내용을 누가 정할 수 있습니까? 이런 문제들은 있게 마련이고, 있어야 하지만, 어떻게 하면 그들이 가장 상처를 덜 받고, 가장 적게

의 장식을 표현한 정면을 가리킨다.

[125] 로드(Laud) 주교의 교회운영 가운데 가장 미움받은 특징 가운데 하나를 암시한다. 1634년 후, 모든 주교는 모든 관구의 상황을 검토하고 보고하도록 교회 검열관(방문자)를 보내도록 요구되었다. 1636년에는 이런 방문이 대학가지 포함하도록 확대되었다고 한다. *Cf.* Gardiner, *The History of the Puritans* (2 vols., London, 1754), I, 590~591.

[126] 필립 시드니 경(Sir Philip Sidney)의 산문 로망스, 『펨브룩 백작부인의 아카디아』(*The Countesse of Pembrokes Arcadia*, 1590)는 대단한 인기를 얻었다. 밀턴의 언급에 적대감이 있는 것은 아니다.

[127] 몬테마요르(Jorge de Montemayor)의 『다이애나』(*Dianna*, 1559년경 출판)은 스페인의 첫 번째 산문 로망스였다. 그것은 주요한 문학적 유행을 일으켰고, 유럽에서 유례없는 인기를 끌었다.

유혹적일 수 있는지, 여기에 한 국가의 엄숙한 지배적인 지혜가 있는 것입니다.

세상에서 격리되어 결코 실행할 수 없는 대서양(Atlantick)과 유토피아의(Eutopian) 정치로[128] 도피하는 것이 우리의 상황을 바로잡지는 않을 것입니다. 하나님이 우리를 이 악의 세상 중간에 피할 수 없게 두셨으니, 그 속에서 지혜롭게 규정을 만드는 방법밖에 없습니다. 플라톤처럼 저작물 허가제를 해서는 이를 해결하지도 못할 것이며, 이는 그것과 더불어 다른 수많은 종류의 허가를 끌어들일 것이며, 우리를 웃음거리로 만들고 피곤하게 할 것이며, 동시에 좌절하게 할 것입니다. 플라톤이 공화국의 결속과 연줄로서, 모든 성문법의 기둥이자 지지물로서 거기에[129] 언급하는 덕행의 교육, 종교적이고 공민적인 양육, 그리고 명문화하지 않고 적어도 강제하지 않는 법률밖에는 대책이 없습니다. 이런 것이야말로, 모든 허가를 쉽게 피하게 될 때, 이 같은 문제에서 주도적인 지배력을 견지할 것입니다. 무사안일과 태만은 확실히 공화국의 해악입니다. 그러나 여기에 위대한 기술이 있는데, 어떤 면에서 법이 강제와 처벌을 명해야 하며, 어떤 사안에서 설득만이 작용해야 하는지를 구분하는 기술입니다. 만일 성숙한 나이의 인간에게서 선이나 악이 되는 모든 행동이 허가, 규정 및 강제 아래 있어야 한다면, 덕행은 명목뿐일 것이고, 그렇다면, 잘한 것을 어떻게 칭찬할 수 있으며, 엄숙하고 정의롭고 금욕을 한들 무슨 칭송할

---

[128] 플라톤의 『크리티아스』(*Critias*)는, 나중에 바다에 잠겨버리는 헤라클레스(Hercules)의 기둥 너머에 있는 섬, 즉 "아틀란티스의 왕국"(Kingdom of Atlantis)을 설명하고자 한다. 이상적이고, 따라서 성취할 수 없는 공화국이 모어(Thomas More)의 『유토피아』(*Utopia*, 1516)와 베이컨(Bacon)의 『새 아틀란티스』(*New Atlantis*, 1627)에 묘사된다.

[129] 흔히 플라톤의 『공화국』(*Republic*, IV, 424~433)을 암시한다고 하지만, 『법률』(*Laws*, I, 643~644)을 언급하는 것일 수 있다.

게 있을까요?

  수많은 사람이 **아담**이 죄를 짓도록 묵인한 것에 대해 신의 섭리를 비난합니다. 바보 같은 소립니다! 하나님이 그에게 이성을 주었을 때, 하나님은 그에게 선택할 자유를 주었습니다. 이성은 선택일 뿐이기 때문입니다.[130] 그렇지 않다면, 그는 단지 인조 **아담**(Artificial Adam), 인형극에 나오는 것 같은 **아담**이었을 것입니다. 우리 자신은 강제된 순종이나 사랑이나 선물을 높게 평가하지 않습니다. 하나님은 그러므로 그를 자유롭게 두셨고, 거의 항상 그의 눈 안에 자극적인 대상을 놓아두셨던 것입니다. 여기에 그의 공과가 있었고, 여기에 그가 받을 보답의 권리가 있었으며, 그의 절제에 대한 칭찬이 있었습니다. 그러므로, 이것들을 잘 조절하면 덕행의 요소 자체가 된다는 점이 아니라면, 왜 그가 우리 안에 열정과, 우리 주변에 쾌락을 만드셨겠습니까? 죄의 재료를 제거함으로써 죄를 제거하기를 계획하는 자는 인생사에 대해 유능하게 생각하는 자가 아닙니다. 반면에, 죄는 감소시키는 행동 자체에서 대단한 증가가 있기 마련이며, 책과 같은 보편적인 것에서, 죄의 일부가 일시적으로 몇몇 사람에게서 축소될 수는 있지만, 모든 사람에게서 그럴 수는 없는 것입니다. 그리고 이것이 끝나도, 여전히 죄는 온전히 남아있습니다. 비록 여러분이 탐욕스러운 사람에게서 그의 모든 재화를 빼앗는다고 해도, 그는 여전히 하나의 보석을 남기는바, 여러분은 그의 탐욕을 빼앗지는 못합니다. 욕망의 모든 대상을 없애버리고, 모든 젊은이를 어떤 은둔처에서 가두고 단련시킬 수 있는 가장 혹독한 훈련을 하게 하더라도, 여러분이 그런 목적으로 거기로 오지 않은 자들을 순결하게 만들 수는 없습니다. 이 같은 큰 주의와 지혜가 이런 점을 옳게 관리하는 데에 요구되는 것입니다.

---

[130] *Cf.* Aristotle, *Ethics*, III, 2; *Paradise lost*, III, 95~128.

우리가 이런 수단에 의하여 죄를 물리칠 수 있다고 가정한다면, 우리가 죄를 물리칠 수 있는 만큼 덕행도 물리치게 된다는 것을 주목하시길 바랍니다.[131] 그 둘의 재료는 똑같은 것입니다. 죄를 제거하면, 그 둘 다 똑같이 제거하게 됩니다. 이것이, 비록 하나님이 우리에게 절제, 정의, 금욕을 명령하지만, 우리 앞에 모든 탐나는 사물을 풍성할 정도로 쏟아부어주시고, 우리에게 모든 한계와 충만을 넘어 방황할 수 있는 마음을 주신, 그분의 섭리를 정당화하는 것입니다. 그렇다면 어찌 우리가 하나님과 자연의 방식에 반대하여, 자유롭게 허용된 책이 덕행의 시험과 진리의 훈련을 위한 수단이 되는데, 그 수단을 축소하거나 없앰으로써 엄격한 척한단 말입니까?

그보다는, 사물을 불확실하게 제한하면서도, 선과 악으로 동일하게 작용하는 법은 가벼울 필요가 있다고 배우는 것이 훨씬 좋습니다. 그리고 만일 제가 선택할 수 있다면, 몇 배나 되는 악행을 강제적으로 제지하기보다 조그만 좋은 행위를 더 하려 할 것입니다. 하나님은 악한 자 열 명을 제지하는 것보다 선한 한 사람의 성장과 완성을 분명히 더 귀하게 여기십니다. 그리고 비록 우리가 앉거나, 걷거나, 여행하거나, 혹은 대화를 하면서, 무슨 일을 듣거나 보든, 무엇이든 마땅히 우리의 책이라고 부를 수 있습니다. 그러나 금지되는 것이 책뿐이라고 한다면, 이런 명령은 그것이 의도한 목적에 너무 부족한 듯합니다. 검열로 할 수 있는 것을 다 해보지만, 의회나 도시에 맞선 왕실의 비방(Court-libell)이,[132] 한두 번도

---

[131] *Cf.* Sir Thomas Browne, Religio Medici (London: Everymen Library, 1934), p. 71: "악덕을 철폐하려고 하는 자들은 덕행도 파괴한다."

[132] 1642년 초부터 1645년 후기까지 주간으로 발행되었다가 그 후 한동안 간헐적으로 발행되었던 신문, 메르쿠리우스 아우리쿠스(Mercurius Aulicus)를 가리킴. 이 신문은 영국 내란 기간에 왕당파 홍보에 기여한 역할로 유명하며, 잉글랜드에서 가장 중요한 초기 신문이었다.

아니고 매주 인쇄되어, 잉크도 채 마르지 않은 채, 우리 사이에 배포되고 있지 않습니까? 그렇지만 이것을 막는 것이 이 법령이 스스로 입증해야 하는 최고의 역할이라고 생각할 수 있습니다. 만일 그런 역할이 실행된다면—이라고 여러분은 말씀하시겠지요. 그러나 분명히, 만일 그 실행이 지금, 이 특수한 경우에, 무기력하고 맹목적이라면, 이후로, 다른 책들의 경우엔 어떻겠습니까?

그러면, 만일 그 법령이 헛되지 않고 좌절되지 않는다면, 상하원 의원 여러분, 새로운 노고를 주목해보십시오. 여러분은 이미 인쇄되어 누설된 모든 허가되지 못한 수치스러운 책을 취소하고 금지해야 합니다. 여러분이 그 책들의 목록을 작성하여, 모두 어떤 책이 정죄되었고 어떤 책이 그렇지 않은지 알 수 있게 된 후에 말입니다. 그리고 외국 서적은 그것을 검열관이 다 읽어볼 때까지 보관 상태를 벗어날 수 없다고 규정해야 할 것입니다.[133] 이 임무는 적잖은 감독들, 평범하지 않은 사람들의 엄청난 시간을 요구할 것입니다. 그중 부분적으로는 유용하고 훌륭하지만, 부분적으로는 비난할 만하고 해로운 서적도 있을 것입니다. 이런 작업은 불온한 부분을 삭제하고 말소할 관리(officials)[134]가 그만큼 더 필요할 것이며, 그래야 학문의 공화국이 매도되지 않을 것입니다. 결국, 그들의 손에 책이 늘어나면, 여러분은 범행을 빈번히 저지르는 출판업자 목록을 작성하고, 그들의 혐의 있는 **인쇄물**(typography) 전체의 수입을 금지해야 할 것입니다. 한 마디로, 여러분의 이런 법령은 정확하고 부족함이 없도록, 트

---

[133] 외국 서적에 대한 이 규정은 1637년의 성실청 법령 6조에 실제로 만들어졌다.
[134] 화이트(White)는 이 단어가 『아레오파기티카』의 시대에 얼마나 미음을 샀는지를 보여주었다: "관리는 주교가 영적 범죄의 감찰을 맡긴 교회 법정의 관리의 호칭이었다. 로드 [주교]는 그들을 전국에 풀어놓았다." *Cf.* T. Holt White, *Areopagitica* (London, 1819), pp. 92~93.

리엔트(Trent)와 세비야(Sevil)의 예를[135] 따라 완전히 개혁해야겠지만, 여러분이 그들의 예를 아주 싫어한다는 것을 저는 알고 있습니다.

그러나 비록 여러분께서 하나님이 금지하시는 이 법령에 동의하게 되더라도, 이것은 여전히 여러분이 의도한 목적에 효력이 없고 결함이 있을 것입니다. 만일 책을 방해물로 여기고 거부하는가 하면, 수 시대 동안 문서화되지 않은 전통에 의해서만 그들의 교리를 순수하게 보존하는 수많은 교파에 대해 들어보지 못하고, 역사에 대해 읽은 것이 없고 문답식 교육도 받지 못한 교파나 분파를 막기 위함이라고 한다면 말입니다. 기독교 신앙이, 그것도 한때 분파였으므로, 어떤 복음이나 서간서가 문서로 나타나기 전에 아시아 전역으로 번져나갔다는 사실은 잘 알려진 바와 같습니다. 만일 풍습을 교정하는 것이 목적이라면, 이탈리아와 스페인을 보시길 바랍니다. 그 두 나라가 서적에 가한 모든 엄격한 문초 때문에 조금이라도 더 좋아지고, 더 정직해지고, 더 현명해지고, 더 정숙해졌느냐는 것입니다.

이 법령은 그것이 추구하는 목적을 놓치게 할 것임을 분명하게 해줄 또 다른 이유가 있는데, 모든 검열관에게 있어야 하는 자질에 따라 그 이유를 생각해보십시오. 책이 이 세상으로 흘러들어야 할지 아닐지,[136] 책의 출생과 사망을 심리할 재판관으로 세울 자는, 학구적이고, 박식하고, 분별력 있는, 일반적인 기준 이상의 사람일 필요가 있다는 것은 부인하지 못할 것입니다. 그렇지 않다면, 어떤 것이 통과이고 어떤 것이 아닌지 검열에 적잖은 실수가 있을 것입니다. 만일 검열관이 그에게 걸맞은 가치를 지니고 있다면, 무분별한 책과 팸플릿, 종종 두꺼운 책을 연속으

---

[135] 위의 각주 57을 참조할 것.
[136] 이 이미지는 태어나지 않은 영혼을 이 현세에서 분리하는 신비의 강을 가정한다. 플라톤, 『파에도』, 113 참조.

로 읽는 것보다 그의 머리에 더 큰 시간적 손실을 부과하고, 더 지루하고, 재미없는 날품팔이 같은 일은 없을 것입니다. 어떤 시기에만 용납할 수 있는 책은 없으며, 가장 잘 인쇄되었다 해도, 거의 읽기 힘든 필체여서 언제든 두세 쪽도 읽어 내려가기 힘든 책을 항상 강제로 읽어야 한다는 것은, 시간과 그 자신의 연구를 값지게 생각하거나, 아니 살아 숨쉬기만 하는 자라면, 어떻게 견딜 수 있을지 저는 믿기 어렵습니다. 이 한 가지 면에서, 제가 이렇게 생각한 것에 대하여 현재의 검열관들께서 수긍해 주시기를 간구합니다. 그분들은 분명히 의회에 대한 그들의 충성심으로 그것을 바라보고, 이 직무를 받아들였고, 의회의 명령이 아마도 그들에게는 모든 것이 쉽고 힘들지 않게 보이게끔 했을 것입니다. 그러나 이 짧은 시련이 이미 검열관들을 기진맥진하게 했음은, 허가를 간청하려고 수많은 여정에 올랐던 자들에게 보여준 그들 자신의 표정과 변명이 충분한 증거가 됩니다. 그러므로, 지금 그 일을 맡은 자들이 모든 분명한 기색에 의해 그들 자신이 그 일을 그만두길 희망한다는 점, 그리고 가치 있는 사람, 즉 그 자신의 시간을 명백히 허비하는 사람이 아닌 자라면, 그가 인쇄 교정공의 노임에 자신을 바칠 생각이 아닌 한, 아무도 그들의 뒤를 이을 것 같지 않다는 점을 볼 때, 이후 어떤 종류의 검열관이 나올지 우리가 쉽게 예견할 수 있는바, 무지하고, 오만하고 태만하고, 아니면 저속하게 돈만 밝히는 그런 사람일 것입니다. 이것이 어찌하여 이 법령이 그것이 의도한 목적에 부응할 수 없는지 보여주고자 한 이유입니다.

마지막으로, 저는 그 법령이 가져올 수 있는 무익함으로부터 그것이 야기하는 분명한 해악에 대한 논의로 옮겨가고자 합니다. 그 해악이 학문과 지식인에게 제공될 수 있는 최대의 절망과 모욕이라는 점에서 그렇습니다. 성직 겸직을 없애고 교회 수입을 더 균등하게 분배하려는 움직임이 일어날 기미가 아무리 작더라도, 그럴 기미가 보이기만 하면 모든 학문이 영원히 좌절되고 단념되리라는 것이 고위 성직자들의 불평과 탄식이었습니다.[137] 그러나 그 의견에 대하여 말하자면, 저는 학문이, 그 10분의 일이라도, 성직자와 더불어 일어나고 무너진다고 생각할 이유를 결코 찾지 못했습니다. 저는 그것이 상당한 재산을 모은 어느 성직자의 더럽고 비열한 발언이라고 간주하지 않을 수 없었습니다. 그러므로, 만일 학문을 거짓으로 하는 체하는 수전노 같은 무리가 아니라, 분명히 금전이나 다른 목적이 아닌, 학문 자체를 위해서, 하나님과 진리에 봉사하고자, 그리고, 아마 하나님과 선한 사람들이 동의한바, 그들 자신의 출판으로 나타난 노고(labours)[138]가 인류의 선을 향상하는 자들에게 보상이 될 그 영속적인 명성과 영원한 칭송을 위하여, 학문을 연구하고 사랑하도록 태어난, 자유롭고 창의력 있는 부류의 사람들을 철저히 절망시키고 불평하게 하지 않으려 한다면, 그러면 이것을 알아야 합니다. 평범한 학문적 평판밖에 없고 여태 죄를 범한 적이 없는 자의 판단과 정직성을 불신한 나머지, 그가 분파나 부패 같은 것을 야기하지 않도록, 스승이나 검토자 없이는 그의 생각을 출판하는 것이 합당치 않다고 간주하는 것은, 자유로운 지성적 영혼에 가할 수 있는 가장 큰 불쾌감과 모욕입니다.

만일 우리가 학동의 회초리(ferula)[139]를 피하고서도 겨우 **출판허가증**이라는 교편(fescu, 教鞭) 아래 놓이게 된다면, 어른이라는 것이 무슨 유익

---

[137] 하워드 슐츠(Howard Schultz)는 성직 겸직을 옹호하는 감독제주의자들과 그것을 공격하는 청교도들의 목록을 제공한다. *Cf. Milton and Forbidden Knowledge* (New York: Oxford UP, 1955), pp. 288~289.

[138] "Labour"는 산모의 산고로 번역할 수도 있는데, 여기서 책을 세상에 내어놓은 고통이 산모의 산고와 비유되어 그런 의미를 함축하고 있기도 하다.

[139] "Ferula"는 거대한 회향풀(fennel)로서 로마 시대에 그 용도에서 유래되어 특히 학교 교육에서 사용되는 체벌용 회초리나 막대기 혹은 다른 도구를 뜻하며, "fescu"는 볏과(科)의 다년초인 김의털을 뜻하는데, 글자 짚는 막대기, 즉 교편을 뜻하게 된 것이다.

이 있으며, 학교 다니는 소년이 그보다 낫지 않을까요? 만일 진지하게 정성 들인 저작이, 마치 교사의 지도 아래 문법을 배우는 소년이 다룰 주제밖에 되지 못하는 것처럼, 검열관이 세상 풍조에 따라 임시변통으로 처리하는 엉성한 눈길이 없이는 발표할 수 없다면, 그렇지 않겠습니까? 그 자신의 행동으로 신뢰받지 못하는 자가, 그의 취지가 악하다고 알려지지도 않았는데도, 법과 처벌의 위험에 놓여 있다면, 그가 바보나 외국인이 아닌 자국민으로 태어난 공화국에서도, 그 자신을 반박할 수 있으리라 생각할 만한 아무런 중대한 논거가 없게 됩니다. 한 사람이 세상을 향해 글을 쓸 때, 그는 자신에게 도움이 될 그의 모든 이성과 신중을 동원합니다. 그는 조사하고, 깊이 생각하고, 노력하며, 그의 분별력 있는 친구들의 의견을 듣고 논의도 합니다. 그 모든 것이 끝나면, 그는 그보다 앞서 글을 쓴 어느 사람만큼이나 자기가 쓰는 글에 대한 정보를 갖게 됩니다. 그의 모든 신중한 노력과, 그가 밤을 샌 모든 날들과 그가 소비한 **팔라스의 기름**(Paladian oyl)[140]을, 아마 자신보다 연소하고, 판단력은 훨씬 열등하고, 저작 활동을 전혀 모를 수도 있는, 여유 없는 검열관이 성급하게 검토하게 하지 않는 한, 만일 그가 이러한 그의 충실과 원숙의 최고 행위 가운데서, 연륜과 근면과 그의 능력을 증명하는 전례가 그를 성숙한 상태로 이끌지 못하고, 여전히 불신과 의혹을 받을 수밖에 없게 한다면, 그리고 만일 그가 거절당하거나 무시되지 않으려면, 보호자를 대동한 꼬마(punie)처럼[141] 출판물과 함께 나타나야 하고, 그의 감독관의 서명이 그의

---

[140] "Paladian"은 지혜의 여신, 팔라스 아테네(Pallas Athene)에 속한 것을 뜻하며, 올리브는 그녀에게 성스러운 것이고, 그녀는 인간에게 그 오일을 추출하도록 가르쳤으며, 그 용도 중 하나는 지혜를 숭배하는 자가 연구하고 글을 쓰도록 등유를 제공하는 것이었다.

[141] "Punie"는 고대 프랑스어 "갓 태어난"(after-born) 자, 즉 연소자를 의미한다. 학교에서는 신입생을 뜻하는 기술적인 용어이지만, 나이에 비해 지위가 발전하지 않은

책 표지 뒷면에 보석금(保釋金)과 보증인처럼 붙어있어서 그가 바보나 유혹자가 아니라는 걸 보장해야 하는바, 이것이야말로 저자와 책과 학문의 특권과 존엄성에 대한 모욕이며 훼손일 수밖에 없습니다.

그리고 만일 저자가 상상력이 너무나 풍부한 사람이어서, 추가할 많은 내용이, 검열 후 책이 아직 출판 중인 상태에서, 그의 마음속에 떠오른다면, 이런 일은 가장 훌륭하고 근면한 저술가들에게 드물지 않게 일어나는 법인바, 그것도 책 한 권에서 아마 십여 차례 나타나는데, 이런 경우는 어떻게 할 겁니까? 인쇄업자는 검열이 끝난 원고 이상의 내용을 감히 출판하려 하지 않을 것입니다. 그러면 저자는 새로이 삽입될 구절들을 검토받고자 허가권자에게 힘든 걸음을 그만큼 빈번히 해야 하겠죠. 그리고 그 검열관 앞에 수많은 발품을 팔아야 할 것입니다. 그나마 검열관이 동일한 사람이어야 하고, 만날 수 있어야 하며, 시간이 있는 경우라야 합니다. 반면, 인쇄는 중단해야 하며, 적잖은 손실이 발생하거나, 저자가 그의 가장 정확한 생각을 상실하여, 그가 처음 만든 것보다 더 나쁜 책을 내보내야 하며, 이는 성실한 저자에게 일어날 수 있는 가장 속상하고 짜증 나는 일일 것입니다.

그렇다면 누가 가르침의 생명인 권위를 가지고 가르칠 수 있겠습니까? 저자는 자신이 당연히 학자여야 하며, 그렇지 않다면 침묵하는 것이 더 좋은지라, 이런 식이라면, 자기 책의 학자라고 할 수 있겠습니까? 그가 가르치고 그가 전하는 모든 것이 아직 학습 상태에 있고, 그의 가부장적인(patriarchal)[142] 검열관의 교정을 받는 입장이며, 그 검열관이 자신의

사람에게 적용될 수 있으며, 밀턴은 이런 의미로 사용한 것이다.

[142] 여기서 동음이의어(同音異義語)의 재담을 보여주는바, "가부장적인"(patriarchal) 이란 단어는 권위적인 검열관의 특성을 나타내기도 하지만, 검열법을 로드 주교의 교회행정과 관련짓게 한다. 당시에 로드는 서방 교회의 총대주교(patriarchate)가

심판관이라고 여기는 편협한 기질과 정확히 일치하지 않는 것은 지우거나 변경한다면 말입니다. 모든 예민한 독자는 현학적인 검열을 처음 보는 순간, 자기 바로 앞에 놓인 책에 대해 이런 말들을 바로 늘어놓을 것입니다. "저는 이 교생(pupil teacher)[143]이 싫어요. 감독하는 손길의 보호를 받으며 저에게 다가오는 선생은 견딜 수 없어요. 저는 검열관이 뭔지는 모르지만, 여기에 그의 오만한 손길이 있는 듯합니다. 누가 저에게 그의 판단을 보증할 수 있습니까?" 이에 대해 출판업자는 "국가가 보증할 겁니다"라고 답하겠지만, 독자는 즉시 이렇게 답할 것입니다—"국가는 저를 통치하지 비판하는 자는 아닙니다. 이 검열관이 어떤 저자에 대해 실수할 수 있듯이, 검열관을 선택할 때도 실수가 있을 수 있겠지요. 흔히 있는 일입니다." 그리고 "이런 인가된 책은 당대의 언어일 뿐이다"[144]는 **프랜시스 베이컨 경**(Sir Francis Bacon)의 말을 덧붙일지도 모릅니다. 비록 검열관이 평범한 사람보다 더 분별력이 있을 때라도, 검열은 후임자에게는 큰 위험이 될 것이며, 여전히 그의 직위 자체와 그의 임무는 세속적으로 이미 받아들여진 것밖에는 아무것도 통과시키지 못하도록 그를 강제하기 때문입니다.

아니, 더욱 개탄스러운 바는, 만일 어느 사망한 저자의 저작이, 그의 생전에는 결코 그리 유명하지 않았을지라도, 출판하려고 검열을 받으러 그들의 수중에 들어와서, 격정적인 순간에 표현되어 대담한 느낌이 드는 어떤 문장이 그 안에서 발견된다면—신의 영감이 지시한 것이 아닌지

되고자 잉글랜드를 로마가톨릭교회에 넘겨주려 했다는 소문이 널리 퍼져 있었다.
[143] 검열을 받고 글을 쓴 작가를 교생에 비유한 것은, 검열을 받는다는 의미에서 학생이고, 독자를 가르친다는 의미에서 스승이기 때문이다.
[144] Francis Bacon, "An Advertisement Touching the Controversies of the Church of England," in James Spedding, *Letters and Life of Francis Bacon* (3 vols., London: 1861), I, 193.

누가 알겠습니까만—비록 그 말을 한 자가 한 왕국의 개혁자, 녹스(Knox) 자신이라 해도, 그들 자신의 의기소침하고 노쇠한 기분에 맞지 않으면, 그들은 그들의 일격을 삼가지 않을 것입니다. 그 위대한 사람의 의도는 기계적인 검열관의 두려움이나 오만한 경솔 때문에 모든 후손에게 보이지 않게 자취를 감출 것입니다. 어떤 저자에게,[145] 그리고, 제대로 출판될 경우 가장 중대하게 여겨질 어떤 책에 이런 폭력을 최근에 가했는지, 저는 지금도 예를 들 수 있지만 더 평안한 시기가 올 때까지 삼가겠습니다. 그렇지만, 만일 이런 것들에 대해 이를 바로잡을 권세가 있는 자들이 심각하게 그리고 시기적절하게 분노하지 않고, 이런 얼룩이 가장 훌륭한 저작의 최적기를 좀먹고, 사망 후 가장 훌륭한 사람들의 유작에 대해 불충한 기만을 범할 권위를 갖게 된다면, 그 불운한 사람들에게는 더 큰 슬픔이 될 것이며, 그들이 불행하리라 이해할 수 있을 것입니다. 이제부터 누구도 배우려 하지 않을 것이며, 처세술 이상 관심을 두지 않을 것입니다. 분명히 더 높은 차원의 문제에 대하여 무지하고 게으르고, 평범한 고집스런 바보가 되는 것이 최상의 즐거운 삶이며, 추구의 대상일 것이기 때문입니다.

  그리고 그것이 살아있는 모든 지식인에 대한 특별한 냉대이며 죽은 자들의 저작물과 기념물에 대한 가장 큰 상처이듯이, 저에겐 국가 전체에 대한 평가절하와 욕설처럼 보입니다. 저는, 잉글랜드 안에 있는 발명, 예술, 지혜, 진지하고 견실한 판단력을, 어느 스무 명의[146] 능력으로, 그 능력

---

[145] 누구인지 추정하는 학자도 있으나 누구를 지칭하는지 불분명함.
[146] 이는 스무 명의 검열관이 있었다는 느낌을 준다. 검열법이 공포되고 6일 지나서 의회에 의하여 발표된 리스트는 의회 출판위원회를 포함하여 전체 34명이었다. 1644년 11월까지 20명으로 줄었을 수도 있으나 그런 기록이 밝혀진 바는 없다. *Cf.* F. S. Siebert, *Freedom of the Press in England 1476-1776* (Urbana: U of Illinois P, 1952), pp. 187~188.

이 아무리 우수해도, 이해할 수 있다고 믿을 정도로 그렇게 가볍게 여길 수는 없습니다. 더군다나, 그것[147] 위에 감독이 없는 한, 그것을 여과기를 통해 가려내고 거르지 않는 한, 그것이 통과되지 못하며, 그것의 수기 검인(檢印)이 없이는 유통될 수 없다는 것은 더욱 말이 안 됩니다. 진리와 이해는 허가증(tickets),[148] 법규, 기준에 따라 독점되거나(monopoliz'd)[149] 매수될 그런 상품이 아닙니다. 우리는 전국의 모든 지식을 독점된 일용품(staple commodity)[150]으로 만들고, 우리의 비로드 천이나 양모 궤짝처럼, 그것에 표시를 하고 허가증을 붙이려고 생각해서는 안 됩니다. 우리 자신의 도끼와 보습 낫을 날카롭게 가는 것이 허용되지 않고,[151] 모든 지역에서 스무 명의 검열관 대장장이들에게 수리를 받아야 한다면, 블레셋 사람들이 부과한 노예 상태와 무엇이 다르겠습니까?

누군가가 정직한 삶에 치욕적인 잘못된 글을 쓰고 유포하여, 사람들 사이에서 그가 얻은 이성에 대한 존경심을 오용하고 상실하게 되었고, 이런 유죄판결을 받은 후, 이제부터는 지명된 관리가 먼저 검토한 내용 이외의 글은 결코 써서는 안 된다는 식의 유일한 견책만 받았는데, 그의 글은 이제 안전하니 읽어도 좋다는, 그에 대한 신임을 보증하는, 그 관리

---

[147] 앞서 언급한 "잉글랜드 안에 있는 발명, 예술, 지혜, 진지하고 견실한 판단력"을 가리킴.

[148] 특별한 상거래를 허용하는 특별 허가증 같은 것을 말함. Robert Greene, *James IV*, III, ii: "나는 왕의 식량 징발관이다. ... 여기 나의 허가증이 있다."

[149] 검열법을 찰스 왕에 의한 통치의 혐오스러운 특징과 관련짓는 또 다른 단어이다. 일상생활용품의 독점은 1624년에 철폐되었지만, 찰스가 의회 없이 통치하려고 시도한 강제징수 가운데 두드러졌다.

[150] 여기서 "staple"은 특정한 거래를 규제하도록 왕이 부여한 권한을 소유한 상인들의 도시나 집산지 혹은 단체를 말하며, "staple commodity"는 그렇게 특별히 허가된 집산지의 규제를 받는 일용품을 의미함.

[151] 「사무엘상서」 13: 19~20.

의 친필 허가를 첨부해야 한다면, 이 견책 하나뿐이라 해도 수치스러운 징벌에 미치지 않는다고 생각할 수는 없을 것입니다. 그리하여, 전체 국민과 아직 이런 잘못을 결코 범하지 않은 자들을 이처럼 지레 겁을 먹고 혐의를 둔 금지 아래에 묶어둔다는 것은 얼마나 큰 모욕인지 이해할 수 있을 것입니다. 채무자나 범죄자가 감시자 없이 밖에 나돌아 다니는 반면,[152] 죄도 없는 책이 그 제목에 명시적인 교도관(jaylor)이 없이는 꼼짝도 할 수 없다는 것은 더욱 이해되지 않을 것입니다. 그것은 일반인들에게도 치욕이나 다를 바가 없습니다. 만일 우리가 영어로 쓴 팸플릿 하나도 그들[153]에게 맡기지 못할 만큼 그들을 시샘한다면, 우리는 그들을 경솔하고 사악하고 근본 없는 국민이라고 비난할 수밖에 없기 때문입니다. 검열관의 파이프를 통해 나오는 것밖에는 아무것도 받을 수 없을 정도로 신앙심과 분별력이 이처럼 병들고 연약한 상태에서라면, 말입니다. 이것이 일반인들에 대한 관심이나 걱정이라는 핑계를 댈 수는 없습니다. 평신도가 가장 미움받고 멸시당하는 가톨릭 지역에서도 동일한 엄격성이 그들에게 적용되기 때문입니다. 그 엄격성은 검열 위반을 한 번밖에 막지 못하므로, 우리는 그것을 지혜라고 부를 수 없으니, 마찬가지로 검열도 지혜라고 부르지 못합니다. 검열이 막으려는 부패는 닫을 수 없는 다른 문들을 통해 더 빨리 침입하기 때문입니다.

그러면, 결론적으로, 검열은 우리의 성직자들의 불명예에 반영됩니다. 그들의 노고에 대하여, 그리고 그 노고에 의해 그들의 양떼가 거둬들이는

---

[152] 특권이 없는 한, 채무자들은 잡히면 물론 감옥에 갇힌다. 그러나 해체된 수도원의 경내는 그들이 자유롭게 머물 수 있는 성역이었으며, 도미니코회(會) 수도원(Blackfriars)이나 성 마르탱 르 그랑(St. Martin le Grand) 교회 같은 알세이셔(Alsatia)는 그런 채무자들로 붐볐다. 알세이셔는 옛날 런던의 범죄자나 빚에 쫓긴 사람들의 도피 장소를 뜻한다.

[153] 앞에 언급한 "일반인들"(common people)를 가리킴.

능숙도에 대해, 우리는 더 좋아지길 희망해야 할 것입니다. 지금과 앞으로 있을 복음의 이 모든 빛과 이 모든 연속적인 설교가 있었음에도, 성직자들이, 원칙 없고, 교화되지 않은, 오합지졸 같은 평신도들과 여전히 상대해야 하고,[154] 이 평신도들이 새로운 팸플릿이 하나 날릴 때마다 교리 문답이나 그리스도인의 행실에서 벗어나 휘청거릴 것으로 생각해서는 안 됩니다. 이것은 성직자들을 절망시킬 상당한 이유가 될 수 있습니다. 검열관 없는 세 쪽짜리 문서라도 그 문서에 신도들을 풀어놓아서는 안 된다고 여길 만큼, 그들의 모든 권고와 설교를 듣는 자들의 유익을 이처럼 낮게 평가하고 있을 때는 그렇습니다. 모든 설교와, 모든 전파되는 강연이, 출판되어, 다른 모든 책이 팔리는 것보다 더 많이 팔려도, 출판허가증이라는 성(聖) 안젤로 성(城)(the castle St. Angelo)[155]이 없이는, 단 한 권의 안내서(enchiridion)[156]도 충분히 방어할 수 없을 것입니다.

그리고, 상하원 의원 여러분, 여러분의 이런 법령에 대한 식자들의 절망을 논의하는 것이 말 잔치일 뿐이며 사실이 아니라고 누군가가 여러분을 설득하지 않도록, 이런 종류의 종교재판이 강행되고 있는 다른 나라에서 제가 보고 들은 바를 자세히 설명해드릴 수 있습니다. 제가 그 나라

---

[154] 또 하나의 반(反)로드적인 반응이다. 로드에 대한 가장 감정적인 불평 가운데 하나는 그가 평신도를 순전히 수동적인 역할로 축소하려 했다는 것이었다. 밀턴이 주장하기를, 사람들이 "교회 안에서 베일이나 칸막이로 평신도와 불결한 자를 더는 분리하지 않고, 그리스도의 합당한 성직자로서, 선택된 자손으로서, 왕 같은 성직자로서, 예배소에서 봉사하도록 허용되어야 한다."라고 했을 때, 밀턴은 대표적인 청교도적인 관점을 보여준 것이다. Cf. Reason of Church Government, I, 838.
[155] 비록 성 안젤로의 성(城)이 원래 황제의 능(陵)이었고, 밀턴 시대에 가톨릭교의 감옥이 되었으나, 그것은 요새의 적절한 상징이었다. 비티게스(Vitiges)의 광대한 포위(537~438)에 저항하여 벨리사리우스가 성공적으로 로마를 방어하는 데에 결정적인 역할을 했기 때문이다.
[156] "Enchiridion"은 안내서라는 뜻 외에 주머니칼을 뜻하기도 하여 두 가지 의미를 담은 말장난이다.

유식한 사람들 사이에 앉아 있었을 때, 제가 그런 영예를 얻었던바, 그들은 잉글랜드를 **철학적 자유**(Philosophic freedom)가 있는 나라로 보고, 제가 이러한 나라에서 태어난 것을 행복이라고 여긴 반면, 그들 자신은 그들 사이의 학문이 처하게 된 굴종적인 상태를 한탄할 뿐이었으며, 이것이 이탈리아인의 영예로운 재능을 좌절시킨 것이었고, 그래서 근래 수년 동안 아부와 과장된 언사 외에는 아무것도 저술된 게 없다고 한탄했습니다. 그곳에서 제가 노년에 접어든 유명한 **갈릴레오**(Galileo)를 찾아가서 방문했는데, 그는 천문학에 관해 프란체스코와 도미니코의 검열관들과 다른 생각을 했다는 이유로 종교재판의 죄수가 되어 있었습니다. 그리고 비록 제가 알기로는, 잉글랜드가 그 당시에 감독제도의 멍에 아래 신음하고 있었지만, 그럼에도 불구하고, 저는 다른 나라들이 잉글랜드의 자유에 대해 그토록 확신하기에, 행복한 미래를 보장받았다고 받아들였던 것입니다.

그렇지만, 그 당시에 잉글랜드의 공기를 호흡하던 그 명사들이, 세상이 끝내게 될 시간의 어떤 순환에 의해서도 결코 잊히지 않을 이러한 구원의 지도자가 되리란 것을 저는 기대하지 못했습니다. 그 구원이 일단 시작되었을 때, 다른 지역의 식자들 사이에서 제가 들었던 **종교재판소**에 관한 불평의 말과 똑같은 말을, 출판허가제를 논의하는 의회 회기에 고국의 비슷한 식자들에게 듣게 되리라는 두려움은 저에게 별로 없었습니다. 너무나 일반적인 현상이어서, 사심 없이 말하더라도, 저 자신이 그들의 불만족에 공감하는 동반자임을 드러냈을 때, 정직한 재무관직(quaestorship) 수행으로 **시칠리아 사람들**(Sicilians)[157]의 사랑을 받던 자가 **베레스**(Verres)

---

[157] 키케로는 기원전 75년 시칠리아의 형사재판관이었으며, 베레스는 서기 73~71년 거기서 집정관(執政官)이었다. 키케로의 연설 형식의 시론(時論) 「베레스 연설」(*Verrine Orations*)은 베레스가 강제징수를 한 데 대한 고발의 일환이었다. 두 번째

에 반대하는 연설을 할 때 시칠리아인들의 간청 때문에 한 것이 아니듯이, 여러분을 칭송하며 여러분이 알리고 존경하는 많은 사람 사이에서 제가 지니는 우호적인 견해가 간청과 설득 때문에 부담을 느껴서 나온 것은 아니라고 말씀드릴 수 있습니다. 저는 절망하지 않고, 정당한 이성이 저의 마음속에 학문에 대한 부당한 속박을 제거하도록 끌어들이는 것을 종합적으로 생각할 것입니다.

그러므로, 이것은 특별한 망상을 털어놓는 것이 아니라, 다른 사람들에게서 진리를 전파하고, 그들에게서 진리를 받아들이고자, 보통 수준 이상으로 자신의 지성과 연구를 준비해온 모든 이들의 공통된 고충을 덜어주려는 것임을, 이제 많이 납득하실 겁니다. 그리고 그들의 이름으로 저는 친구나 원수에게나 흔히 통용되는 소문이 어떤 것인지도 숨기지 않겠습니다. 만일 그 소문이 다시금 종교재판과 검열에 관한 것이라면, 그리고 우리가 내용이 뭔지 알기도 전에 책마다 두려워하고 넘기는 책장마다 두려울 정도로 우리 자신에 대해 너무 소심하고 모든 사람에 대해 의심이 많다면, 만일 최근에 고작 설교를 못 하게 제지당한 수준에 불과한 어떤 이들이 지금 우리에게 나타나서 우리에게 그들이 좋아하는 것밖에는 읽지 못하도록 한다면, 그들 몇 명이 학문을 재차 억압하려는 것밖에 다른 무슨 의도가 있는지 알 수 없는 것입니다. 그리고 주교든 장로파 성직자든 이름이나 본질에서 우리에게 동일하다는 것이 분명해질 것입니다.[158]

연설이 발표되고 베레스는 추방되었다.
[158] 아이러니한 역사가 이런 공격의 기저에 깔려 있다. 기본적인 청교도의 주장은, 복음서가 성직자와 집사 외에 세 번째 교회 계급을 인정했다는 증거가 없으므로, 영국 국교회의 계층구조가 근거 없다는 것인데, 반면에 감독제의 옹호자들은 장로교가 각각의 성직자에게 억압적인 권력을 부여할 것이라고 주장했다.

이전에는 스물대여섯 관구들이 전 국민을 상대로 분배하여 폐단을 떠맡았지만, 그 감독제의 폐단이 이제는 학문 전체에 닥치게 될 것이 확실합니다. 이제 조그만 교구의 무식한 사제가 갑자기 책이라는 거대한 교구를 지배하는 대주교로 격상될 것이며, 여전히 그의 다른 관할 교구를 그만두지 않고 유지하며, 신비로운 겸임 성직자가 될 것이기 때문입니다. 고작 최근에 학사학위 받은 신출내기에게 부여한 유일한 성직 수임(授任)을 비난하고, 가장 순박한 교구민에게 부여한 유일한 사법권을 부정했던 자가 이제 자기 집 개인용 의자에 앉아 가장 훌륭하고 탁월한 책들과 그 책들을 쓴 가장 유능한 저자들을 지배하는 이 두 역할을 모두 떠맡게 될 것입니다.[159] 여러분, 이것은 우리가 만든 계약(Yee Covnants)[160]과 항의서(Protestations)[161]가 아닙니다! 이것은 감독제를 진압하는 것이 아닙니다. 이것은 단지 감독제를 잘게 자르는 것일 뿐입니다. 이것은 대주교 공관(Palace Metropolitan)의 지배방식을 다른 종류의 방식으로 바꾸는 것일 뿐입니다. 이것은 우리의 속죄를 **대체하는** 예전의 교회법에 의한 술책

---

[159] 주교들이 그들의 관구 내에서 성직자들을 임명하고 영적 지배를 위한 유일한 권리를 소유하고자 한다고 장로파는 강하게 이의를 제기했던 것이다.

[160] Yee=Ye=The: ye는 th (θ, ð)의 음을 나타내는 옛 영어 문자 þ와 y를 혼동한 것. 국민서약(National Covenant, 1638)과 엄숙동맹 및 서약(Solemn League and Covenant, 1643)은 잉글랜드 왕이 스코틀랜드에서 감독교회를 강화하려고 할 때, 잉글랜드와 스코틀랜드의 두 국회 사이에 맺어진 장로제의 옹호를 위한 결성한 맹약이다. 스코틀랜드 프로테스탄트는 국왕이냐, 장로교냐 어느 파가 국교로 되느냐의 항쟁에서 승리하여 결국 장로교가 국교가 되어 오늘에 이르게 되었다.

[161] 1641년 5월 초, 찰스는 스트래퍼드(Stratford) 주교를 보호할 다른 수단이 절망스럽게 되자, 의회에 대한 무력행사를 준비했다. 의회의 방어조치 가운데 하나가 양원 의원들이 취하고 많은 시민이 지원한 "항의서"(Protestation, 5월 3~4일)였고, 이는 "백성의 정당한 권리와 자유"(the lawful rights and liberties of the subjects)를 옹호하고자 했다. *Cf.* Samuel R. Gardiner, *History of England from the Accession of James I to the Outbreak of the Civil War, 1603-1642* (10 vols., London, 1883~1884), IX, 354.

일 뿐입니다.[162] 검열되지 않은 일개 팸플릿에 때맞춰 놀라는 걸 보면, 조금 지나면 모든 비국교도의 비밀집회를 두려워할 것이며, 또 조금 지나면 모든 그리스도인의 모임을 비국교도의 비밀집회로 간주할 것입니다.

그러나 정의와 관용의 원칙에 입각하여 통치되는 국가나, 신앙과 진정한 지식의 반석 위에 세워진 교회는, 그렇게 소심할 수 없다고 저는 확신합니다. 사안이 종교적으로 제대로 확립되지 않은 동안에는[163] 집필의 자유라는 것은 고위 성직자들로부터 모방한 규율에 따라 제한하고, 우리 모두를 검열관의 가슴 속으로 다시 가두어버릴 **종교재판소**에서 그들을 통해 학습해야 한다는 것은, 모든 학식 있고 신앙심 있는 자들에게 의심과 절망의 사유가 될 수밖에 없습니다. 이들은 이런 정략적 취지의 교활함을 알아차리고 누가 계략을 쓰는지를 분간하지 않을 수 없을 것이며, 또한 주교들을 주저앉히는 동안, 모든 출판은 자유로워질 것이고, 그것은 의회 회기에 인정받는 국민의 생득권이며 특권이자 빛의 발산입니다.

그러나 주교제가 교회에서 철폐되고 무효화된 지금, 우리의 종교개혁이 추구한 것이 주교들의 자리에 다른 이름으로 다른 사람들이 앉을 자리를 만드는 것일 뿐인 듯, 감독제의 술책이 다시 꽃피기 시작합니다. 진리의 병은 더이상 기름을 채우지 않습니다.[164] 출판의 자유는 스무 명

---

[162] 로드(Laud) 주교에 관한 비난 중 하나는 그가 특설고등법원(特設高等法院, Court of High Commission)에서 벌금을 대신하여 많은 금액을 받았다는 것인데, 그는 성 바울 교회를 수리하기 위해서 돈을 사용했다면서, 좋은 일을 위해 범죄에 대한 감형 방식으로라도 최대한 많은 돈을 모으는 것이 그의 의무로 여겼다고 주장했다. Cf. Daniel Neal, *The History of the Puritans* (2 vols., London, 1754), II, 129.

[163] 성직자 총회(The Assembly of Divines, Westminster Assembly)는 그 의무가 교회의 안정화에 대해 의회에 권고를 하는 것이었는바, 밀턴이 이 글을 쓸 당시에 여전히 그 문제를 논의하고 있었다. 그 유명한 신앙고백(Confession of Faith)은 1646년 12월 7일까지 그 전체가 의회에 제출되지도 않았다.

[164] 「열왕기상」 17: 9~16 참조. 이 구절에 의하면, 한 과부가 엘리야가 명한대로 하였

의 고위 성직자 위원회에 다시금 예속되어야 하고, 국민의 특권은 사라집니다. 그리고, 더 악화되는 것은, 학문의 자유가 다시 신음해야 하고, 그녀의 옛 족쇄를 다시 차게 된다는 것입니다. 이 모든 것을 의회는 여전히 방치하고 있습니다.[165] 비록 고위 성직자들에 대한 그들 자신의 뒤늦은 논의와 변론이 그들에게 상기시켜줄 것인바, 이런 자유를 방해하는 폭력은 그 폭력이 추구하는 목적에 완전히 반대되는 사건과 대부분 결부되어 있다는 점입니다. 그 폭력은 교파나 분파를 억제하기보다 오히려 자극하고 그것들에 명성을 안겨줍니다. "재능을 처벌하면 그 권위를 향상시킨다. 그리고 금서는 진리의 확실한 불꽃으로 생각되며, 그것을 밟아서 끄려는 자들의 얼굴로 타오른다."라고 성 알반스 자작(Viscount St. Albans)이 말했습니다.[166] 이로써 이 법령이 교파의 유모라는 것은 입증될 수 있겠지만,[167] 저는 어떻게 그 법령이 진리의 계모가 될 것인지도 확실히 보여줄 것입니다. 우선, 우리가 이미 알려진 사실을 유지하지 못하게 함으로써 그렇다는 것을 보여드리겠습니다.

심사숙고하는 습관이 있는 자는 우리의 사지와 안색처럼 우리의 신앙과 지식이 훈련에 의하여 번성한다는 것을 잘 압니다. 성경에서 진리는

더니, 통의 가루가 떨어지지 아니하고 병의 기름이 없어지지 아니하였다고 한다.
[165] *Cf.* Henry Robinson, *John the Baptist* (September 23, 1644), E9(13), pp. 23~24: "이 의회의 첫 회기 이후 2~3년 동안 이 왕국이 향유한 출판의 복된 자유가 없었다면, 우리는 많은 구원의 진리를 모른 채 남아있었을 것이며, 감독제 때문에 전처럼 여전히 다른 불행 가운데 있었을 것이다. 그러나 하나님이 앞으로 더 큰 은혜를 주실 증거로서 우리에게 그렇게 큰 축복을 하셨으니, 어찌 우리가 시작부터 그것을 질식시킨단 말인가?"
[166] 성(聖) 알반스 자작은 프랜시스 베이컨의 작위명이며, 그는 베룰람 남작(Baron on Verulam)이라는 다른 작위도 받은 바 있다. 밀턴은 베이컨(Bacon)이 첫 경구를 타키투스에게서 취한 것을 알았지만, 베이컨의 동시대 명성이 그의 이름을 인용하기에 더 유용한 이름으로 만든 것이다.
[167] 「이사야서」 49: 23: "왕들은 네 양부가 되며 왕비들은 네 유모가 될 것이며."

흐르는 샘물에 비유됩니다.[168] 만일 진리의 물이 그 영원한 전진 속에서 흐르지 않는다면, 그것은 병이 들어서 순응과 전통이라는 진흙탕에 빠질 것입니다.[169] 한 개인은 진리에 이단자가 될 수 있고, 만일 그가 그의 성직자가 그렇게 말한다거나 성직자 총회가 그렇게 결정한다는 이유만으로 다른 이유를 알지도 못한 채 사물을 믿는다면, 비록 그의 믿음이 진실이라 해도, 그가 주장하는 진리 자체가 그의 이단적 신앙이 됩니다.[170] 자기 종교에 대한 책임과 고심(苦心)보다 더 기꺼이 다른 사람에게 넘겨주고 싶은 부담은 없을 것입니다.[171] 개신교도들과 신앙고백자들(professors)[172] 사이에도—그걸 모르는 사람이 누가 있겠습니까마는—**로레토**(Loretto)[173]의 어느 가톨릭교 평신도처럼 잘못된 맹목적인 신앙(implicit faith)[174]으로

---

[168] 이 구절은 흔히 「시편」 85장 11절("진리는 땅에서 솟아나고")을 언급한 것으로 받아들여진다. 그러나 밀턴은 솔로몬의 「아가」 4장 15절("너는 동산의 샘이요 생수의 우물이요")의 비유적 해석으로 생각하고 있는 듯하다.

[169] *Cf.* Henry Robinson. *Liberty of Conscience* (1644) sig. a1: "무조건적인 믿음과, 한 사람 자신의 판단과 이해가 그를 인도하는 믿음 사이에, 중위(中位)는 없다."

[170] *Cf.* Walwyn. *Compassionate Samaritane*, (1644), in William Haller ed., *Tracts on Liberty in the Puritan Revolution 1638-1647* (3 vols., New York: Columbia UP, 1934), pp. 41~42: "만일 우리가 공회가 우리를 믿게 하는 대로 믿어야 한다면, 교회가 믿는 대로 믿고, 그리스도의 제자가 되지 않고 공회의 제자가 되어야 하는 비참한 지경에 빠지는 것이 아니고 무엇이겠는가?"

[171] 자신의 종교에 대해 책임지고 고심하는 것은 큰 부담이어서 성직자나 다른 종교적인 권위에 맡기고 싶어질 수 있다는 뜻이다.

[172] NED는 이 단어를 "신앙을 공개적으로 고백하는" 자들로 정의하지만, 1644년까지 그 단어는 청교도에게 한정되어 사용되었다.

[173] 이 사당(祠堂)의 인기는 그 성당 내부에, 마리아가 태어나고, 예수가 잉태되고, 1291년 천사들에 의하여 나사렛(Nazareth)에서 옮겨졌다는 구조물이 존재하기 때문이다. 그런 믿음 연이은 교황들에 의하여 공인되었고, 드디어 성소 이동 축제 (Feast of the Translation of the Holy House)로 제도화되었다. 그것은 오랫동안 프로테스탄트의 조롱거리가 되었다.

[174] 중세 교회는 고위 성직자에게 요구되는 "명시적인 신앙"(explicit faith)과, 하위 성

살다가 죽는 자들이 있을 것입니다.

자기 쾌락과 소득에 탐닉한 부자는[175] 모든 직종(Mysteries)[176] 가운데 종교가 그것에 자본을 집중하여 운영하지 못할 정도로 복잡하게 얽히고 수많은 골치 아픈 계산이 들어가는 거래라는 것을 알게 됩니다. 그는 어떻게 해야 할까요? 그는 신앙심이 깊다는 소리는 듣고 싶을 것이며, 그런 상태로 그의 이웃들과 지내고 싶을 것입니다. 그러므로, 그는 그 힘든 일을 포기하고, 그 자신이 어떤 대리인을 찾아내어 그의 관리와 신용에 자신의 종교적인 문제의 전반적인 운영을 맡길 수 있을 것이며, 그 대리인은 저명한 성직자여야 합니다. 그는 그 성직자에게 의존하고, 자신의 종교 창고 전체를 모든 자물쇠와 열쇠와 함께 그가 관리하도록 양도하고, 그 사람의 인격 자체를 자신의 종교로 만들어버리고, 그와의 관련성을 자기 자신의 경건에 대한 충분한 증거이자 보증으로 간주합니다. 그리하여 어떤 이는 말하기를, 그의 종교가 이제 자신의 내부에 있는 것이 아니라, 분리될 수 있는 움직이는 것이 되어, 그 선한 사람이 자기 집을 드나드는 것에 따라 그 종교가 자기 주변에 왔다 갔다 한다고 할 것입니다. 그가 그 성직자를 환대하고 선물을 주며, 축연을 베풀어주고, 숙박을 제공해주고, 그의 종교가 된 성직자는 밤에 집으로 와서, 기도하고, 융숭한 저녁 대접을 받고, 호화롭게 잠자리를 제공받고, 기상하여, 인사를 받고, 맘지(malmsey)[177]나 어떤 향기 좋은 포도주를 마시고, 그 다음엔 베다니

직자나 평신도에게 충분한 "맹목적인 신앙"으로 구분했다. 전자는 교리를 충분히 이해하고 확실한 근거에 의하여 믿는 신앙이고, 후자는 교회의 권위에 따라서 무조건 믿는 무조건적인 신앙이었다.

[175] 이 문단의 구절은 혁명기의 인격 글쓰기(character-writing)와 관련하여 논의되기도 했다. Cf. Benjamin Boyce, *The Polemic Character 1640-1661* (Lincoln: U of Nebraska P, 1955), pp. 24, 85~86, and 94.

[176] "Mysteries"는 고어에서 Crafts, trades, professions 등을 뜻함.

(Bethany)와 예루살렘(Jerusalem) 사이의 푸른 무화과밭에서 아침 식욕을 기꺼이 채웠던 그분보다[178] 더 좋은 조찬 대접을 받은 후, 그의 종교는 여덟 시에 외출해서, 자신을 친절하게 환대한 가게 주인더러 종교 없이 그의 가게에서 온종일 장사를 하게 남겨둡니다.

또 다른 부류의 사람도 있을 것인바, 그들은, 모든 것이 정돈되고 통제되고 안정될 것이고, 자유롭게 표현되는 모든 진리의 탄세(tunaging)와 파운드세(poundaging)[179]를 관할하는 어떤 세리(稅吏)들의 세관을 통과하는 것 외에 작성해야 할 아무런 문서도 없다는 말을 듣게 되면, 곧장 여러분의 손에 자신들을 내맡길 것이고, 여러분이 좋아하는 신앙에 맞추어 스스로를 표현하고 재단할 것입니다. 해가 뜰 무렵부터 질 때까지 유쾌한 꿈속에서처럼 하루를 앗아가고, 지루한 한 해를 흔들어줄 오락과 즐거운 여흥이 있을 것입니다. 다른 사람들이 그토록 엄격하게 받아들이고 그토록 융통성 없이 자신들이 납품해야 하는 식으로 처리해온 일 때문에 그들 스스로 골치 아파할 필요는 없을 것입니다. 이것이 우리가 아는 지식의 무던 평안과 중단이 국민들 사이에 초래할 수 있는 결실입니다. 이같은 복종적인 합의가 얼마나 훌륭하고 얼마나 바람직하며, 그것이 우리

---

[177] 포르투갈의 대서양군도인 마데이라(Madeira) 원산의 독하고 단 백포도주.

[178] 「마태복음」 21: 17~19, 「마가복음」 11: 12~14 참조.

[179] 검열법을 찰스 통치의 인기 없는 특징과 연결하려는 표현임. 세관에서 주요 세수원은 탄세와 파운드세로 알려진 세금징수 방식이었다. 새로운 통치 첫 회기에, 의회는 그것을 왕의 종신 동안 전통적으로 허용했으나, 찰스가 즉위하자 그렇게 하기를 거부했고, 자신의 권위로 환수하려는 그의 시도는 장기의회가 소집될 때까지 나라를 혼란스럽게 하는 고충 거리였다. 결국 1641년 찰스는, 의회의 동의 없이 관세를 징수하는 것이 불법이라는 법안을 허용하게 된다. "Tunnage"를 현대식 철자에 따라 "tonnage"로 표기하는 것은 세금징수의 성격에 대한 오해를 야기한다. 톤(ton) 수에 따른 세금징수가 아니라, 포도주 한 통(배럴)당 3실링의 세금을 징수하고, 다른 상품의 가치(무게가 아님)에 따라 파운드당 1실링의 세금을 징수했던 것이다.

모두를 얼마나 멋진 순응(conformity)[180]으로 몰아 넣어버릴지요? 분명히, 추운 1월이 하나로 얼어붙게 할 만큼 철저하고 견고한 하나의 체제일 것입니다.[181]

또한 성직자 자신들 사이에서도 그 결과가 더 나을 게 없을 것입니다. 그가 보상으로 받은 두툼한 성직록(聖職祿)으로 헤라클레스(Heracles)의 기둥들에[182] 안주하는 교구담당 성직자(parochiall Minister)[183]에 대한 얘기는 전에 결코 들어보지 못한 새로운 얘기가 아닙니다. 그의 연구를 끌어낼 수 있는 다른 일이 아무것도 없다면, 그는 영어로 된 성서색인(English concordance) 및 2절판(折判) 논제(topic folio),[184] 견실한 대학졸업자 지식 수준의 수집물과 축적물, 성경공관서(Harmony)와 교부발췌집(Catena)을[185] 한 차례 뒤적여보고 싶어질 것이며, 그것들의 용례, 동기, 목표 및 수단이 수반된 어떤 공통된 교리적인 논제들을 언제나 한 바퀴 둘러보고, 마치 알파벳이나 음계에서 만들어내듯이, 거기에서 형식을 갖

---

[180] 영국사에서 이 단어는 국교 신봉을 의미하기도 함.
[181] 『아레오파기티카』의 출판 직후, 공교롭게도, 존 솔트마쉬(John Saltmarsh)는 이런 글을 쓰게 되었다: "로마가톨릭의 일치성에 대하여 말하자면, 그것은 하나님의 예배에 수많은 대중을 이질적으로 함께 얼어붙고 응고시키는 차가운 원칙들을 가지고 있다"(*Dawnings of Light*, January 4, 1645, E1168[3], p. 44).
[182] 칼페(Calpe, Gibraltar)와 아빌라(Abyla, 아프리카 쪽에 있음)는, 고대인들에 따르면, 헤라클레스가 그의 항해의 한계를 표시하고자 세워졌으며, 그리하여 최종 성취의 상징이 되었다고 한다.
[183] 밀턴이 여기서 "*parochiall*"을 이탤릭체로 표기하여 강조한 것은, 동음이의어(同音異義)의 재치를 위한 것인 듯하다. 교구(parish)의 성직자이자, 교구적인, 즉 지엽적인 편협한 마음의 성직자라는 의미를 동시에 전달하려는 것이다.
[184] 『비망록』(*Commonplace Book*)을 뜻함.
[185] *Harmony*: 성경, 특히 4복음서에 나오는 어긋나 보이는 구절들을 일치시키는 것을 목적으로 하는 핸드북. *Catena*: 성경의 어떤 부분에 대한 논평을 구성하는, 교부들의 글에서 따온 일련의 발췌문.

추거나 변형하거나, 다양하게 조립하거나 해체함으로써, 조그만 저작 기술을 발휘하고, 두 시간의 명상을 하면, 이로써 그는 한 주간의 설교 의무를 수행할 준비가 되었다고 여길 것인바, 이는 말도 안 됩니다. 행간 주해서(interlinearies), 일과 기도서(breviaries), 개요(synopses), 그리고 다른 게으름피우게 하는 수많은 방편들의 도움을 고려하지 않더라도 말입니다.[186] 그러나 어렵지 않은 모든 성경 본문에 관한, 이미 인쇄되고 축적된 수많은 설교자료에 대해 말하자면, 우리의 런던 상사인 **토마스**(St. Thomas) 교회 부속실과, 거기 더하여 성(聖) **마르탱**(St. Martin) 교회와 성 **휴**(St. Hugh) 교회가 그 거룩한 경내(hallow'd limits)에 모든 종류의 판매용 기성 제품을 설교자료보다 더 많이 가지고 있지는 않습니다.[187] 그리하여 그는 자신의 연료를 새롭게 공급할 곳을 그토록 충분히 갖고 있으므로, 설교 재료의 부족을 염려할 필요가 결코 없습니다. 만일 그의 엉덩이나 옆구리를 울타리로써 보호하지 않는다면, 만일 그의 뒷문을 엄격한 검열관이 보호하지 않고, 어떤 대담한 책이 종종 출판되어, 그의 참호에 있는 오래된 소장 서적들의 일부를 공격할 수도 있다면, 그러면

---

[186] 밀턴은 여기서 그 당시에 대부분의 설교가 조직되는 요소들을 열거하고 있다. 본문을 해설한 다음, 설교는 보통 거기에서 한 가지 이상의 교리를 끌어내서, 그 적용이나 용도를 제시하고, 교리를 규정된 방식으로 적용하기 위하여 어떤 자극이나 동기가 있는지, 어떤 표시로서 알 수 있는지, 그리고 어떤 수단을 사용할 수 있는지를 보여줄 것입니다.

[187] 즉, 다른 모든 제품보다 판매용 설교 자료가 더 많이 준비되어 있다는 뜻이다. 이 본문 구절의 대체적인 취지는 명백하지만, 인유(引喩)는 어렵다. 만일 "거룩한 경내"가 실제의 경내를 뜻하는 것으로 받아들인다면, 그것이 언급할 수 있는 유일한 대상은 성(聖) 마르탱 르 그랑(St. Martin le Grand) 교회가 될 것이며, 이 특별 자유구(區)는 조그만 상거래의 분주한 중심이었다. 만일 "거룩한 경내"가 덜 기술적인 의미로서 교회의 존재 때문에 "성화된" 지역을 의미한다면, 그것은 "성 토마스 교회"를 언급할 것이며, 그 옛 이름을 따른 "포목상의 예배당"(Mercer's Chapel)이 될 것이다. 그럴 경우, 제의실(祭衣室, vestry)은 그 지역을 장악한 의류 시장의 동음이의(同音異義)가 될 것이다.

그의 근심거리가 생겨날 것인바, 그는 그의 회중 가운데 누군가가 미혹당하지 않을까 두려워서, 깨어 있으며, 보초를 서고, 그의 용납된 소신들 주변에 좋은 호위병과 보초를 세우고, 그의 동료 감독자들과 함께 순찰과 역순찰(counter-round)을 하게 될 것이며, 그렇게 되면 그 신도는 더 잘 지도받고, 더 잘 훈련되고 훈육될 것입니다. 그리고 이만큼 근면해야 한다는 것이 두려워진 우리가, 검열하는 교회의 나태를 즐기는 것을, 하나님은 허용하지 않으십니다.

만일 우리가 옳다는 것을 우리가 확신하면서도, 양심의 가책을 느끼면서 진리를 주장하지 않는다면, 그 진리는 오지 않을 터인바, 만일 우리 자신이 우리 자신의 불충분하고 경박한 가르침을 비난하지 않고, 국민을 무식하고 신앙심 없고 방황하는 무리라고 비난하지 않는다면, 우리가 아는 바로는, 우리가 아는 것을 우리에게 가르쳐준 그들의 양심만큼 양심적이고, 분별력 있고, 유식한 사람이, 이집 저집 은밀하게 다니지 않고, 그것은 더 위험할 것이니, 공개적으로 저술을 하여, 그의 의견이 무엇이며, 그의 이유는 무엇인지, 그리고 지금 가르치는 것이 왜 건전하지 못한지를 세상에 출판하는 것보다 더 정당한 것이 무엇이겠습니까? 그리스도께서 자신을 정당화할 방편으로 자신이 공개적으로 설교했음을 역설하셨습니다.[188] 더구나 저술은 설교보다 더 공적이며, 필요할 때 논박하기가 더 쉽습니다. 그저 진리의 수호자가 되는 것이 자기 자신의 일이며 신앙고백인 수많은 사람이 있기 때문입니다. 그들이 그것을 소홀히 하면, 그들의 나태나 무능 외에 무엇을 탓할 수 있겠습니까?

이리하여, 우리가 안다고 여기는 것을 정확하게 알고자 하는 과정에

---

[188] 「요한복음」 18: 19~20: "대제사장이 예수에게 그의 제자들과 그의 교훈에 대하여 물으니 예수께서 대답하시되 내가 드러내 놓고 세상에 말했노라 모든 유대인이 모이는 회당과 성전에서 항상 가르쳤고 은밀하게는 아무것도 말하지 아니했거늘."

서, 이런 검열 절차에 따라 우리는 많은 방해를 받고 연약해집니다. 검열관 자신들의 목회사역에 있어서,[189] 만일 그들이 맡은 소임을 자신들이 마땅히 해야 하는 바대로 수행하고, 그리하여 필수적으로 하나의 임무나 다른 한 임무를 소홀히 해야 한다면, 그 절차가 어느 세속적인 일보다 검열관 자신에게 훨씬 더 많은 상처를 입히며 그들의 사역에 방해가 되기 때문입니다. 그것이 특별한 의무라서 그렇다는 게 아니라, 그들이 양심적으로 그것을 어떻게 결정할 것인지, 그들 자신의 양심에 맡겨야 하기 때문입니다.

제가 밝히고자 했던 취지 외에, 이 검열 계획이 우리에게 겪게 하는 엄청난 손실과 훼손이 있는바, 이는 바다에서 어떤 원수가 우리의 모든 항구와 항만 및 후미를 폐쇄할 경우보다 더 큰 훼손입니다. 그것은 우리의 가장 풍요로운 상품, 즉 진리의 수입을 방해하고 지연시킵니다.[190] 아니, 검열 계획은 반기독교적인 악의와 계략에 의하여 처음으로 설립되었고, 실행되었으며, 가능하다면, 종교개혁의 빛을 끄고, 거짓을 정착시키려는 목적이었습니다. 터키인(the Turk)[191]이 출판을 금지함으로써 그의 **알코란(Alcoran)**[192]을 주창한 그 정책과 거의 다를 바 없습니다.[193] 우리가

---

[189] 여기서 마치 모든 검열관이 성직자인 것처럼 기술하고 있다. 사실은 성직자는 34명 가운데 12명일 뿐이고, 다른 검열관들은 적당한 직업에서 선발되므로, 밀턴의 이러한 강조는 그가 검열법의 주요 목적이 왕당파 선전의 억압이라기보다 종교적인 논쟁 서적이라고 생각했음을 암시한다.

[190] 아마 「마태복음」 13: 45~46을 반영하는 듯하다: "또 천국은 마치 좋은 진주를 구하는 장사와 같으니 / 극히 값진 진주 하나를 발견하매 가서 자기의 소유를 다 팔아 그 진주를 사느니라."

[191] 오스만 제국 사람; (특히 터키의) 이슬람교도를 가리킴.

[192] [고어] 코란.

[193] 폭스(Foxe)는, "인쇄술의 유익과 발명"에 대한 여담에서, 로마가 위클리프와 후스 운동을 극복한 후, 인간에게 종교개혁의 도구로써 인쇄술을 제공한 것은 하나님의

대부분의 나라보다 더 큰 소리로 우리의 감사와 서약을 하늘에 올려드려야 하는 것이 자명하며 이를 기꺼이 인정해야 합니다. 특별히 우리와, 교황 및 그에게 종속된 고위 성직자들 사이에 존재하는 주요한 쟁점들에 있어서, 우리가 향유하는 진리의 수준이 위대하기 때문입니다. 그러나 우리가 우리의 성막을 여기에 세워야 하며, 우리가 지금 들여다보는 세상의 거울이 우리가 지복직관(beatific vision)[194]에 이를 때까지 우리에게 보여줄 수 있는 종교개혁의 최고 전망을 성취했다고 생각하는 자, 그 사람은 바로 이 같은 소견 자체에 의하여 그가 아직 진리에 훨씬 미달하였음을 선포하는 셈입니다.

진리는 사실상 한때 그녀의 신성한 주님과 함께 이 세상에 왔으며, 보기에 가장 영광스러운 완전한 형태였습니다. 그러나 그분이 승천하고, 그분의 제자들이 그분의 뒤를 따라 잠들고 나자, 그때 곧바로 사악한 기만자 무리가 등장했으며, **이집트의 티폰(Ægytian Typhon)**과 그의 음모자들이 선한 **오시리스(Osiris)**를 어떻게 대했는지의 이야기가 그렇듯이, 그 기만자들은 순결한 진리를 붙잡아서, 그녀의 사랑스러운 형상을 산산조각으로 잘라내서, 그 조각들을 네 가지 바람에 흩뿌렸던 것입니다. 그때로부터 여태까지 언제나, 먼지처럼 나타나는 진리의 슬픈 동지들은, 이시스(Isis)가 오시리스의 난도질 된 몸을 찾으려고 했던 정성스러운 탐색을 모방하며,[195] 그들이 찾을 수 있는 만큼, 여전히 그것들을 조각조각 주워

섭리였다고 주장했다: "교황이 출판을 폐지하거나, 다스릴 새로운 세상을 찾아야 한다. 그렇지 않으면 이 세상이 지속되는 한, 출판이 분명히 그를 폐위할 것이다." *Cf.* John Foxe, "The Benefit and Invention of Printing," *Acts and Monuments* (3 vols., 1641), I, 927.

[194] 신학에서, 지복직관(至福直觀)은 천사나 성인이 천국에서 하느님을 직접 보는 것, 즉 하느님의 영광(나라)의 시현을 말한다. 「고린도전서」 13: 12: "우리가 지금은 거울로 보는 것 같이 희미하나 그때에는 얼굴과 얼굴을 대하여 볼 것이요."

모으며 이리저리 돌아다녔습니다. 상하원 의원 여러분, 우리는 아직 그 모든 조각을 찾지 못했고, 그녀(진리)의 주님이 재림할 때까지 영원히 그럴지도 모르겠습니다. 그때, 그분이 모든 접합부와 지체를 함께 모아서, 아름답고 완전한 불멸의 형체로 조합할 것입니다. 이런 검열에 의한 금지가 기회가 있는 곳마다 개입하여, 우리의 순교자 성인의 찢어진 몸을 계속 찾아서 우리에게 그 장례식을 거행하게 하는 자들을 방해하고 저해하도록 내버려 두지 말아 주십시오.

우리는 우리의 빛을 자랑스러워합니다. 그러나 만일 우리가 태양 자체를 지혜롭게 보지 않는다면, 그 빛은 우리를 해쳐서 어둠 속에 빠지게 합니다. 종종 빛이 약해지는(Combust) 저 행성들이며[196] 태양과 더불어 뜨고 지는 가장 밝은 광도의 저 별들을 누가 분간할 수 있겠습니까? 그것들이 반대편 궤도로 운행하여 아침저녁으로 그것들을 볼 수 있는 천계의 위치로 끌어올 때까지 말입니다. 우리가 얻게 된 빛은 우리에게 항상 쳐다보도록 주어진 게 아니라, 그것에 의하여 우리의 지식에서 더 멀리 있는, 앞으로 다가올 사태를 발견하게 하려는 것입니다.[197] 우리를 행복한

---

[195] 이 이집트 신화의 적절성은 아마도 플루타르코스의 "이시스와 오시리스에 관하여"(On Isis and Osiris)에 의하여 밀턴에게 제시되었을 것이며, 그 글은 밀턴이 요약하는 만큼 그 설화 전설을 전하면서 그것이 알레고리로 이해되어야 한다고 주장하며, 다양한 현존하는 해석을 기록한 것이었다. 플루타르코스 자신이 그 신화를 "진리, 특히 제신들에 대한 진리에 도달하려는 노력"에 비유한다. Cf. Plutarch, *Moralia*, 351~352; tr. F. C. Babbitt [14 vols., Loeb Classical Library, London: 1927 *et seq*].

[196] 태양 8도 30분 안에 있을 때 일어나는 현상이다. 이런 위치에서 그 행성들은 태양에 다가와 빛이 약해지면서 그들의 "영향"이 소진되어버린다. 이렇게 그 빛을 잃어버리는 행성들은 금성, 화성 등이 있다.

[197] Cf. William Sedgewick, *Scripture A Perfect Rule* (December 28, 1643), E79 921), 34: "우리는 근래 80여 년간 무엇인가 성취했으며, 좀 더 밝은 빛이 있다고 솔직히 생각할 수 있습니다. 그들은 하루의 새벽에 살았고, 우리는 더 많은 빛을 즐기고

국민으로 만들어줄 것은, 사제의 성복을 벗기는 것이 아니고, 주교의 주교관을 벗기는 것이 아니며, **장로들의**(Presbyterian) 어깨로부터 성직자를 떼어놓는 것이 아닙니다. 그렇지 않습니다. 만일 교회 내부에서, 그리고 경제적, 정치적, 모든 삶의 통치에서, 그만큼 위대한 것들을 들여다보고 개혁할 수 없다면, 그것은 **츠빙글리**(Zuinglius)[198]와 **칼뱅**(Calvin)이 우리에게 비춰준 그 광채를 우리가 너무 오랫동안 쳐다본 나머지 철저히 눈멀게 되었기 때문입니다.

  분파와 교파에 대해 끊임없이 불평하며, 누군가가 그들의 신조와 의견에 반대하는 것을 재앙으로 여기는 자들이 있을 것입니다. 혼란을 야기하는 것은, 그들이 온유하게 들으려 하지 않고, 믿을 수도 없으며, 여전히 그들의 **교리서**(Syntagma)에서 찾지 못하는 모든 것은 억제되어야 한다고 확신하는, 그들 자신의 오만과 무지인 것입니다. 그들은 골칫거리이고, 그들은 통합을 해치는 자들이며, 진리의 몸체에서 아직 부족한 분리된 조각들을 다른 사람들이 결합하는 것을 무시하고 허용하지 않으려는 자들입니다. 우리가 아는 것에 의하여 우리가 알지 못하는 것을 여전히 탐색하고, (그녀의 모든 몸은 **동질적이고** 균형적이므로) 우리가 그 조각을 발견하는 대로 진리와 진리의 간격을 여전히 좁히는 것은, 수학뿐만 아니라 **신학**(Theology)에서도 황금률로 통하며, 교회에서 최상의 조화를 이루는 것입니다. 그것은 차갑고, 중립적이며, 내적으로 분리된, 정신들의 강요된 외적인 연합이 아닙니다.

  있으며, 우리를 이을 세대는 더 위대할 것이다. 그러므로 우리가 더 많은 개혁을 진행한다고 하여 그들[지난 세대]에게 수치가 되지 않습니다."

[198] 츠빙글리(Uldrich Zwingli, 1485~1531)는 1519년 스위스 취리히(Zurich)에서 종교개혁의 첫 법적 인가를 획득했다. 그의 교리가 칼뱅의 더 비타협적인 교리에 의하여 나중에 잠식되긴 했지만, 그는 개신교(Reformed Church)의 창시자로서 대등한 등급으로 여겨진다.

잉글랜드의 상하원 의원 여러분! 여러분이 어떤 나라에 속해 있고 어떤 나라의 통치자들인지 생각해보십시오. 게으르고 우둔한 나라가 아니라, 재빠르고, 창의적이며, 예리한 정신의 나라입니다. 발명에 예리하고, 담론에 명석하고 힘차며, 최고의 인간 능력이 솟아오를 수 있는 지점에 미달되지 않는 나라입니다. 그러므로, 가장 깊은 영역까지 들어가는 학문연구가 우리 가운데 그토록 오래 지속되었고 탁월했기에, 훌륭한 문화유산과 유능한 판단력을 지닌 저술가들은 **피타고라스**(Pythagoras)학파나[199] **페르시아의 지혜조차도**[200] 이 섬나라의 고대 철학에서 출발했다고 생각했던 것입니다. 그리고 한때 **카이사르**(Caesar)를 위해 이 땅을 통치했던 현명하고 정중한 로마인, **율리우스 아그리콜라**(Julius Agricola)는 프랑스인의 힘들인 연구보다 영국의 자연스러운 재능을 선호했던 것입니다.[201] 또한 엄숙하고 검소한 **트란실바니아인**(Transilvanian)이 매년 러시아의 먼 산악 변경지역이나 **헤르키니아**(Hercynian) 황야 너머로부터, 그들의 젊은이들이 아니라 성숙한 어른들을 파견하여, 우리의 언어와 우리의 **신학적 학문**(theologic arts)을 배우게 했던 것은 이유가 없지 않습

---

[199] 이것은 복잡한 암시이다. 일차적인 언급은 윤회전생(輪廻轉生, metempsychosis)이다. 드레이턴(Drayton)은 그 신조를 영국의 드루이드 성직자들(Druids)에게서 유래된 것으로 보며, 셀던(Selden)은 자기 친구의 시적 자유를 옹호한다: "립시우스(Lipsius)는 피타고라스가 그것을 드루이드 성직자들로부터 받았는지 아니면 그들이 그로부터 받았는지를 의심한다. 그가 여행 중에, 인도뿐 아니라 갈리아(Gaulish) 철학자들과도 대화를 나누었기 때문이다.

[200] 이를테면, 페르시아 마술 같은 것을 뜻함. 대(大) 플리니우스(Pliny the Elder)는 주장하기를, "이 기술이 페르시아에서 조로아스터(Zoroaster) 치하에 시작되었다는 것은 의심의 여지가 없다"고 했다. *Cf. Natural History*, XXX, 2; tr. H. Rackham [10 vols., Loeb Classical Library, 1938 이하], V, 222.

[201] Tacitus, *Agricola*, 21. 아그리콜라(기원후 37~93)는 78년부터 85년 사이에 영국의 로마 지방 총독이었다. 그는 실제로 로마의 세 황제(Vespasian, Titus, & Domitian)를 위하여 통치했다.

니다.²⁰² 그렇지만, 이 모든 것을 능가하는 것, 즉 하늘의 호의와 사랑이 우리에게 자비를 쏟은 특별한 방식이 무엇인지, 그 이유가 우리에게 있습니다. 그렇지 않다면, 왜 이 나라가 다른 나라에 앞서 선택되었겠습니까? 시온(Sion)에서처럼 이 나라에서 모든 **유럽**을 향한 종교개혁의 첫 소식이 선포되었고, 첫 나팔 소리가 울려 퍼졌다는 것밖에는 다른 이유가 없습니다. 그리고 만일 **위클리프**(Wicklef)의 경건하고 존경스런 정신에 대적하여 그를 분파주의자 및 **혁신가**(innovator)로 취급하여 억압한 것이 우리의 고위 성직자들의 완고한 고집이 아니었다면, 아마도 **보헤미아의 후스**(Husse)와 히에로니무스(Jerom)나 **루터**(Luther)나 **칼뱅**의 이름도 일찍이 알려지지 않았을 것이며,²⁰³ 우리의 모든 이웃 나라들을 개혁시키는 영광이 완전히 우리의 것이 되었을 것입니다. 그러나 이제, 우리의 완고한 성직자들이 폭압적으로 그 문제를 천하게 다루어서, 우리는 이제까지 가장 늦고 가장 후퇴하는 학생들이 되었습니다만, 원래 하나님은 우리를 그들의 스승으로 만들어주고자 했던 것입니다. 이제 다시금 모든 징조가 동시에 발생함으로써, 그리고 거룩하고 경건한 사람들의 일반적인 직감에 의하여, 그들이 매일 엄숙하게 그들의 생각을 표현하듯이, 하나님은 그분의 교회에서 종교개혁 자체의 개혁까지 지향하는 어떤 새롭고 위대한 시기의 시작을 명하십니다. 그러면 그분이 그분의 종들에

---

²⁰² 트란실바니아(현재 루마니아의 일부)는 1535부터 1689년까지 독립적이었고, 강한 개신교였으며, 그 성직자 가운데 다수가 서구의 위대한 프로테스탄트 대학들에서 신학을 연구하게 되었다. 히르카니아 실바(Hyrcania Silva)는 율리우스 카이사르에 의하여 중남부 독일의 산과 숲에 주어진 일반적인 명칭이었다.

²⁰³ 프라하의 히에로니무스(Gerome of Prague, 1365~1416년경)는 위클리프(Wyclif)와 후스(Huss)의 제자였다. 영국 국민은 선민이었으나, 교회를 개혁하는 그들의 사명이 성직자에 의하여 좌절되었다는 생각은 앞서 『종교개혁론』과 『이혼론』에서 개진된 바 있다.

게, 그분의 방식이 그러한바, 먼저 그분의 잉글랜드인(人)에게 자신을 계시하지 않고 무엇을 하실까요.[204] 그분의 방식이 그러한바, 먼저 우리에게—라는 걸 저는 강조합니다. 비록 우리가 그분의 권고를 주목하지 않고 자격도 없긴 하지만, 말입니다. 이제 이 거대한 도시, 그분의 보호로 둘러싸인 피난 도시,[205] 자유의 저택을 보십시오. 군수공장이 포위된 진리를 방어하고 무장된 정의의 방패와 무기를 주조하기 위해 모루와 해머를 상시 가동하는 것 못지않게, 도래하는 종교개혁을 제시하고자 연구용 등불 옆에 앉아서 충성과 신의를 다하듯이 새로운 개념과 사상으로 깊이 생각하고, 연구하고, 궁리하는 펜과 두뇌가 있습니다.[206] 다른 이들은 이성과 확신의 힘에 동의하여, 그만큼 빨리 책을 읽고 있으며, 모든 것을 시도합니다.

 진리를 추구하는 경향이 그토록 강하고 유연한 나라에 무엇을 더 바라겠습니까? 의식 있는 국민을 만들고, 선지자와 현인과 인격자의 나라를 만들고자 한다면, 이처럼 가망 있고 비옥한 토양에서 지혜롭고 충성된 일꾼들 외에 무엇이 부족하겠습니까? 우리는 아직 추수하기에는 다섯 달 이상이 남았다고 생각하는데, 실은 다섯 주간도 필요 없는 것이, 우리가 눈을 들어서 볼 수만 있다면, 들판이 이미 백색 천지입니다.[207] 더 배울

---

[204] 『이혼론』에서 밀턴은, 영국인이 하나님의 영광을 옹호하는 첫 주창자가 되는 특권을 지녔다고 더 확신 있게 주장한 바 있다.
[205] 「민수기」 35장은 유대인들에게 여섯 가지 피난처를 세우라고 가르친다. 우발적으로 살인을 저지른 자는 피의 보복을 노리는 자를 피하여 법률의 힘이 미치지 못하는 성소를 찾을 수 있다. 그런 평행은 보기만큼 당혹스럽지 않았다. 밀턴의 청중[독자]은 의회의 지지자들을 살인자로 생각하지 않을 것인 반면, 밀턴은 그들이 왕당파를 피의 복수자로 인식해야 한다는 것에 망설임이 없었다.
[206] 무기 산업의 번성 조건은 내란의 상황 때문이었고, 출판 산업의 그런 조건은 이 산문이 속했던 자유 논쟁에 상당한 원인이 있었다.
[207] 「요한복음」 4장 35절에서 넉 달 대신 다섯 달을 대입한 것이다. 밀턴이 그렇게

욕망이 있는 곳에, 당연히 더 많은 논쟁이 있고, 더 많은 저술이 있으며, 더 많은 소견이 있을 것입니다. 선량한 사람들의 소견은 만들어지는 지식일 뿐입니다. 이런 교파와 분파에 대한 이 같은 엄청난 공포 가운데, 우리는 하나님이 이 도시에서 일으키신 지식과 이해에 대한 성실하고 열성적인 갈증을 오해하고 있습니다. 혹자가 애석하게 여기는 것을 우리는 기뻐해야 하며, 그들의 종교를 잘못 대리하는 이들에게서 그 종교와 신념을 그들 자신의 수중으로 다시 찾으려는 사람들 사이에서 벌어지는, 이런 경건한 선봉 싸움을 오히려 칭찬해야 합니다. 도량 있는 조그만 신중, 상호간의 작은 관용,[208] 그리고 어느 정도의 사랑이면, 진리를 향한 하나의 총체적이고 동지적인 탐색에 참여하고 연합하기 위한 이 모든 노력을 달성할 수 있을 것입니다. 만일 우리가 자유로운 양심과 그리스도인의 자유를 사람들이 만든 교회법과 교령으로 밀어 넣는 감독제의 전통을 버릴 수만 있다면 말입니다. 저는 확신하거니와, 만일 한 국민의 특성과 기질과, 어떻게 그들을 다스릴지를 파악할 만큼 위대하고 훌륭한 어떤 외부 사람이 우리 사이에 나타나서, 높은 희망과 목적 그리고 진리와 자유를 추구하는 우리의 광범한 사상과 이성의 부지런한 기민성을 관찰한다면, 그는, 로마인의 복종심과 용기를 존중하여 **피루스**(Pyrrhus)가 했던 것처럼, "만일 저의 **에피루스인**(Epirots)이 이러했다면, 저는 한 교회나 국가를 행복하게 만들기 위해 시도할 수 있는 가장 위대한 계획에 절망하지 않을 것입니다."라고 소리쳐 알렸을 것입니다.[209] 그렇지만 이들은

바꾼 이유는 불분명하다.
[208] 「에베소서」 4: 2: "모든 겸손과 온유로 하고 오래 참음으로 사랑 가운데서 서로 용납하고."
[209] 피루스(기원전 318~272년경)는 에피루스(Epirus)의 왕으로서 기원전 280년, 헤라클레아(Heraclea)의 발레리우스 라에비누스(Valerius Laevinus) 통치하의 로마를 패배시켰다. 플로루스에 따르면, 그 전쟁 후 피루스가 말하기를, 만일 그 자신의

종파분리론자로 매도되어 그런 경고를 받는 사람들입니다. 마치, 주님의 성전을 세우는데, 어떤 이들은 대리석을 자르고, 어떤 이들은 그것을 각재(角材)로 깎고, 다른 이들은 삼나무를 자르고 있는 동안, 하나님의 성전을 건축하기 전에, 채석장과 산림지에서 만들어지는 수많은 파편이나 절개부가 있을 수밖에 없다는 것을 고려하지 못하는 일종의 비이성적인 사람들이 있기 마련인 것과 같습니다.[210] 그리고 모든 석재를 교묘하게 쌓을 때, 그것은 연속된 것으로 결합할 수 없으며, 이 세상에서는 그것을 닿아 있게 할 뿐입니다. 그 건물의 모든 조각이 하나의 형태를 형성할 수도 없습니다. 아니 차라리 완성이란 이런 것에 있습니다. 지나치게 불균형하지 않은 수많은 온건한 다양성과 동지적인 차이점 때문에, 전체 건축물과 구조를 좋게 보이게 하는 멋있고 아름다운 균형이 생성된다는 점입니다. 그러므로, 위대한 종교개혁이 예상되는 시점에서 우리는 더 신중해지고, 영적인 건축에서 더 현명한 건축가가 됩시다. 이제, 위대한 선지자 **모세**가 하늘에 앉아서 그의 잊지 못할 영광스런 소원이 성취되는 것을 보며 기뻐할 시간이 도래한 듯 여겨지기 때문입니다. 우리의 일흔 장로들뿐 아니라 주님의 모든 백성이 선지자가 되는 때입니다.[211] 그러니,

---

군대가 로마군 같거나 그가 로마의 왕이라면, 세계를 정복하는 것이 쉽게 여겨질 것이라고 말했다고 한다(*Epitome Rerum Romanorum*, I, 18).

[210] 이것은 어떤 성경 본문을 해석할 때 그 언급의 범위를 확대함으로써 그 구절로부터 생겨나는 해로운 기존의 추정을 뒤엎는 밀턴의 기술을 잘 보여주는 예이다. 성전을 건축할 때, 솔로몬은 건축 현장으로 석재를 가져오기 전에 크기에 맞게 잘라서 가져오게 했는데, 성지의 정숙이 깨지지 않도록 하기 위함이었다. 이것이 종교적 통일성의 하나의 주장 근거가 되었는데, 밀턴은 이런 특수한 구절에 대한 관심을 두 장(「열왕기상」 5~6)을 차지하는 전체 설명에 돌리고, 그것을 충분히 공명하게 하며 필요한 채석 작업을 전면에 부각한다.

[211] 「민수기」 11: 27~29: "한 청년이 달려와 모세에게 고하여 이르되, 엘닷(Eldad)과 메닷(Medad)이 진영에서 대언을 하나이다, 하매 / 모세의 청년들 중 한 사람 곧 그의 종 눈의 아들 여호수아가 응답하여 이르되, 내 주 모세여, 그들을 금하소서,

놀랄 바가 못 되는 것은, 비록 일부 사람들이, **여호수아**(Joshua)가 그때 그랬듯이, 아마도 이 일부 선한 사람들 역시 그렇겠지만, 선하지만 미덕에는 경험이 부족하여, 이들을 시기하는 것입니다. 그들은 초조하고, 그들 자신의 약점 때문에 이런 분리와 세분화가 그들을 해칠까봐 고민에 빠집니다. 원수 마귀는 다시금 박수갈채를 보내며, 그 시간을 기다리는데, 그는 "그들이 갈라져서 파당과 분파로 충분히 세분화되었을 때, 그때가 우리의 때일 것이다."라고 말했던 것입니다. 그 얼마나 멍청한지! 그는 확고한 뿌리를 보지 못하는데, 그 뿌리에서 우리 모두가 가지로 갈라지긴 해도 성장하는 것입니다. 우리의 분리된 소규모 보병 중대들(maniples)[212]이 마귀의 단결되지 않고 다루기 힘든 여단(旅團)의 모든 방향에서 치고 들어가는 것을 볼 때까지 그 마귀는 주의하지 않을 것입니다. 더구나 이런 추정된 종파와 분파에 대하여 우리는 더 희망을 품어야 할 것이며, 이 문제에 있어서 성가시게 구는 자들에 대해 한층 더 걱정이 되더라도, 진정으로 염려할 필요는 없으며, 결국 우리는 우리의 서로 다름을 악의적으로 응원하는 자들을 비웃을 것입니다. 저는 스스로 이렇게 생각하게 되는 다음과 같은 이유들이 있습니다.

첫째, 한 도시가 이를테면 포위되고 차단되었을 때, 거기에 항해 가능한 강에 적이 출몰하고, 주변에 침입과 침략이 있고, 방어 전투를 성벽과 교외의 해자(垓子)[213]에서까지 하고 있다는 소문이 가끔 돌 때, 그때 시민

하니 / 모세가 그에게 이르되, 네가 나를 위해 시기하느냐? 주의 온 백성이 대언자가 되어 주께서 그들 위에 자신의 영을 두시기를 원하노라! 하니라."
[212] 로마 군대에서 전술단위로서 현대의 보병 중대와 대충 일치한다.
[213] 1642년 9월, 왕당파 군대가 턴햄 그린(Turnham Green)까지 진격하여, 그 당시 요새화되지 않은 런던까지 공격을 위협했으나, 에식스(Essex)에 막혀, 레딩(Reading)으로 후퇴했다. 그 다음 여름, 그 도시를 둘러싸는 12마일 교외 해자를 바탕으로 요새를 축성했다.

들이 혹은 시민 대부분이, 다른 때보다 더욱더, 개선해야 할 가장 중대한 문제들을 연구하는 데 전적으로 몰입하여, 전에는 논의하거나 쓴 적 없는 내용에 대해 아주 희귀하고 경이로울 정도로까지 논쟁하고, 생각하고, 읽고, 창안하고, 논의하게 될 것인바, 상하원 의원 여러분, 이렇게 하는 것이 무엇보다 여러분의 신중한 예지와 안전한 관리에 대한 특별한 호의, 만족 및 신뢰를 입증하는 것입니다. 그리고 거기로부터 씩씩한 용맹과 그들의 원수에 대한 튼튼한 경멸감이 생겨나는 것입니다. 로마가 **한니발(Hanibal)**에 의해 거의 포위되었을 때,[214] 그 도시 안에 있다가, **한니발** 자신이 그의 군대를 주둔시킨 구역을 적잖은 비용으로 사들인 자의 정신이 위대한 것처럼, 그렇게 위대한 정신의 소유자들이 우리 사이에 상당히 있는 듯합니다. 다음으로, 그 논의가 우리의 행복한 성공과 승리에 대한 활기차고 유쾌한 조짐입니다. 몸에서, 혈액이 신선하고, 정신이 활력(活力)뿐만 아니라 이지력에 있어서도 순수하고 활기차며, 재치나 통찰력이 가장 예리하고 깔끔할 때, 이것은 몸이 어떤 좋은 상태와 체질에 있는지를 보여줍니다. 마찬가지로, 국민의 기분이 아주 유쾌하게 상승하여, 그 기분으로 국민의 자유와 안전을 지킬 뿐만 아니라, 그 기분을 할애하여, 가장 확고하고 숭고한 논점과 새로운 방안에 이용할 여력이 있을 때, 이것은, 우리가 퇴보하거나 치명적인 부패로 인하여 쇠퇴한 것이 아니라, 이 고통을 견디고 다시 젊어지도록 타락의 늙고 주름 잡힌 피부를 탈피해버리고, 이 말세에 진리와 번영하는 덕행의 영광스러운 길에 들어서고 있음을 보여줍니다.[215] 저는 저의 마음속에서, 잠에서 깨어난 장사처럼

---

[214] 이 이야기는 Livy, *History*, 26, 11에 나온다.
[215] 자연이 그 생명력을 다하여 쇠퇴하고 있느냐에 대한 당시의 논쟁에 대해서는, Victor Harris, *All Coherence Gone* (Chicago: U of Chicago P, 1949)를 참조할 것. 1628년, 밀턴은 「자연은 노화를 인정하지 않는다」("Naturam non Pati Senium")에

무적의 머리 타래를 흔들며 일어서는 한 고결하고 힘센 나라를 보는 것 같습니다. 저는 이 나라가 그 막강한 젊음을 소생(蘇生)하고(muing),²¹⁶ 정오의 완전한 햇살에 그 또렷한 눈빛을 발산하고, 천상 광휘(光輝)의 원천 자체를 응시하며, 오랫동안 오용된 시력을 정화하고 허물을 벗는 독수리의 모습을 보는 것 같습니다.²¹⁷ 반면, 황혼을 사랑하고, 독수리가 뜻하는 것에 놀란, 질투에 찬 재잘거림 속에서 퍼덕거리는 다른 새들과 함께, 겁 많고 무리 지어 사는 새들이 재잘거리는 소음 전체가 교파와 분열의 해를 알리는 전조(前兆)가 될 것입니다.²¹⁸

그러면 여러분은 무엇을 하셔야 하겠습니까? 이 도시에서 발생했고 매일 발생하고 있는 이 모든 지식의 화려한 수확을 억제해야 할까요? 이 도시를 다스릴 20명의 권력 독점자로 구성된 **과두제(Oligarchy)**를 세워서, 그들의 부셸(bushel)²¹⁹로 측정한 것밖에는 우리에게 아무것도 알지 못하게 할 때, 우리의 정신에 다시금 기근을 초래해야 하겠습니까? 상하원 의원 여러분, 믿어주십시오. 여러분에게 이런 탄압을 하도록 권고하는 자들은 여러분에게 여러분 자신을 탄압하도록 유도하는 것이나 마찬가지입니다. 그리고 저는 어떻게 그런지 곧 보여드리겠습니다. 만일 이 모

서, 말세에 대한 당시의 부정적인 생각을 공유했다. 여기서 뱀을 잉글랜드의 소생의 상징으로 사용한 것은 『실낙원』의 시인에게 어울리지 않게 보일 수 있으나, 그것은 베르길리우스의 묘사(*Georgics*, III, 437~438) 이래로 인기 있는 문학적 비유였다.

²¹⁶ 원래 "mew"는 매사냥에서 새의 털갈이를 뜻하는 용어였으며, 따라서 소생이라는 이차적인 의미를 수반할 수 있는데, 밀턴은 후자의 의미로 사용하는 것이 분명해 보인다.

²¹⁷ 이 이미지는 동물우화집에서 유래한다.

²¹⁸ 예를 들자면, 그들이 만드는 소음은 일반적인 사람들에게 알아들을 수 없게 "재잘거리는"(babble) 소리로서, 불길한 전조를 예고하려는 것이다.

²¹⁹ 부셸(약 36리터, 약 2말): 1부셸 들이의 그릇, 부셸 말.

든 자유로운 저술과 자유로운 표현의 직접적인 이유를 알고자 하신다면, 여러분 자신의 온건하고 자유롭고 인간적인 정부보다 더 참된 이유를 지적할 수가 없습니다. 상하원 의원님들이여, 그것은 여러분 자신의 용감하고 적절한 협의가 우리에게 사준 자유이며, 모든 위대한 재능의 유모인 셈입니다. 이것은 하늘의 영향처럼 우리의 영혼을 정화하고 계몽해준 것입니다. 이것은 우리의 이해력을 본래의 수준 이상으로 자유롭게 했고, 확장하고 향상시켰습니다. 여러분은 이제 우리를 그렇게 만든 여러분 자신을 우리의 진정한 자유를 덜 사랑하는 자로, 또한 자유의 설립자임을 덜 인정하는 자로 만들지 않는 한, 여러분이 우리를 진리에 대하여 덜 유능하고, 더욱 모르게 하고, 진리를 추구하는 데 열성을 덜 보이게끔 만들 수는 없습니다. 여러분이 전에 본 우리 모습처럼, 우리가 다시금 무지하고, 야만적이고, 형식적이고, 그리고 노예같이 차차 변할 수 있습니다. 그러나 그럴 경우, 여러분이 그렇게 될 수는 없는바, 억압적이고, 독단적이고, 폭압적인 모습으로 먼저 바뀌어야 하며, 이는 여러분이 우리를 해방하기 전 우리 위에 군림하던 자들의 모습이기도 합니다. 우리의 마음이 이제 더 포용력이 있고, 우리의 생각이 가장 위대하고 정확한 사물을 탐구하고 기대하도록 더 바르게 세워졌다는 것은, 여러분 자신의 덕성의 소산이 우리 안에 번식한 것입니다. 아버지는 그 자신의 자식을 마음대로 죽일 수 있다는 어떤 폐지된 무자비한 법률[220]을 여러분이 강화하지 않는 한, 여러분은 그 소산을 억압할 수 없습니다. 그렇다면, 여러분에게 가장 충실하고, 다른 사람들을 격려하는 자가 누구이겠습니까? 군사활동세(cote and conduct)[221] 때문에, 그리고 금화 4노블(noble)[222]의 데

---

[220] 로마인 아버지가 자기 자녀에 대하여 지니는 이 같은 절대적인 법적 권한은 형식적으로는 서기 314년까지 폐지되지 않았으나, 실제로는 훨씬 먼저 폐지되었을 것이다.

인선박세(Danegelt)[223] 때문에 무기를 든 자는 아닙니다. 비록 제가 정당한 면제를 옹호하는 것을 비난하지는 않지만, 그렇더라도, 만일 그것이 전부라면, 저는 저의 평화를 더 사랑합니다.[224] 모든 자유보다, 양심에 따라서 알고, 말하고, 자유롭게 논쟁할 자유를 주시길 바랍니다.

인습적인 기준에 금시초문이거나 적합하지 않다는 이유로 의견을 억제하는 것이 그토록 상처가 되고 불공평하다는 점을 알 수 있다면, 최상의 충고가 어떤 것인지를 말하는 것은 저의 임무가 아닐 것입니다. 저는 여러분 자신의 명예로운 동료 가운데 한 분이신, 진정으로 고귀하고 경건한 어느 상원의원에게서 제가 배운 것을 반복할 뿐입니다. 그가 그의 삶과 재산을 교회와 공화국에 희생하지 않았다면, 우리가 지금 이 논쟁에 불러낼 훌륭하고 확실한 후보자 한 명을 그리워하고 애도하고만 있지는 않을 것입니다. 여러분이 그를 아시리라고 저는 확신하지만, 그래도 그의 영예를 위하여, 또한 그 영예가 그에게 영원하길 기원하는바, 그를 **브루크 경(Lord Brook)**이라고 부르겠습니다. 그는 감독제에 대하여 글을 쓰고, 그런 가운데 교파와 분파에 대해 다루면서, 여러분에게 그의 지지를, 차라리 지금에는 그의 임종의 마지막 권고가 된 말씀을 남겨놓았는데, 제가 알기로는, 그 권고는 여러분에게 언제나 소중하고 영예스러운 관심

---

[221] "군사활동세"는 글자 그대로 군인의 "의복과 호송"(coat and conduct)에 드는 비용을 해당 주에 부과시켰던 일종의 세금 형태이다. 즉, 어떤 주의 영내에서 소집되는 새로운 병력의 의복비와 교통비를 그 주(州)가 부과했던 것이었다.

[222] 영국의 옛 금화로서 에드워드(Edward) 3세 때 주조되었으며, 6실링 8다임의 가치가 있었다.

[223] 선박세는 원래 덴마크의 침공을 막기 위해 징수되는 세금이었다. 찰스가 의회의 동의 없이 이 세금을 징수하려다가 "정당한 면책"을 침해했다 하여 국민의 분노를 유발했다.

[224] 세금면제 같은 문제로 내란에 참여하기보다 차라리 평화를 더 사랑하겠다는 뜻임.

거리가 될 것이며, 겸손과 활기찬 사랑으로 넘쳐나서, 자신의 제자들에게 사랑과 평화를 남겨준 그분(그리스도)의 마지막 언약 다음으로 들 수 있으며, 제가 읽고 들은 구절 중 그 이상 온순하고 평화로운 말씀을 마음에 떠올릴 수 없을 정도입니다. 거기서 그가 우리에게 권고하기를, 그들의 양심이 그들을 가장 잘 안내하는 대로 하나님의 법령을 활용하여 순수하게 살아가기를 원하는 자들의 권고라면, 그들이 아무리 잘못된 이름으로 불리더라도, 인내와 겸손으로 들으며, 또한 비록 우리와 다소 일치하지 않더라도, 그들을 관대하게 대하라는 것입니다. 그 책 자체는 세상에 출판되어 의회에 헌정되기 때문에, 거기 실린 권고는 더 크게 우리에게 들릴 수 있으며, 그가 살아서든 죽어서든, 그가 남긴 권고라면 자세히 읽히지 않고 방치될 수는 없을 것입니다.

그리고 지금은 특별한 시기인바,[225] 특별히, 열띤 논의(論議) 중인 문제를 더 깊이 논의하는 데 무엇이 도움이 될 수 있는지를 쓰고 말할 때입니다. **논쟁하는**(controversial)[226] 두 얼굴을 지닌 **야누스**(Janus)의 신전이 이제 무의미하게 열려있지 않을 것입니다.[227] 그리고 비록 교리의 모든 바람이 대지에 불도록 허용되고, 그래서 진리가 들판에 있다 해도, 검열과 금지로는 우리가 진리의 힘을 부당하게 의심하게 됩니다. 진리와 거짓이

---

[225] 의회와 웨스트민스터 총회가 개회 중이었고, 내란까지 치르고 있었으므로 특별한 시기라는 것이다.

[226] "Controversial"의 어원적 의미는 반대방향을 가리킨다는 뜻이 있다. 야누스의 두 얼굴을 서로 반대 방향을 바라보고 있는 것이다.

[227] 로마의 야누스는 대문의 수호신으로서, 반대 방향으로 보는 두 얼굴을 지니고 있는 만큼, 논쟁적이라고 할 수 있고, 전쟁 시에 열리고 평화 시에 닫혔다고 한다. 진리를 위한 논쟁이 필요할 때는 활짝 열려있어야 한다는 암시이다. 영어의 "January"는 문의 신인 야누스에서 따왔으며, 야누스는 하늘의 문지기로서 한 해를 여는 신이기도 하다. 문은 시작을 나타내는 데서 모든 사물의 출발점의 신이라고 생각되었다.

맞붙어 싸우게 하십시오. 자유롭게 열린 대결에서 진리가 더 약하리라 알게 된 자는 여태 없었습니다. 진리의 논박이 거짓에 대한 최상의 가장 확실한 억제입니다. 우리 사이에 빛과 더 확실한 지식이 내려오기를 원하는 기도가 무엇이 있는지 귀를 기울이는 자는 이미 우리 손에 짜 맞추어진 제네바의 규율(the discipline of Geneva)[228] 이상으로 규정될 다른 문제들에 대해 생각할 것입니다. 그럼에도, 우리가 간구하는 새로운 빛이 우리에게 비칠 때, 만일 그 빛이 자신의 창문으로 먼저 들어오지 않는다면, 시기하고 반대하는 자가 있을 것입니다.[229] 우리는 부지런히 조석으로, "감추어진 보화를 찾는 것 같이 지혜를 구하라"[230]고 현인에게서 권유받거니와, 법령에 따르지 않고는 아무것도 알지 못하게 강요하게 될 또 다른 명령이 있다면 얼마나 모순된 일입니까. 한 사람이 지식의 깊은 광산에서 가장 힘든 노동을 해왔고, 그가 채굴한 것들을 군수품으로 공급하

---

[228] 제네바의 규율이란 칼뱅의 교훈을 말하며, 이는 곧 장로교의 교리인 셈이다. *Cf.* William Bridge, *A Sermon Preached Before the Honourable House of Commons* (Nov. 29, 1643), E79 (11), p. 24: "여러분은 다른 개혁교회들이 무엇을 했는지를 압니다. 다른 모든 교회의 종교개혁이 여러분 주변에 펼쳐지고, 여러분 앞에 그들의 저술이 있으며, 그들의 저서들, 그들의 생활, 그들의 본보기, 그리고 이런 것을 수년간 보고 있습니다. 하나님이 우리를 그들의 어깨 위에 백 년간 맡기신 것이 그들이 한 것보다 더 멀리 들여다보지 못하게 그러셨다고 생각할 수 있습니까?"

[229] *Cf.* Roger Williams, *Queries of Highest Consideration* (February 9, 1644; *Publications of the Narragansett Club*, II, 273): "여러분 더 많은 빛을 원하며, 더 위대한 빛을 아직 기대할 수 있다고 둘 다 공언하면서, 어찌하여, 여러분보다 더 많은 빛을 본다고 믿고, 여러 부의 교회 가운데 어느 쪽에도 감히 가담하지 않겠다는 다른 모든 자를 분열주의자, 이단자 등으로 박해하겠다고 공언하고 장담할 수 있단 말입니까?"

[230] 흔히 「마태복음」 13: 44이나 「잠언」 8: 11을 가리키는 것으로 해석되지만, 이 구절들은 본문에서 밀턴이 이 구절에 이탤릭체를 사용한 것을 잘 설명해주지 못한다. 밀턴의 암시는 「잠언」 2장 4~5절을 가리키는 것 같다: "은을 구하는 것 같이 그것[지혜]을 구하고 감추어진 보화들을 찾는 것 같이 그것을 찾으면 / 그때에 주 두려워하는 것을 깨닫고 하나님 아는 것을 발견하리니."

고, 이를테면 전투에 배치할 이유를 도출하고, 그의 길에 놓인 모든 반대를 흩트리고 소멸시키고 나서, 그의 원수를 평원으로 불러내고, 논쟁의 힘으로만 그 문제를 해결해보려고, 만일 그 원수가 원한다면, 그에게 바람과 태양의 유리함까지 제공하고자 할 때, 그때 그의 원수들이 슬그머니 달아나서 잠복하고, 도전자가 지나갈 곳에 검열의 좁은 교량을 설치하는 것은, 비록 군인정신에 그것이 충분한 용맹일지라도, 진리의 전쟁에서는 약점이고 비겁함일 뿐입니다. 진리는 전능자 다음으로 강하다는 것을 모를 사람은 없기 때문입니다. 진리는 그녀를 성공적으로 만드는 정책도, 전략도, 검열도 없습니다. 그것들은 실책이 진리의 힘을 대적하여 사용하는 책략이고 방어입니다. 그녀에게 여지(餘地)를 주고, 그녀가 잠잘 때 그녀를 묶지 마십시오. 그렇게 되면, 잡혀서 묶였을 때만 신탁을 말했던 늙은 프로테우스(Proteus)가 그랬듯이,[231] 그녀는 진실을 말하지 않기 때문입니다. 그럴 경우, 오히려 그녀는 그녀 자신의 모습 외에 모든 모습으로 변신하고, 아합(Ahab) 앞에서 미가(Micaiah)가 했던 것처럼,[232] 그녀가 그녀 자신의 모습으로 돌아가도록 허락받을 때까지, 아마도 그 시기에 따라 그녀의 음성을 조정할 것입니다. 그럼에도 진리가 하나 이상의 모양을 가질 수도 있다는 것은 불가능하지 않습니다. 그렇지 않고선, 무관한 사물(things indifferent)의 모든 등급이 무슨 의미가 있겠습니까?[233] 그런

---

[231] *Odyssey*, IV, 384~393: *Cf. Georgics,* IV, 387~379.

[232] 「열왕기상」 22: 1~36 참조.

[233] "Indifferent"(무관한, 아무래도 좋은)이란 말은 진리나 선악과 무관한 것을 의미한다. 예를 들어, 교회도 사람의 모임으로서 자연의 질서에 속하며, 하나님의 질서가 아닌 자연의 질서 가 있다는 것이다. 또한 종교의 이름으로 인간의 이성을 타인에게 강요하면 안 된다. 인간의 이성적 결정은 단지 "무관한 사물"(things indifferent)에서만 타당성이 있으며, 그리스도인 개인이 할 수 있을 뿐이다. 그리스도가 무관하게 남겨둔 것은 법규의 문제가 될 수 없기 때문이라는 것이다.

사물 안에서, 진리는 자신의 모습과 다르지 않으면서도, 이편이나 저편일 수 있는 것입니다. "십자가에 못 박으신 법조문으로 쓴 증서"를 철폐한 것이 헛된 그림자가 아니고 무엇일까요?[234] 바울이 그토록 자주 자랑하는 그리스도인의 자유는 얼마나 위대하게 얻은 것인가요?[235] 그의 신조는 먹든 마시든, 안식일을 지키든 그러지 않든, 어느 것이든 주님께 하면 된다는 것입니다.[236] 우리가 사랑이 있기만 하다면, 그리고 만일 서로를 항상 비판하는 것이 우리의 위선을 지키는 최고의 아성이 아니라면, 평화로운 때에는 얼마나 많은 다른 것이 용인될 수 있을까요. 저는 여전히 이런 외부적인 일치의 철제 멍에가 우리의 목에 굴종적인 자국을 남겼을까봐 두렵습니다. 성복에 품위를 지키라는 유령이 아직도 우리를 따라다닙니다. 우리는 눈에 보이는 회중과 다른 회중 사이에 최소한의 분리만 있어도, 비록 그것이 필수적인 요소가 아닌데도,[237] 흔들리고 초조해집니다. 그리고 진리에 예속된 일부를 억제하려는 우리의 전진을 통하여, 그리고 그것을 관습의 손아귀에서 회복시키려는 우리의 후진을 통하여, 우리는 진리가 진리에서 분리되지 않게 하고자 하는바, 그것은 모든 것의

---

[234] 「골로새서」 2: 14: "우리를 거스르고 불리하게 하는 법조문으로 쓴 증서를 지우시고 제하여 버리사 십자가에 못 박으시고."

[235] 특별히 「로마서」와 「갈라디아서」에서 거론됨.

[236] 「로마서」 14: 1~13.

[237] 필수적인 것이 아니라고 인정되는 의견이나 예배식의 차이 때문에 장로파가 파문을 주장하기도 했다: "파문의 견책을 의견 문제에 있어서 공통되고 논쟁의 여지가 없는 원칙들에 제한하고, 예법 문제에 있어서 기독교의 공통된 보편적인 관행에 한정하는 것은 아르미니우스파(Arminians)나 소치니파(派)(Socinians)의 위험한 교리이며, 필수적이진 않지만 모든 그리스도인에 의하여 보편적으로 혐오를 받는 모든 다른 관행과 실수에 대해 넓은 문을 열어 자유를 선포하는 것이며, 개혁 신앙의 전복으로 기우는 것이다." *Cf.* Kirk of Scotland, *Reformation of Church-Government in Scotland, Cleerred from some Mistakes and Prejudices* (January 24, 1644), pp. 20~21.

가장 가혹한 분열이며 해체이기 때문입니다. 우리가 알지 못하지만, 우리는 모든 수단을 동원하여 엄격한 외적인 형식주의를 여전히 즐기는 반면, 천박하게 순응하는 어리석음에 그만큼 빨리 빠져들 수도 있습니다. 이것은 억지로 뻣뻣하게 동결된 "나무나 풀이나 짚"[238]과 같으며, 교회의 갑작스런 쇠퇴에는, 사소한 분파가 또 수많은 **하위분파**(subdichotomies)로 나뉘는 것보다 더 크게 작용하는 것입니다.[239] 제가 경솔한 분리도 모두 좋게 생각할 수 있다거나, 교회 안의 모두가 "금이나 은이나 보석"(gold and silver and pretious stones)이 되리라고 기대하는 것이 아닙니다.[240] 곡식을 가라지와, 좋은 물고기를 잡고기와 달리 나누는 것은 사람이 할 수 있는 것이 아닙니다.[241] 그것은 말세에 있을 천사의 임무임이 틀림없습니다. 그런데도, 만일 모두가 한마음이 아니라면—누구도 한마음이라고 생각하지 않겠지만—모두 강요받는 것보다 차라리 많은 사람이 용인받는 것이 더 건전하고, 더 신중하며, 더 기독교적인 것입니다. 천주교(Popery)[242]와 공개적인 미신이 용납되어야 한다는 의미가 아닙니다. 그것은 모든 종교와 국가의 주권을 근절시키는 까닭에,[243] 그 자체가 근절

---

[238] 「고린도전서」 3: 10~13 참조.

[239] *Cf.* Robert Greville, Lord Brooke, *A Discourse ... of Episcopacie* (2nd ed., 1642), p. 91: "스페인 왕이 사실상 그의 잔인한 종교재판소에 의하여 그의 백성을 일종의 통일체로 지향하게 했으나, 그것은 암흑과 무지의 통일이었다. 그리하여 치료가 질병보다 더 나쁘다는 것이 드러난다."

[240] 「고린도전서」 3: 10~13

[241] 「마태복음」 13: 24, 36~43 참조.

[242] "Popery"는 경멸적으로 천주교 혹은 그 제도나 관습을 뜻함.

[243] *Cf.* John Pym, March 17. *Master Pyms Speech in Parliament* (1642), E200(37), p. 6: "교황주의자들의 종교는 어떤 다른 종교에게 헤아릴 수 없는(incomputable) 종교이고, 모든 다른 종교에 파괴적이고, 그것에 반대하는 어떤 것도 견디지 못한다. 그들의 종교에 반항하는 자는 누구든(그들의 힘이 미친다면), 그들을 그들이 파괴한다." 존 로크(John Locke)는 "통치권이 은총에 근거한다"거나 "파문된 왕은 그

되어야 합니다. 연약하고 미혹된 자들을 구하고 되찾으려는 모든 관대하고 동정적인 수단을 사용해야 한다는 조건이 우선된다면, 그렇습니다. 신앙이나 풍습에 절대적으로 반대되는 불경하고 악한 것은 법이 도저히 허용할 수 없습니다. 그 법이 법 자체를 불법화하는 의도가 아니라면 말입니다. 그러나 제가 피력하는 것은, 교리나 훈계의 어떤 관점에서도, 이웃하는 상이점 혹은 그보다 사소함인바, 만일 우리가 우리 사이에서 **평화의 결속**(the bond of peace)만 발견할 수 있다면, 비록 그런 상이점이 많더라도, **성령의 하나 되게 하신 것**(the unity of Spirit)을 꼭 방해하는 것도 아닙니다.[244]

반면에, 만일 누군가가 글을 쓰고, 느리게 진행되는 종교개혁을 밀고 가려 노력하는 우리에게 도움의 손길을 주었다면, 만일 진리가 다른 사람들에게보다 그에게 먼저 말을 걸었다면, 아니 적어도 그렇게 보였다면, 우리가 그 사람에게 그렇게 좋은 행동을 하도록 하는 인가를 요구하는 식으로 그를 귀찮게 해야 한다고, 누가 우리에게 그런 궤변을 늘어놓았단 말입니까? 그리고 금지에 관해서라면, 진리 자체가 무엇보다 금지될 수 있다는 것은 고려하지 말라는 건가요? 편견과 관습으로 침침하고 흐린 우리의 눈앞에 진리의 첫 출현은 많은 실수보다 더 눈에 띄지 않을 수 있고 믿기지 않을 수 있습니다.[245] 수많은 위인들 가운데서 그 사람을 주

들의 왕권과 왕국을 몰수당한다"라는 식의 로마가톨릭 교리 때문에 비가톨릭(non-Catholic) 국가가 로마가톨릭교회를 견뎌낼 수 없게 된다고 주장한다. "이런 방식으로 권력자가 자기 자신의 나라에서 외국의 지배권에 무너지기 때문이다"라는 것이다(First *Letter of Toleration*, 1689, pp. 46~47).

[244] 「에베소서」 4: 3: "평안의 매는 줄로 성령이 하나 되게 하신 것을 힘써 지키라."
[245] *Cf.* Brooke, *Discourse* (2nd ed., 1642), p. 115: "가끔 가장 두터운 광석 중간에서 우리는 가장 순수한 금을 발견한다. 실수들 발견하면 그것을 버린다. 그러나 실수가 선한 것을 단지 어둡게 제시한다는 이유로, 우리가 선한 것을 버리진 않는다. 진리는 처음에 완전한 광채로 빛나지 않는다. 빛은 처음 나타날 때 어둠이다."

목하는 것이 하찮고 경멸스러운 것과도 같습니다.[246] 그들[247]이 좋아하는 자 외에는 누구의 말도 듣지 말아야 한다는 그들의 바로 이런 의견이 다른 모든 의견들 가운데서 가장 나쁘고 가장 새로운 의견일 때, 그들이 우리에게 새로운 의견들에 대하여 무슨 헛된 말을 할까요. 그리고 무엇보다 그런 의견 때문에, 교파와 분열이 그토록 넘쳐나고, 진정한 지식은 우리로부터 멀리 떨어져 있고, 반면에, 여전히 그 진리 속에 더 큰 위험이 도사리고 있으니 말입니다. 하나님이 한 왕국의 전반적인 개혁을 위해 강하고 건강한 감동을 불러일으킬 때,[248] 그분은 많은 열성적인 신도와 종교지도자를 유혹하기에 가장 바쁘시다는 것은 틀린 말이 아닙니다.

그렇더라도, 그보다 더 진실한 것은, 그때 하나님이 탁월한 능력과 보통 이상의 근면성이 있는 사람들을 그분 자신의 일을 위해 동원하시고, 여태까지 배운 것을 되돌아보고 재검토할 뿐만 아니라, 진리의 발견에 있어서 새로운 발걸음을 더 멀리 내디디고 계속 나아갈 수 있게 하신다는 것입니다. 하나님이 그분의 교회를 계몽하는 이치가 이와 같아서, 우리의 세속적인 시력이 그것에 가장 잘 견딜 수 있도록 그분의 빛을 점진적으로 베풀고 분배하신다는 것입니다. 또한 하나님의 선택된 자들의 말이 어디에서 그리고 어떤 자리에서 먼저 들리게 될지는 그분이 지정하시거나 제한하시지 않습니다. 한편으로 오래된 성직자 회의(Convocation) 회당에, 다른 한편으론 웨스트민스터 예배당(Chappell at Westminster)

---

[246] 바울이 자신에 대하여 기록한 비판을 반영하는 말이다「고린도후서」1: 10: "그들의 말이 그의 편지들은 무게가 있고 힘이 있으나 그가 몸으로 대할 때는 약하고 그 말도 시원하지 않다 하니."
[247] 검열제를 주장하고 교파나 분파를 통제해야 한다고 주장하는 감독제 하의 고위 성직자들을 가리킴.
[248] 「학개」2: 7: "또한 모든 나라를 진동시킬 것이며 모든 나라의 보배가 이르리니 내가 이 성전에 영광이 충만하게 하리라 만군의 여호와의 말이니라."

에[249] 우리의 믿음을 심으며, 사람들의 정해진 장소나 집회나 외적 소명(callings)[250]에 다시금 전념하지 않도록,[251] 하나님은 인간이 보듯이 보지 않고, 인간이 선택하듯이 선택하지 않기 때문입니다.[252] 그 경우에,[253] 명백한 확신이 없다면, 그리고 양심의 가장 작은 상처를 치료하고, 이런 곳에서 만들어질 수 있는 수많은 음성에도 불구하고, 인간이 신뢰하는 문자 안에서가 아니라 성령 안에서 살아가기를 원하는 가장 미천한 그리스도인까지 교화하는 끈기 있는 가르침의 사랑이 없다면, 거기에서 스스럽게 인정받게 될 모든 믿음과 종교는 충분하지 않습니다. 그렇습니다. 비록 **해리** 7세(HARRY VII) 자신이 거기에서,[254] 그의 주변에 그의 모든 선조의 무덤을 두고, 그들의 숫자를 부풀리고자 죽은 자들의 음성을 그들에게 빌려준다 해도, 충분하지 않습니다.

---

[249] 성직자 회의가 울지(Wolsey)부터 로드(Laud) 시절까지 웨스트민스터 성당 참사회 집회소에서 거행되었다. 장기의회는 성직자 회의의 권한을 성직자 총회(Assembly of Divines)로 이전했고, 이 총회는 웨스트민스터에 있는 헨리 7세 기념 예배당에서 모였다.

[250] 하나님이 부르시고 맡겼다는 의미의 천직이나 생업을 의미하기도 한다.

[251] Cf. Walwyn, *Compassionate Samaritane*, pp. 26~28: "성직자들의 관심은 사람들 사이에 목회자와 평신도의 구분을 보존하는 것입니다. 비록 그런 표현이 아니더라도 말입니다. 그렇지 않고, 만일 사람들이 그렇게 믿지 않는다면, 그들은 들리는 모든 것을 검토하려 할 것이고, 그들의 성직자로부터 사물을 믿음으로 받아들이려 하지 않을 것이기 때문입니다."

[252] 「고린도전서」 1: 26~29: "형제들아 너희를 부르심을 보라 육체를 따라 지혜로운 자가 많지 아니하며 능한 자가 많지 아니하며 문벌 좋은 자가 많지 아니하도다 그러나 하나님께서 세상의 미련한 것들을 택하사 지혜 있는 자들을 부끄럽게 하려 하시고 세상의 약한 것들을 택하사 강한 것들을 부끄럽게 하려 하시며 하나님께서 세상의 천한 것들과 멸시받는 것들과 없는 것들을 택하사 있는 것들을 폐하려 하시나니 이는 아무 육체도 하나님 앞에서 자랑하지 못하게 하려 하심이라."

[253] 앞서 말한 외적인 형식과 장소에 치중할 경우를 가리킴.

[254] 해리 7세는 헨리 7세를 가리키며 그는 총회가 모였던 예배당에 묻혔다.

그리고 만일 주도적인 종파분리론자로 보이는 사람들이 잘못이라면, 우리가 그들과 부드럽게 만나주고 부드럽게 해산시키고, 그 문제를 논의하고, 자유롭게 자주 청취하며 철저히 검토해야 하거늘, 우리가 그러지 못하도록 만류하는 것이 있다면, 그것은 정당한 명분에 대한 우리의 나태, 완고함 및 불신이 아니고 뭣이겠습니까? 만일 그들 자신을 위한 것이 아니라 우리 자신을 위한 것이라면, 그렇다는 말씀입니다. 학문을 맛본 사람치고, 용인된 진부한 것들에 만족하지 않고 세상을 향해 새로운 입장을 다루고 제안할 수 있는 자들에 의하여 선을 창출하는 수많은 방식이 있음을 인정하지 않을 사람은 없기 때문입니다. 그리고 만일 그들이 우리 발의 먼지이며 재일 뿐이라고 한다면, 그런 관점에서, 바로 그런 점 때문에, 그들이 여전히 진리의 갑주(甲冑)를 닦고 광택을 내는 데 도움이 될 수도 있는 한, 그들이 완전히 버려지진 않을 것입니다. 그러나 만일 그들이 하나님이 이 시대에 특별히 사용하고자 탁월하고 충분한 은사를 부여하여 준비한 자들이라면, 아마 성직자들이나 바리새인들(Pharisees) 사이에 있는 자들이 아니라면, 어떨까요? 우리가 갑작스런 열성으로 서두른 나머지, 우리가 그들을 이해하기 전에 흔히 그들을 예단하듯이, 분간을 못 하고, 그들이 새롭고 위험한 의견을 내놓을까봐 두려워서 그들의 입을 막으려고 결정한다면, 우리에게 화가 미칠 것이로다! 복음을 방어하려 이렇게 생각한다면, 우리가 박해자임이 드러날 것입니다.[255]

---

[255] *Cf.* John Goodwin, *Theomachia* (1644). 이것은 그해 9월 2일, 콘월(Cornwall)에서 에식스 군대의 왕당파에게 항복한 후, 시행된 두 설교의 내용이었다. 설교의 본문은 「사도행전」 5: 38~39인바, 여기서 율법교사 가말리엘이 감금된 사도들을 처형하지 않도록 권면한다: "이 사람들을 상관하지 말고 버려두라 이 사상과 이 소행이 사람으로부터 났으면 무너질 것이요 만일 하나님께로부터 났으면 너희가 그들을 무너뜨릴 수 없겠고 도리어 하나님을 대적하는 자가 될까 하노라 하니라." 굿윈이 설교에 적용한 것은, 군사적 재앙이 교파를 핍박한 의회에 대한 하나님의 형벌이었다는 것이다.

이 의회의 시작부터 장로파나 다른 자들 중에는 **출판허가증**을 경멸하며 그들의 무허가 책으로 먼저 우리의 가슴에 얼어붙은 세 겹의 얼음을 깨고 사람들에게 낯을 보도록 가르친 자들이 적지 않았습니다. 저는 그 사람들 가운데, 그들 자신이 경멸함으로써 그만큼 벗겨냈던 그 굴레를 우리에게 다시 씌우려 설득하는 자가 없기를 바랍니다. 그러나 만일 젊은 **여호수아**(Joshua)에게 **모세**(Moses)가 가했던 제재나, 젊은 **요한**(John)이 허가되지 않았다고 생각한 자들을 금지할 각오가 되어 있었을 때 그에게 우리의 구세주가 내렸던 철회 명령이나,[256] 그 어느 것으로도, 우리의 장로들이 금지하려는 성급한 마음가짐을 하나님이 얼마나 용납할 수 없는 것인지를 장로들에게 충분히 경고하지 못한다면, 만일 출판 허가 때문에 교회에 얼마나 해악이 난무했는지, 그들 자신이 그것을 위반함으로써 어떤 유익을 초래했는지에 대한 그들 자신의 기억이 충분치 않고, 그들이 **종교재판소**의 가장 **도미니크회적인**(Dominican) 부분을 우리에게 설득하고 실행할 것이며,[257] 억압에 그토록 적극적인 등자(鐙子)에 이미 한 발을 올려놓고 있다면, 가장 먼저 억압자 자신들을 억압해야만 그 배분이 불공평하지 않을 것입니다. 그들이 최근에 더 힘든 시기를 경험함으로써 지혜로워진 것 이상으로, 그들의 상황 변화가 그들에게 헛바람을 불어넣었던 것입니다.

그리고 출판을 규제하는 것에 대하여 말하자면, 이보다 바로 앞서 공포된,[258] "출판업자와 저자의 이름이나 혹은 적어도 출판업자의 이름이 등록

---

[256] 「누가복음」 9: 49~50: "요한이 여짜오되 주여 어떤 사람이 주의 이름으로 귀신을 내쫓는 것을 우리가 보고 우리와 함께 따르지 아니하므로 금했나이다 예수께서 이르시되 금하지 말라 너희를 반대하지 않는 자는 너희를 위하는 자니라 하시니라."
[257] 종교재판소에 의하여 임명된 검열관들은 보통 도미니코회 수사들이었다고 함.
[258] 사실은, 이보다 두 번 앞선 법령임. 여기서 밀턴은 1642년 1월 29일의 법령에서 인용하고 있으며, 그것과 검열법 사이에 두 법령이 있었음.

되지 않는 한, 어떤 책도 출판될 수 없다"는 법령에서 여러분 자신이 했던 것보다 여러분에게 더 잘 권면할 명성이 있다고는 아무도 생각하지 못할 것입니다. 그러지 않고 달리 나오는 책들은,[259] 만일 그것들이 악의적이고 중상적이라고 밝혀진다면, 이 책들을 불태우는 것이 사람이 할 수 있는 가장 시기적절하고 가장 효과적인 예방책이 될 것입니다.[260] 이런 **정통 스페인식**(authentic Spanish) 서적검열 정책이,[261] 만일 제가 무언가 예측했다면, 얼마 지나지 않아서 가장 허가받지 않은 책 자체라는 점이 드러나리라는 것입니다.[262] 그것은 그런 목적에 부합하는 성실청(星室廳, Star Chamber)[263]의 포고와 꼭 닮은 것이었는데, 이 포고는 그 법정이 나머지 경건한 업무들을 처리할 당시에 만들어졌고, 그 때문에 그 법정이 지금 **루시퍼**(Lucifer)와 함께 별들로부터 추락한 상태입니다.[264] 이런 점을 보

---

[259] 여기에 모호성이 있다. 책이 악의적이고 중상적이지 않더라도 익명으로 혹은 출판업자의 간기(刊記) 없이 발행되면 불법이었으며, 반면에 저자와 출판업자의 이름이 있더라도 악의적이고 중상적인 내용이라면 불법적인 출판이었다.

[260] 불법으로 판정된 책에 대한 일반적인 처리 절차는 그 출판업자의 재고품을 몰수하고 배포된 물량을 회수하여, 집행자가 전체 출판물을 소각시키고, 저자나 출판업자에게 내려진 신체적인 형벌을 집행하는 것이었다.

[261] 교회의 권위나 공권력에 의한 이단의 심문과 탄압은 기독교 교회만큼이나 오래되었으나, 별도의 교회 법정으로서의 종교재판소(Inquisition)가 나타난 것은 1231년, 황제 프리드리히 2세(Frederick II)의 칙답서(勅答書)가 교황 호노리우스 3세(Honorius III)에 의하여 교회 형법으로 채택되었을 때였다. 그 후 2세기 반 동안 스페인에서보다 독일, 프랑스 및 이탈리아에서 훨씬 광범위하게 시행되었으나, 페르디난드(Ferdinand))와 이사벨라(Isabella)는 스페인에서 이를 재정립하도록 격려했으며, 1478년 토르케마다(Torquemada)가 첫 종교재판소장(Grand Inquisitor)로 임명되었다. 그 후 스페인의 성실청(Holy Office)은 가공할 만했고, 오늘날 "종교재판소"라는 용어는 흔히 스페인의 종교재판소를 뜻하게 되었다.

[262] 검열정책이 허가받지 않은 책 자체가 된다는 표현은 물론 비유적인 표현이다. 출판물을 검열하는 것 자체가 허가받지 못한 책과 같은 정책이라는 뜻이다.

[263] 성실청은 불공평하기로 유명한 형사법원으로서 1641년 폐지되었다.

[264] 성실청이 폐지된 것을 별의 추락으로 비유하면서, 천사였던 루시퍼가 하늘나라

면, 비록 그 계략이 특이한 위선으로 저술을 그들의 좋은 행위에 묶는 척했지만, 여러분은 그 계략 가운데 어떤 종료의 국가적 신중, 국민에 대한 어떤 사랑, 종교나 미풍양속에 대한 어떤 관심이 있는지를 추측할 수 있을 것입니다. 그리고 어떻게 그것이 전에 여러분이 이미 받은 그토록 잘 구성된 법령을 억누르게 되었는지, 만일 우리가 직업상 가장 탐구할 이유를 지닌 그 사람들도 믿을 수 있다면, 그 가운데 도서판매업에 종사하는 어떤 오래된 **특허권자들**(patentees)이나 **독점자들**(monopolizers)의 기만이 있었다고 의심할 수 있을 것입니다. 그들은, 그들의 회사에 종사하는 가난한 자들이 편취당하지 않도록 개개인이 각자의 상이한 사본을 정당하게 보유하게 한다는 구실 아래—이는 도저히 부인할 수 없는 바—주석에 다양한 개성이 있는 책들을 의회에 가져갔으나, 사실상 개성일 뿐이었으며, 그것이 그들의 이웃에 대한 우월성을 행세하는 것 외에는 다른 목적이 없었던 것입니다. 그러므로, 그들은 학문에 도움이 되는 정직한 직업에 종사하는 것이 아니라, 다른 사람의 가신(家臣)이 되어버릴 것입니다.[265] 이 법령을 청원하여 획득함에 있어서, 그들 가운데 어떤 이들은 또 다른 목적을 노렸다고 생각되는바, 허가를 통해 힘을 얻게 됨으로써 악의적인 책이 더 쉽게 널리 퍼져나갈 수 있으리라는 것은, 그 결과가 보여주는 바입니다. 그러나 상품에 대한 이런 **궤변**(Sophisms)과 **반대논증**(Elenchs)에 대해서 저는 재주가 없습니다. 제가 아는 바로는, 좋은 정부와 나쁜 정부에서 실수는 거의 똑같이 일어나기 쉽다는 것입니다. 출판의 자유가 소수의 권력 안으로 축소된다면, 어떤 관료도 오해받을 수 있으며,

---

즉 별나라에서 추락한 것에 빗대어 표현하고 있다.
[265] 진정한 학문적 성과에 따른 서적의 출판이 아니라, 회사 직원들을 이용하여 상업적 목적으로 주석을 달리한 다양한 판본의 출판허가를 받아내기 때문에, 출판업 종사 직원들은 출판업자의 가신 역할을 한다는 뜻이다.

훨씬 더 빨리 그렇지 되지 않겠습니까? 그러나, 존경하는 상하의원 여러분, 의도적으로 그리고 신속하게 잘못된 것을 바로잡고, 다른 사람들이 고가의 뇌물을 평가한 것보다, 꾸밈없는 선전을 최고의 권위를 지니고 더 높게 평가하는 것이, 여러분의 가장 고결한 행위에 합당한 덕성이며, 거기에는 가장 위대하고 현명한 사람들밖에 아무도 참여할 수 없는 것입니다.

끝

6

왕과 관료의 재직 조건

만일 보통 관료가 그런 일을 소홀히 하거나 거부한다면, 그런 권한을 가진 어떤 자라도 폭군 혹은 사악한 왕에게 해명을 요구하고, 적절한 유죄판결을 거친 후, 그를 폐위하고 처형하는 것은 합법적이며 모든 시대를 통틀어 그렇게 주장되었음을 입증하는 글.
또한 최근 그토록 폐위(deposing)를 비난하는 자들은 스스로 그런 행동을 행한 사람들임을 입증하는 글임.

몇몇 추가된 내용과 함께, 이 책의 입장을 옹호하는 개신교 신학자 중 가장 박식한 자들의 수많은 증언도 첨부하여 이제 두 번째 발행함.

저자 J. M.

런던, 1650
앨더 게이트가(街) 길라이언 근처
매슈 시몬즈 인쇄.

THE TENURE OF
KINGS
AND
MAGISTRATES:
PROVING,

That it is Lawfull, and hath been held so through all Ages, for any, who have the Power, to call to account a Tyrant, or wicked KING, and after due conviction, to depose, and put him to death; if the ordinary MAGISTRATE have neglected, or deny'd to doe it.

And that they, who of late so much blame Deposing, are the Men that did it themselves.

Published now the second time with some additions, and many Testimonies also added out of the best & learnedest among Protestant Divines asserting the position of this book.

The Author, J. M.

LONDON,
Printed by *Matthew Simmons*, next doore to the Gil-Lyon in Aldersgate Street, 1650.

왕과 관료의 재직 조건

만일 사람들이 내적으로 이성의 지배를 받으면서, 외부의 관습과 내부의 맹목적인 감정이라는 이중적 폭정에 그들의 이성을 내어 주지 않는다면,[1] 그들은 한 국가의 폭군을 호의를 가지고 지지하는 것이 어떤 것임을 잘 분별할 수 있을 것입니다. 그러나 사람들은 내적인 노예이기에, 공적인 국가로 하여금 자신들을 다스리며 사용하는 사악한 통치에 부응하여 다스림을 받는 것이 그리 놀라운 일은 아니라고 생각합니다. 사실상 선한 사람이 아니라면 자유를 진심으로 사랑하는 사람은 없으며, 그 외에는 자유가 아니라 방종을 사랑합니다. 방종은 폭군들 치하에서 많은 여유와 탐닉을 누릴 수 있기 때문입니다.[2] 그러므로 악한 사람들에게 기분 상하는 일을 당하거나, 악한 사람들을 의심하는 일이 폭군에게 자주 일어나지 않는 것은, 악한 자들이 본래 가지고 있는 노예근성 때문일 것입니다.[3] 그러나 덕성과 진정한 가치가 뛰어난 자들의 경우, 폭군은 그들을 두

---

[1] "관습"(custom)에 대한 밀턴의 비판은 그의 『이혼의 교리와 계율』(*Doctrine and Discipline of Divorce*)와 『우상파괴자』(*Eikonoclasts*)의 첫머리에도 나타나는데, 관습은 이성과 반대되고, 감정 혹은 "내부적 애착"(affections within)과 결부되는 것으로서, 플라톤(*Republic*, VIII, 582c)은 그것이 개인적 삶에서 번져서 자유의 도덕적 근거를 훼손함으로써 국가 폭정의 길을 연다고 묘사한다. *Cf. Paradise Lost*, XII, 79~90.

[2] 자유와 방종의 구별과 그러한 구별의 정치적 적용은 밀턴이 그의 시와 산문에서 흔히 사용하는 개념이며, 아리스토텔레스의 『정치학』(*Politics*)이나 『니코마코스 윤리학』(*Nichomachean Ethics*)에 등장하는 개념으로서, 덕성이 없는 자의 노예근성과 자율성이 있고 덕성을 갖춘 자의 정치적 자주권을 주장하는 개념이다.

려워하는바, 당연한 권리로 그들의 주인이 된 자에게 그들이 증오와 의심을 지니기 때문입니다. 결과적으로, 악한 사람들도 폭군들을 증오하는 것이 아닙니다. 그저 그들의 저속한 굴종을 채색하고자 **충성**과 **순종**이라는 거짓된 미명으로 폭군에 대해 항상 준비된 자세를 보여주기에 그렇게 보일 수 있는 것입니다.

그리고 때로는 수치스럽거나 그들 자신의 고충, 특히 주머니 사정이 문제가 될 때, 그들은 착한 애국자들처럼 보이려 하고 좋은 명분을 따르는 것처럼 보이려고 합니다. 그러나 다른 이들이 자기 나라를 구하려고, "여호와의 일을 게을리하는"[4] 자들에게 쓰이는 저주밖에는 아무것도 두려워할 것이 없는 불굴의 정신과 영웅적인 덕성으로 인내하면서,[5] 한 국민의 재난과 노예 상태뿐만 아니라 그런 것들이 유래한 근원과 이유를 제거하려 할 때, 곧바로 이 사람들[6]과 필요시 그들의 확고한 조력자들은, 이젠 자신들이 증오한 것은 비참한 신세일 뿐 비운의 원인은 아니었다는 듯이, 처음에 자신들을 유일하게 움직일 수 있었던 원리들에서 등을 돌린 반란자들로 변모할 뿐 아니라, 자신들이 이전에 행한 행동들의 필연적 결과물이자, 그들 당파의 전적인 이익으로 조정된다면 그들 자신이 싫어

---

[3] 관습에 대한 논의에서 악인과 폭군의 상호 호감으로 급선회한 것은, 이레톤(Ireton)이 군대의 항의서(*Remonstrance*, 1648)에서 왕과 그의 장로파 지지자들에게 그 같은 원칙을 적용한 것과 부합한다. 원래 아리스토텔레스의 원칙이었는데, 성 토마스 아퀴나스(St. Thomas Aquinas)가 이를 『정부 관리』(*De Regimine Principum*), 3장에서 진전시켰다.
[4] 「예레미야」 48: 10. 이 장은 모압 족속에 대한 일련의 저주를 기술하고 있다.
[5] 밀턴은, 『변명』(*A Defence*), 제1장에서, 찰스 왕과 의회의 갈등을 "영웅적인 시대에 어울리는"(worthy of heroic ages) 행동으로 불렀으며, 항상 그렇게 생각했다. 여기서 밀턴은, 『왕의 성상』(*Eikon Basilike*)의 저자였던 존 고든(John Gauden)이 의회의 "영웅적 행위"(heroism)에 아부한 것을 회고하고 있다.
[6] 장로파들 가리킴.

하지 않는, 그런 절차들에 대하여 불신과 불화의 오점을 남기게 됩니다. 이전에 이러한 자들과 함께 세상을 상대로 속임수를 쓰고 흥정을 했으며, 그들의 왕을 상대로 단결하며 무장을 하고, 그의 어의(御衣)를 벗기고, 왕권을 박탈하고, 아니 강단이나 팸플릿에서 왕을 전면적으로 저주했고, 충직하고 진실한 사람들을, 후퇴하는 것이 불가능하거나 정직하지 못한 지경에 이르도록 끌어들였으며, 왕을 향한 자신들의 새로운 충성을 자랑했던 자들이, 자신을 부속물로 여겼으며, 타인들을 향해 그토록 무기력하게 휘둘렀던 법령과 법에 따라 반역자로서 죽임을 당하게 되리라는 것을 그들은 고려하지 않았던 것입니다.[7] 사실상, 대부분의 사람은 내란이나 소요를 새로운 경험으로 받아들이는 경향이 있고, 일순간 열성적이고 적극적이지만, 정신적 변덕과 연약함 때문에 그들 자신이 내세우는 정당하지도 않은 주장들이 절반도 성취되기 전에 쇠퇴하거나, 혹은 타고난 거짓과 사악함 때문에, 함께 참여했던 가장 고결한 성품의 사람들까지 종종 파멸에 빠뜨립니다.

만일 하나님이나 대의명분이 그들에게 성공을 안겨준다면, 그에 따른 실행은 대부분 필연적으로 법의 변경,[8] 정부의 변화,[9] 그리고 군주들과 왕가의 몰락을 초래하게 되고, 그 후 그 계획의 화신인 훌륭한 인물들에

---

[7] 이 구절에서 묘사되고 있는 이전의 의회 협력자들은 장로파로서, 그들의 늦은 변심과 상관없이 그들이 초기에 보였던 반대 행위 때문에 찰스는 그들을 처형하게 되리라고 밀턴은 주장하고 있다.

[8] 여기에 사용되는 언어는 부분적으로 군대『항의서』(Remonstrance, 1948)의 언어를 되풀이하고 있는바(E473[11]), 밀턴은 "의회 최고위원회"에 "법, 헌법 및 관직을 만들고 그것을 무효로 하거나 폐지할 권한"을 주장하고 있다. Cf. A. S. P. Woodhouse, *Puritanism and Liberty* (London: Dent, 1938), p. 457.

[9] 그 변화는 왕의 처형뿐만 아니라, 1949년 2월 6일 평민원의 법령에 의하여 확정되었는데, 귀족원(House of Lords)은 "무용하고 위험하며, 철폐되어야 한다"고 선언했다.

게는, 저속하고 비이성적인 사람들의 소란한 무리 속에서 땀 흘리고 일할 임무가 따르게 됩니다. 몇몇 사람들은 고대 노예제도의 징표임에도 불구하고 특권, 관습, 형식, 구태의 혼잡한 부정 및 혼란스런 법들을 주장합니다.[10] 하나님이 그분의 섭리와 높으신 계획으로 그들의 군주를 그들 동포의 손길로 인도했을 때, 자신들의 군주에 대하여 폭군이라는 개념으로 맹렬히 저항했고, 군주에 대항하여 전쟁을 부추겨온 선동자였던 다른 자들은, 갑작스럽게, 오래전에 자신들의 행위가 없애버린 충성이라는 새 옷을 덧입고, 그를 위해 간청하고, 그를 애석하게 여기고 칭송하고, 그를 정의의 심판대에 세우자고 말하는 자들에게 항의합니다. 이것이야말로 죽을 수밖에 없는 모든 만물 위에 군림하는 하나님의 칼이며, 그분의 확실한 의지가 그 칼을 명백한 징후에 의하여 어떻게든 그분 수중에 둘 것입니다. 그러나 갑자기 그토록 동정심에 가득 찬 그들이 누구이며 어떤 사람인지를 고려한다면, 그들의 동정심이 진정한 그리스도인의 동정심이 아니라 정신적 경박스러움과 천박함이거나 아니면 자신이 추락하는 것을 본 세속적 허식과 높이에 대한 육욕적 흠모일 뿐이라는 것을 분명히 알게 됩니다. 마지막으로 더 정확히 말하자면, 새로운 혼란을 야기하고자 의도적으로 가장한, 속내를 감춘, 선동적인 동정심일 것입니다. 자비에 대해 말하자면, 그들 스스로가 하나님과 천사들과 거룩한 교회가 모여드는 자리에서 그토록 자주 폭군이라는 이름으로 그를 거명하며, 네로(Nero)가 했던 것보다 훨씬 더 많은 무죄한 피를 흘리게 했다고 비난한 폭군에게 자비가 적용된다면,[11] 분명히 그들이 가장하는 자비는 사악한

---

[10] 여기서 밀턴은 노르만 정복(1066) 이후 영국법과 계급제도에 끼친 노르만족의 영향에 반대하면서도, 찰스의 처형을 불법적인 것으로 간주한 수평파(Levllers)를 언급하고 있다.

[11] 개신교 사회 이론가들은 시민의 순종을 하나의 종교적 의무로 이해했다. 기독교인

사람들의 자비입니다. 그리고 "악인의 긍휼은 잔인이니라."[12]라는 성경 말씀이 있는바, 아각(Agag)[13]이라고 불리는 한 사람을 구하고자 한 나라 전체의 평화를 위태롭게 하고, 이스라엘을 구한 많은 요나단들(Jonathans)은 욕되게 했으며,[14] 그들의 왜곡된 계약(Covenent)[15] 중 가장 불필요한 조항을 아주 어리석게 고집했고, 변화에 대한 두려움과, 아부에 찬 악의라는 불합리한 모순이 그들을 방해했지만, 칭찬을 듣기 위해 서슴지 않고, 수천의 더 많은 그리스도인의 머리를 무자비한 복수에 내어주기도 했습니다.

또 다른 유형의 무리들이 있는데, 이들은 (이런 일이 진행되는 과정에서 법과 관습의 형식을 넘어서 거사에 한 몫을 차지하고, 적어도 자신들의 목소리와 동의를 표하려고 나타나) 어떤 고상한 행위의 위엄과 장관을 보고, 마치 새로이 큰 죄에 빠져들기라도 한 것처럼, 방향을 틀거나 거의 전율하기 시작했으며, 공화국이 실질적인 행동 부족 때문에, 바르고 믿을 만한 탐색은 그만둔 채, 거의 멸망하고 있는데도, 선례, 형식 및 상황에 대한 논쟁이나 하는 자들입니다. 이들에게 저는 더 좋은 교훈과 그들의 소명에 합당한 덕성을 기대하는바, 이 가운데 전자, 즉 교훈을 저의

국민들이 네로 같은 폭군에게도 순종해야 하는지의 문제가 한계점이라고 여겼다.
[12] 「잠언」 12: 10.
[13] 아각은 사무엘 왕에 의하여 "찍어 쪼개진" 불경한 아말렉(Amalek)의 왕이었다 (「열왕기하」 15: 33~34).
[14] 요나단이 블레셋(Philistine) 군대를 상대로 영웅적인 전승을 거두었으나, 그의 부왕 사무엘이 그의 의례상의 위반을 이유로 그를 죽이라고 명령했으나 백성이 살려 주었다.
[15] 엄숙동맹과 계약(The Solemn League and Covenant, 1643)을 말하며, 의회의 권리를 높이기 위한 협약이었다. 이 계약의 세 번째 조항은 군주의 개인적 안전과 권위가 보호되어야 하되, 공민의 자유와 진정한 종교의 확립을 추구할 것을 요구한다. 클레멘트 워커(Clement Walker)는, 찰스 왕이 이 계약을 받아들이라고 강요한 장로파의 목적은 "왕을 그들의 이익과 당파에 합류시키려는 것"이라고 주장했다. Cf. *Anarchia Angliscana, or The History of Independency* (1649), Part II, p. 17.

의무인 양 그들에게 주려 노력할 것이며, 정의와 승리가 그들을 배치한 영예로운 방식으로, 그들의 모든 (힘과) 조력을 다하여 현재 의회와 군대를 신봉하고자 하는 정당하고 경건한 결단에서 그들이 놀라 물러서지 않도록 권고할 것입니다. 정의와 승리는, 어떤 시대나 국가에서 여태까지 정당하게 혹은 관대하게 이루어진 것과 아직 대등해 보이는 그런 절차들 가운데서, 모든 시대를 통틀어 최고의 힘을 행사하게 하는, 직접적인 계시 다음가는, 유일한 보증이 되는 것입니다. 또한 그들이 변절한 허수아비들[16] 때문에 낙담하거나 제지당하는 일은 없게 해야 할 것인데, 좌절된 당파의 울분 외에는 아무 내용도 담기지 않는 겁주는 계고장이나 **경고장**(memento's)[17]을 충고를 준다는 구실로 보내는 것과 같은 일은 없어야 할 것입니다. 그것을 주는 자들이, 그들의 목적이 상실되어 광기와 초조함 때문에, 동료와 동지들을 자신들이 거짓되고 치욕스럽게 왜곡하는 법령과 성경 구절이, 공동의 적이 선고함으로써, 그들 자신의 머리에 가장 먼저 그리고 가장 무겁게 떨어질 것임을 모르고 있으니, 어떻게 그런 거짓 충고가 건전하거나 신뢰성이 있겠습니까? 기질이 유순하고 부드러운 자들도 어떤 유인하는 사제나 예배당 목사의 남성답지 못한 수사(修辭) 때문에―(우리가 그 속에 얼마나 많은 우정이 들어 있는지 알 수 있도록) 친구다운 충고의 서한으로서 유행을 따라 사적으로 보내고 나서 즉각 송신자 자신이 출판하는 방식을 취하는 것은, 사랑으로 보내는 것처럼 가장하여 받는 자에게 얄미운 시기심을 던져주기 위함이니―그들의 의무와 인내심이 어리석게 나약해지지 않도록 해야 할 것입니다.[18] 또한

---

[16] 특히, 윌리엄 프린(William Prynne)을 말함.
[17] *Cf.* William Prynne, *A Briefe Memento* (January 4, 1649).
[18] 존 고든(John Gauden)은 『종교적인 충성스런 항의』(*The Religious and Loyal Protestation*, 1649)라는 책자에서, 군대에게 호소하기를, 남자답고 기독교적인 영

어떤 사람도 지조 없는 성직자들의 무지나 악명 높은 위선과 자기모순에 속지 않도록 해야 할 것입니다. 이들은 그들의 입에 성경을 물고 그들의 변화에 맞추어 이중적이고 모순된 의미로 적당히 해석을 하고, 하나님의 거룩한 진리를 두 가지 얼굴을 지닌 우상으로 변형시키며, 동일한 인용구로써 다른 사람들을 비난하기도 하고, 마찬가지 경우에 자신들을 정당화하기도 합니다. 전형적인 귀족이나 지방 귀족이 되려는 희망이 그들을 이끄는 동안, 그리고 겸직(pluralities)[19]이 그들을 두텁고 깊게 살찌워서. 자신들이 반대의 탄성을 올렸던 교파들과 이단들보다 더 심한 종교적 수치와 불명예에 빠져들게 하는 동안,—그 당시에, 왕 개인을 상대로 하거나 그에 못지않게 귀족원과 평민원 의원들에 대항해 싸우는 것은 선하고, 합법적이며, 최고 권력에 대한 저항이 아니었으며, 그들만이 선한 자들을 후원하고 악한 자들을 처벌하는, 저항할 수 없는 권력이었습니다.

그러나 그들의 검열관다운 횡포가 널리 용인되지 않고, 진리와 양심이 자유롭게 되고, 십일조(Tithes)와 겸직이 더는 용납되지 않기에, 비록 충분한 수당을 받고 대단한 선물로 환대를 받더라도, 이제 탄핵당한 의원들을 제명하고 체포하며,[20] 범법자에게 공공의 국가법에 따라 살인죄를 물어 공정한 특별 법정으로 예외 없이 소환하는 것은, 이제 **고라**(Corah), **다단**(Dathan) 및 **아비람**(Abiram)과 같은 처리가 됩니다.[21] 조금 전까지도

웅적 태도를 취하여 찰스에 대한 동정심을 보이라고 했다. 이 팸플릿은 의회의 충성심을 "경건으로 성화되고, 동정심으로 다감하고, 여러분 아래 것으로 간주하고 싶은 어리석고 여성스런 것이 아니라, 남성스럽고, 영웅적이고, 진정으로 기독교적이고 신성한 것"으로 온전히 칭송으로 끝난다.

[19] 특권이 부여된 성직자가 여러 교회를 동시에 사역하는 것을 말함.
[20] 1647년 군대는 왕비와 음모를 꾸민 것으로 의심되는 의회 의원 11명을 탄핵했다.
[21] 이 세 성서적 인물들은 모세(Moses)에게 반역했다가 그들 중 둘이 땅에 의하여 삼켜지는 신세가 되었으며, 그리하여 정당하게 처벌받는 반역자의 전통적인 예가

설교단에서 묘사하기를, 세 왕국에서 흘린 모든 무고한 피로 얼룩진 저주 받은 폭군이며, 하나님과 성도의 원수로서 대적하여 싸워야 할 대상이었던 자가, 아무런 참회도 없고, 그의 처음 원칙에서 달라진 것도 없이, 그들 자신에 의하여 감금되었는데도, 이제 손댈 수 없는 합법적 관료, 최고의 군주, 기름 부어진 자(the Lords anointed)로 통합니다. 마치 순전히 쓸모없는 그의 몸뚱이를 보존하고, 그것도 밖에서가 아니라 감옥에서 보존하고, 그의 명령을 거부하고, 그의 위엄과 직책을 부정하며, 그의 권력은 그들 자신의 당파 안에 존속한다고 생각할 뿐, 어디서나 그의 권력을 거부하는데, 마치 이런 것만이 순종이기라도 한 것처럼, 그렇습니다.

그러나 누가 특별히 폭군인가 하는 문제는 추정에 의하지 않고는, 일반적인 논의로는 결정될 수 없습니다. 그가 받는 특수한 혐의와 이에 대한 충분한 증거가 이를 결정해야 하며, 저는 이런 결정을, 비록 수적으로 많이 적을지라도, 관료나 국민들 가운데 적어도 상대적으로 보다 강직한 자들에게 맡기고자 하는바, 이들에게는 혐의의 원인을 찾아 판단함에 있어서 자연법이나 올바른 이성 위에 당파심이 가장 적게 작용하기 때문입니다. 그러나 제가 감히 저의 신념의 일부로서 고백하는 것은, 만일 자신이 명령하여 자신의 충성스런 신하들이 대량 학살되었고,[22] 모든 도시와 국토를 파괴해달라고 그가 간청한 자들에게 그 대가로 그의 영토 일부가 저당 잡히거나 양도된다면,[23] 그가 왕이든 폭군이든 황제이든, 정의의 칼이 그의 위에 있으며, 그 정의의 손이 어떤 것이든 그토록 많은 무고한

되었다. 성경 「민수기」 16: 1~33 참조.

[22] 여기서 밀턴은 장기의회(the Long Parliament) 치하에서 영국의 지배에 대한 아일랜드의 반란과 연이어 얼스터(Ulster) 지방에서 자행되었던 개신교 교도에 대한 학살을 암시하고 있다.

[23] 찰스 왕은 아일랜드와 스코틀랜드 사람들에게 그들의 군사적 원조에 대한 대가로 영토 일부(counties)를 양도하기도 했다.

피를 흘린 것에 복수할 충분한 힘이 존재한다는 것입니다. 만일 하나님의 진노를 우연이 아니라 의도적으로 악인에게 시행하는, 모든 인간의 권력이 하나님에게 속한 것이라면, 그 권력은, 일반적인 것이든, 아니면 그것이 실패할 때 하나님의 뜻을 실행하게 되는 특수한 것이든, 합법적인 것이며 거부할 수 없기 때문입니다.[24] 그러나 이 모든 질문을 편의상 간결하더라도 더 상세하게 펼치고자, 저는 여기서 가장 먼저 왕들의 기원, 즉 어떻게 무슨 이유로 왕들이 그들의 동포보다 높은 존엄한 지위에 오르게 되었는지를 밝히고자 합니다. 그리고 그런 근거에서, 만일 그들이 폭정으로 돌아서면, 그들은 처음에 적법하게 선출된 것과 마찬가지로 적법하게 폐위되고 처벌될 수 있음을 입증할 것입니다. 우리의 이중적 성직자들이 비방하고자 할 만큼 변두리의 분파나 이단들 사이에서 배운 것이 아니라, 가장 선별적이고 가장 권위 있는 학문 가운데서 추론했으며, 금지된 저자들이나 많은 이교도 작가에게서 온 것이 아니라, 모세나 기독교, 정교회, 그리고 우리의 원수들에게 더 신뢰성이 있어야 하는바, 장로교 등의 작가들로부터 끌어들인 권위와 이성에 의하여 이를 입증할 것입니다.

무언가 아는 사람이라면, 모든 인간이 원래 자유롭게 태어났고,[25] 하나

---

[24] 서론적인 부분이 끝나감에 따라, 밀턴은 「로마서」 12장 2절("너희는 이 세대를 본받지 말고 오직 마음을 새롭게 함으로 변화를 받아 하나님의 선하시고 기뻐하시고 온전하신 뜻이 무엇인지 분별하도록 하라.")을 암시하는 주장을 하고 있다. 이 구절은 권력자들이 자신의 신성한 의무를 이해하지 못했을 때, 스스로에게 법이 집행되도록 하는 자들을 옹호하는 구절로 사용되곤 했다.

[25] 밀턴은, 로버트 필머 경(Sir Robert Filmer)이 『가부장제』(*Patriarcha*)의 서언에서 진술한, "인류의 태생적 자유는 그럴듯하기 하지만 위험한 견해"라는 왕권주의자의 입장을 부정한다. 밀턴은 그의 독자들이, 존 로크(John Locke)가 지적한 바와 같이, "대부분의 항목에서 왕의 권리를 용감하게 옹호했던 헤이워드(Heyward), 블랙우드(Blackwood), 바클레이(Barclay) 등의 가톨릭 저술가들조차. ... 만장일치로

님 자신의 형상을 닮은 존재이며, 특권에 의해 다른 모든 피조물 상위에 있고, 지배하도록 태어났지 복종하도록 태어난 것이 아니며, 그렇게 살아왔다는 것을 부정할 정도로 어리석을 수가 없습니다. 그 후 아담(Adam)이 저지른 타락의 뿌리로부터 그들끼리 악행과 폭력에 빠져들게 되자, 이러한 과정들이 그들 모두의 파멸로 향할 수밖에 없음을 예상하고, 공동 연맹에 의해 서로의 손해에서 피차 서로를 지키고자 결속하며, 이런 동의에 혼란을 주거나 방해하는 자에 대항하여 그들 자신을 합동으로 방어하기로 동의하게 되었던 것입니다. 이리하여 도시와 읍과 공화국이 생겨나게 되었습니다. 모두에 대한 믿음이 충분한 구속력이 없다고 여겨졌기에, 그들은 평화와 공공의 정의에 반하여 행해지는 파괴적 행위를 힘과 처벌에 의해 규제할 수 있는 어떤 권위를 임명할 필요가 있음을 알게 되었던 것입니다.

  이러한 자기방어와 보존의 권위와 권력은 처음부터 원래 평안과 질서를 위하여 그들 각자와 그들 모두에게 전체적으로 있었던 것이기에, 그리고 각자가 그 자신의 편파적인 재판관이 되지 않도록, 그들은 상의하여, 다른 사람들보다 월등한 지혜와 성실성 때문에 그들이 선택한 한 사람에게, 아니면 대등한 자격이 있다고 생각한 한 명 이상의 사람들에게, 그런 권위와 권력을 부여했으니, 그 첫째를 왕이라 했고, 다른 자들을 관료라고 했습니다.[26] 그들의 지배자나 주인이 아니라 (그 후 어떤 곳에서는, 사람들에게 이루 말할 수 없는 유익을 만들어준 자들에게 그러한 이름들이 자발적으로 주어졌으나), 그들의 대리자나 수임자(受任者)가 되어, 그

    인류의 태생적 자유와 평등을 인정했다"는 점을 기억하기를 기대했다.
[26] 밀턴은 독자들에게 왕권의 여러 종류에 따른 장점과 기원에 대한 아리스토텔레스의 논의(『정치학』 3: 9~10)를 상기시키며, 자신의 주장에 무게를 싣기를 원하는 것 같다.

들에게 위임된 권력에 의하여, 그렇지 않았다면 모든 사람이 자연과 계약의 결속에 의하여 자신과 서로를 위해 이행해야 했을, 그런 정의를 이행토록 하고자 함이었습니다. 그리고 왜 자유로운 개인들 가운데서 한 사람이 공적인 권리에 의하여 다른 사람 위의 권위와 재판권을 쥐고 있어야 하는지를 충분히 검토할 사람이라면, 다른 목적이나 이유는 상상할 수 없을 것입니다.

이러한 자들이 한동안 잘 다스렸고, 아주 공정하게 재량껏 모든 것을 결정했으나, 그들의 손에 절대적으로 쥐어진 이런 권력의 유혹이 결국 그들을 부정과 불공정으로 타락시켰습니다. 이렇게 시도해 봄으로써 임의적인 권력을 어떤 자에게 위임하는 것의 위험성과 불편함을 발견하게 된 자들이 모두 함께 고안하거나 동의한 법을 창안했고, 이 법은 그들이 자신들을 다스려달라고 선택한 자의 권위를 한정하거나 제한하는 것이었으며, 그래서 이미 실패가 확증된 '사람'이 그들 위에 더는 군림하지 않고, 개인적인 실수와 약점을 최대한 뽑아내 없앤 법과 이성이 군림하도록 했습니다. 관료가 국민 위에 세워졌듯이, 법은 관료 위에 세워졌습니다.[27] 이것이 지켜지지 않고, 법이 이행되지 않거나 잘못 적용되자, 그때부터 그들[28]은 속박되었고, 그들에게 유일한 처방이 남아있었으니, 모든 왕과 관료가 처음 즉위할 때 법에 따른 공정한 정의를 수행하도록 조건을 내놓고 이들에게서 서약을 받는 것이었으며, 왕과 관료는 그러한 조건

---

[27] 밀턴은 왕의 대권은 모든 법을 초월한다는 로버트 필머(Robert Filmer)의 주장을 의식한 듯하다. 이런 극단적인 왕권주의 입장에 맞서, 밀턴은 『영국 국민을 위한 변명』(*A Defence*)에서 바울과 플라톤을 인용할 뿐만 아니라, "아리스토텔레스는 그의 『정치학』에서 동일한 의견을 보였고, 키케로(Cicero)도 『법률론』(*de Logibus*)에서 그러했다."고 부언한다.

[28] 위에서 언급한 "권력을 어떤 자에게 위임하는 것의 위험성과 불편함을 발견하게 된 자들," 즉 백성과 피지배자를 가리킴.

을 근거로 국민들에게서 충성, 즉 국민들 스스로 만들고 동의한 법을 집행함에 있어서, 이들에게 순종하겠다는 보증 혹은 계약을 받았던 것입니다. 그리고 이것은 종종 분명한 경고를 수반했는바, 만일 왕이나 관료가 자신의 책무에 불성실함이 입증되면, 국민은 의무를 벗어나게 된다는 것입니다. 그들은 평의원과 의회도 추가했는데,[29] 왕이나 관료의 부름에만 응하는 것이 아니라, 왕이나 관료가 있든 없든, 정해진 시기에, 혹은 공공의 안전을 위협하는 위험이 있을 때는 언제든 이 평의원과 의회는 집무를 했습니다. 그러므로, 프랑스의 정치가 클로디우스 세젤(Claudius Sesell)은 "의회는 왕에게 재갈을 물리려 세워졌다"[30]고 말했는데, 제가 이 말을 예로 드는 것은 우리 영국의 법률가들이 오래전에 그런 말을 하지 않아서가 아니라 프랑스 군주가 우리보다 훨씬 더 절대적인 지배자라고 모두가 인정하기 때문입니다. 이것과 이제까지 말한 다른 내용이 가장 정확하다는 것은 이교도나 기독교의 모든 이야기를 통해 풍부하게 제시할 수 있을 것이며, 왕과 황제가 그들의 침탈과 억압을 통해 국민의 권리에 대한 모든 옛 기억을 말살하는 수단을 찾았던 나라들의 이야기에서도 그렇습니다. 그러나 저는 유럽에 있는 가장 최근의 기독교 제국 둘 다의 알려진 국가 조직, 즉 그리스(the Greek)와 게르만 제국, 또한 프랑스, 이탈리아, 아라곤, 영국, 그리고 특히 스코틀랜드 역사에 호소하면서, 긴 사례는 덧붙이지 않겠습니다. 그렇지만 유일하게 기억나는 것은 노르만인 윌리엄(William the Norman)이 비록 정복자이고 대관식에서 서약하진 않았지

---

[29] 여기서부터 고전적 권위로부터 최근의 역사가들에게로 옮겨간다.
[30] 세젤의 『프랑스의 대군주국』(*La Grand Monarchie de France*, 1519)으로부터 인용한 내용이다. 세젤은 루이 12세(Louis XII) 치하 프랑스 왕권의 성장을 기록한 연대기 작성자로서, 영국 헨리 7세(Henry VII)의 궁전에서는 프랑스 루이 왕을 대신하고, 프랑스에서는 지방의회 의원으로서, 권위 있게 이런 주장을 하고 있다.

만, 국민에게 복종을 요구하기에 앞서, 세인트 알번스(S. Albanes)³¹에서 그가 서약하도록 두 번째로 강요되었다는 점입니다.³²

왕과 관료의 권력이, 국민 모두의 공익을 위하여 국민이 그들에게 맡긴, 단지 파생적이고 그들에게 양도되고 위임된 것일 뿐이며, 국민에게 권력이 아직 근본적으로 남아있고, 그들의 타고난 생득권의 침해 없이는 그들로부터 박탈할 수 없음이 이처럼 분명하고, 이리하여 **아리스토텔레스**와 가장 우수한 정치 문필가들이 왕을 그 자신의 목적이 아니라 자기 국민의 이익을 위하여 통치하는 자로 규정했음을 볼 때, 최고 군주, 타고난 군주 등의 칭호는 오만이나 아첨이고, 최고의 자질을 가진 왕이나 황제들이 수용하지 않았으며, **테르툴리아누스**(Tertullian)³³와 다른 사람들이 보여주듯이, 유대인들이나 (「이사야」 26장 13절) 고대 그리스도인의 교회도 싫어했던 것입니다. 비록 일반적이긴 하지만, 아시아 사람들과 더불어 유대인들이, 특히 하나님의 충고와 권고에 맞서 왕을 선택한 이후부터,³⁴ 노예 상태로 상당히 기울어졌음을 현명한 저자들은 주목합니다.

---

[31] 세인트 올번즈는 런던 중심에서 22마일 정도 떨어진 허트포드셔의 한 도시로서, 그 도시명은 첫 영국 기독교 순교자의 이름에서 유래했다.

[32] 윌리엄은 영국민의 동의 아래 왕으로 취임하면서 잉글랜드의 고대법과 자유를 유지하겠다고 서약하였지만, 왕이 된 후 폭정을 하기 시작하여, 다시 영국민의 옛 자유를 승인하겠다는 약속을 강요받았다고 한다. Cf. George Walker, *Angl-Tyrannus* (1650), pp. 50~51.

[33] 테르툴리아누스는 아프리카의 신부로서 그의 저서 『왕위론』(*On the Crown*, A.D. 201)의 마지막 부분에서 그리스도의 충성스런 종들에게 생명의 면류관을 기약하고, 이교도 세상에서 유행하는 왕관이나 유행하는 의복의 허영에 대하여 신랄하게 비판한다.

[34] 왕권주의자들은 절대 왕권의 성서적 근거로, 「사무엘상」 8장에서 히브리인들이 왕을 요구했던 사실을 내세우곤 했다. 그러나 사무엘은 유대인들에게 사울(Saul) 왕이 절대왕권을 내세워 그들의 재산과 젊은이들을 착취할 것이라고 경고한다. 밀턴은 아리스토텔레스가 『정치학』(VII, vi)에서 주장했고, 히포크라테스(Hippocrates)가 『풍수지론』(*On Airs, Waters, and Places*)에서 한 주장에 대해 독자들이 익히 알고

둘째, 흔히 그렇듯이 누구나 자기 유산에 대하여 권리가 있듯이, 왕이 그의 왕관과 위엄에 합당한 권리가 있다고 말하는 것은, 국민을 사고팔 수 있는 왕의 노예나 소지품 혹은 소유물일 뿐이라고 여기는 것이 됩니다. 그리고 의심할 여지없이, 세습적인 칭호를 충분히 검토해보면, 그 최고의 근거는 예의나 편의에 있음을 알 수 있을 것입니다. 그러나 그것이 정당한 세습에 속한 것이라면, 만일 한 국민이 어떤 범죄 때문에 법에 따라 그 자신과 후손까지 모든 유산을 왕에게 몰수당해야 한다면, 왕도 그에 비례하는 범죄 때문에 그의 모든 칭호와 유산을 국민에게 몰수당하는 것이 가장 정당하고 합법적일 것입니다.[35] 그가 국민을 위한 것이 아니라 국민이 전적으로 그를 위하여 창조되었다고 생각하지 않는 한, 그리고 한 몸으로서의 그들 모두가 한 개인으로서의 그보다 열등하지 않은 한, 그렇습니다. 이와 다르게 인정하는 것은 인간의 존엄성에 대한 일종의 반역이 될 것입니다.

셋째, 왕들이 하나님 외에는 누구에게도 해명할 의무가 없다고 말하는 것은 모든 법과 정부를 전복시키는 것입니다. 왜냐하면, 만일 그들이 해명하기를 거절할 수도 있다면, 대관식에서 그들과 맺은 모든 계약도 그러할 것이며, 모든 서약은 헛되고, 조롱거리일 뿐이며, 그들이 지키기로 맹세한 모든 법은 아무 목적 없이 만들어졌을 것이기 때문입니다. 그리고 만일 왕이 하나님을 경외하지 않는다면,—얼마나 많은 왕이 그러한가요!—우리는 우리의 생명과 재산을 하나의 인간 군주가 아니라 하나의 신에

있으리라고 가정한다. 히포크라테스는, "아시안 인들은 연약하고, 아시아 대부분 지역에서 군주제가 우세하기에, 사람들은 그들 자신의 주인이 되지 못하고, 독자적이지 못하며, 타인의 노예이다"라고 비난한 바 있다.

[35] 찰스 왕은 그의 백성보다 더 높은 지위에 있는 자이므로, 일반 백성의 개인적인 범죄보다 그의 죄가 더 크다는 것이다.

게서 오는 것처럼,36 단지 그의 은총과 자비의 조건에 따라 유지하게 되며, 이런 지위는 궁궐에 기생하는 사람이나 얼빠진 사람이 아니라면 지탱하려 하지 않을 것입니다. 그러므로, 우리가 흔히 자연과 도덕을 해석하는 최고 권위자 중 한 사람으로 인정하는 **아리스토텔레스**는 그의 『정치학』(*Politics*) 제10장에서, 해명할 의무가 없는 군주제는 가장 나쁜 종류의 폭정이며, 자유롭게 태어난 인간이 가장 견디기 힘든 것이라고 적고 있습니다. 그리고 분명히 그리스도인(人) 군주는, 교만한 정신에 도취되거나 자신들을 신격화했던 **카이사르**(Caesar)와 같은 이교도 군주보다 더 오만하지 않은 한, 인간 조건을 넘어서 그렇게 비이성적으로 권력을 남용하거나, 그의 동포인 국민 전체가 마치 자신만을 위해 존재하며 그의 영광을 위해 봉사하는 것처럼, 그토록 저속하게 그들의 지위를 실추시키지 않을 것이며, 자신의 야만적인 의지와 쾌락에 비례하여 국민들을 평가하거나, 이성적 대화의 상대가 아니라 수많은 짐승이나 그의 발아래 짓밟히는 해충 정도로 국민들을 여기지 않을 것입니다. 국민들 가운데는 지혜, 덕성, 고결한 정신 및 다른 모든 면에서, 그의 운명적 위엄을 제외하면, 그를 훨씬 능가하는 수많은 사람이 있을 수 있는 것입니다. 그러나 어떤 이들은 이런 모순된 의견이 **다윗 왕**(King David)의 것이라고 우리를 설득하려 합니다. 왜냐하면, 「시편」 51편에서, 마치 다윗이 **우리아**(Uriah)를 죽이고 그의 아내를 범한 것이 그의 이웃에 대한 죄가 아니라고 상상하는 것처럼, **모세의 법**이 왕에게 그 자신을 자기 동포들보다 낫게 여기지 말라고 분명하게 밝히고 있는데도,37 그가 하나님에게 "오직 주님께만

---

36 로버트 웰던(Robert Weldon)은 그의 저서 『성서의 교리』(*Doctrine of the Scriptures*, 1648)에서, 왕권은 "하나님의 기증품"이라고 주장하며, 그 특별한 축복을 누리는 왕을 진정한 신, 즉 엘로힘(Elohim: 히브리인의 신)이 되게 한하는 것이라고 주장했다.

나는 죄를 지었습니다."라고 울부짖기 때문입니다.[38] 이런 말은 다윗 자신의 죄의 깊이가 하나님에게만 알려진 것이거나, 그를 심문할 의지도 권력도 없는 극소수에게만 알려졌다거나, 혹은 하나님에 대한 죄가 우리아에 대한 죄보다 비교할 수 없을 정도로 컸다는 것 외에 다른 의미가 없을 것입니다. 그의 의도가 무엇이었든, 현명한 사람이라면, 시편의 이런 감상적인 말이 훨씬 더 분명한 통용의 원칙이 있을 정도로 확실한 결정이 될 수는 없음을 파악할 것입니다.

에우리피데스(Euripides)의 어느 비극에 나타나는 이교도 왕 데모폰(Demophoon)은 이런 해석자들이 다윗 왕에 대하여 말한 것보다 훨씬 더 이성적으로 말하기를, "나는 나의 백성을 마치 야만인 다루듯 폭정에 의하여 다스리는 것이 아니니, 만일 내가 부당하게 다스린다면, 나 자신이 정당하게 고통을 받을 의무가 있다."고 했습니다. 훌륭한 황제였던 트라야누스(Trajan)가 자신의 근위대 장군으로 세운 자에게 했던 말도 다를 바 없었습니다. 그는 말하기를, 만일 그가 잘 다스리거든, 뽑아 든 칼을 그를 위해 사용하고, 그렇지 못하면, 그에게 대항하여 사용하라고 했다는 것입니다. 디온(Dion)은 이같이 기술합니다.[39] 트라야누스뿐만 아니라, 기독교인 황제이자 최고 황제 중 하나인 테오도시우스 2세(Theodosius the younger)도 군주는 법에 속박되며, 군주의 권위는 법의 권위에 의존하고 법에 복종해야 한다는 하나의 원칙을 모든 왕과 황제들이 거부하지 못하

---

[37] 「신명기」 17장 참조.
[38] 월터 롤리 경(Sir Walter Rale호)조차도 「시편」 51장 4절에 대하여 너무 깊은 인상을 받아 그의 『세계사』(*The Historie of the World*, 1617)에서 언급했을 정도였다. 당시 왕권주의자 판사였던 데이비드 젠킨스(David Jenkins)는 월터 경의 말을 인용하면서, "왕은 하나님과 신성한 법에 의하여 세워지고, 인간의 법은 단지 그가 왕임을 선포할 뿐이다."고 주장했다.
[39] Dio Cassius, *Roman History*, LXVIII, xvi..

고 마땅히 시인하고 시행하도록 했습니다. 그의 이런 법령이 **유스티니아누스 법전**(Code of Justinian) 1장 24편에서 모든 후대의 황제들을 위한 하나의 신성한 헌법으로 남아서 아직 폐지되지 않고 존속되고 있습니다.[40] 그렇다면, 황제들이 그들 자신의 법령에서 자신들이 법 앞에 해명할 의무가 있다고 쓰고 공포했는데, 유럽의 어느 왕이 자신은 하나님 외에는 누구에게도 해명할 의무가 없다고 주장하며 글을 쓸 수 있을까요. 그리고 사실상 이런 해명이 두렵지 않은 곳에서, 어떤 사람에게 법 위에서 자신 위에 군림해 달라고 하는 자는 그 대신 어느 야수에게 부탁하는 것이나 마찬가지일 것입니다.

마지막으로, 왕이나 관료가 원래부터 당연하게 자신을 위해서가 아니라 무엇보다 백성의 유익을 위해서 그들을 지배하는 권위를 갖고 있기에, 그들이 최선이라고 판단하는 대로 자주, 자유롭게 태어난 인간의 자유와 권리만으로도, 비록 폭군이 아니더라도, 그들이 가장 좋다고 생각하는 대로 지배받고자, 그를 선택하거나 거부할 수도 있고, 존속시키거나 폐위할 수도 있을 것입니다. 이것은 명백한 이유에 부합할 수밖에 없지만, 성경에 따라서도 확실해질 것입니다: "네가 네 하나님 여호와께서 네게 주시는 땅에 이르러서 그 땅을 얻어 거할 때에 만일 우리도 우리 주위의 열국같이 우리 위에 왕을 세우리라."[41] 이런 말은 선택의 권리, 즉 그들

---

[40] 유스티니아누스(483~565)에 대한 간단한 언급은 400년간 유럽대륙의 시민들을 괴롭힌 논쟁거리였다. 일반적으로 영국 왕권주의자들은 왕의 권위를 제한하는 문제와 관련하여 로마법의 불편한 측면을 비난했고, 유스티니아누스 법이 취지에 맞지 않는다는 제임스 1세(James I)의 주장에 동의했다. 제임스 왕은 기독교 군주는 법에 특별한 관심을 가져야 한다는 것을 우리가 자의적으로 인정한다고 주장했다. 이런 주장의 역사에 대한 연구로는 마이런 길모어(Myron P. Gilmore)의 연구서, 『정치사상에서의 로마법 논쟁: 1200~1600』(*Argument from Roman Law in Political Thought: 1200-1600*) (Cambridge: Harvard UP, 1941) 참조할 것.

[41] 「신명기」 17장 14절.

자신의 정부를 변경하는 권리가 백성들에게 거하는 하나님 자신의 은총에 의한 것임을 우리에게 확증해줍니다. 그러므로, 비록 그때 그들이 다른 형태의 정부 아래 있었고, 또한 그들의 변심이 그분을 불쾌하게 했을지라도, 그들이 왕을 세우고자 했을 때, 그분 자신이 그들의 왕이면서 그들에게 거부당한 그분(하나님)은, 비록 그들이 그 점에서 유익하다고 생각한 대로 행할지라도, 그들이 지향하는 바를 설득하는 것 이상으로 방해하려 하지 않았습니다.[42] 그분은 그저 누가 그들 위에 군림할지에 대한 지명권을 지니셨을 뿐입니다. 비록 왕이 하나님의 특별한 명에 따라 기름 부음을 받았더라도, 마치 그가 하나님에게만 해명할 의무가 있는 것처럼, 그것이 그를 면책하지는 않았던 것입니다. 그러므로 "다윗이 먼저 이스라엘의 장로들과 언약을 세우매 저희가 기름을 부어 왕으로 삼느니라"라고 했습니다.[43] 그리고 제사장 에호이아다(Jehoiada)가 에호아시(Jehoash)를 왕으로 삼았고, 그와 백성들 사이에 계약을 세웠습니다.[44] 그러므로 로보암(Roboam)[45]이 왕위에 오르면서 이스라엘 백성이 그에게 제시한 조건을 거절했을 때, 그들이 그에게 대답하기를, "우리가 다윗과 무슨 관계가 있느냐 이새의 아들에게서 받을 유산이 없도다 이스라엘아 너희의 장막으로 돌아가라 다윗이여 이제 너는 네 집이나 돌아보라"[46]고 한 말을 들어보십시오. 그리고 이행되지 않은 그러한 조건 때문에, 모든 이스라엘이 그보다 앞서 사무엘(Samuel)을 폐위했는바, 사무엘 자신의

---

[42] 「사무엘상」 8장 참고.
[43] 「사무엘하」 5: 3. 「열왕기상」 11장 참조.
[44] 「열왕기하」 11: 17.
[45] 성서에 등장하는 폭군들 가운데 가장 악명 높은 로보암은 합법적인 대중적 진노를 가장하여 폭압적 형벌을 가한 예로서 로마의 황제 타르퀴니우스와 종종 관련지어졌다.
[46] 「열왕기상」 12: 16. 북쪽 왕국은 그의 통치를 거부했다.

잘못이 아니라 그의 아들들의 실정 때문이었습니다.

그러나 이 두 가지 예에 대해 잘못되었다고 말할 사람들도 있을 것입니다. 저의 대답은, 후자[47]는 그렇지 않다는 것인데, 그들이 원하는 대로 왕을 세우는 것이 법에 분명히 허용되었으며, 그들을 정당하게 다스려왔던 연로한 **사무엘**과 관계하여 그 일을 하나님이 그때 어느 정도 불쾌하게 여겼지만, 하나님 자신이 그 일에 그들과 동참했기 때문입니다. 리비우스(Livy)가 사악한 군주 **타르퀴니우스**(Tarquinius)로부터 그들의 자유를 획득할 기회를 얻은 로마인들을 칭송하는 바와 같은데, 그는 **누마**(Numa)나 그 이전의 선한 왕들 이래로 자유를 칭송해온 것은 결코 시류에 편승한 것은 아니라고 말했습니다.[48] 또한 전자의 예[49]에서도 불법으로 행해진 것은 아니었습니다. **로보암**이 이스라엘 족속을 줄이려고 거대한 군대를 준비했을 때, 선지자가 그를 제지하기를, "여호와의 말씀이 너희는 올라가지 말라. 너희 형제 이스라엘 자손과 싸우지 말고 집으로 돌아가라 이 일이 내게로 말미암아 난 것이라 하셨다"[50]고 했습니다. 여호와는 그들을 반역자가 아니라 그들의 형제라고 부르며 그들에게 싸움을 금지하고, 단순한 섭리가 아니라 허가에 의하여, 그것도 전자의 경우처럼 행동뿐만 아니라 시기를 고르는 일에서도 그분 스스로 그렇게 그 일을 지배하고 계십니다. 그분은 바로 이렇게 그들을 괴롭히는 것을 금하셨습니다. 그리고 **르호보암**(Rehoboam)이 처음에 함께 의논한 그 근엄하고 현명한 고문

---

[47] 사무엘 왕을 폐위시킨 것을 가리킴.
[48] 리비우스에 의하면(*Historia*), 로마의 왕 로물루스(Romulus)의 뒤를 이은 누마가 요정 에게리아(Egeria)의 도움을 받아 로마의 정체(polity)를 수립하고 종교적 예배 의례를 만들었다고 하며, 그의 행복한 영웅적인 통치는 40여 년간이나 지속되었다고 한다.
[49] 위에 언급된 르호보암의 폐위를 가리킴.
[50] 「열왕기상」 12: 24.

들마저도, 우리의 회색 머리 늙은 아첨꾼들이 지금 곧잘 하는 말처럼, "당신의 천부적 왕권을 고수하고, 항복을 멸시하고, 그들이 아니라 하나님을 붙잡으라"는 식으로 말하지 않았던 것입니다. 그들은 일정한 제한을 주지 않는다면, 이런 문제를 알지 못했고, 공공의 거래에서 그렇듯 그에게 정중한 충고를 했습니다.

그러므로 왕정과 관료의 권력은, 최고 주권이든 종속된 것이든, 구별 없이 "인간의 제도"이며, 이는 악행을 한 자들을 처벌하고 선행을 한 자들을 격려하는 한, 우리가 똑같이 복종해야 하는 하나님의 뜻이라고 성경에서 배우고 있습니다. "자유인으로 복종하라"고 그분은 말씀하십니다. 그러나 해명할 의무가 없고 논의할 여지가 없으며, 거부할 수 없는, 아니 사악하고 폭력적인 행위에 있어서, 어찌 우리가 자유인으로서 복종할 수 있겠는가? 바울(Paul)이 "하나님에게서 나지 않은 권세는 없다"고 「로마서」 13장에서 말했을 때, 마치 하나님이 그 말씀을 인간의 가슴 속에 심어주고 그 말씀에 대한 훈련을 인정하며, 공공의 평화를 보존할 방법을 찾도록 했다고 말하는 것과 같습니다. 그렇지 않다면, 이 말은 동일한 권위를 인간의 제도라고 부르는 베드로의 주장과 어긋납니다. 그것은 역시 합법적이고 정당한 권세에 속한 것으로 이해되어야 하는바, 그렇지 않다면, 우리는 악마에게 허용된 세상의 문제와 왕국에 속한 위대한 권세에 대하여 읽고 있는 것이 됩니다. 악마가 그리스도(Christ)에게, "이 모든 권세와 그 영광을 내가 네게 주리라 이것은 내게 넘겨준 것이므로 나의 원하는 자에게 주노라."[51]라고 말하기 때문입니다. 그가 거짓을 말한 것도 아니고, 그리스도가 자신이 인정한 것을 부정하지도 않았습니다. 「계시록」 13장에서 용이 짐승에게 "그의 능력과 보좌와 큰 권세"를 주었고,

---

[51] 「누가복음」 4: 6.

그런 권세를 받은 짐승을 대부분의 사람은 지상의 폭압적 권력과 왕국이라고 해석합니다. 그러므로 사도 바울은 앞서 인용한 장에서 우리에게 말하기를, 그가 뜻하는 관료는, 선한 사람에게가 아니라 악인에게 공포가 되고, 칼을 헛되이 들지 않으며,[52] 죄인은 처벌하고 선한 사람은 격려하는 그런 관료라는 것입니다.

만일 이런 자만이 순종해야 할 권세로 언급되고, 그들에게만 우리의 복종이 요구된다면, 의심할 여지없이 이와 상반된 행동을 하는 권세는 하나님이 명하신 권세가 아니며, 결과적으로 그들에게 순종하거나 저항하지 않을 의무가 우리에겐 없습니다. 그리고 두 사도 모두 이런 교훈을 줄 때마다, 수사학자들이 흔히 말하는 식으로, 구체적이지 않고 추상적인 말로 표현한다는 점이 주목할 만합니다.[53] 다시 말하면, 그들은 일을 집행하는 사람을 언급하기에 앞서 제도, 권력, 권위를 먼저 언급하고, 그리고 우리가 속지 않도록 그 권력이 어떤 것인지를 정확하게 묘사합니다. 그리하여 만일 권력이 그렇지 못하거나 그 사람이 이런 권력을 행사하지 않는다면, 어느 쪽도 하나님에게 속한 것이 아니라 악마에게 속한 것이어서 결과적으로 거부되어야 합니다. 이러한 가정에서, 크리소스토무스(Chrysostome)[54]는 같은 구절에 이견을 보이지 않고 이런 말이 폭군

---

[52] 「로마서」 13: 4.

[53] 밀턴은, 존 굿윈(John Goodwin)의 노선을 따르고 있는데, 굿윈은 그의 논문 『힘과 권력의 상봉』(*Might and Right Well Met*, 1649)을 마무리하면서, 칼뱅의 논평을 인용한 바가 있다. 칼뱅에 의하면, 바울은 "모든 사람이 더 높은 관료에게 순종하라고 한 것이 아니라, 더 높은 권세에 순종하라고 했으며, 또한, 하나님에게서 오지 않은 관료가 없다는 것이 아니라, 하나님에게서 오지 않은 권세가 없다"고 했다는 것이다.

[54] 그러나 제임스 1세는 크리소스토무스를 자신의 왕권을 옹호하는 근거로 삼기도 했다. 크리소스토무스는 절대왕정에 반대하는 자들 사이에서는 백성의 권리를 인정하는 자로 언급되기도 했으나, 군주제의 지지자로서 대중적 인기가 더 많았다.

을 위해 쓰인 것은 아니었다고 설명합니다. 그리고 이것은 왕 자신인 다윗이 입증하는바, 그가 저자일 가능성이 가장 큰 시편 94장 20절에서 말하기를, "악한 재판장이 주와 교제하리이까?"라고 합니다. 그리고 왕이 요즈음, 더구나 성경에 따라, 자기 칭호의 정당성을 하나님에게서 직접 온 것으로 주장하며 자랑하지만,[55] 언제 그분이 왕이나 왕의 선조들을 왕위에 앉혔는지 그때를 보여줄 수 없고, 언제 백성이 그들을 선택했는지만 보여줄 수 있기에, 똑같은 이유로, 백성들 외에 누구도 그 왕들을 폐위하는 자를 볼 수 없으며, 더구나 정당한 이유로 폐위할 때, 하나님이 군주의 책봉만큼이나 자주 그 폐위를 자신에게 돌린다는 이유가 있으므로, 폐위가 합법적이지 않다면 왜 합법적이지 않은지, 왜 폐위가 책봉만큼 합법적일 수 없고 하나님에게서 온 것이 될 수 없는지, 그 이유는 알아낼 가치가 있을 것입니다. 만일 왕을 폐위하는 것이 그들에게 죄일 수밖에 없다면, 그를 선출한 것도 마찬가지로 죄가 될 수 있을 것이기 때문입니다. 그리고, 반대로, 만일 왕을 선출한 백성의 행위가 그를 왕위에 앉힌 하나님의 행동이자 가장 정당한 권리라고 왕이 주장한다면, 왜 백성의 거부 행위도 마찬가지로 왕을 폐위한 하나님의 행위이자 가장 정당한 근거라고 백성이 주장할 수 없단 말인가요? 그리하여, 하나님과 관계하여, 통치하고 폐위하는 자격과 정당한 권리가 성경에서 모두 하나로 밝혀지며, 백성에게서만 나타나고, 주로 정의와 죄과에 의존한다는 것을 우리는 알게 됩니다. 여기까지 왕과 관료의 권력에 대하여, 그것이 원래 백성의 것이었고, 현재도 그러하며, 백성이 공공의 평화와 유익을 위해서만 사용하도록 맡겨진 것이고, 만일 왕이나 관료가 그것을 남용하면,

---

[55] 로저 메인웨어링은 "왕권은 왕이 하나님에게서 직접 지정받은 영예이다"라는 원칙을 단호하게 인정했다. Cf. Roger Maynwaring, *Religion and Allegiance* (1672; STC17751), p. 204, n. 60.

백성 자신에게 되찾아오거나, 혹은 백성이 공공의 유익에 가장 도움이 된다고 판단하는 대로, 그러한 어떤 변화를 통해 그것을 박탈할 자유와 권리가 백성에게 남아있는 것입니다.

우리는 이제부터 더 쉽게 논의의 설득력을 가지고 폭군이란 무엇이며 백성이 그를 상대로 무엇을 할 수 있는지를 규명할 수 있을 것입니다. 폭군은 부당하게 왕위에 올랐든 합당하게 올랐든, 법이나 공공의 유익에 무관심하며 자신과 그의 당파만을 위해 군림하는 자입니다. 특히 성 바실리우스(St. Basil)는 폭군을 이렇게 규정합니다. 그리고 폭군의 권력이 막강하고, 그의 의지는 제한이 없고 과도하며, 그 실현은 대부분이 백성에 대한 무수한 부정과 억압, 대량 학살, 강간, 간음, 도시와 전 지역의 황폐화와 파괴를 수반하기에, 공정한 왕이야말로 얼마나 큰 유익과 행복이 되는지를 생각해보길 바랍니다. 그만큼 폭군은 엄청난 재난이 됩니다. 공정한 왕이 자기 나라에서 공공의 아버지가 되듯이, 폭군은 공공의 원수가 됩니다. 그를 상대로, 인류 공동의 해충이나 파괴자에게 하듯이, 백성이 합법적으로 무엇을 할 수 있는지, 명확한 판단력이 있는 사람이라면, 그의 마음속에 있는 자연의 원리 자체가 인도하는 대로 따르는 것으로 충분하다고 생각합니다.[56]

그러나 자기 자신의 이성을 버리고, 눈을 감은 채 타인의 가장 좋은 점을 본다고 생각하는 것이 사람들의 저속한 어리석음이기에, 저는 우리가 가장 중시해야 할 예들을 들어 이제까지 이러한 경우에 어떤 일이 일어났는지 보여드리겠습니다. **그리스**와 **로마** 사람들은, 그들의 최고 저

---

[56] 폭군들에 대한 고발의 본질과 정신은 여기서 이성의 이름을 빌려 점차 과격해지는 어조를 보이며, 찰스 왕을 체포하기 직전의 논쟁에서 군사위원회(Army Council) 좌익 지도자들의 중요 관심사가 된다. *Cf.* A. S. P. *Woodhouse, Puritanism and Liberty*, p. 28.

자들이 증언하듯이, 악명 높은 폭군을 재판 없이 언제든지 죽일 수 있고 이를 합법적일 뿐만 아니라 영광스럽고 영웅적인 행위로 신봉하며, 조상(彫像)과 화환을 바치며 공개적으로 보답했습니다. 그러나 법을 유린하는 모든 자에게는 법의 혜택이 허용되어서는 안 된다고 생각합니다. 비극작가 세네카(Seneca)가 『헤라클레스』(Hercules)에서 폭군을 가장 잘 진압하는 이를 내세워 이렇게 말할 정도입니다.[57]

"살해될 수 있는 제물로서
하나님이 가장 흔쾌히 흠향하는 제물은
불공평하고 사악한 왕이니"[58]

그러나 이교도의 이야기라는 반론이 나오지 않도록 이들 가운데서 더는 거명하지 않고, 진정한 종교에 대한 지식을 가진 다른 부류의 사람들을 소개하려 합니다. 유대인들 가운데 이러한 폭군살해의 관습은 드물지 않습니다. 첫 번째로 에훗(Ehud)[59]은, 이스라엘을 정복하여 18년간 통치한 모압(Moab) 왕 에글론(Eglon)에게서 이스라엘을 구원하려고, 하나님이 세우신 사람으로서, 선물을 들고 사신으로 그에게 갔고, 에글론 자신

---

[57] 세네카의 『헤라클레스의 격분』(Hercules Furens)에 나오는 이 시행(922~924행)은, 모든 폭군의 위대한 신화적인 원수에 의하여, 그가 폭군 리쿠스를 죽이고 승리하여 돌아오면서 읊는 구절이다. 그것은 국왕 살해자들이 좋아하는 인용구였으며, 익명으로 쓰인 글, 『전 왕의 살해에 대한 양심적 가책의 변제의 제사(題詞)』(Satisfaction to Some Scruples about the Putting of the Late King to Death)이기도 했다.
[58] 원문에는 라틴어 원문이 먼저 제시되고 영어 번역이 첨부되어 있다.
[59] "이에 이스라엘 자손이 모압 왕 에글론을 십팔 년을 섬기니라. … 여호와께서 그들을 위하여 한 구원자를 세우셨으니 그는 곧 베냐민 사람 게라의 아들 에훗이라."(「사기」 3: 14~15). 왕권주의 작가들은 에훗의 경우를 기이한 선례라고 생각했다. 흐로티우스(Grotius)조차도 에훗에게 외국인 정복자를 죽이라고 한 하나님의 명을 왕의 암살의 선례로 해석하는 것을 경계했다.

의 집에서 에글론을 살해했습니다. 그러나 그는 외국의 군주였고, 원수였으며, 반면에 에훗은 하나님에게서 특별한 권한을 받은 자였습니다. 외국의 군주라는 첫 번째 주장에 관해 대답하자면, 외국인이냐 본국인이냐 하는 것은 중요하지 않습니다. 법을 지키겠다고 공언하지 않는 본국 태생의 군주는 없기 때문입니다. 그런데 그 자신이 그 법을 전복시키고, 그의 직위에 따른 칭호를 주었으며, 그와 자기 백성 사이의 결속이자 제휴였던 모든 계약과 서약을 어긴다면, 그가 외국의 왕이나 원수와 무엇이 다르겠습니까?

스페인의 왕이 대체 우리를 다스릴 권한이 얼마나 있는지 생각해보십시오. 잉글랜드 왕도 우리를 폭압적으로 다스릴 권한은 그 정도뿐입니다. 만일 그가 어떤 연맹에 의하여 우리에게 결속되지 않았는데도, 우리를 종속시키고 멸망시키고자 지신이 직접 스페인에서 오다가, 잉글랜드 국민에게 합법적으로 전투 중에 살해되거나 체포되어 사형에 처해질 수 있다면, 외국 왕인 스페인 왕조차도 그러한데, 그토록 많은 계약과 혜택과 영예로 자기 백성의 행복을 위해 일하도록 규정된 본국 태생의 왕은 무엇이라 항변할 수 있을까요? 우리 국민을 그에게 복종시키는 유일한 결속인 모든 법과 의회를 경멸하고, 그 자신의 의도대로 해명할 수 없는 자랑거리인 대권[60]을 위하여 7년 동안 자신의 가장 좋은 신하들과 싸우고 파괴한 끝에, 굴복하고 항복하여 죄수가 된 그가, 그 때문에 파멸된 수천의 기독교인이 이유도 밝혀지지 않은 채 학살된 시체로서 전국을 오염시키고, 그들의 권리를 인정해야 할 생존자들에게 복수를 외치고 있는 마당

---

[60] 튜더 왕조 동안 확장되어왔던 왕의 대권은 1628년 무렵 이미 의회의 도전을 받았다. 그때 셀던(Seldon)은 이미 법령으로 왕의 대권을 인정하면 "우리가 이룩한 우리의 모든 기본적인 자유를 파괴하게 될 것이라" 했다는 것이다(Margaret A. Judson, *The Crisis of the Constitution* [New Brunswick: Rutgers UP, 1949], 142).

에, 왜 심문도 받지 않고 신성한 존재로서 상황을 모면하려고 한단 말인가요. 인간과 모든 세상 위에 군림하는 그분 사이에 우호와 형제애의 상호 결속(mutual bond)[61]이 있으며, 영국 바다도 우리를 그 의무와 관계에서 떼어놓지 못한다는 것을 모르는 사람은 없겠지요. 대등한 신하, 이웃, 친구 사이에는 더욱더 엄격한 결속이 있습니다. 그러나 이들 중 어떤 이가 서로 더할 나위 없을 정도로 적대행위를 한다면, 법이 그들에게 공개적인 원수나 침략자보다 덜한 판결을 어떻게 내리겠습니까? 혹은 만일 법이 존재하지 않거나 너무 미약하다면, 혼자 방어하거나 내란으로 가는 것 외에 우리에게 무슨 다른 방도가 있겠습니까? 그리고 그때부터 국내 방위법은 국외 전쟁법과 아무런 차이가 없습니다. 장소적 거리가 불화를 일으키는 것이 아니라, 불화가 거리를 야기합니다. 그러므로 가깝든 멀든, 어떤 나라에 속하든, 저와 평화를 유지하는 자는, 모든 공민적 직책과 인간적 임무에 관한 한, 저에게 영국인이며 이웃이 됩니다. 그러나 만일 한 영국인이 모든 인간적, 공민적, 종교적 법을 잊어버리고, 자신과 자신을 위한 법에 어긋나도록 생명과 자유에 대한 죄를 범한다면, 설령 같은 어머니에게서 태어났더라도, 그는 터키인, **사라신**(Sarasin)[62] 및 이교도보다 나을 게 없습니다.

이것이 복음(Gospel)이고, 언제나 이것이 대등한 자들 사이의 법이며, 백성과 관련하여 열등하고 대등하지 않다고 여겨지는 그 어떤 왕에 대해서도 힘으로밖에는 다른 방도가 별로 더 있을까요. 그러므로 폭군을 외국

---

[61] "상호 결속"이라는 말은 인간의 이성에 따르고 정당한 국가법을 지시하는 보편적 인간 사회의 원리를 연상시키는 말이다. 키케로가 그의 여러 저서에서 반복적으로 주장했던 말이기도 하다.

[62] Sarasin=Saracen: 사라센 사람(시리아·아라비아의 사막에 사는 유목민); (특히 십자군 시대의) 이슬람교도; (넓은 뜻으로) 아랍인.

인, 내국인으로 구별하는 것은 별로 설득력 없는 회피입니다. 그가 원수라는 두 번째 주장에 대하여, 저의 대답은, 어떤 폭군이 그렇지 않으냐는 것입니다. 그렇지만 에글론은 유대인들에게 그들의 군주로 인정받았고, 그들은 그를 18년간, 우리가 정복자 윌리엄(William the Conqueror)[63]을 섬긴 것과 거의 같은 기간 동안, 그 모든 시간에 그는 너무나 어리석은 정치가였지만, 그들에게 충성과 신의를 받았고, 이를 통해 그들은, 에훗이 들고 간 공물과 선물이 입증한 바와 같이, 그 자신의 백성이 되었던 것입니다. 세 번째 주장, 즉 에글론을 그런 방식으로 죽일 특별한 자격이 에훗에게만 있었다는 주장에 대해서는, 성경에 그렇게 표현되지 않았으므로 인정할 수 없습니다. 하나님께서는 에훗을 하나의 구원자가 되도록 세우셨으며, 그때나 언제나 허용될 수 있었던, 달리 처리할 수 없는 폭군을 그렇게 다루게 하는, 정당한 원칙을 고수하셨습니다.

사무엘(Samuel)도, 비록 선지자였지만, 그의 손으로 아각(Agag)을 처형하는 걸 삼가지 않았습니다. 국외의 원수였지만, 그 이유를 주목할 수 있습니다. "네 칼이 여인들로 무자케 한 것같이"[64]라는 구절은 법의 판정 자체에 따라 모든 관계를 없애버리는 주장입니다. 그리고 법이 형제와 형제, 아버지와 아들, 주인과 하인 사이에 존재한다면, 왕 혹은 폭군과 백성 사이에는 왜 존재하지 않겠습니까? 그리고 예후(Jehu)[65]가 대를 이은 세습적 폭군인 요람(Jehoram)을 살해하라는 특별한 명령을 받았던 까닭에, 그만큼은 역시 모방해도 좋을 것입니다.[66] 왜냐하면 자연적인 이성

---

[63] 정복자 윌리엄의 통치는 1066년에서 1087년까지 지속되었다.
[64] 「사무엘하」 15장 33절.
[65] 예후가 이스라엘 왕이 되어, 선지자의 명령대로 그의 주인 아합의 집안을 쳤을 때, 그는 일개 군대 장관일 뿐이었다(「열왕기하」 9: 7).
[66] 아합을 살해한 후, 예후는 전차를 타고 도주하는 그의 주인의 아들 요람까지 살해

에 그만큼 근거한 것에 하나님의 명령이 추가되면, 이러한 행동의 적법성을 획득할 수밖에 없기 때문입니다. 아합(Ahab)의 집을 벌하는 수많은 방법이 있는 하나님이, 폭군에게 행한 그 사실 자체가 부당한 예였다면, 신하를 보내어 그의 군주에게 대적하게 했을 리가 없습니다. 그리고 만일 다윗이 여호와의 기름 부은 자(the Lords anointed)를 대적하여 자신의 손 들기를 거절했다면, 그들 사이의 문제는 폭정이 아니라 개인적 반목이었으며, 한 개인으로서의 다윗은 백성의 보복이라기보다는 오히려 그 자신의 보복을 추구하였을 것입니다.[67] 그러나 여호와의 기름 부은 자라는 점이 다윗이 그 자신의 손을 억제한, 유일한 언급된 이유임을 오늘날 어떤 폭군이 보여줄 수 있다면, 그때야 그 폭군도 동일한 특권을 주장할 수 있겠지만, 그때까지는 그렇지 않을 것입니다.

그러므로 이제부터 우리는 기독교 시대의 논의로 넘어가도 좋겠습니다. 그리고 먼저 우리의 구세주 자신은, 그분이 폭군들을 얼마나 지지했는지, 그리고 기독교인들 사이에서 그들의 의도를 얼마나 밝혀야 하고 그들이 존중되어야 하는지, 그분의 생각을 확실하게 선포합니다. 비록 폭군들이 그들의 절대적 권위를 은인의 화려한 이름으로 번성시켰지만,[68] 그분은 이를 이교 신앙(Gentilism) 정도로 간주했고, 이런 지배권을 차지

했다. 「열왕기하」 9: 24 참조.

[67] 기름 부어진 왕으로서의 찰스의 몸을 신성시하는 47명의 성직자가 「진정한 신앙적 항의」(*A Serious and Faithful Representation* [January 18, 1649])에 서명하여 페어팩스 장군(General fairfax)에게 올린 바 있다. 여기서 밀턴은 다윗이 사울로부터 도망하여 부정적 저항을 했지만, 자신의 군대를 강화하여 적극적 저항도 했다는 점을 제시한다. *Cf.* Philip Hunton, *A Treatise of Monarchie*, 1643, p. 11.

[68] 「누가복음」 22: 25: "이방인의 임금들은 저희를 주관하여 그 집권자들은 은인이라 칭함을 받으나." 여기서 그리스도는, 이집트의 프톨레마이오스 왕조의 왕들이 전통적으로 그러했음에도 불구하고, 그들이 희랍 신화에 등장하는 신의 칭호를 사용하는 것을 비난하고 있다.

하려 자신의 제자가 되고자 하는 자들을 책망하며, 그들 중에 가장 높은 자가 되고자 하는 자는 자신을 공공의 하인이나 종으로 여겨야 한다고 했습니다. "이방인의 집권자들이 저희를 임의로 주관하고"[69]라고 했고, "소위 집권자들이"라고 말하며, 그들을 무시하거나 합법적 집권자로 여기지 않고, "너희 중에는 그렇지 아니하니 너희 중에 누구든지 크고자 하는 자는 너희를 섬기는 자가 되고"[70]라고 하셨습니다. 그리고 비록 그분 자신이 가장 온유한 자였고 그렇게 되려고 땅으로 왔지만, 폭군에게는 그분이 겸손한 말을 허용하지 않았으며, "저 여우에게 이르되"[71]라는 말을 우리는 듣게 됩니다. 이 정도로 우리는 그리스도와 그분의 복음이 정의로부터 폭군들을 보호하는 성소가 되어야 한다는 생각에서 멀어져야 하는데, 그들에게 그분의 법은 이러한 보호를 전에 결코 제공한 적이 없습니다. 그리고 만일 하나님이 그들 가운데 그렇게 행하는 자신의 권세를 나타내고자 할 때, 교회가 그들을 섬기려 모든 고통과 예속을 도리어 선택해야 하고, 그들을 해악을 끼쳤다는 이유로 숭배하도록 그들의 막강한 자리에 여전히 앉아 있게 해야 한다면, 어찌하여 그분의 어머니 동정녀 **마리아**가 그녀의 예언적 노래로 하나님에게, 그분이 그리스도의 탄생 때문에 "왕이나 오만한 군주를 왕좌에서 내리치셨다"는 이러한 칭송을 드렸을까요. 분명히 폭군들이 일종의 타고난 본능에 따라 진정한 교회와 하나님의 성도들을 군주제의, 사실상 폭정의, 가장 위험한 원수이자 파괴자로서 누구보다 더 증오하고 두려워하는 것은 이유가 없지 않습니다. 이런 두려움이 정신(廷臣)들과 궁정의 고위 성직자들의 끝없는 외침이

---

[69] 「마태복음」 20: 25.
[70] 「마가복음」 10: 42.
[71] 「누가복음」 13: 32. 바리새인들이 그에게 헤롯왕이 그를 죽일 것이라고 말했을 때 그리스도가 응답한 말이다.

아니었을까요? 이에 대하여, 그들[72]이 모든 폭정을 해체하려는 가장 독실하고 열성적인 사람들의 마음과 원리, 그리고 사실상 교회의 훈계 자체를 잘 분별했다는 것밖에는 더 그럴듯한 이유가 제기될 수 없습니다. 그런고로, 만일 그리스도의 믿음이 전해진 이래로, 더 순결한 시대이든 더 불순한 시대이든, 폭정 때문에 왕을 폐위하거나 사형시킨 것이 너무나 정당하고 필수적인 것으로 인정되어, 이웃 나라 왕들이 그 행동을 지지하고 백성들과 참여했다고 해도 놀랄 일은 아닙니다. 그리고 그 자신이 황제이자 **샤를마뉴** 대제(Charles the Great)[73]의 아들이었던 **루도비쿠스 피우스**(Ludovicus Pius)[74]는, 두 하일란(Du Haillan)의 기록에 따르면,[75] **불제스족**(Vulzes)의 왕 밀데가스트(Milegast)와 그를 폐위한 백성들 사이의 재판관이 되었기에, 그 백성을 위하여, 그리고 그들이 왕의 자리에 선택하였던 자를 위하여, 평결을 내렸습니다.[76] 여기서 주목할 것은 백성이 좋아하는 자를 왕으로 선택할 권리가 그들을 대변한 한 황제의 공정한 증언에 의하여 입증된다는 점입니다. 그가 주장하듯이, "공정한 군주가 불공정한 자보다 우선해야 하고, 통치의 목적이 대권보다 우선해야 하기" 때문입니다. 그리고 또 다른 황제 **콘스탄티누스 레오**(Constantinus Leo)[77]는 비잔

---

[72] 앞 문장의 "정신(廷臣)들과 궁정의 고위 성직자들"을 가리킴.
[73] 샤를마뉴(Charlesmagne) 대제(742~814)는 서로마 제국의 황제(800~814)였으며, 서유럽 대부분의 통치와 기독교의 지지 때문에 "유럽의 아버지"라고 불리기도 했다.
[74] 신성 로마 황제, 경건자 루이스(Louis the Pious, 기원후 814~840년)를 가리킨다.
[75] *Cf.* Girard du Haillan, *Histoire de France*, Paris, 1576.
[76] 즉, 피우스 황제가 불제스 백성과 밀데가스트 왕을 위하여 객관적인 평결을 내렸다는 뜻이다.
[77] 밀턴은 레오 3세(Leo III) 말기에 나온 『목가』(*Eclogue*)에 관심이 많았는데, 그것은 그의 아들 콘스탄티누스 5세(Constantine V)에 의하여 강화되어, 수도원의 힘을 약화시키고 동서양 제국들에 일어나는 우상숭배를 종식하는 데에 이용되었다. *Cf.* Johann Leunclavius, *Eelectus Legum Compendiarus*, in *Juris Graeco-Romani*

틴 법(Byzantine Laws)에서, "왕의 목적은 공공의 유익을 위한 것이며, 이를 행하지 않는 자는 왕의 위조품일 뿐이다."라고 했습니다.

그리고 우리 자신의 군주 중에 몇 명은, 그들의 높은 지위가 자신들의 처벌을 면하게 하지는 않는다는 것을 입증하려고, 심지어 자신들의 가장 화려한 행렬과 의식을 치를 때조차, 그들이 잘못을 저지르는 경우엔 그 검이 그들을 제재할 권한을 지녔음을 스스로 상기하고자, 자신들 앞에서 궁정의 백작이라 불리는 한 관리가 성 에드워드(St. Edward)의 검을 나르게 했다고 우리 역사가들 가운데 최고의 역사가인 매슈 파리스(Mathew Paris)는 말했습니다. 그리고 그 검이 결국 어떤 제재를 하게 되는지는, 칼날과 뾰족한 끝이 있으므로, 어느 회의론자(Sceptic)가 의심하겠다면 (그럴 필요가 있다면), 직접 느껴보게 하십시오. 우리의 고대 법률 서적에 대한 열성적인 연구 결과, 잉글랜드의 귀족(Peers)과 남작(Barons)은 왕을 판단할 법적 권한이 있었음도 인정되는바, 그들이 왕의 동료(Peers)[78]라고 불린 것은 사소한 이유일 수 없기에 이런 주장은 가장 그럴듯한 이유였습니다. 그렇지만 인간이 인간일 뿐인 자를 다루어야 하는 한, 흔들릴 수 없는 사실은, 만일 우리의 법이 모든 인간을 가장 낮은 자에 이르기까지 그들의 동료에 의해 판결을 받게 해야 한다면, 그 법은 모든 형평성에서 역시 거슬러 올라가서 가장 높은 자도 판결해야 합니다.

그리고 우리 자신의 국내 이야기와 국외 이야기 모두에서 그만큼 많이 드러나는바, 공작(Dukes), 백작(Earles) 및 후작(Marqueses)은 처음에 세습이 아니었고 공허하고 쓸데없는 칭호가 아니라 신임과 직책의 이름이

(Frankfurt, 1596; BML) book II, p. 83.

[78] 여기서 원문의 "Peers"는 공작(duke), 후작(marquis), 백작(earl), 자작(viscount), 남작(baron) 등 귀족을 총칭하는 말이기도 하지만, 원래 사회적, 법적으로 동등한 사람 혹은 지위가 같은 동료를 가리키는 말이다.

었으며, 그런 직책이 없어지면서, 의회 내의 모든 훌륭한 사람이, 남작[79]이라는 단어는 더는 의미가 없으므로, 공익을 위하여 왕에게 합당한 동료이자 재판관으로 여겨질 수 있으리라는 것입니다. 기회주의적인 사람들이 항상 가장 의지하는, 중요한 사건의 주요 방해물인, 사소한 소송 정지(caveats)와 부대 상황은 염려하지 않아도 됩니다. 이리하여 대관식의 서약과 의회에서 재개된 서약이 모두 통하지 않을 때, 자연이나 고대 헌법이 그들에게 어떤 권리를 부여했는지를 모르지 않았던 우리의 선조들은 그들의 폭압적인 왕을 폐위하고 사형시키는 것을 결코 불법이라고 생각하지 않았습니다. 의회는 리처드 2세(Richard II)에 대한 고소장을 작성했고, 평민원은 왕국이 위험에 빠지지 않도록 그에게 판결을 내리도록 요청했을 정도였습니다. 그리고 일류급 신학자였던 피터 마터(Peter Martyr)[80]는 사사기 주석서 세 번째 장에서 그들의 행동을 인정하고 있습니다. 토마스 스미스 경(Sir Thomas Smith)은 역시 프로테스탄트 정치가로서 그의 『잉글랜드 공화국』(*The Commonwealth of England*)에서 폭군에 저항하여 봉기하는 것이 적법한지에 대한 질문을 던지며, 저급하게 판단하는 자들은 사건에 따라, 박식한 자들은 그 사건을 행하는 자의 목적에 따라 판단한다고 대답합니다.[81]

그러나 이 시대보다 훨씬 앞서, 우리 모든 역사가 중 가장 오래된 역사

---

[79] 남작은 "원래 군사적 혹은 다른 영예로운 봉사를 하고 왕이나 다른 상관에게서 작위를 얻은 자"(*OED*)이다.

[80] 피터 마터(Peter Martyr Vermigli, 1499~1562)는 이탈리아의 종교개혁기의 개혁신학자로서 특별히 가톨릭과 루터란 교회에 반대하여 성체 성사(the Eucharist)에 관한 논문들을 쓴 것으로 유명하다. 「사사기」에 대한 주석에서는 왕의 선출과 폐위에 대한 논의를 했다. 그의 이름에 "Martyr"가 포함되나 순교자는 아니었다.

[81] 여기서 밀턴이 바꿔 쓰고 있는 말은, 토마스 스미스의 『잉글랜드 공화국』(1583) 첫 부분에 나오는 내용이다.

가였던 **길다스(Gildas)**[82]는, 로마제국이 쇠퇴하여 물러나면서 이 섬나라를 지배하여 얻은 권한을 전부 포기하고, 국민의 손에 그 모든 것을 양도했던 시대에 대하여 말하면서, 이렇게 하여 그들 자신의 고유한 권리를 다시 획득한 국민이, 446년경, 그들이 최고라고 여기는 자들을 왕들로 선출했고 (로마인들 이후 여태 이곳을 통치한 첫 기독교도 영국 왕들임), 똑같은 권한으로, 그들이 폐위할 이유를 파악했을 때, 흔히 그들을 폐위하고 처형했던 것입니다. 이것이 **잉글랜드**의 어느 왕이든 제시하거나 감히 제시할 수 있는 가장 기본적이고 오래된 재직 조건인바, 이에 비하면, 다른 모든 칭호나 구실은 어제 생긴 것에 불과합니다.[83] 만일 **길다스**가 그런 행동에 대해 영국인들을 비난하고 있다고 이의를 제기하는 자가 있다면, 바로 준비된 대답이 있습니다. 즉, 그는 그들이 그렇게 한 것에 대해 비난하기보다 이런 자를 선택한 것에 대해 전에 비난했던바, 그가 말하기를, "그들이 왕으로 기름 부어 세운 자들은 하나님에게 속한 자가 아니라 다른 자들보다 더 잔인한 자들이었도다."라고 했습니다. 다음으로 그는 왕들을 폐위하고 처형한 것에서는 그들을 전혀 비난하지 않았으며, 그저 재판이나 소명에 대한 제대로 된 심문도 없이, 너무 서둘러 처리했고,[84] 그들 대신 더 악한 자들을 세운 것을 비난한 것뿐입니다.

이리하여, 영국 국민이 초대 기독교 시대에 그들의 왕들을 폐위하고 처형했다는 국내적이며 가장 오래된 사례들이 우리에게는 이렇게 있습니다. 그리고 그 이유를 사례와 결부하고자, 만일 모든 시대의 교회가,

---

[82] 길다스(516?~570)에 대한 밀턴의 수많은 언급이 여기서 처음으로 시작된다.
[83] 왕의 재직 조건, 즉 왕과 국민 사이에 맺어진 계약이야말로 가장 기본적이고 가장 오랜 전통이라는 것이다.
[84] 『변명』(*A Defence*) 제1장에서, 밀턴은, 길다스가 표현한 대로, 타락한 브리튼족에 의하여 법에 대한 존중도 없이 왕을 살해하고 세운 것에 화제를 돌린다.

초대교회든, 로마 교회든, 프로테스탄트 교회든, 비록 성경에 분명한 증거가 없다고 해도, 왕과 농부 양쪽 모두에게 공평하게 그들의 아주 엄격한 정통교리와 교회의 감독을 받게 하고, 완강하여 뉘우침이 없는 자가 있다면, 그를 최종적인 파문으로까지 견책하는 것을 교회의 열쇠의 권세[85]에 못잖은 의무라고 항상 주장한다면, 현세의 법은, 특별한 전거나 선례가 없을지라도, 공민의 검을 쓰는 범위를 그처럼 공평하게, 중대한 죄를 범한 자를 예외 없이 없애는 데까지 넓힐 수 있으며, 그렇게 해야 한다는 것 외에 무슨 제재가 있겠습니까. 그런 걸 보면, 정의와 종교는 동일한 하나님에게서 온 것이며, 정의의 행위가 종종 더 용납될 수 있는 것입니다. 그러나 어떤 사람들은 최근에 악의적 배신자의 말과 주장을 꺼내며, 지금 의회에 계류 중인 왕에 대한 소송절차는 어느 프로테스탄트 국가나 왕국에서도 선례가 없다고 썼으므로, 다음에 이어지는 사례는 모두 프로테스탄트와 장로교의 사례를 들어보겠습니다.

    1546년에, 작센 공작(Duke of Saxonie), 헤센 방백(Lantgrave of Hessen), 그리고 전체 프로테스탄트 동맹(Protestant league)은 그들의 황제인 카를 5세(Charles V)에 대항하여 전쟁을 일으켰고, 그에게 저항했으며, 그에 대한 모든 신뢰와 충성을 거부하고, 그에게 카이사르(Cœsar)의 호칭까지 줘야 하는지를 놓고 공의회에서 오랫동안 논의를 했던 것입니다.[86] 이것

---

[85] 밀턴은 『기독교 교리』(*Christian Doctrine*)에서, "기독교 계율의 집행은 열쇠의 권세라 불린다."(I, xxxii)고 주장하는바, 그리스도가 베드로(Peter)에게 하늘과 땅의 묶고 푸는 권한을 허용했다는 데서 17세기의 모든 교회가 그런 요구를 했음을 언급하고 있다.

[86] 1531년의 슈말칼덴 동맹(the League of Schmalkald)의 창시자들 가운데 가장 정통적인 루터주의자였던 헤센 방백 필립(Philip of Hesse)과 그의 기회주의적인 사위 작센의 마우리츠(Maurice of Saxony, 1521~1553)에 대하여 밀턴이 받은 인상은, 슬라이던(Sleidan)으로 더 잘 알려진 요한 필립슨(Johann Philippson, 1506~1556)의 『로마교회의 과오와 부패로부터의 교회개혁 통사』(*The General History of the*

은 폐위나 처형을 실행할 권력이 없다는 것 외에 그보다 무엇이 부족한지 생각해보시길 바랍니다.

1559년에, 스코틀랜드 프로테스탄트들은 섭정 여왕에게 양심의 자유를 보장하는 약속을 요구했고, 그녀는 군주들에게는 그들이 허용하기 편리한 것밖에는 약속을 요구할 수 없다고 답변하자, 그 당시 **스털링(Sterling)**에서 열린 의회에서 그들은 그녀의 면전에서 말하기를, 그렇다면, 그들은 그녀에게 복종하지 않겠다고 했고, 곧장 그녀에 대항해 무장했습니다.[87] 분명히 충성이 거부되면, 바로 그 순간에, 왕이나 여왕은 실효적으로 폐위되는 것입니다.

1564년에는, 가장 유명한 성직자이자 장로교 계율로 이끄는 **스코틀랜드의 개혁자**였던 **존 녹스(John Knox)**[88]가, 성직자 총회에서 국무장관인 **레딩턴(Lethington)**[89]을 상대로 한 논쟁에서 공개적으로 백성은 그들의

Reformation of the Church from the Errors and Corruptions of the Church of Rome, Begun in Germany by Martin Luther)에 근거하고 있다.

[87] *Buchanan History* (Edinburgh, 1582), *l*.18.
[88] 밀턴의 동시대 사람들에게, 존 녹스는 스코틀랜드와 잉글랜드의 장로교 창시자들 가운데 돋보이는 존재였다. 『아레오파기티카』에서 그는 유혈의 메리("Bloody" Mary) 여왕 치하에서 제네바로 추방된 처지였지만 두 왕국에 있는 개혁의 동조자들에게 그의 경건한 서신과 충고로서 외치는 선지자로 묘사된다(*CPW*, II, 534).
[89] 레딩턴(William Maitland of Lethington, 1578?~1573)은, 그가 런던에서 버윅(Berwick) 조약을 협상했을 때, 엘리자베스 여왕이 "스코틀랜드 지성의 꽃"이라고 불렸으나, 온건한 프로테스탄트 주장과 자기 나라를 위하여 메리 여왕에게 항상 충성을 다했다. 그러나 뷰캐넌(Buchanan)이 『카멜레온』(*The Chameleon*)에서 묘사한 그의 이미지가 동시대인들에게 설득력이 있었을 것이다. 1564년, 장로파 정치를 지지해야 한다는 녹스의 주장에 대항하여, 단리(Darley)와 결혼하려는 메리를 지지했다. 레딩턴과 녹스 사이의 논쟁에 대하여는, *The Works of John Knox* (6 vols., ed. David Laing, Edinburgh, 1846), II, 441~442를 참고할 것. 메이트런드(Maitland)는 "여왕의 우상숭배, 여왕의 미사는 하나님의 복수만 불러일으킬 것이다"라는 녹스의 공적인 외침에 반대했지만 허사였다.

왕에게 하나님의 심판을 집행할 수 있고 그래야 마땅하다고 주장했습니다. 또한 그들의 왕에 반대한 **예후(Jehu)**와 그의 동조자들이 하나님의 일반 명령에 근거하여 이러한 범죄자들을 처형했다는 사실은 특별한 것이 아니라, 하나님의 영광을 세속적인 사악한 군주들에 대한 사랑보다 중시한 모든 사람이 모방해야 하는 것이었습니다. 왕들은, 만일 그들이 죄를 범한다면, 다른 어느 백성 이상으로 율법의 처벌에서 면제받을 특권이 없다는 것입니다. 그리하여, 만일 왕이 살인자, 간부(姦夫), 혹은 우상숭배자라면, 그는 왕으로서가 아니라, 범죄자로서, 고통을 당해야 한다는 것입니다. 이런 입장을 그는 그들 앞에서 재차 강조합니다. 또 다른 학식 있는 성직자인 **존 크레이그(John Craig)**의 견해도 일치했습니다.[90] 군주들의 폭정이나 백성의 소홀 때문에 만들어진 법률을 그들의 후손이 취소할 수 있으며, 공화국의 근본 제도에 따라 모든 것을 개혁할 수 있다는 것입니다. 그리고 칼뱅과 다른 학식 있는 자들에게 그 문제에 대한 그들의 판단을 요청하는 서한문을 쓰라고 귀족들이 명령했으나 녹스는 거절했습니다. 그 자신이 양심상 충분히 결단을 내렸으며, 그들의 판단을 들었고, 그가 아는 유럽에서 가장 경건하고 가장 학식 있는 수많은 자의 동일한 의견을 글로써 접했다는 것입니다. 만일 그가 그런 질문을 그들에게 다시 제기한다면, 그 자신의 망각과 변덕스러움을 그들에게 보여주는 것

---

[90] 존 크레이그(1512~1600)는 로마의 도미니코회 수도원에서 수련 수사들의 스승으로 봉직하는 동안, 칼뱅의 『기독교 강요』(*Christianae Religionis Institutio*)을 읽고 칼뱅주의자가 되었다고 한다. 1564년, 그는 에든버러(Edinburgh)의 캐논게이트 교회(Canongate Church)의 설교자가 되었고 녹스(Knox)의 가장 강한 지지자가 되었다. 녹스는 폭정에 의해 만들어진 법에 대한 그의 강연을 기록했으며, 이를 밀턴이 언급한 것이다. 스코틀랜드가 공화국이 아니라 왕국이라는 이유로 비판을 받자, 녹스는 "제 판단은, 모든 공화국이 왕국은 아니라 하더라도, 모든 왕국은 공화국이거나, 적어도, 공화국이어야 합니다"라고 대답했다는 것입니다. *Cf.* Knox, *Works*, 1846~1848, II, 458.

밖에 되지 않을 것이었습니다. 이 모든 것은 **스코틀랜드** 교회사 제4권에 훨씬 더 상세히 나타나 있는데,[91] 이런 목적의 수많은 다른 구절이 책 전체에 걸쳐 있습니다. 이 어려운 시기가 시작될 때, 스코틀랜드 사람 가운데 가장 저명한 자들이, 마치 그들이 우리에게 우리가 해야 할 것과, 그리고 똑같은 경우에 그들이 하고자 했던 것을 가르쳐 주려고 애쓰는 것처럼, 의견을 열심히 개진했던 것입니다.

그리고 **스코틀랜드**의 전체 교회와 개신교 국가가 가장 순수한 개혁 시대에 똑같은 믿음을 지녔음을 세상에 알리고자, 3년 후, 그들은 전쟁터에서 합법적으로 계승된, 그들의 여왕, 메리(Mary)를 만나서 전투에 앞서 항복한 그녀를 포로로 체포하여 감금하고, 같은 해에 그녀를 폐위했습니다.[92]

그 후 4년이 지나서, **스코틀랜드** 국민은(the Scots)은 메리 여왕을 폐위한 것을 정당화하며, 엘리자베스 여왕에게 대사들을 보냈고,[93] 선언문에서 그들은 메리 여왕에게 그녀가 마땅히 받아야 할 것 이상의 관대한

---

[91] 문제의 저작은, 『스코틀랜드 교회의 종교개혁사』(*The History of the Reformation of the Church of Scotland* [Edingurgh, 1644; BML and UTSL])이다. 이 책의 다섯 권 가운데 첫 네 권만 녹스의 저작이다.

[92] Cf. Buchanan. *Historia*, l. 18. 스코틀랜드의 여왕 메리의 양위(讓位)는 1567년 그녀가 보스웰(Bothwell) 백작과 결혼한 후 스코틀랜드 귀족들에 의하여 강요되었다. 뷰캐넌은 메리가 그녀의 남편, 단리(Darnley)를 살해한 후 행한 폭정에 대해 엄정하게 묘사하고 있다.

[93] 레딩턴과 섭정(Regent)이었던 몰톤(Morton) 백작, 제임스 더글러스(James Douglas)가 이 대사들 가운데 포함되어 있었다. 메리가 처벌되어 그들의 군주를 처벌할 권한이 의문시되었을 때, 몰톤은 그의 긴 연설에서(Buchanan, *Historia*, p. 268) 선조들이 감금, 추방 혹은 사형으로 응징했던 왕들을 회상시키며, "스코틀랜드는 처음에 자유로웠으나 국민의 전체 투표를 통해 자신들 위에 왕을 세웠는데, 필요하다면, 정부를 세운 바로 그 투표에 의하며 정부를 회수할 수 있다는 조건이 붙었다"고 했습니다.

조처를 취했으며, 그들의 선조들도 그들의 왕들에게 죽음이나 추방에 의한 처벌을 했었다고 주장했습니다. 스코틀랜드 국민은 자유로운 민족이며, 그들이 자유롭게 선택한 왕을 세웠으며, 그들은 왕을 폐위할 이유가 생기면, 똑같은 자유를 가지고 왕위를 박탈했습니다. 스코틀랜드 북부 고지 사람들 사이에서 그들의 부족이나 가족의 우두머리를 선택함에 있어서 아직 남아있는 고대법과 의례, 그리고 오래된 관습의 권리에 따라, 만일 그들이 이유를 찾게 되면, 똑같은 자유에 의하여 그를 폐위했다는 것입니다. 이 모든 주장은, 다른 많은 논쟁과 더불어, 왕권은 왕과 국민들 사이에 상호협약 내지 계약일 뿐이라는 것을 확증해주었던 것입니다.[94] 이들은 스코틀랜드인이고 장로교파이긴 했으나, 그들의 법이 그들 자신과 대등하다고 겨우 허용하는 자를 감히 우리의 상전이 되게 하려고 하면서, 이런 자유가 그들에게보다 우리에게 덜 어울린다고 여기도록, 그들이 최근에 어떤 조치를 내놓기라도 했다는 것입니까? 그렇다면, 만일 지금 우리가 그들의 교회의 가장 순수한 시대에 여태까지 들은 것과 다른 맥락의 말을 그들에게서 듣게 된다면, 우리는 그것이 진리와 개혁의 음성이 아니라 그들 가운데서 말하는 파당의 음성이라고 확신하게 될 것입니다. 진리와 개혁의 음성은 **스코틀랜드**에서만큼 **잉글랜드**에서도, 보통 청교도와 분리주의자로 불리는 신실한 인들의 입을 통해, 왕의 폐위, 즉 최고의 처벌을 명백히 말했으며, 이는 그들의 몇몇 논문에서도 찾아볼 수 있는 바와 같습니다. **엘리자베스**(Elizabeth) 여왕의 통치 초기부터 이때까지 그렇습니다. **깁슨**(Gibson)[95]이라고 불리는 그들 중 한 사람이 제

---

[94] Buchanan. *Historia*, l. 20.

[95] 깁슨(James Gibson)은 1586년 제임스 6세(James VI)에게 "하나님의 진정한 예배를 존속시키기 위해 근절된" 여로보암(Jeroboam)의 운명을 겪게 될 것"이라고 경고했습니다. *Cf.* John Mackintosh, *History of Civilization in Scotland* (4 vols.,

임스 왕(King James)에게, 만일 그가 주교들을 옹호한다면, 그는 근절되고 그의 가문은 끝날 것이라고 예고했을 정도입니다. 그의 대관식에서 첫 주화에 새겨진 바로 그 명각(銘刻), 즉 "짐이 그럴 사유가 있다면 대적하라"(Si mereor in me)는 글귀와 함께 손에 뽑아 든 칼이 국가의 판결을 분명히 보여주었을 뿐만 아니라, 이 사건에서 그의 아들에게 내려진 하나님의 정의의 선고를 예고한 듯합니다.

1581년에, 홀란드의 주들(the States of Holland)은[96] 헤이그(Hague)에서 열린 한 총회에서 스페인 왕 펠리페(Philip)에 대한 모든 순종과 복종을 취소했고, 한 선언에서 그들의 행동을 정당화합니다. 무수하게 허용되었다가 깨어진 신앙에 대한 그의 폭정 때문에, 그는 모든 벨기에 연방(Belgic Provinces)[97]에 대한 그의 권한을 상실했기 때문입니다. 그러므로 그들은 그를 폐위하고 그 자리에 다른 왕을 선택하는 것이 합법적이라고 선포했던 것입니다.[98] 그때로부터 지금까지, 세계의 어느 국가나 왕국도 그만큼 번영하지 못했습니다.[99] 그러나 그들이 같은 원칙에 따라 나아가는 자신의 이웃 국가들은 불쾌하고 편견 어린 눈길로 보지 않기를 바랍니다.[100]

Paisley, 1893), II, 188.

[96] 1581년, 네덜란드 사람들이 그들의 군주를 상대로 국민의 권리를 선포한 것은 프랑스의 역사가 자크 오귀스트(1553~1617)에 의하여 동정적으로 기록되었다. Cf. Jacques-Auguste de Thou, *History of His Own Times* (*Historiarum Sui Temporis Pars Prima*, 1604; BML).

[97] 네델란드 공화국(Dutch Republic)의 또 다른 명칭이다.

[98] *Thuanus*, *l*. 74.

[99] 잉글랜드의 공화주의 사상은 네델란드의 번영을 홀란트의 자유로운 조직에 기인한 것으로 생각하기를 좋아했다. Cf. W. K. Jordan, *Men of Substance* (Chicago: U ov Chicago P, 1942), p. 186.

[100] 밀턴은 네델란드 국회(The States General)가 찰스 왕의 재판에 대해 항의하라고

그러나 이런 예들이 장로교도에게 무슨 소용이 있을까요? 폐위에 관한 가장 생생한 최근의 예를 그들 자신이 모든 기독교국에 보여주었는데도 최근에는 폐위를 그토록 혐오하는 것 같은 그들에게 말입니다. 저는 폭군을 상대로 종교나 공민적인 자유를 지키려고 전쟁을 일으키는 것의 합법성을 의심하지 않습니다. 리용(Lyons)과 랑그도크(Languedoc)의 초기 발도파(Waldenses)[101]로부터 오늘날까지 어느 개신교 교회도 그것을 시행하고 합법적으로 유지하지 않은 경우는 없습니다. 그러나 내가 확실히 인정하는바, 장로교파는 지금 폐위를 그토록 정죄하지만, 왕을 폐위한 이는 자신들이었고, 그들의 변덕스럽고 퇴보하는 모든 태도를 가지고서는 그들 자신의 손에서 죄책감을 씻어낼 수 없습니다. 그들 자신이 이러한 그들의 최근 행동들 때문에 왕의 폐위를 죄로 만들었고, 그들 자신의 정당한 행위를 반역으로 바꾸어 놓았기 때문입니다.

국가적이고 교회적인 모든 원인에서 정당한 소유와 지상권(至上權)만큼 실질적으로 잉글랜드의 왕을 만드는 것은 아무것도 없습니다. 그리고 망설임이나 어떤 정신적 유보도 없이 준수되는 충성(Allegeance)과 지상권(Supremacy)의 두 가지 맹세만큼 실질적으로 잉글랜드의 국민을 만드는 것도 없습니다. 그러므로 의심할 여지없이, 왕이 교회나 국가 내에 이미 제정된 것들을 명령할 때, 순종은 신하의 진정한 본질입니다. 만일 그 명령이 합법적이라면, 순종해야 하고, 혹은 만일 신하가 그 명령이 불법적이라고 주장한다고 해도, 그가 한 국민으로 남아있으려 하는 한,

---

보낸 대사들의 "끈질긴 요구"(great importunity)에 분개했는데, 그들은 1649년 1월 29일에 아이어턴(Ireton)과 의회의 주목을 받았고, 왜 의회가 "사법부의 절차를 막는 것이 적절치 않다고 생각했는지" 그들에게 공식적으로 설명하게 했던 것이다. *Cf.* Rober W. Ramsey, *Henry Ireton*, p. 149.

[101] 12세기에 프랑스인 페트루스 발두스(Petrus Waldus)가 1170년경에 창시한 기독교의 일파인 발도파 교도들.

그 법이 부여하는 죄과를 감수해야 합니다. 그러므로 국민이나 국민 일부가, 국가적이거나 교회적인 확립된 일에서, 법을 집행하는 왕과 그의 권위에 반기를 드는 경우, 만일 명령된 것이 비록 확립된 것이라 해도 그것이 불법적이라면, 더구나 그들이 먼저 그것을 시정할 모든 적절한 수단을 강구했다면(그리고 아무도 그 이상의 법에 묶여있지 않기에), 저는 그것이 반역이라고 생각하지 않으며, 그것은 지상권과 충성 양자의 절대적인 거부라고 단언하며, 그것은 한 마디로 왕에 대한 실제적이고 총체적인 폐위이며, 그들 위에 다른 지고의 권위를 세우는 것입니다. 그리고 장로파가 이 모든 것과 그 이상을 하지 않았는지 확인하겠다고, 그들이 저로 하여금 모든 사람의 기억 속에 생생한 7년간의 이야기를 요약하라고 하지는 않을 거라고 생각합니다. 합법적인 사안이든 불법적인 사안이든, 왕국의 어떤 지역에서 그들에게 온 왕의 명령과 권위를 그들은 거절하고, 충성맹세(Oath of Allegeance)[102]를 완전히 파기하지 않았던가요? 그들은 왕이 없는 의회를 설립하여 그들 모두의 순종에 가장 중요한 지상권(至上權) 승인 선서(the Oath of Supremacy)[103]를 취소하지 않았던가요? 또한

---

[102] 밀턴이 의회와 장로파가 전통적인 충성맹세를 무효화 했다는 확고한 입장을 취하는 동안, 그에 대한 논쟁은 법적, 이론적 근거를 두고 계속되었다. 1년도 안 되어, 『충성맹세의 옹호』(*A Vindication of the Oath of Allegiance*, 1650)라는 익명의 글이 나왔는데, 이 글에서 "한 국민이 아마 나쁘다고 입증될 수 있는 한 군주에게 묶이는 것이. 그가 잘 못 다스린다고 그들이 판단할 때, 즉 그들이 마음 내키면, 그를 제멋대로 제거해버리는 것보다 더 나쁜 악이다"라는 장로파의 입장을 옹호함으로써 충성서약에 대한 교리적인 도전에 응수했습니다.

[103] 왕을 국교회의 수장으로 인정하는 서약을 놓고 엘리자베스와 제임스 1세, 그리고 교황 간의 오랜 갈등이 있었으며, 그것이 제임스 왕으로 하여금 『세 가지 매듭과 분열: 혹은 충성맹세의 변명』(*Triplici Nodo Triplex Cuneus: or An Apllogy for the Oasth of Allegiance*, 1609)을 쓰게 했고, 존 던이 『사이비 순교자』(*Pseudo-Martyr*, 1610; UTSL)에서 그의 입장을 변명하게 했다. 그 갈등은 영국 가톨릭교들의 분리를 가져왔고, 그들 중 일부는 그 서약을 수용했고, 다른 이들은 신앙 문제에 관한 한, 어떤 모호성(Equivocation)도 인정할 수 없다며 거절했다.

비록 그들의 맹세와 선서가 일반적으로 의회에 그들을 묶었지만, 때로는, 그들이 표현한 대로, 충성스럽게 남은 귀족원과 평민원의 소수를 지지하거나, 그들 가운데조차도, 어떤 땐, 귀족원 없는 평민원, 다른 땐, 평민원이 없는 귀족원을 지지했던 것입니다.[104] 그들은 그들의 선서가 무엇이었든, 여전히 그들의 의도를 선포하지 않았던가요? 그 의도란 그들이 간청한 것에 가장 잘 동의하고 있음이 언제나 드러나는 자들만을 최고로 여기려는 의도가 아닌가요? 왕과 관련하여 영국 국민의 가장 엄격한 결속인 이런 선서들이 둘 다 이렇게 깨어지고 무효가 되었기에, 그때로부터 왕은 그들에게 사실상 절대적으로 폐위된 것을 부정할 수 없게 된 것이며, 그의 몸과, 왕관과 위엄을 보존해 주겠다는 그들의 서약에 담긴 좋은 문구에도 불구하고, 그들은 더는 왕의 실제 신하로 여겨지지 않습니다. 이는 진심보다 잔재주가 더 뛰어난 어떤 발뺌하는 궤변가들이, 일이 잘못될 경우에 그 문제를 완화하려고 넣은 것이며, 어떤 정직한 사람이 용인한 것이 아니라, 종교나 자유 혹은 공공의 평화에 더 관계 있을 가장 사소한 모든 부분에 종속되는 하나의 조건으로서 삽입된 것입니다. 그들이 왕을 폐위한 자들이라는 것을 더 명백하게 입증하고자, 저는 이렇게 주장합니다. 우리가 아는 바는, 왕과 신하(Subject)는 인척이며, 인척은 그 관계를 벗어나면 더이상 존재하지 않는다는 것입니다. 군신 간의 관계는 왕의 권위와 복종일 뿐입니다. 그러므로 저는 그런 옹호를 넘어서려 하는데, 만일 하나의 인척인 신하가 그 관계를 제거한다면, 강제적으로 그는

---

[104] 1648년 1월 초에 "더이상의 청원 금지"("No More Addresses")의 투표로부터 1648년 10월 16일에 교회의 감독제 정착에 대한 양원의 동의에 이르기까지, 의회에서 모든 중요한 안건에 대하여 대부분의 장로파 의원은 독립파 소수와 투표를 함께 했다. 그러나 10월 26일에는 귀족원 투표에서 찰스의 제안을 찬성하고, 27일에 평민원에서는 그것을 거부하는 식으로, 장로파의 동요가 양원 사이의 갈등을 부추겼다.

역시 그 상대 인척을 없애버리게 됩니다. 그러나 한쪽 상대자인 장로파, 즉 백성이 7년간 그 관계, 즉 왕의 권위를 제거했으며, 그 권위에 대한 그들의 복종을 제거했으므로, 장로파는 이 7년간 다른 상대자, 즉 왕을 제거하고 소멸시켰던 것이며, 혹은 더 간단하게 표현한다면, 그를 폐위한 것입니다. 그의 권위의 집행권을 박탈했을 뿐만 아니라, 그것을 다른 자들에게 부여함으로써 그렇게 한 것입니다. 그렇다면, 만일 이런 복종의 선서들이 깨어지고, 새로운 지상권에 복종하고, 새로운 선서와 서약이 성취된 것이, 하찮은 회피에도 불구하고 확실한 표명으로 왕권을 박탈한 것이라면, 그들의 7년 전쟁은 그를 폐위했을 뿐만 아니라, 그로부터 법적 보호를 빼앗고, 그를 법의 이방인이자 반항자로서, 그리고 국가의 원수로서 무시한 것입니다. 적개심과 복종이 두 가지 직접적이고 명확한 반대라는 것은 이성을 싫어하지 않는 사람에게는 확실한 것입니다. 한 사람이 동떨어진 두 곳에 동시에 있을 수 없는 것처럼, 한 신하에게서 동일한 왕과 관련하여 이 두 가지가 공존할 수 없는 것입니다. 그러므로 신하가 적대적인 행위로 대적하는 자에게, 그가 복종하지 않음을 우리는 확신할 수 있습니다. 그리고 결코 함께 존속할 수 없기에 복종에 대한 적개심이 일어나는 자에게, 왕은 왕이 아닐 뿐만 아니라, 원수이기도 합니다.

그리하여, 이제부터 우리는 그들이 그를 폐위했는지, 혹은 그들이 왕이 아닌 그를 향해 무엇을 게을리했는지 논쟁할 필요가 없을 것이며, 그들이 왕을 죽이려고 얼마나 많이 행동했는지를 분명히 보여줄 필요가 있을 것입니다. 그들은 그를 대적하는 이 모든 전쟁을, 공격적이든 방어적이든,[105] (전쟁에서의 방어는 가장 신중하게 사전에 행하는 것이니까

---

[105] 장로파 궤변가들은 왕에 대한 방어적 전쟁과 공격적 전쟁 사이의 구별을 상세히 논했고, 찰스에 대한 의회의 군사적인 저항을 방어적이라고 확신 있게 해석했다. Cf. Philip Hunton, *A Treatise of Monarchie* (1643), p. 11.

공격과 마찬가지인바,) 수행했고, 그의 신변에 위험을 피할 수 없음을 알게 되면, 살해하라는 명령을 내리지 않았던가요? 그리고 만일 우연이나 도주 기회가 그를 구하지 않았다면, 그들이 그가 서 있는 것을 목격하는 바로 그 자리로, 아무런 비난도 금지도 없이, 화기를 겨누며 몇 번이든 그를 죽이고도 남았을 것입니다.[106] 그들이 왕을 격리하고,[107] 재판하고, 그의 권리를 폐지하고, 그의 수입을 다른 용도로 돌리고, 그를 중범죄자로 취급하고, 그에게서 모든 생계수단을 억류하여, 그들 때문에 오래전부터 왕이 패망하고 굶어 죽을 수도 있었던 게 아니었던가요? 그들이 왕국 곳곳에서 그를 에워싸고 칼과 화기 없이 그를 사냥하고 추격하지 않았던가요? 그들이 그와 거래하는 것을 공식적으로 부정했으며,[108] 그들에게 속한 현재도 변설 중인 성직자들은 그를 치료 불능의 개종자, 하나님과 그분 교회의 원수로 취급하며, 그를 대적하는 설교를 하지 않았던가요? 그들이 그를 포위하고, 그들의 힘으로 그의 생명이 위태롭도록 그에게 쏘는 것 외에는, 그에게 물과 불을 금지하지 않았나요? 그러나 그들은

---

[106] 이런 주장은 1644년에 벌써 흔했고, 밀턴에 의해서 그렇듯이, 러더퍼드(Rutherford)의 『법과 왕』(*Lex, Rex*)에서 비타협적인 것이 되었다. 러더퍼드는, 군주로서의 왕의 불가침의 지위에 불충하지 않고도, 전쟁터에서 그의 몸을 그의 악한 참모들과 함께 공격할 수 있다고 주장하면서, 자기 당의 급진파를 이끌었다. 크리스토퍼 러브(Christopher Love)가 의회와 왕 사이에 예상되는 타협을 분쇄할 의도로 1645년 1월 31일에 행한 유명한 설교에서 행한 것을 존 프라이스(John Price)가 회고하는 바와 같이, 많은 장로파 성직자는 설교단에서 주님이 "왕을 회개하게 하시든지 그를 멸하시기를" 주저 없이 기도했다고 한다. 그러나 러브의 운명은 아이러니하게도, 찰스 2세와 내통하는 잉글랜드와 스코틀랜드의 몇몇 장로파 의원들을 포함하는 음모에 가담했다는 이유로 1651년 8월 22일에 타워 힐에서 처형되었다. *Cf.* John Price, *Clerico-Classicum* (1649), p. 54.

[107] 그의 지지자들, 특히 장로파 의원들과 모든 접촉과 소통을 차단한 것을 가리킴.

[108] 1648년 1월 3일 양원에 의하여 통과된 "더이상의 청원 금지"를 가리키는데, 이는 찰스와 더이상 협상을 하거나 허용하지 않기로 한 투표였다.

이처럼 악의적인 행위로 그의 생명을 공격하고 위험하게 했으면서도, 말로는 그의 왕위와 존엄과 함께 그의 생명을 방어한다고 맹세했습니다. 지금 보이는 바로는, 확고하고 지속적인 평화를 지향하거나, 이 모든 유혈사태 이후 그의 회개를 지향하기는커녕, 그의 고집과 완고함 때문에 불쌍한 백성이 겪었거나 앞으로 겪게 될 모든 불행과 참화에 대한 어떤 주의나, 가책이나, 거기에 비길만한 어떤 가치도 전혀 없다는 것입니다.

계약이란 사람과 사물의 현재 상태에 따라 항상 이루어진다는 것을 이해력 있는 사람이라면 모르지 않습니다. 그리고 명시되지는 않더라도, 계약은 그 속에 포함된 자연과 이성의 더 일반적인 법들이 있습니다. 만일 제가 어떤 사람에게 유익을 주고자 그와 자의적인 계약을 하고, 나중에 그가 저에게 괴물임이 드러난다면, 저는 노여움을 느낄 것입니다. 만일 제가 원수에게 호의를 갖고 그의 갱생을 인정하고 희망하여 그를 해치지 않기로 계약했는데, 그렇게 계약하고 난 후, 그가 자신이 받은 것의 열 배 되는 상처와 해를 저에게 끼치며, 여전히 저를 파괴할 음모를 꾸민다면, 그의 추후 행동이 계약에서 저를 해방한다는 것을 저는 의심치 않으며, 저로 하여금 그에게 정의를 요구하지 못하게 할 만큼 신성한 계약을 저로서는 알지 못합니다.

그렇다고는 하지만, 좋은 명분에 대한 그들의 불신, 그리고 우리의 발뺌하는 성직자들의 단단함과 느슨함이 과도하게 흔들리지 않았더라면, 그들의 원수에게 최고의 충성을 바치는 불필요한 의무나 말이나 행위가 없었더라면, 분명히 더 좋았을 것입니다. 많은 사람이 그들의 대가를 치르고 느꼈을 정도로, 왕이 득세할 때, 그들 자신에게도 절대 유익하지 않고, 우리 동지들에게는 올가미와 혼란만 가득합니다. 지금 우리가 볼 수 있는 바와 같이, 우리의 원수들에게만 유익할 뿐이며, 그들은 애매한 해석의 폭과 보호막 아래서 다시금 모두를 괴롭힐 새로운 기회를 계획하고 꾸며온 것입니다. 국민이 누구를 어떤 권력을 최고로 여길 것인지를 공개적으로 대담하게 선언했다면, 얼마나 더 좋았겠으며 당당한 덕성에 더욱 어울렸겠습니까. 비슷한 경우에[109] 프로테스탄트들이 전에 그랬고, 많은 양심적인 사람들이 지금 이런 시국에 의회가 움직이라고 한 번 이상 탄원해온 바와 같은데,[110] 그들이 확실한 기반에서 지속적으로 추진해 나가고, 거의 동시에 충성과 불충을 상반되게 맹세하듯이 그들의 입으로 수수께끼처럼 보이는 모호한 계약을 하지 말라는 것이었습니다. 이것이 진실한 사람들의 모든 마음을 그들의 편에 서지 않게 했을 것입니다. 그들이 왕을 옹호하는 말보다 그를 폐위하는 행동이 훨씬 더 컸음을 그들이 분간하지 못했다면, 확실히 그랬을 것입니다. 그들의 말은, 이제 흠잡는 해석의 주제가 되어, 더 분별력 있는 사람들의 판단에 따라, 그들의 충성이 아니라 그들의 두려움에 대한 증거로 그 계약 속에 항상 남게 되었습니다.

장로파가 왕의 목숨을 좇는 시도들 때문에 왕이 그들을 종종 비난한 바 있는데, 그런 시도에 대하여 제가 무슨 말을 다시 해야 합니까? 사태를 제대로 평가하게 되면, 그들이 그런 행동을 노골적으로 해왔음을 확실히 말할 수 있는데 말입니다. 왕이란 인물이 아니라 존엄과 지위의 이름이라는 점을 누가 모르겠습니까? 그러므로 왕을 죽이는 자는 그가 왕으로 있는 동안 그를 죽여야 합니다. 그러므로, 분명히, 왕을 폐위함으로써 그에게서 한 왕의 생명, 그의 지위와 그의 존엄을 빼앗은 자들은, 진정한 의미에서, 왕을 죽였다고 말할 수 있을 것입니다. 그의 개인적인 생명에

---

[109] 홀란트 연방(the United Provinces of Holland)의 프로테스탄트들이 공화정을 수립한 것을 언급함.
[110] 밀턴은 1649년 1월 5일에 귀족원을 폐쇄하라는 결단을 내리도록 의회를 압박했던 "양심적인 사람들"과 공감대를 보인다.

대한 위험 외에도 왕의 중대한 역할에서 가장 거리가 먼 정반대 지점에 그를 배치해버린 것, 즉 그를 폐위하고 그를 대적하여 전쟁을 일으킨 것뿐 아니라, 그들의 절대적이고 독재적인 권리 속에 왕을 정복하고 항복하게 만들고 그를 감금함으로써,[111] 왕이라는 이름의 가장 저급한 강등과 무능으로 끌고 가서, 그를 죽인 셈입니다. 저는 이것이 하나님 바로 아래 있는 비길 데 없는(matchless) 자[112]의 용기 덕이라고 말하지 않겠습니다. 그렇게 하여 그들의 배은망덕 이야기가 당면한 목적에서 벗어나지 않도록 말입니다. 제가 다시금 반복하거니와, 가장 진정한 의미에서, 그들이 왕을 죽인 자들이었다는 사실을 그들에게 확신시키는 것이 목적입니다. 앞서 입증된 바도 그러하지만, 그들의 왕인 그를 한 신하의 계급보다 훨씬 아래의 포로 수준으로 강등시킴으로써, **스코틀랜드**의 대법관(Chancellour)[113]이 뉴캐슬(New Castle)에서 행한 어느 연설에서 왕에게 명백하게 말했듯이, 그가 그들의 모든 요구를 충분히 허용하지 않는 한,—왕이 그럴 의사가 없었음을 그들이 알면서도—그를 왕위에 복구시킬 의사가 없었던 것입니다.

그들은 왕과 교섭하지도 않았고 그럴 생각도 없었습니다. 왕에 대한

---

[111] 1646년 5월 5일, 찰스가 스코틀랜드에 항복함으로써, 그는 사실상 장로제(Presbyterianism)의 죄수가 된 셈이며, 1647년 1월에 스코틀랜드 사람들에 의하여 의회의 대행자들에게 그가 항복함으로써, 결국 그는 그가 구금되기 전까지 잉글랜드 장로파의 포로가 되었던 것이다.

[112] "비길 데 없는" 자란 물론 크롬웰을 가리킨다.

[113] 스코틀랜드의 대법관이었던 루돈(Loudon) 백작, 존 캠벨(John Cambell)은 주도적인 맹약자로서, 1646년, 뉴캐슬-온-타인(Newcastle-on-Tyne)에서 찰스와 협상한 스코틀랜드 위원 중 하나였다. 그때 찰스는 "외부 세계와 일체의 소통을 차단하기 위해 그의 거처 주변에 경비를 세운 채, 거의 체포 상태의 죄수"였다는 것이다. *Cf.* Esmé Wingfield-Straford, *King Charles the Martyr* (London: Hollis & Carter, 1950), p. 155.

그들의 사랑이나 의무 때문이 아니라, 자신들을 구해낸 군대에 대한 증오심 때문에,[114] 그들은 신에게 버림받은 자들(Reprobats)이라고 자기들 입으로 그렇게 종종 판결을 내렸던 사람들과 은밀하게 한 통속이 되었던 것입니다. 이들의 교묘한 부추김 때문에, 그들은 가장 늦고 부적절한 조약(Treaty)에 열광하게 되었습니다.[115] 만일 그들이 그런 체하고 발표한 바와 같이, 그들의 행동의 전체 경향이 왕 자신을 대적하는 것이 아니라, 그저 그의 악한 신하들에 대적하는 것이었다면, 어찌하여 그들이 그를 왕의 진정한 삶, 그의 지위, 왕권, 그리고 존엄으로 복구시키지 않았겠습니까? 그가 그들의 권한 속에 있고, 그들 자신이 그의 가장 가까운 의논 상대였는데 말입니다. 그러므로, 진실은 그들이 그럴 의사가 없었다는 점과, 그들이 그들 자신을 확실하게 파괴하지 않고는 그를 복위시킬 수 없었다는 점입니다. 그에게 있는 국왕다운 모든 것의 죽음 자체이자 매장과도 같은 마지막 난관에 봉착하도록 그를 격화시켰으므로, 사실상 그 상태로부터 **잉글랜드**의 왕은 결코 아직 재기하지 못했고, 그가 재기하는 것은 그에게 일종의 부활이라고 할 만한 그 자신의 파당이 새롭게 강화되는 데 따라서만 가능할 것입니다.

　이리하여 왕에게 있을 수 있는 그의 모든 것을 아주 소멸시키고, 다른 특별한 물건을 처리하듯 완전히 박탈하여, 왕에게 파괴적인 형식과 습성

---

[114] 군대가 자신들을 구원하였지만, 지금은 반대편이 되어 증오심을 가지고 왕과 그의 지지자들과 한 편이 되었다는 뜻임.

[115] 장로파가 열중했던 조약은 소위 뉴포트 조약(Treaty of Newport)으로서, 의회의 대표단이 1648년 9월 18일부터 11월 말까지 와이트섬(Isle of Wight)에서 찰스와 했던 일련의 협상이었다. 1648년 1월 3일에 있었던 결정, 즉 "양원의 허가 없이는, 누구에 의해서든, 왕에게 어떤 신청도 청원도 할 수 없다"는 결정을 파기하는 또 하나의 결정이, 왕의 해방과 전쟁의 종식을 간청하는 런던의 수많은 상인에게서 받은 압력에 의하여 이루어졌다.

으로 그를 덮어버리고 나서, 그들은 법적인 면에서, 그리고 왕이나 신하의 모든 시민적 권리 측면에서, 죽은 그의 인격 속에 하나의 죄수이며 포로이자 악인의 생명만을 남겨놓았습니다. 정의의 평등하고 공평한 손길이 그가 다른 보통 사람만큼 용서할 것이 없음을 알고, 그에게 한때 제기된 것보다 더 많은 죄과에 의하여, 그리고 **뉴포트**(Newport)에서 제안된 첫 조항에[116] 대한 그 자신의 자백 때문에, 법의 운명에 미움받게 되었을 뿐만 아니라, 그에게 대적하지 않은 모든 자를 하나님의 이름으로 저주하라는 경고와 함께, 하나님과 그분의 백성 앞에 소환되고 심문받고, 어느 **아합**(Ahab)이나 **안티오코스**(Antiochus)[117]보다 더 끔찍한 멸망에 이르도록, 가나안의 왕을 상대로 싸우러 나가지 않은 **메로스**(Meroz)[118]가 저주받게 된 것만큼, 그는 저주받았던 것입니다. 거짓과 분열의 갈라진

---

[116] 뉴포트에서 찰스에게 한 제안의 전문(前文)은, "잉글랜드 의회의 양원은 그들의 정당하고 합법적인 방어를 위해 전쟁을 수행할 필요성이 있었던 까닭에"라고 시작한다. 덫에 걸린 걸 알았기에, 찰스는 이 조항에 대해, 만일 그와 의회 사이의 모든 차이가 협상에 의하여 확실히 해결된다는 조건이라면 그렇게 하겠다고 했으나, 그는 그 조건이 충족되었다고 결코 생각하지 않았다.

[117] 안티오코스 4세, 에피파네스(Epiphanes)의 이야기는 외경인 『마카비오서』(*Books of Maccabees*)에 나오는데, 그가 다스리는(기원전 175~164년) 동안 그는 히브리인들의 여호와 숭배를 억압하려 하다가, 결국 제사장 맛다디아(Mattathias)와 그의 아들, 유다스 마카베우스(Judas Maccabaeus)에 의하여 무너졌다.

[118] 드보라(Deborah)의 노래에서(「사사기」 5: 23) 메로스의 주민들은 가나안 왕 야빈(Jabin)에 맞서 바락(Barak)을 돕지 않았기에 저주를 받는다: "그들이 와서 여호와를 돕지 아니하며 여호와를 도와 용사를 치지 아니함이니라." 『대역모자들 혹은 정체가 드러난 장로교도』(*The Grand Rebels or the Presbyter Unmasked*, 1660)에서 익명의 저자는, 영국 내란(The Civil War) 동안 장로파는 "그들의 모든 설교단을 불쌍하고 무지한 백성과 초심자들을 저주하고 금지하는 설교로 울려 퍼지게 했다. … 이렇게 그들은 왕에게 대적하도록 성경을 이용하여 그의 백성을 선동했던 것이다"라고 말했다. 그러나 1648년 6월에, 장로파 리처드 오스본(Richard Osborne)은 찰스 왕을 지지하는 공개적인 집회에 참여하지 않았기에 그들의 영혼뿐 아니라 그들의 "법, 자유, 재산"을 위태롭게 했다며, 메로스와 그 신봉자들에 내린 저주를 떠올렸던 것입니다. *Cf.* D. M. Wolfe, *Milton in the Puritan Revolution*, p. 192.

혀들이 최근 7년간 표현했던 거의 모든 설교, 기도 및 맹렬한 비난에서 그는 저주받았습니다. 그들은 이제 새로운 불화를 선동하려고 그를 사면하고, 그들이 그리스도의 왕좌와 홀(笏)이라고 자랑하는 그들 자신의 계율에 어긋나게,[119] 그의 죄를 용서하고 그를 혼란에서 벗겨주는가 봅니다. 비록 그가 전향하지 않고, 회개하지 않고, 그들이 그의 머리 위에 피를 뿌리게 했던 소중한 성도들과 순교자들을 의식하지 못하는데도 말입니다. 마치 그들의 피가 역병의 시기에 흘린 그 많은 개의 피 정도로 하찮게 여겨지는 것처럼,[120] 지금 또다시 새로운 도유식(塗油式)으로 그 모든 것을 씻어버릴 수 있단 말인가요. 그들은 최근 수년간 어리석은 국민을 상대로 그들의 배를 채우고 살찌운 그 모든 행해진 열성에 대해 가장 부끄러운 거짓말을 하고 있다는 것입니다. 복음이 아니라 선동의 사역자들은, 분명히 내란과 유혈사태로 향하고 있음을 보면서도, 그를 상대로 사람들을 격분시키기를 절대 멈추지 않았고, 그들이 새로운 소요를 일으킬 가능성을 목격하는 지금, 마치 선동이 그를 대적한 것이든 그를 위한 것이든 그들의 유일한 목적인 것처럼, 그로부터 그들을 구해준 국민을 대적하여 다른 이들을 자극하기를 멈추지 않고 있습니다.

그러나 하나님은, 우리가 믿을 이유가 있듯이, 국민에게 다른 생각을 넣어서, 이 탐욕적인 소란꾼들에게 귀를 기울이거나 주목하지 않도록 하실 것인바, 이들의 광란과 거짓 예언에 대해 우리는 충분한 경험이 있습니다. 그들이 새로운 불화의 잡음에서 돌아서서, 자유를 향하여, 그리고

---

[119] 밀턴은 장로교 교리의 편협한 곡해보다 차라리 존 칼뱅이 그의 『강요』(Institutes)에서 제기한 공정한 정부의 이상을 염두에 두었던 것이다. 밀턴은 그의 소네트 「장기의회 치하의 양심의 새로운 세력」("On the New Forces of Conscience under the Long Parliament")에서 장로파의 편협성을 공격하기도 했다.

[120] 내란으로 희생된 사람들의 피를 역병의 시대에 희생된 개들의 피 정도로 무시한다는 뜻임.

개혁된 공화국의 번성하는 공훈을 향하여 우리를 부르는 우리의 최고 관료들(Supreme Magistracy)의 음성에 도리어 각성된 마음가짐으로 귀를 기울이도록 할 것입니다.[121] 이 음성은 하나님이 그분을 거부하고, 왕을 선택하는 그분의 정부 형태를 거부한 유대인에게 이제까지 화를 낸 것처럼, 그분 자신의 옛 정부와 일치하게, 아마 가장 근접하게, 하나님만을 우리의 지도자, 최고 감독으로 만들고자 왕을 거절하는 우리를 축복하시고, 우리에게 자비를 베푸실 것이라는 희망을 품게 합니다. 만일 미래 행복에 대한 의식과, 하나님이 우리에게 보장한 것을 받을 용기를 품을 만한 자격이 적어도 우리 안에 있다면, 그 점에서 우리는 우리를 따르려 노력하는 다른 나라들을 선도하는 영예를 안고 있습니다.

당면한 이 문제, 국민이 그들의 정당한 권리에 따라 정부나 지도자를 변경하는 데 있어서 할 수 있는 것에 대해 말하자면, 우리는 그것이 다른 충분한 권위 외에, 군주들 자신의 입으로도 충분히 해명되었다고 봅니다. 그리고 분명히 우리처럼 자유로운 국민이라고 자랑하면서 그들 내부에 어떤 최고위든 하위든, 급박한 이유로 정부 자체와 더불어 어떤 지도자를 제거하거나 철폐할 권리가 없는 자들은, 안락한 아기에게 적당한 엉뚱하고 공허한 자유로써 그들의 공상을 만족시킬지 모르겠지만, 사실상 폭정과 노예 상태 아래 있는 것입니다. 모든 자유의 뿌리와 원천이 되는 권리, 즉 하나님이 그들에게 주신 땅에서, 그들 자신의 집과 자유로

---

[121] 여기서 "최고 관료들"은 물론 의회 혹은 평민원(the House of Commons)을 가리키며, 자유를 향한 부름은 1649년 1월 4일에 "국민은 하나님 아래서 모든 정당한 권리의 기원이며 … 의회에 모인 잉글랜드의 평민이 국가의 최고 권력을 갖는다"는 의회의 결의이다. 이 결의는 1649년 1월 11일에, 「왕과 귀족을 철폐하는 의회와 군사 위원회의 공동 결의와 선언」(*The Joint Resolution and Declaration of the Parliament and counsell of the Army, for the Taking Away of Kings and Lords*)으로 발행되었다.

운 유산에 있어서, 가족의 주인으로서 자유롭게 처리하며 **경제적으로 관리할**(œconomize)[122] 힘이 없기 때문입니다. 자유로운 국민의 그런 자연적이고 본질적인 권력이 없다면, 비록 그들의 머리를 높이 쳐들지라도, 그들은 다른 세습적인 주인의 권한과 점유 가운데 태어난 노예나 농노일 뿐이라고 간주할 수 있습니다. 그 정부는, 불법적이거나 못 견딜 정도가 아니더라도, 자유로운 정부로서가 아니라 오만한 채찍으로서 그들 위에 걸려있게 되며, 따라서 폐지되어야 할 것입니다.

그러면, 그들이 폭정이나 폭군을 얼마나 더 정당하게 떨쳐낼 수 있겠습니까? 폭군은 일단 폐위되면 다른 범법자처럼 정의와 심문의 범위에 종속되는 사적인 개인일 뿐인 것입니다. 그리고 분명히, 이방인은 말할 것도 없이, 만일 현명하고 신앙심 있는 사람들이 폭군에게 공정한 평가를 내린다면, 그들이 어떤 방법을 가장 먼저 사용할 수 있을까요? 공정하고 공개적으로 재판하는 것, 그리고 필멸의 인간이나 그의 전제적인 의지가 아니라, 정의가 지상에서 유일한 진정한 최고 존엄이라는 것을 무법적인 왕들과 그들을 존경하는 모든 자에게 가르치는 것 이상의 더 온건하고 인간적인 어떤 방법을 사용할 수 있을까요? 그러므로, 사람들이 파당과 위선에서 벗어나서 그토록 정당하고 영예로운 일을 가지고 소란을 피우고 끔찍한 일이 되도록 하지 말아야 합니다. 아마도 지금까지 어떤 프로테스탄트 국가나 왕국도 그들의 왕을 공개적으로 처형했다고 주장할 수는 없을지라도,[123] 말입니다. 최근에 그런 내용의 글을 쓰며, 그 문제를

---

[122] "Economize"는 개인의 가정이든, 어떤 제도이든, 혹은 한 국가에서든, 자유롭게 관리하는 것을 의미한다.

[123] 찰스의 재판이 프로테스탄트 교회의 모든 전통을 파괴했다는 장로파의 항의에 대하여, 독립파 성직자들은, 『정체가 드러난 도시 목사』(*The City-minister Unmasked*, 1649)의 저자(William Dell?)처럼, "왕을 사적으로 죽이고 살해한 제수이트의 관례"와 "왕을 그의 반역과 살인 때문에 공적 재판에 회부하고, 하나님과 왕국의

잘못 해석하여, 왕을 처형하지 않은 것을 국가의 위대한 영광으로 돌린 자들도 있습니다. 왕을 절대 처형하지 않은 것이 프로테스탄트 국가의 영광은 아니며, 그렇게 되어서는 안 됩니다. 절대 처형당할 이유가 없어야 프로테스탄트 왕의 영광이 됩니다. 그리고 만일 의회와 군사 위원회가 선례 없이 그들이 하는 바를 한다면, 만일 그것이 그들의 의무로 여겨진다면, 그들 자신이 다른 이들에게 선례가 될 수 있음을 안다는 것은 더 많은 지혜와 덕성과 관용을 드러내는 것입니다. 그들[124]이 아마도 미래 시대에, 만일 그들이 너무 타락하지 않는다면, 그들의 선조들의 모범적이고 탁월한 행위를 존경스럽게 우러러보며 갈망할 것인바, 그 선조들의 국가적 영예와 경쟁의 최고봉을 겨냥하듯이 할 것입니다. 지금까지는, 그런 경쟁이 명성과 외국에 대한 지배를 추구하면서 해외에서 헛되이 소모되었으나, 이제부터, 그들은 더 좋은 불굴의 정신(fortitude)을 배워서,[125] 국내에서 종교와 그들의 자유를 무력으로 탄압하고 빼앗으려는 자들에게 최고의 정의를 대담하게 실행하도록 해야 할 것입니다. 그리하여, 미래에 자신의 슬픔으로만 치닫게 될, 제어할 수 없는 권력자나 폭군은, 사람들의 모든 왕국을 위태롭게 하고 뒤엎어버릴 이런 고도의 무책임한 방종을 인류 위에 행사할 생각은 못 할 것입니다. 마치 사람들이, 개미들(Pismires)의 나라처럼,[126] 그의 왜곡된 의지를 존중하지 않는 듯이 말입니다.

알려진 법에 따라 재판하는 의회와 군대의 현재 사건"을 의기양양하게 대조한다.
[124] 앞서 언급된 의회와 군사 위원회를 가리킴.
[125] Cf. 『실낙원』(*Paradise Lost*), IX, 1119~1131; XII, 79~90.
[126] 『준비되고 쉬운 길』(*Ready and Easy Way*)에서, "왕이 없이는 멸망한다"고 간주하는 나라는 어떤 나라든 "개미처럼 진정한 영혼과 이해력이 없다"고 묘사된다. 「잠언」 6장 7~8절은 "개미는 두령도 없고 감독자도 없고 통치자도 없으되 먹을 것을 여름 동안에 예비하며 추수 때에 양식을 모으느니라."라고 선언한다.

장로파라고 불리는 당파에 대해 말하자면, 제가 믿기로는 그중 다수가 선량하고 믿음 있는 그리스도인이라고 생각되는데, 비록 기질이 난폭한 몇몇이 오도하긴 하지만, 제가 원하는 바는, 그들이 진지하고 냉정한 마음으로 그들의 처음 원칙에서 벗어나지 않고, 그들 아래에 있지 않은 사람들 위에서 엄격하고 우월한 척하지 않기를 바랍니다. 특히 종교에 있어서, 자발적이 아니면 죄가 되는,[127] 강제될 수 없는 것들을 강요하지 않아야 하고,[128] 그들 자신이 판단하기를, 가장 나쁜 사람들이며 하나님과 교회의 가장 완고한 원수라 했던 사람들의 아우성과 악의적인 변덕을 도와주지 말아야 합니다. 또한 다른 주장할 거리가 없어서, 자기 형제의 행위를 대적하여, 고위 성직자들과 악의적인 자들이 그들 자신의 편을 향해 던진 왜곡된 법규와 성경의 화살을 쏘아대지 말기를 바랍니다. 비록 그것이 달리 상처를 주지 않는다 하더라도, 그들 자신의 행위를 저주하는 식으로 받아들여지며, 모든 사람에게 추문이 될 것이며, 그들 자신 안에 있는 극단적 감정이나 변절을 드러낼 것입니다. 그들을 전혀 괴롭히지 않고, 그들의 자유를 조금도 침해하지 않는, 그들의 가장 좋은 동지들과 조력자들을 대적하지 말아야 합니다. 그들이 타인의 양심을 구속하는 것을 자기들의 자유라고 부르지 않고, 여전히 타인과 평화롭게 살아가고자 하고, 형제다운 화합을 추구하는 한, 그래야 합니다. 오래된 철저한 원수를 경계해야 합니다.[129] 그가 불화를 심어서 그들을 자신의 도구로 만들

---

[127] 모든 맹목적이거나 강제된 신앙은 기독교적 자유의 배반이며 죄악이라고 하는 믿음은 밀턴의 『국가권력론』의 기초가 되며, 『아레오파기티카』에서 출판 자유를 옹호하는 기초가 된다.

[128] 밀턴은, 조던(Jordan)이 표현하듯이, 의회가 "장로파 체제에 대한 입발림"으로 빠져드는 경향에 대해 공감하지 않았다(*Toleration*, III, 130).

[129] 찰스는 "철저한 원수"인 것은, 두 번의 내란을 통한 그의 일관된 노력은 그의 적들을 분열시키는 것이었고, 그들에게 복수하겠다는 그의 개인적인 협박 소문이 뉴캐

고자 할지라도, 그들이 그의 목적에 부합하게 되면, 그 원수는 그들에게 숙명적 복수를 하겠다는 공개적인 위협을 잠시도 참지 못할 것입니다. 그러므로, 만일 그들이 현명하다면, 그들이 앞으로 해야 할 남은 일보다 도리어 이미 행한 일을 염려해야 할 것입니다. 그들이 그 사건의 쓴맛을 본 자들의 실례에 추가되지 않으려면, 그들이 자극한 군주들을 신뢰하지 않도록 경각심을 가져야 합니다.[130] 백 년 남짓 지난 얘기인바, **덴마크의 왕 크리스티에른 2세**(Christiern II)가, 그의 신하들에게 쫓겨난 후 새로운 서약과 조건으로 복위되자, 그 모든 것을 어기고 가장 피비린내 나는 복수를 했다는 이야기들(Stories)에[131] 그들은 주목해야 할 것입니다. 그가 자신의 시간이 왔다는 걸 알고, 그는 그의 주요 반대자들, 그런 목적으로 초대된 그 반대자들과 그들의 자녀들을 살육했다는 것, **막시밀리언**(Maximilian)[132]이 독일 군주들의 중재로, 작성하고 봉인한 엄숙하고 공적인 문서에 따라 그들과 화해했지만, **브루게스**(Bruges) 사람들을 어떻게 다루었는지, 어떻게 **파리**(Paris)의 대학살이[133] 프랑스 프로테스탄트들이 **샤를 9세**(Charles IX)와 맺은 어리석은 평화의 결과였는지, 그리고 오늘날까지 네덜란드를 완전한 파멸에서 구해준 주요한 가시적인 이유는, 무

슬(Newcastle)의 협상 동안에도 나돌 정도였기 때문이다.
[130] 「시편」 163: 3: "통치자들을 신뢰하지 말며."
[131] 이야기는 역사(Histories)를 가리킨다. 특별히, 뷰캐넌의 『스코틀랜드 역사』(*History of Scotland* [Edinburgh, 1582; BML], book XX, f. 243)를 가리킬 것인데, 덴마크의 크리스티에른 2세(Christiern II, 1481~1559)는 그의 잔혹성 때문에 그의 모든 가족과 함께 왕국에서 추방된 것으로 언급된다.
[132] 1490년, 막시밀리언 1세(1459~1519)는 그의 개인적 안전이 위협받은 반란에 대하여 브루게스(Bruges) 시민들을 잔혹하게 처벌했다.
[133] 1572년 8월 24일 성 바르톨로메오 축일 전야(St. Bartholomew's Eve)에서 그다음 날 사이에 파리(Paris)에서 있었던 위그노 교도(Huguenots)에 대한 대학살을 말하며, 샤를 9세가 지시했다.

기를 들었다가 나중에 왕을 믿어버린 신하들에게, 스페인 왕들이 국가의 좌우명으로써 사용해온 배신적인 잔혹성을 그들이 결국 신용하지 않았다는 점입니다. 그 이후 어떤 시대도 이제까지 **벨기에** 자체에서 이를 입증하지 못하는 시대는 없으며, **나폴리**(Naples)에서는 바로 올해도 그러했습니다.[134] 그리고 과거의 한 예외를 들어 결론을 짓자면, 비록 훨씬 더 오래전 일이지만, **다윗**(David)은, 그의 인정된 신중은 그 자체로 우리에게 확증을 줄 뿐만 아니라 우리를 교훈하기에 충분한바, 그가 무기를 한 번 든 적이 있는데, 비록 그가 눈물을 흘리고 많은 후회를 하며 **사울**(Saul)을 헤치지 않겠다고 두 번이나 약속을 했지만,[135] 그 후로 사울을 결코 신뢰하지는 않았습니다. 많은 예 가운데 일부인 이런 예들은 영국인과 스코틀랜드 국민들 모두에게, 그들 자신의 목적과 당파심의 충동 때문에 뜻하지 않게 맹목적으로 원수들의 덫에 걸려들지 않도록 경고합니다. 원수들은 자신들의 복수심 때문에 어떤 건전하고 안전한 화해도 할 수 없을 정도로, 모든 악폐를 상대편이 먼저 시작하고 조장하고 이행했다고 보는 것이며, 그 이래 그 악폐가 그들과 그들의 왕에게 필연적으로 닥치게 되었다는 것입니다.

저는 필요한 만큼 간단하게라도 성직자들에게 하고 싶은 말이 있습니다. 국가적 문제를 수중에 넣고 더 잘 처리할 수 있고 더 많이 관계하면서, 혼란을 조장하지 말고, 목사들 가운데 자신의 양 무리가 가장 적은

---

[134] 1648년 스페인군은 나폴리에서 군중 반란을 아주 잔혹하게 공식적인 서약을 어기면서 진압했다.

[135] 다윗을 헤치지 않겠다는 사울의 첫 번째 맹세는 요나단에게 했고「사무엘상」19: 6), 두 번째는 다윗이 사울을 다시 그의 세력 안에 장악하고 그의 생명을 존중한 후 다윗 자신에게 한 것이었다.「사무엘상」27장 1절에, "다윗이 자기 마음속으로 이르되, 이제 내가 언젠가는 사울의 손에 멸망하리니 내가 블레셋 사람들의 땅으로 빨리 도피하는 것보다 더 좋은 것이 내게 없도다."라고 한다.

자는 한 주간에 걸쳐 자투리 시간에 급조한 형식적인 설교를 들고 설교단에 두 차례 오르는 것으로써가 아니라, 끊임없는 수고와 더불어, "때에 맞든지 맞지 아니하든지",[136] 시시각각 그들이 양육하는 자들의 영혼을 보살핌으로써 이행되는 두려운 임무가 있다는 것을 알고, 더 열심히 연구하고 선량한 목사의 직분에 전념하기를 바랍니다. 만일 그들이 이런 점을 항상 잘 고려한다면, 어떻게 그들이 모든 대중적인 소요와 선동에 가장 참견하기 좋아하는 교구 위원(Sidesmen)이 될 여유가 있겠습니까? 그리고 이 모든 시간에 그들이 가르치는 복음의 진정한 목적과 이유가 무엇인지를 배워야 할 것입니다. 그것은 양심 위에 군림하는 거만한 주인 행세와 얼마나 다른 세상인가요? 이단 사상보다 더 나쁘고 우상숭배[137]에 해당하는 탐심을 그들이 증오한다는 것을 사람들에게 설득할 수 있도록 살고, 겸직이나 모든 종류의 배금사상을 증오하며, 가장 큰 것을 집어삼킬 곳을 찾아 헤매는 게걸스런 늑대들처럼 성직록(聖職祿)을 찾아 헤매는 짓을 그만둔다면, 이 또한 좋을 것입니다. 처음부터 따뜻하게 좋은 자리를 잡은 자들이 그런 문제에 죄책감이 없다면, 이런 죄 있는 자들과 교제하지 않는 것이 좋을 것입니다. 성직자들은 성직자의 이름을 포기했다 하더라도, 교회를 개혁하기 위해 모이라는 요청을 받는데, 그들의 십일조나 봉헌을 새로 조정하려고 의회에 조르고 청원하게 된다면, 그리고 그들의 의무를 저버리는 선을 넘어서, 정신적으로 편리한 자리에 이중으로 줄을 선다면, 이를 애석하게 여겨야 합니다. 고위 성직자들이 그들의 교만과 탐욕을 유지하고자 했던 것처럼, 그들이 그들의 건방진 시온(Sion)에서[138] 홀로 배를 채우려 하거나, 음모를 꾸미고, 순박한 평신도를

---

[136] 「디모데후서」 4: 2를 언급함.
[137] 우상숭배(idolatry)는 물질을 우상으로 섬기는 배금주의(Mammon-worship)를 말함.

능욕하고 기만하며, 소동을 선동하는 성직자들의 무리로서가 아니라, 각자 자신의 개별적인 임무를 맡아서 교회 계율을 보존하도록, 고대 교회법에 따라, 그들의 장로들과 집사들과 함께 장로법원(Consistory)[139]으로 모여야 합니다.

만일 그들이 이런 것들을 준수하고 인내심을 가지고 기다린다면, 분명히 모든 것이 그들의 간청이나 절규 없이도 잘 풀릴 것이며, 그들이 과시적인 큰 문자로 서명하여 보낸 인쇄된 서한은 지금보다 훨씬 더 중시될 것입니다.[140] 그러나 만일 그들이 그리스도 대신 맘몬의 성직자들이고, 더러운 이욕에 사로잡혀 그분의 교회를 모욕하며, 모든 폭군에게 가장 가깝고 비중 있는 자로서 양심 위에 앉기를 갈망하고,[141] 아주 최근에 그토록 큰 소리로 고위 성직자들을 비난했던 바로 그런 죄에 수치스럽게도 스스로 빠져든다면, 하나님이 그 사악한 자들을 직전에 근절시켰듯이, 그분이 그들을 모방한 자들을 근절시킬 것입니다. 그분 자신의 영광과 종교를 옹호하고자, 그분은 그들의 위선을 만천하에 드러내실 것이며, **"메로스(Meroz)여, 저주받을지어다"**[142]라는 그들의 설교의 **모토** 자체를 그들 자신의 머리 위에 엄습하게 하실 겁니다. 그런 모토를 가지고, 그토록 빈번히, 메로스로서가 아니라 그 이상의 무신론자들처럼, 그들은 하나

---

[138] 1647년에서 659년까지 시온 대학(Sion College)은 장로교 지방 총회의 장소였다.
[139] 장로교회의 경우 장로를 중심으로 성직자들이 참여하는 장로법원을 뜻하며, 가톨릭의 경우는 추기경 회의, 영국 국교회의 경우엔, 감독 법원(Consístory Court)이라 불린다.
[140] 성직자들이 페어팩스(Fairfax), 군대, 의회, 대중에게 보낸 글의 표지는 그 당시의 소책자에 흔히 사용되던 훨씬 더 큰 대문자로 표기되었다. 그들의 과장된 문체는 독립파 신도들 사이에서 웃음거리였다.
[141] 밀턴의 비난은 새뮤얼 리처드슨
[142] 위의 각주 118을 참조할 것.

님의 복수를 모독했으며, 그분 백성의 열성을 비방해 왔습니다. 그리고 그들이 추구한 모습, 즉 처음 교회를 개혁한 해외의 저명하고 독실한 사람들이나, 부패에 저항한 그들에 못잖게 열성적인 자들과, 청교도와 비국교도라는 이름으로 낙인찍힌 이곳 국내의 감독들이 가르친 개신교 교리의 진정한 성직자가 아니라는 것을, 우리가 드러낼 증거들이 충분합니다. 그 증거를 들면 사람들이 이보다 더 충분히 프로테스탄트 성직자들과 이들 설교단의 선동자들 사이의 차이를 알 수 있을 것입니다.

루터

슬라이던(Sleidan)의 농부들에 대한 책.[143] 제5권.

오늘날의 현실입니다. "사람들이 군주들의 지배를 더이상 참을 수도, 참으려 하지도 않고, 실제로 그렇게 해서도 안 된다는 것이 오늘날의 현실입니다."[144] 카이사르도 그렇지 않습니다. "카이사르가 기독교국의 수장으로, 교회의 보호자로서, 신앙의 옹호자로서 전쟁을 하지 않을 것이라지만, 이런 호칭은 거짓되고, 바람 같아서, 대부분의 왕은 종교의 가장

---

[143] 슬라이던의 『카를 5세 치하의 종교와 제국의 상황에 대한 논평』(*Commentatires on the State of Religion & Empire under Charles V*)에서 따온 수많은 발췌문이 밀턴의 『비망록』(*Commonplace Book*)에 기록되어 있다는 것은, 슈말칼덴 프로테스탄트 동맹(the Protestant League of Schmalkald)의 관리에 의한 독일 종교개혁의 기록을 밀턴이 당연히 읽었다는 것을 보여준다. 밀턴은 그 기록을 반대세력이었던 로마 황제들과 다른 군주들에 맞서 개혁가들이 종교적, 정치적 권리를 성공적으로 주장한 이야기로 읽었던 것이다.

[144] 이 구절은 슬라이던의 책, 『카를 5세 치하의 종교와 제국의 상황에 대한 논평』(*Commentaries on the State of Religion & Empire under Charles V*), 제5권 『농부들에 반대하는 책』(*Book against the Peasansts*)에 나온다.

큰 원수입니다."¹⁴⁵ 그렇다면, 우리가 왕들을 폐위하거나 처벌할 수 없다면 무엇으로 막을 수 있나요?

이런 주장들은 **코클래우스**(Cochlœus)의 『잡문』(*Miscellanies*)에 기술되어 있는데, 그 당시 프로테스탄트들이 슈말칼덴(Smalcaldia)에서 엄숙한 서약을 시작했을 때, **독일의 루터**나 다른 어떤 훌륭한 성직자의 말이라고 합니다. "기도하지 않는 자들"(Ut ora ijs obturem)¹⁴⁶ 기타. "내가 그들의 입을 막을 수 있으며, 교황과 황제는 타고난 것이 아니라 선출되며, 또한 가끔 그랬던 것처럼 폐위될 수 있습니다." 만일 **루터**나 다른 누군가가 그렇게 생각했다면, 거기에만 멈출 수는 없었을 것입니다. 생득권이나 계승권(the right of birth or succession)은, 국민을 자유롭게 태어난 인간의 본성과 조건으로부터 타고난, 상속된, 세습적인 노예로 변형시키지 않는 한, 폭군에게 자유롭게 태어난 국민 위에 해임 불가한 상태로 군림하게 하는, 본성상의 특권일 수 없기 때문입니다. 그러므로 그는 덧붙이기를, "이 강요하는 자, 이 **파랄리스**(Phalaris),¹⁴⁷ 이 **네로**(Nero)¹⁴⁸를 제거하고 몰아내는 것은 하나님을 기쁘시게 하는 일입니다"라고 했습니다. 이를테면, 이러한 자이기 때문이며, 그것이 도덕적인 이유입니다. 그러면, 단지 선택받지 못하고 순전히 우연적인 태생에 의한 그의 운명 같

---

¹⁴⁵ *Cf.* Sleidan, *De bello contra Turcas*, l. 14.

¹⁴⁶ 밀턴은 코클래우스의 책에서 루터의 것으로 여겨지는 "불손한 권위"(impious authority)에 대한 격론을 인용하고 있다(f. 49v).

¹⁴⁷ 시칠리아 아크라가스(지금의 아그리젠토)의 참주로서 잔인성으로 악명이 높다. 팔라리스는 희생자들을 청동 황소 속에 산 채로 집어넣고 불에 구웠다고 한다. 그들의 비명은 황소의 울부짖음을 표현한 셈이다.

¹⁴⁸ 다시금 밀턴은 코클래우스의 『잡문』(*Miscellanies*, f. 49)에서 루터의 『튜튼족의 경고』(*Teutonica Admonitio*, 1520)의 정신을 대변하는 구절을 인용하고 있다. 루터가 세금징수에 대한 왕의 권한을 전면적으로 폐기한다는 것이다.

은 사소한 고려가 도덕적인 것을 무너뜨리고, 다른 면에서는 하나님을 그토록 기쁘시게 했을 것을 그가 불쾌하게 여기도록 만들면 좋겠습니까? 분명히 아닙니다. 만일 그 문제를 올바르게 논의한다면, 우연보다 선출이, 한 사람으로 하여금 자기 자신의 잘못된 선출에 따라 자신이 고통받는 것에 대해 스스로 만족할 수밖에 없게 합니다. 비록 사실상 어느 것도 어떤 사람을 속박하진 않고, 어떤 민족을 속박하는 건 더욱 아니며, 그분이 그들에게 제거할 수 있는 충분한 능력과 힘을 준 손해나 해악을 그들이 필연적으로 겪게 하지는 않겠지만 말입니다.

츠빙글리(Zwinglius).[149] 제1권 42번째 논문.

그들이 불성실할 때(Quando vero perfidè). "왕들이 불성실하게 그리스도의 통치에 반하여 군림한다면, 그들은 하나님의 말씀에 따라 폐위될 수 있습니다."

정확히 알 수 없음(Mihi ergo compertum non est, &c.). "나는 전 국민의 동의가 없는데 어찌 왕이 세습적으로 통치할 수 있는지 모르겠습니다." (같은 책).

동의하기 때문에(Quum vero consensu, &c.). "그러나 전 국민이나 그들

---

[149] 츠빙글리(Ulrich Zwingli, 1484~1531)는 스위스 프로테스탄트 종교개혁 당시 가장 중요한 개혁가이다. 1504년 바젤대학교를 졸업했다. 1506년 사제가 되었으며, 1518년 그로스뮌스터에서 민중사제로 임명되었다. 그의 설교는 금식과 성직자 독신에 대해 반란을 일으키도록 자극했다. 1523년 도전적인 67개 항을 공표했고, 이로써 전례에 대한 개혁이 시작되었다. 마르틴 루터와 같이 성서를 최고의 권위로 받아들이면서도, 그보다 더 엄격하고 포괄적으로 모든 교리와 의식에 성서를 적용했다. 루터와는 성례전에서 견해차를 보였다. 그리스도의 몸과 피가 빵과 포도주 안에 실제로 현림한다고 주장한 루터와 달리, 츠빙글리는 빵과 포도주를 그리스도의 몸과 피의 상징으로 해석했다.

가운에 더 좋은 일부의 선거와 허락에 의하여 어떤 폭군이 폐위되고 처형될 때, 하나님이 그 행위에 주도자인 것입니다." (같은 책).

우리가 그토록 미지근할 때(Nunc cum tam tepidi sumus, &c.). "우리가 공적 정의를 주창하는 데 있어 너무 미적지근하기에, 우리는 오늘날 폭군의 악행이 지배하는 걸 견디는 것입니다. 그러므로 지당하게, 그들에 의하여 우리는 짓밟히고, 결국 그들과 함께 처벌받을 것입니다. 그렇지만, 폭군을 제거할 방법이 없지 않지만, 공적인 정의가 없을 뿐입니다." (같은 책).

폭군이여 조심하시오(Cavete vobis ô tyranni). "폭군들이여, 주의하라! 이제 예수 그리스도의 복음이 멀리 넓게 퍼지기에, 순수와 정의를 사랑하도록 많은 사람의 삶을 새롭게 할 것이니, 만일 그대들도 그렇게 한다면, 그대들이 존경받을 것입니다. 그러나 만일 그대들이 계속 격분하여 폭력을 행한다면, 그대들은 모든 사람에게 짓밟힐 것입니다." (같은 책).

사실상 영향을 받은 로마제국(Romanum imperium imò quodq, &c.). "로마제국이든 어떤 다른 제국이든 종교를 탄압하기 시작하고, 우리가 태만하여 그 탄압을 당하고 있다면, 우리는 그렇게 파괴되는 종교에 대하여 박해자들 자신만큼 죄가 있을 것입니다." (콘라드에게 보낸 같은 서한).

칼뱅. 「다니엘서」 4장 25절에 대하여.

오늘날 그들의 호칭 속에 있는 군주(Hodie Monarchae semper in suis titulis, &c.). "오늘날 군주들은 하나님의 은총에 의하여 그들의 호칭에 있어서 왕인 척하지만, 그들 중에 얼마나 많은 자가 통제 없이 군림할 목적으로만 그런 척하는지요! 그들이 상위자를 인정하지 않으려는 목적

외에 어떤 목적으로 왕의 은총을 왕의 호칭에서 언급하는가요? 반면, 그들 자신을 옹호하고자 하나님의 이름을 사용하지만, 그들은 하나님을 그들의 발아래 짓밟아 버립니다. 그러므로, 그들이 하나님의 은총에 의하여 통치한다고 자랑할 때, 그것은 순전히 속임수입니다."

지상의 퇴위 군주(Abdicant se terreni principles, &c.).[150] "지상의 군왕들은 그들이 하나님에게 대적할 때, 그들 자신을 폐위하는 것입니다. 그렇습니다. 그들은 사람 축에 낄 가치도 없습니다. 도리어 우리가 그들에게 순종하기보다 그들의 머리에 침을 뱉는 것이 합당합니다." (「다니엘서」 6장 22절에 관한 것).

부커(Bucer).[151] 「마태복음」 5장에 대하여.

만일 최고 군주가 이러하다면(Si princeps superior, &c.). "만일 최고 군주가 무장하고 범법자들을 옹호하고, 하나님의 말씀 안에서 교훈된 것을 전복시키려 한다면, 그의 밑에서 권력을 지닌 자들은 먼저 그를 만류하려

---

[150] 이 구절은 칼뱅의 강연 『다니엘 예언서 강의』(*Praelectiones in Librum Prophetiarum Danielis*) (Geneva, 1561) 2절판 78쪽에 있다. 칼뱅은 다니엘과 그의 친구들이 위에 있는 권세들에 복종하라는 「로마서」 13장 1절의 명령이 사람보다 하나님을 두려워하고 순종하라는 최고의 명령에 종속되어야 한다며, 느부갓네살(Nebuchadnezzar) 앞에 엎드려 숭배하기를 거절한 것에 대해 주목하고 있다.

[151] 부커(Martin Bucer, 1491~1551)는 루터의 친구이자 독일 종교개혁의 지도자로서, 종교개혁가들 사이의 신학적 갈등을 해결하는 일에 앞장선 인물로 유명하다. 독일 인문주의자 에라스무스와 종교개혁자 루터의 사상에 정통했으며, 1548년 신성로마제국 황제 카를로스 5세와 대립하던 부커는 때마침 영국 캔터베리 대주교 토마스 크랜머(T. Cranmer)의 초청을 받아 1549년부터 영국에 머물면서 케임브리지 대학 신학 교수로 가르치면서 영국의 종교개혁에 많은 영향을 주었다. 여기 인용된 구절은 그의 『4복음서』(*Sacra Quattuor Evangelica* [6th ed., Strassburg, 1555], p. 53)에서 온 것이다.

고 해야 하며, 만일 그들이 성공하지 못하면, 더구나 그가 군주가 아닌 원수처럼 행동하며, 하위 관료나 평민들에게 허용된 특권이나 권리를 파괴하려 한다면, 그리스도의 양 떼를 하나님의 이 같은 원수에게 내어주기보다 모든 방법과 수단을 시도해보는 것이 하나님의 도움을 먼저 간구하는 경건한 관료들의 역할입니다. 그들은 하나님의 백성을 방어하고 선하고 정의로운 것을 유지하라는 목적으로 임명된 것입니다. 최고 권력을 갖는다는 것은, 그 권력이 자행하는 해악을 줄이는 것이 아니라, 상처를 얼마나 더 전체적으로 입히느냐에 따라, 그 해악을 더욱 용납할 수 없게 하는 것입니다. 그런고로, 확실히 더 용납할 수 없고, 더욱 용서할 수 없으니, 처벌받아 마땅합니다."

이미 거론한 피터 마터(Peter Martyr)에 대하여.
파레우스(Parœus)[152] 「로마서」 제13장에 대하여.

선거인단이 관료를 구성(Quorum est constituere Magistratus, &c.). 순교자 베드로에 대하여 우리는 전에 언급했습니다. "관료를 세우는 임무를 맡은 자들은 그들이 난폭한 행동을 하지 못하도록 금지하고, 그들을 끌어내릴 수 있습니다. 그러나 모든 관료는 의회나 선거인단이나 다른 관료에 의해 세워집니다. 그러므로, 그들을 높인 자들은 합법적으로 그들을 강등시킬 수 있고 처벌할 수 있습니다."

---

[152] 파레우스(David Paraeus, 1548~1622)는 독일의 프로테스탄트 신학자이자 개혁가였다. 밀턴은 여기서 가장 영향력 있는 칼뱅주의 로마서 논평들 가운데 하나인 파레우스의 로마서 강론을 인용하고 있다(*Operum Theologicorum*, 2 vols. [Frankfurt, 1647], II. 262). 파레우스는 통치자들에게 그들의 행위를 설명하도록 요구할 수 있다고 주장했으며, 이런 의견은 제임스 1세의 절대왕정의 의심을 받게 되었고, 1622년 옥스퍼드 대학은 그의 모든 서적을 불태우라는 명령을 받았던 것이다.

스코틀랜드 종교개혁에서, 스코틀랜드 성직자들 가운데 가장 저명한 녹스(Knox)[153]와 그의 동역자들 외의 다른 이들은 언급할 필요가 없습니다. 이 문제에 대한 녹스의 방대한 논문은 같은 의견을 옹호하고 있습니다. 그들의 글을 충분히 인용하려면, 이런 논쟁을 목적으로 쓰인 그들의 저서 모두를 삽입해야 할 것입니다. 『녹스의 호소』(Knox's Appeal)와 『독자에게』(To the Reader)가 있는데, 뒷글의 후기에서 그는 자신이 출간하게 될 『두 번째 나팔 소리』(The Second Blast of the Trumpet)라고 불리는 글에서 이런 주장을 하기로 약속합니다. 즉, 잘 모르고 선출한 자를, 태생이나 계승이나 어떠한 충성맹약에도 불구하고, 그를 선출한 바로 그 사람들이 가장 정당하게 폐위하고 처벌할 수 있다는 것입니다. 우리 자신의 성직자들 가운데, 가장 박식한 자 중 두 사람인, 카트라이트(Cartwright)[154]와 펜너(Fenner)[155]는 그 밖의 사람들이 주장하는 것을 우리에게 이성적으로

---

[153] 밀턴은 1558년, 제네바에서 발행된 『스코틀랜드의 거짓된 주교와 성직자에 의하여 그에게 선언된 잔인하고 가장 부당한 판결에서의 존 녹스의 호명(呼名)』(The Appellation of John Knoxe from the Cruell and most Unjust Sentence Pronounced against Him by the False Bishoppes and Clergy of Scotland, with his Supplication and Exhortation to the Nobilities, and Communalitie of the Same Realme)을 언급하고 있다. 이 책에 「존 녹스가 독자에게」(John Knoxe to the Reader)가 포함되어 있는데, 이 글은 스코틀랜드의 메리 여왕의 왕권에 대한 의도된 공격을 묘사했다.

[154] 토마스 카트라이트(Thomas Cartwright, 1535~1603)는 케임브리지 대학의 신학교수로서, 특히 『의회에 주는 권고』(Admonition to Parliament, 1572; UTSL)를 옹호하고, 그 후속편인 『두 번째 권고』(Second Admonition, 1572)의 저작자로서, 영국 장로교의 설립자 내지 적어도 가장 강력한 신학적 선구자로 인정되었다.

[155] 호튼 데이브스(Horton Davies)에 의하면, 더들리 펜너(Dudley Fenner, 1558?~1587)는 미들버그(Middleburg)에 추방된 카트라이트(Cartwright)와 함께 아주 긴밀히 협조하여, 장로교 기도서, 즉 월드그레이브 기도서(Waldegrave liturgy)를 확산시켰다. 1583년에 그는 켄트에 살면서 17명의 켄트 성직자들을 이끌고 『켄트 청교도의 금언과 원칙』이라는 제명 아래 수장령(Act of Supremacy)에 항의했다. 밀턴이 언급하는 『신학 혹은 경건의 진리』(Sacra Theologia, sive Veritas Quae Est Secundum Pietatem, [Geneva, 1586]; BML)은 하나님의 본성으로 시작하여 세상 종말에 대한

만족시켜줄 것입니다. 펜너는 그의 신학서에서 주장하기를, 권력을 지닌 자들, 즉 의회는 정당한 수단으로든 힘에 의해서든, 폭군을 폐위할 수 있다는 것이며, 폭군은 그와 공화국 사이에 맺어진 모든 혹은 주요한 조건들을 의도적으로 파괴하는 자라고 규정합니다. 펜너의『성스러운 신학』(Sacra Theologia) 제13장. 그리고 카트라이트(Cartwright)는 그의 책 머리에 첨부된 서한문에서 그 책 전체에 대한 자신의 동의를 주장합니다.

길비(Gilby).[156]『순종』(de obedientiâ), 25, 105쪽.

"왕은 그의 권위를 국민에 의하여 가지며, 국민은 경우에 따라 그것을 되찾을 수 있다."

교회법에 대한 잉글랜드의 불평

"국민은 사악한 군주를 괴물과 잔혹한 야수처럼 죽일 수 있다."

크리스토퍼 굿맨(Christopher Goodman),[157] 순종에 대하여.[158]

신앙의 서술로 끝나는 기독교 신앙의 조직적인 개요이다.
[156] 밀턴이 안토니 길비(Anthony Gilby, 1510~1585?)와『주교의 교회법에 대해 예수 그리스도께 드리는 잉글랜드의 불평』(Englands complaint to Jesus Christ against the Bishops Canons, 1640)에 근거를 잘못 돌리고 있는 이 구절의 출처는, 소니어 밀러 (Sonia Miller)가 "Two References in Milton's Tenure of Kings" (in JEGP, L [1951], 320~325)에서 밝히듯이, 존 포넷(John Ponet) 주교에 의한 책이었다. 이 책은 1556년에 슈트라스부르크(Strassburg)에서 출판되었고, 런던에서『정치 권력과 순종에 대한 소논문』(A Shorte Treatise of Politike Power and of ... Obedience [Thomason, I, 144; E154 (36)])라는 서명으로 다시 출판되었다.
[157] 1553~1558년 사이의 메리 여왕의 박해로 인하여, 크리스토퍼 굿맨(1520~1603)은

왕이나 통치자가 하나님을 모독하는 자, 그들의 백성을 억압하고 살해하는 자가 되면, 그들은 왕이나 합법적인 관료로 더이상 간주해서는 안 되며, 사적인 인간으로서 하나님의 법에 따라 심문받고, 비난받고, 저주받고, 처벌받아야 하며, 그 법에 따라 정죄당하고 처벌받기에, 그것은 인간이 하는 것이 아니라 하나님이 하시는 것입니다(C. 10. p. 139).

국가법에 따라, 타고난 바보나 멍청이는, 그렇게 입증되면, 그에게 생득적인 소유권이 있는 토지나 유산을 바르게 사용할 수 없으므로, 그 권리를 잃어버리게 될 것입니다. 특별히, 어떤 경우라도, 바보가 국가 전체의 통치권을 갖는 것이 용납되어서는 안 됩니다. 그러나 바보와 멍청이는, 신앙심 없는 통치자의 격분과 광포성이 초래하는 것만큼 악을 공화국에 불러올 수는 없습니다. 그러므로 이런 통치자들은 하나님이 없으므로, 하나님의 백성에 대한 권위도 마땅히 없으며, 그분의 백성은 그분의 말씀에 따라 그 반대의 권위[159]를 요구합니다(C. 11. pp. 143, 144).

옥스퍼드 대학교 교수직을 박탈당하고 프랑크푸르트(Frankfurt)로, 그 후 제네바로 추방되었는데, 거기서 존 녹스와 함께 청교도 성직자로서 영국 국교도들과 협력하였다. 1558년 제네바를 떠나기에 앞서, 그는 『최고 권력에 대한 백성의 순종 방법, 그리고 하나님의 말씀에 따라 그 권력을 합법적으로 불순종하고 거절해야 하는 경우』(How Superior Powers Oght to Be Obeyd of their Subjects; and Wherein They May Lawfully by Gods Words Be Disobeyed and Resisted)를 출판했다. 존 던(John Donne)의 『이그나티우스의 비밀회의』(Ignatius His Conclave, [1611; BML], p. 111)에서, 이그나티우스 로욜라에 의하여 굿맨이 녹스와 뷰캐넌과 같은 집단으로 분류되어, "몇몇 국가의 평화를 어지럽힌" 비교적 소수 프로테스탄트 신교도들 가운데 한 사람으로 취급된 것이 흥미롭다.

[158] 굿맨이 순종에 대하여 논의한 책은 『최고 권력에 백성이 순종해야 하는 이유』(How Superior Power Oght to Be Obeyd of Their Subjects: and Wherein They May Lawfully by Gods Worde Be Disobeyed and Resisted, 1558)이다. 밀턴은 그가 인용한 구절의 구두점까지 신경 쓰지는 않았으나 결코 부정확하게 인용하진 않았다. 밀턴의 쪽수 표시는 1931년 Facsimile Text Society의 재판에 따르고 있다.

[159] 신앙심 없는 광포한 폭군에 반대되는 경건한 어진 왕을 의미한다.

어떤 사람도, 그가 왕이든 여왕이든 혹은 황제일지라도, 하나님의 어떤 법에 따라 이런 처벌에서 면제되지 않고, 그는 죽음을 맞이해야 합니다. 하나님은 그들이 원하는 대로 법을 어기도록 그들을 다른 사람들 위에 올려놓지 않았고, 다른 사람들처럼, 법에 종속되도록 했기 때문입니다. 만일 그들이 하나님의 법에 종속된다면, 그러면 처벌도 받아야 하고, 그들의 본보기가 다른 사람의 본보다 더 위험하므로, 그만큼 더 많은 벌을 받아야 합니다(C. 13. p. 184).

관료들이 그들의 의무를 하지 않을 때, 국민은 말하자면 관료가 없게 되며, 아니 그보다 더 나쁘게 되어, 하나님은 국민의 손에 칼을 쥐여주시고, 하나님 자신이 즉각 그들의 우두머리가 되십니다(p. 185).

만일 군주가 옳게 행하고 여러분과 약속을 지키면, 여러분은 그에게 모든 겸손한 순종의 의무를 지게 됩니다. 만일 그가 약속을 지키지 않는다면, 여러분이 해방되고, 여러분은 의무가 없어지며, 이런 경우에 여러분은 법에 따라 하나님에게 반역한 자들과 그들 나라의 압제자들을 어떻게 폐위하고 처벌할지 연구해야 합니다(p. 190).

굿맨(Goodman)이라는 이 사람은 제네바 소재 **영국** 교회의 성직자였는데, 그때, **더들리 펜너**(Dudley Fenner)는 스위스의 미들버러(Midleburrough)인가 다른 어떤 곳에서 성직자였습니다. 그들은 메리 여왕의 피비린내 나는 핍박을 피해 그들의 흩어진 교인들을 회중으로 많이 끌어 모은 독실한 성도들과 참회자들의 목자였습니다. 그 성도들 가운데 약간은 고지대 **독일**에, 약간은 저지대 독일에, 그 중 일부는 제네바에 정착했으며, 거기서 이 저자[160]는 이런 주제[161]에 대해 설교했고, 그의 설교를 들은 몇몇 학식 있고

---

[160] 굿맨을 가리킴.
[161] 굿맨이 군주에 대한 국민의 순종 문제를 취급한 주제를 말함.

경건한 사람의 큰 환심을 샀으며, 그들은 여러 차례, 많은 사례와 제의로, 그 주제에 관해 더 충분히 글을 써달라는 요청을 했습니다. 그러자 그는 그 제의를 받아들여서, 그 지역에 있던 최고의 박식한 자들과 상의하고(그들 중에 **칼뱅**이 당시에 같은 도시에 살고 있었음), 그들의 특별한 인정을 받고, 이 논문을 출판했으며, 서문에서 **휘팅엄**(Whittingham)[162]이 확증하듯이, 그 주된 목적은 **잉글랜드** 동포인 프로테스탄트들에게 관료에 대한 순종의 교리적 진리를 설득하는 것이었습니다(**휘팅엄, 서문**[Whittingham in *Prefat*]).

이들이 우리가 고수하는 믿음의 선조, **잉글랜드**의 진정한 프로테스탄트 성직자들이었습니다. 이것이 그들의 인식이었으며, 그토록 여러 해 동안 감독제 아래서 일하며, 모든 소동과 박해를 무릅쓰고 신앙이 소멸하지 않게 지켜서, 순수하게 우리에게 전해준 자들의 인식이었습니다. 그러나 드디어 탐욕적이고 야심 찬 성직자들 세대가 일어났고(그들은 자신을 성직자라고 불렀으니까요), 이들은 오랫동안 시류에 영합해 감독제 아래 있다가 갑자기 새로운 개종자가 된 체하며, 성직 겸직과 감독제를 외관상 반대하며 드디어 입을 벌렸으나, 마음속으론 그 둘다[163] 집어삼킬 의도로 그러했습니다. 하피(Harpy)[164]의 무리처럼, 그들이 좇는 사냥물인 양, 성

---

[162] 윌리엄 휘팅엄(William Whittingham, 1524~1579)은 M. M. 납펜(Knappen)이 『튜더 왕조의 청교도 신앙』(*Tudor Puritanism* [Chicago, 1939], p. 126)에서 보여주듯이, 1553년과 1555년 초에 옥스퍼드에서 프랑크푸르트로 도피했으며, 그와 녹스(Knox)는 영국 국교회 교도인 토마스 레버(Thomas Lever)와 토마스 패리(Thomas Parry)와 함께 에드워드 6세의 기도서에 기초한 타협적 기도서를 공동 작성했다. 1559년, 휘팅엄은 녹스를 계승하여 제네바 영국 신도들의 성직자가 되었고 잉글랜드로 돌아와 북부의 작은 청교도 지도자가 되었다.
[163] 같은 문장에 앞서 언급한 "성직 겸직과 감독제"를 가리킴.
[164] 그리스신화에서 하피는 얼굴과 상반신은 추녀이고, 날개와 꼬리, 발톱은 새의 모양으로서 죽은 사람의 영혼을 나른다. 소문자(h-)를 사용하여, 잔인하고 탐욕스러운

직 겸직뿐만 아니라 다중임직을 노리고, 그들의 퇴출당한 전임자들이 성직을 매매하던 지위나 승진을 게걸스레 삼키는데, 그것을 얻으려고 그들은 그들의 동지들을 비난해 왔던 것이며, 다른 호칭으로 불리며 모든 사람의 양심을 지배하는 동일한 권위와 장악력을 희구했던 것입니다.

이 당파에 속한, 그들 자신의 속표지의 부적(符籍, Phylactery)에서 지칭되듯이, 여러 귀하신 학식 있는 성직자들은 『성경과 이성』(*Scripture and Reason*)이라는 논문에서[165] 왕에게 방어적 무기를 사용하는 합법성을 주장하면서, 말로써는 왕의 폐위를 철저히 부정하는 듯합니다. 그러나 성경과, 그들이 내세우는 이유들은, 그들이 표현하지 않더라도, 폐위를 합법적으로 결말을 짓는 결론을 도출합니다. 왜냐하면 만일 그들이 가장 강조하는 성경에 따르면, 그것도 특별히 「로마서」에 따르면,[166] 관료에 대한 사도 **바울**의 정의에 반대되는 것을 행한다면, 왕도 거부될 수 있으며, 똑같은 결과로써 폐위되고 처벌될 수 있기 때문입니다. 그리고 만일 이성에 의하여 왕의 부당한 권위를, 34쪽에서 인정하듯이, "의회에 의해서든 국민에 의해서든, 위태로운 경우와 당면한 필요성 때문에, 부분적으로 박탈할 수 있고, 왕의 권력을 부분적으로 환수할 수 있다면," 왜 이 같은 경우에 그들은 왕이 바로잡을 거라고 기대하지 못하면서도 그에게 그의 왕국에서 손을 떼도록 벌하지 못하는지에 대해 성경에 근거한 이유와 상상할 수 있는 어떤 이유도 제시될 수 없습니다. 그리고 만일 종교와

사람을 뜻하기도 하며, 이 산문의 판에 따라 harpies라고 표기되기도 함.
[165] 이 논문의 전체 제목은, *Scripture and Reason Pleaded for Defensive Armes: or, the Whole Controversie about Subjects Taking Up Armes. Wherein besides Other Pamphlets, an Answer Is Punctually Directed to Dr Fernes Booke, Entitled, Resolving of Conscience, etc.* (Thomason, I, 251; E247[22])이다. 평민원의 명령에 의하여 『성경과 이성』은 1643년 4월 14일에 출판되었다.
[166] 「로마서」 13: 1~2 참조.

법 및 자유에 끈질기게 대적하는 하나의 사악한 행위가 부분적으로 이렇게 많이 우리에게 정당성을 준다면, 왕이 자행하는 사십 배는 되는 폭정들은 억제가 완전해질 때까지 우리에게 왕을 계속 억제하도록 하는 이유로 분명하지 않을까요? 정의의 방도는 가장 정확한 균형이므로, 만일 왕의 한 가지 범죄 때문에 그 많은 수습과 변제가 필요하다면, 스무 가지 더 많은, 마찬가지로 가증스런, 범죄들에 대해서는 그에게 그 수습과 변제가 스무 배나 더 필요할 것입니다. 그리고 사람들 속에서 최상의 것[167]에 이르기까지, 그렇게 비례적으로 적용될 것입니다. 만일 왕에 대한 이런 조처에 있어서, 그들이 통상적인 정의의 절차에 따라 자신들이 시작한 것을 마칠 수가 없다면, 그들은 전혀 합법적으로 시작할 수 없을 것입니다. 그들이 인정하는 세 가지 조건 가운데, 수학적 규칙뿐 아니라 정의와 도덕의 이 황금률(gold rule)은[168] 여태 유클리드(Euclid)[169]나 아폴로니우스(Apollonius)가 예시를 통해 입증한 어떤 문제처럼 네 번째 조건을 확실하고 필연적으로 나타낼 것입니다.

---

[167] 이를테면, 왕권 같은 최고 권력이 사람들 사이세서 최상의 것이라고 할 수 있다.
[168] 앨리슨(Allison)은 버나드 스미스(Barnard Smith)의 『학교 산수』(*Arithmetic for Schools* [Cambridge, 1854])를 언급하고 있다: "삶의 관심사에서 일어나는 거의 모든 문제는, 그것들이 숫자에 의한 계산을 요구하는 한, 3의 규칙(the Rule of Three)의 범위 안에 들어올 수 있을 것이며, 그것이 우리에게 비례적으로 네 번째 조건을 발견할 수 있게 하며, 그것의 대단한 용도와 광범위한 적용 때문에, 황금율이라고 종종 불립니다. 『밝혀진 폭정』(*Tyrannie Discovered*, 1647)에서, 존 릴번(John Lilburne)은 복음의 황금률(黃金律, the Golden Rule of the Gospel) – "남에게 대접을 받고자 하는 대로 너희도 남을 대접하라"(「누가복음」 6: 31) – 을 자기보존의 법칙과 병치시킨다.
[169] 유클리드(기원전 328~283년)의 『기하학의 기초』(*Elements of Geometry*)은, 페르가의 아폴로니우스(Apollonius of Perga)의 원뿔곡선(conic sections)에 관한 연구(기원전 2세기)는 아니더라도, 보통교육의 일부가 되었기에 "유클리드의 규칙처럼 명백한"이라는 구절이 『테트라코돈』(*Tetrachordon*)에서 밀턴에게 자연스럽게 사용된 구절이었던 것이다.

그리고 만일 의회는, 37~38쪽[170]에 확인되는 바와 같이 자체의 힘이 아니면 해체될 수 없으므로, 의회가 이유를 발견하면, 왕의 모든 권력과 권위와 칼을 평생 그의 손에서 빼앗아버린다면, 결국 왕의 직분을 박탈하는 것인데, 그렇다면, 의회 자신이 힘이 있는 유일한 관료인데, 왜 그들이 계속 왕의 처벌을 진행하지 못할까요? 왕이 관료의 특성을 규정하는 모든 것을 합법적으로 박탈당해, 이제 강등될 수 있는 관료가 아니라, 처벌받을 범법자일 뿐입니다. 마지막으로, 그들이 전쟁터에서 반항하고 대적하기까지 할 수 있는 자를 왜 정의에 따라 기소할 수 없겠습니까?[171] 합법적인 전쟁은 법을 거부하는 자에게 정의를 집행하는 것일 뿐입니다. 만일 그들 가운데 자신의 위협을 무릅쓰고 선두에 나타나는 왕을 죽이는 것이 합법적이라면(그들이 19~20쪽에서 부정하지 않듯이), 왜 정의의 의지로는 왕을 죽일 수 없겠습니까? 방어적인 전쟁의 우연이, 어쩌다가, 아니, 만일 거기서 무리 가운데 왕을 발견했다면, 고의적으로, 비난받지 않고, 임무를 수행했을 것입니다. 그들은 19쪽에서, "종교와 법 및 자유를 전복시키는 자들을 옹호하는 한 군주가 그의 생명을 걸고 나타나는데, 국가가 도리어 그것들을 희생해야 할까요? 그 어떤 양심이나 하나님의 원칙에 따라 희생할 수 있을까요?"라고 묻습니다. 그리고 내가 묻는 바는, 한 국가가, 이 모든 신성한 관심거리를 전복시키려 밤낮 음모를 꾸미고 있는 사악한 군주 한 사람을 잘라내기보다, 도리어 그것들[172]을 영속적인 모험과 극단적인 위험 아래 두어야 하는지, 그 어떤 양심이나 신성이나 법이나 이성에 의하여 그럴 수 있는지 하는 겁니다. 그들[173]은

---

[170] 현재 언급하고 있는 굿맨의 저서 쪽수를 가리킴.
[171] 위의 각주 106을 참조할 것.
[172] 앞서 언급한 종교, 법 및 자유 같은 신성한 관심거리를 가리킴.
[173] 이 문단 서두에서 언급한 의회 의원들을 가리킴.

자연법(Law of nature)이 누구나 개인적으로 왕에 대해서조차도 자신을 방어하는 걸 정당화한다고 우리에게 말합니다. 그러면, 왜 동일한 법이 한 국가나 국민 전체가 그에게 정의를 행사하는 것을 정당화할 수 없는지, 그들은 그 이유를 우리에게 말해줘야 합니다. 각 개인이 그를 상대로 합법적으로 자신을 방어할 수 있는데도 말입니다. 모든 종류의 정의가 이루어지는 것은 악한 사람들에게 처벌이듯이 선한 사람들에게는 방어입니다. 그리고 폭군에게 행해지는 정의는 공화국 전체의 필수적인 자기 방어일 뿐입니다. 왕의 도구로 사용된 자들을 적당하게 처벌하고자 왕을 상대로 전쟁을 일으키고, 나중에 그의 도구였던 그들을 처벌하면서, 주모자인 왕은 용서할 뿐 아니라 변호하고 영예롭게 하는 것이야말로, 존경받고 학식 있는 사람들이, 그들의 방식이 그들을 표현해주는바, 이제까지 표출한 바로는, 기독교적이라고 부르기엔 가장 생소한 정의이고, 인간적이라고 부르기엔 가장 생소한 이성인 것입니다. 그들은 세 번째와 네 번째 절에서 판사나 하위 관료도 최고 권력자와 마찬가지로 하나님이 임명하신 자이며, 그분의 대행자이며, 그의 수중에 칼을 지니고 있고, 성 베드로의 규칙(St. Peters rule)[174]에 따라 순종해야 한다고 했으며, 다른 어디에도 다르게 표현하지 않았습니다. 그러나 그 관료가 우리에게 최고 권력자에게 대적하여 싸우라고 하는 경우, (이런 자야말로 가장 심각한 비행을 저지른 자일 것이므로,) 최고 권력자가 그 하위 관료를 비로소 제거하고 처벌할 것입니다. 성경과 이성에 의하면, 후자보다 전자에게[175] 저항하게 하는 더 많은 권위를 찾아볼 수 없으며, 똑같은 조건으로, 우리가

---

[174] 「베드로전서」 2: 13~14: "인간의 모든 제도를 주를 위하여 순종하되 혹은 위에 있는 왕이나 혹은 그가 악행하는 자를 징벌하고 선행하는 자를 포상하기 위하여 보낸 총독에게 하라."
[175] 전자는 최고권력, 후자는 하위 관료를 가리킴.

순종하되, 저항하지 않도록 명령받은 하위 관료를 최고 권력자가 처벌하거나 넘겨줄 때까지, 그[176]와 전쟁을 해도 좋을 만큼, 대체로 최고 권력자 자신을 처벌하거나 폐위할 권위를 성경과 이성이 보여준 것입니다.

이리하여, 그들이, 여기저기 조심스럽게 채워 넣은 한두 줄에서, 폭군을 끌어내리거나 처벌하는 것에 대해 반대하는 것은 말뿐인 반면, 그들이 제시하는 모든 성경이나 이유는, 폭군에 대항하는 것이 그들에게 저항하는 것만큼 전적으로 합법적이라고 추론하게 할 만큼, 직접적이고 이성적입니다. 그렇지만, 그들의 설교에서는, 다른 사람들이 잘 지적한 바와 같이, 그들은 훨씬 더 진보했습니다. 만일 우리가 성직자들을 주목한다면, 그들은 포대 연병장에서 묘기를 훈련하는 자들만큼이나 능숙하고 다양하게 그들의 자세와 동작(motions)[177]을 취하고 있음을 알 수 있을 것입니다. 때때로 그들은 사납게 행군을 하는 것처럼 보이고, 금방 그 반대로 나아가는 듯하고, 이윽고 서 있는 듯하다가, 뒤로 후퇴하기도 하고, 또는 만일 필요하다면, 주위를 살펴보고, 몸 전체를 돌기도 하고, 거의 인식할 수 없을 정도로, 교활하고 민첩하게, 더 유익한 자리로 입지를 바꿈으로써 숨을 돌리기도 합니다. 그리고 하나님의 섭리(Providence)만이 시작을 알리는 북소리임이 틀림없으며, 섭리는 위로부터 그들을 부르시지만, 항상 더 큰 유익으로 이끄시고, 그들에게 이런저런 인물과 승격으로 역할을 맡기는 명령의 음성입니다. 방향 전환과 이중 처신에 우로든 좌로든 그 이상 잘 준비된 자들이 없는바, 그들이 주로 이바지하는 것이 그들의 방

---

[176] 최고 권력자를 가리킴.
[177] 밀턴은 동작 "motions"이라는 단어를, 라자러스 하워드(Lazarus Howard) 대령의 『보병대의 군사적, 정신적 전개』(*Military and Spiritual Motions of Foot Companies* [1642; BML])라는 서명에 사용된 것처럼, 부대의 전개를 뜻하는 의미로 사용하고 있다. 각 행의 처음 글자를 맞추어 어구(語句)를 형성하는 식의 이합체(離合體, acrostic) 배열에 의하여, 무기의 편람은 신학적 원칙들과 교차하도록 배열했다.

향 전환이기 때문입니다. 이 점에 있어서만 특이한데, 그들에게는 우로든 좌로든 확실한 입장이 없으며, 그들 자신의 편리에 따라 그렇게 부르는 것이 최선이라고 생각하는 대로 따르기 때문입니다. 그러나 만일 그들과 그들의 현세적인 이익에 도움이 되지 않는 듯한, 변호할 진리가 나타나면,[178] 곧바로 이런 민첩한 행동파들은 딛고 설 다리조차 찾지 못하며, 갑자기 그들이 사지 절단이나 불구가 되는 경우 이상으로, 피상적으로가 아니라 철저히 이행된 개혁이나 진리(Truth)의 향상에—진리는 이 세상 사람들에게는 항상 발전과정에 있지만—그들은 더이상 소용이 없습니다. 그들 자신의 절뚝거림에 전체적으로 순응함으로써 이것을 더 잘 숨기려 하거나 더욱 반박하려 하면서, 그들은 성서(Scripture)를 찾고, 그들과 동행하기 위해 멈추어버린 이성(reason)까지 대동하여, 가설보다 더 불완전하고 더 부족한 무력한 결론(impotent conclusion)[179]에 도달할 것입니다. 이런 입장에서 그들은 대단한 열성과 확신으로 시온(Zion)의 별 위에 서 있는 듯합니다. 그러나 이스라엘 사람이 아니라 여부스 사람(Jebusites) 같고, 불구일 뿐 아니라 소경이어서, 그들은 다윗과 아도니베섹(Adonibezec)을 구분하지 못하며,[180] 그를 여호와의 기름 부은 자로 칭송하지만, 그들

---

[178] 밀턴은 진리를 무수하게 의인화하는데, 『아레오파기티카』에서는 그 자신이 그 전쟁에 징병되는 "전능자 다음으로 강한 진리"이며(*CPW*, II, 562~563), 『우상파괴자』(*Eikonoklastes*)에서는 "그녀의 유일한 자아에 대한 본연의 믿음 가운데 제지당하지 않고 사방으로 파견되는 진리"이다.

[179] 이 구절은 『오셀로』의 데스데모나(Desdemona)가 사용하기도 했지만(*Othelo*, II, I, 160), 그 전에 논리 수업에서 이미 진부한 표현이었던 것으로 보인다. 그 말 자체가 수사학적으로 약한 결말에 대한 퀸틸리아누스(Guintilian)의 경고로 돌아가는 듯하다(*Institutes*, IX, ix, 70).

[180] 이스라엘 사람들이 팔레스타인을 침략했을 때 (「사사기」 1: 5~6), "또 베섹에서 아도니 베섹을 만나 그와 싸워서 가나안 족속과 브리스 족속을 죽이니 아도니 베섹이 도망하는지라 그를 쫓아가서 잡아 그의 엄지손가락과 엄지발가락을 자르매." 라고 했다. 밀턴이 아도니 베섹과 찰스를 엉뚱하게 비교한 것은 레딩스톤

의 설교단 방석에서 그들이 조금 전에 그의 엄지손가락과 큰 발가락을 절단해버렸던 것입니다. 그러므로, 우리의 유일한 왕이자 다윗의 뿌리이며, 그분의 왕국에서 그분의 인도 아래 전쟁을 하는 모든 자와 함께하는 영원한 공의가 있는 분, 그분의 행복과 궁극적인 희망이 공의롭고 정당한 그 유일한 왕국에 쌓여있는 분, (우리가 그 왕국이 끊임없이 곧 오기를 기도하고, 그렇게 기도하면서 모든 폭군에게 조속한 멸망과 파멸을 기원하는바,) 우리의 불멸의 왕이신 그분조차, 그리고 그분을 사랑하는 모든 사람이, **다윗의 영혼이 그들을 증오했듯이**,[181] 이 눈멀고 불구인 **예루살렘**의 옹호자들을 기필코 혐오하고, 그들에게 하나님의 성전이자 그 자신의 집에 출입하는 것을 금해야 마땅합니다. 그러나 (더 많은 것을 첨가할 수 있겠지만 쉽게 조사한 바대로) 제가 처음에 인용한 자들은, 수적으로 더 많지 않아도, 프로테스탄트 성직자 가운데 최고이자 주요한 자들이므로, 그들의 있는 그대로 인용했던 것입니다. 그들보다 앞 선 자들에 대해서 말하자면, 우리는 그 앞선 자들을 신실한 안내자로 따를 수 있고, 우리가 폭군에 대해 지금 주장하는 것에 대해 충분히 증언해줄 자들로 의심의 여지없이 받아들일 수 있습니다. 그리고 사실상 저는 그것[182]이, 대체

(Redingstone)의 것과 비교할 만하다. 레딩스톤은 왕이 그의 모든 권위를 몰수당했으니 그에 대한 모든 지원은 반역이 된다고 주장하면서, "사람들을 통치하는 자는 정의로워야 하며 하나님을 경외하며 다스려야 한다. 그리고 아도니 베섹은, 비록 이교도 왕이긴 하지만, 잘못을 시인하고, '하나님이 내가 행한 대로 내게 갚으심이로다 하니라 무리가 그를 끌고 예루살렘에 이르렀더니'(1: 7)라고 말했다"고 단언했다. *Cf.* John Redingstone, *Plain English to the Parliamnet and Army, and to the Rest of the People* (1649), p. 2.

[181] 「사무엘하」 5: 6: "그날에 다윗이 이르기를 누구든지 여부스 사람을 치거든 물 긷는 데로 올라가서 다윗의 마음에 미워하는 다리 저는 사람과 맹인을 치라 했으므로"(개역개정판). *Cf.* "다윗이 그날에 말하기를 '누구든지 수로로 올라 다윗의 혼이 미워하는 여부스인들과 절름발이와 소경을 치는 자는 우두머리와 대장이 되리라.' 하니라"(킹제임스판).

적으로, 이 주장에 대하여 글을 써온 그들 모두의 (고위 성직자나, 요즈음 있는 하위 성직자 분파의 결정이 아닌) 명확하고 긍정적인 결정이라고 이해합니다. 무법적인 왕에게 법을 집행하는 일은 사적인 개인이 집행한다면 불법이고, 하위 관료가 집행한다면 합법이며,[183] 또는 만일 여기서 인용된 자들보다 더 위대하거나 교회 내에서 더 권위 있는 자들의 의견이 갈라진다면, 생산적인 아무런 의견도 나오지 못할 것입니다. 만일 어떤 이가 이들[184]을 무력하게 하려고 다른 증거들을 가져오거나, 그들의 책의 다른 인용된 구절들과 모순된 것들을 가져오는 식으로 애쓴다면, 그는 왕이나 폭군의 폐위와 처벌이 **모든 프로테스탄트 성직자들의 일치된 판단에 반하는 것**이라는 그 불온한 성직자들의 거짓되고 뻔뻔스러운 주장을, —그 주장은 사실과 정반대이기에—입증할 수 없을 뿐만 아니라, 도리어 의도치 않게, 만일 그 성직자들의 판단이 아주 다양하고 자체 모순이라면, 그들의 판단이 대단할 것도 없고, 전혀 존중되지 못한다는 것을 입증할 것입니다. 그런 일이 일어나기 전에,—절대 그렇지 않기를 희망하지만,—자기 나름으로 이런 주장을 하는 무식한 자들은, 그들이 이 점에서 프로테스탄트 성직자들의 일관된 판단을 비난해 왔기 때문에, 그들 자신이 프로테스탄트 성직자가 아니라는 것을 더욱더 증명하게 될 것이며, 도리어 교회에서 굶주린 늑대들의 무리임을 입증하게 될 것입니다. 이 늑대 무리는 그들의 아버지 **시몬 마구스**(Simon Magus)[185]의 발자

---

[182] 폭군에 대한 저항과 폐위에 대한 주장을 가리킴.
[183] 여기서 밀턴의 주장은, 왕에게 개인적으로 대적하는 것은 법적으로 처벌될 수밖에 없으니 불법이지만, 왕보다는 하위에 있는, 의회의원 같은 관료의 저항은 합법적이라고 보는 것이다.
[184] 왕이 부당하게 폭정을 할 경우, 국민이 왕에게 저항할 수 있고 폐위도 가능하다고 주장하는 자들을 가리킴.
[185] 이 언급은 성직매매, 즉 경제적 이익을 위해 교회 직분을 남용한 죄를 지은 자들의

취를 좇아, 그리스도의 양 무리에 부름 받지도 않았으나, 그들의 굶주린 배(Bellies)의 단순한 유인에 따라, 다니엘(Daniel)이 발견했던 벨(Bel) 제사장들의 못된 속임수처럼,[186] 이중생활과 성직 겸직, 성직추천권, 성직 기증(donatives)[187], 성직 취임식(inductions)[188] 및 성직 수당의 증액 등의 강렬한 (돈)냄새를 따르며, 국가 관료에 대한 그들의 선동과 반역의 아성으로서 설교단을 입수하거나 차라리 강탈해버린 것입니다. 그들의 친절하고 성공적인 손길이 그들을 그들의 모독하는 상사인 주교들에게서 구해주고, 그들을 공사 불문하고 충분히 먹여주고, 가난하고 천한 그들을 높고 부유하게 높여주었으나, 동지 메뚜기들(fellowlocusts)을 내보낸 지옥처럼[189] 도대체 바닥이 없고 한계가 없는, 그들의 탐욕과 격심한 야망이

원형인, 시몬 마구스에 대한 것으로서, 그는 마법을 이용했고, 베드로와 요한에게 성령을 받게 해주는 재능을 달라고 돈을 제시했다고 한다. 「사도행전」 8: 9~25 참조.

[186] 외경서인 「벨서」(Book of Bel)에서 선지자 다니엘은, 사제들이 마치 그들과 자신들의 가족이 아닌 신(the god)이 제단에 바쳐진 "고운 밀가루 12되와 양 40마리 그리고 포도주 6통"의 헌물을 맛있게 향유하는 것처럼 보이게 하는 속임수를 쓴다는 것을 폭로한다. 이 이야기를 장로교 성직자에게 적용한 것은 흔했던 것 같다. 리즌(Reason) 판사는 성직자 총회를 "거대한 올챙이배의 우상"(great gorbelly's Idoll)이라고 묘사하며, 이런 국가적 궁핍의 시기에, 일상적 식사에서 벨과 용(*Bell and the Dragon*)의 축제 때보다 더 많이 매일 마시고 삼키는 것을 부끄럽게 여기지 않는다는 것이다. *Cf.* Richard Overton, *Araignement of Mr. Persecution* (1645) in Haller's *Tracts on Liberty*, III, 246.

[187] 정규 주교로부터 간섭받지 않고, 교회의 설립자나 그의 상속자가 허락할 수 있는 성직자의 생계비 녹(祿)이나 임명을 말함.

[188] 장로교 성직자가 그의 교구에서 정식 성직자(목사)로 임명되는 취임식.

[189] 이 그림은 「요한계시록」 9: 1~6에 나오는 성 요한의 환상에 근거한 것으로서, 말세의 지옥으로부터 쏟아져 나오는 메뚜기 떼를 묘사한 것이다. 그때는 "사람들이 죽기를 구하여도 죽지 못하고 죽고 싶으나 죽음이 그들을 피하리로다"라고 묘사된다. 두 주 전에 똑같은 그림이 새뮤얼 리처드슨(Samuel Richardson)의 『런던 성직자의 서신에 대한 답변』(*An Answer to the London Ministers Letter*, 1649)의 서두에서 독자의 눈길을 끈 적이 있었다.

모든 일과 모든 사람에게 그들의 성급한 무지와 끈질긴 요구를 용인하지 않았을 뿐입니다.

끝

7

교회 문제에 관한
국가권력론

종교
문제에 관하여
지상의 어떤 권력도
강제적으로 개입하는 것은
불법임을 보여주는 글

저자 J. M.

런던
토마스 뉴컴 인쇄
서기 1659

A TREATISE OF Civil power IN Ecclesiastical causes:

SHEWING
That it is not lawfull for any power on earth to compell in matters of

Religion.

The author J. M.

London, Printed by *Tho. Newcomb*, *Anno* 1659.

잉글랜드 공화국과 영연방 자치령 의회에 고함

최고회의 의원 여러분, 저는 여러분의 회기를 많이 기대했고, 이 회기에 맞추어[1] 이 논문을 준비했습니다. 이 글은, 비록 모든 기독교 관료에 연관된 것이고, 따라서 기독교 국가의 공통된 언어로[2] 쓰였지만, 타고난 의무와 사랑이 이 논문을 저의 조국에 먼저 바친 것입니다. 시기상으로, 이 글을 시기적절하게 읽음으로써 여러분의 위대한 과업을 더 쉽게 완성하게 되고, 많은 수고와 방해를 덜어줄 수 있을 것입니다. 이 글은 흔히 제안되는 두 부분, 즉 국가적인 부분과 교회에 관련된 부분에 대한 글인바,[3] 국가적인 부분만을 여러분에게 합당한 관심사로 권면하며, 교회에 관련된 부분은 그 이름이나 성격이 속한 자들에게만 권면하는 바입니다. 그렇지만 이런 이유로만 이 글의 수용을 요구하거나 얻으리라고 기대하는 것은 아니며, 또 다른 이중적인 측면에서 그렇습니다. 이 논문의 목적은 첫째, 성경과 프로테스탄트의 핵심적 주장들의 명백한 증거를 잉글랜드 의회에 제시한다는 점인데, 의회 의원들은 그들의 최근 모든 행동에서 이따금, 성경에 그렇게 담겨 있는 바대로,[4] 진정한 프로테스탄트 신앙만을

---

[1] 리처드(Richard)의 의회는 1659년 1월 27일에 회기를 시작했으며, 밀턴은 이 팸플릿은 두세 주 뒤에 발행되었다.

[2] 라틴어를 가리킨다. 대학 시절에 썼던 라틴어 습작 후, 밀턴은 항상 영국 독자를 위하여 영어로 썼으며 (그의 『논리』(*Logic*)를 제외하면), 대륙의 독자들을 위해서는 라틴어로 썼다.

[3] 여기서 두 부분이라 함은 권력의 두 부분을 말한다. 당시에 흔히, 권력은 국가의 권력과 교회의 권력으로 구분되었다.

[4] 크롬웰이 1657년 3월 25일, 제2기 의회로부터 공식적으로 받은 겸허한 청원과 권

주장한다고 공언해온 것입니다. 다음으로, 여러분의 권력이 일시적일 뿐이고,[5] 여러분 자신 안에 여러분 자신의 기독교적인 자유를 갖고 있으나, 그것이 어느 때나 억압받을 수 있고, 그것에 대해 인식할 수 있는 것이므로, 여러분이 여러분 자신의 자유가 다른 자들의 권력에서 중시되기를 바라는 것처럼, 여러분이 권력에 있는 동안, 다른 사람들의 양심을 존중해야 한다는 점, 그리고 양심에 반하는 어떤 법도 그 어떤 양심에 대해서든 똑같이 작용하므로, 이런저런 방식이 당연하게 여러분 자신에게 되돌아올 수 있다는 점을 여러분이 중시해야 한다는 것을 알리려는 것입니다. 제가 의심하지 않는 한 가지 유익은, 제가 기독교의 이런 중요한 조항에 있어서 이미 완전하고 단호한 여러분 인원의 출중한 사람들에게 글을 쓰게 되리라는 점입니다. 그들 중 일부의 말은 여러분 자신의 권위에 버금가는 권위를 지닌 어느 회의[6]에서 제가 몇 년 동안 가끔 들어온 기억이 나는데, 그들은 종교를 공민적인 신중성과 그토록 잘 조합하면서도, 여전히 어느 쪽이든 상이한 권력을 그토록 잘 분별했습니다. 이 회의는 왜 그것이 그래야 하는지[7]를 표명할 뿐 아니라 빈번히 논의하는 것이며, 만일 거기 참석한 누군가가 이전에 반대의견이었다면, 그곳에서 그는 분명히 그 점에서 개심했을 것이며, 그러면 통치자가 국가적인 것과 종교적인 것을 구분하거

고(Humble Petition and Advice)가 호국경 정권의 새로운 헌법이 되었다. 이 헌법은 "진정한 프로테스탄트 기독교 신앙은 신구약 성경에만 포함되어 있는바, 이 나라의 공적 신앙고백으로 공표되고 옹호되어야 한다."고 규정했다. *Cf.* S. R. Gardner, *Constitutional Documents of the Puritan Revolution*, 3rd ed. (Oxford, 1906), p. 454.

[5] 비록 호국경의 새 헌법이 의회의 회기를 제한하지는 않았으나, 리처드 크롬웰이 그의 장군들에게서 4월 22일에 의회를 해산하도록 강요받으리라는 것은 밀턴도 예상하지 못했다.

[6] 1649년에서 1651년 사이의 공화정 치하의 국무 회의(Coucil of State)를 가리킴.

[7] 왜 권력이 서로 구분되어야 하는지.

나, 혹은 그렇게 구분하는 자만이 통치하도록 인정이 될 때, 공화국과 종교 양자가 드디어, 언젠가, 기독교 국가에서 번성하리라는 것입니다. 그렇게 되기까지는, 바랄 것이라곤 고충, 핍박, 소요뿐일 것이고, 우리 자신들 사이에 진정한 종교가 내적으로 부패하고, 그리고 결국 공동의 원수에게 완전히 패배할 일만 남을 것입니다.

공민적인 자유에 대하여 저는 이제까지 지정을 받고, 그리고 국가 권력의 인가가 없지 않은 상태에서 글을 써왔는바,[8] 이제 기독교적인 자유에 대하여 글을 쓰는 바입니다. 오래전에 이교도 황제들 치하에서도 다른 분들이 아주 자유롭게 썼던 것이므로, 지금 기독교 지배자들, 그리고 기독교적인 자유를 옹호한다고 공개적으로 시인하는 자들, 특별히 이런 자들 아래에서 덜 자유롭지 않은가 하고 제가 의심한다면, 제 잘못일 것입니다. 비록 제가 이 글을 쓰는 것은, 우리 모두의 공통된 주님이자 스승께 이런 면에서 유용하게 수행할 수 있는 기독교인의 의무감에 대한 내적인 확신, 그리고 우리가 가장 먼저 추구할 것 중 가장 중요한 그분의 인정을 받으리라는 확실한 희망에 따른 것이며, 달리 지정을 받거나 유도된 바가 아닙니다. 저는 여전히 그분 섭리의 수중에 있으며, 진정한 종교와 우리의 공민적인 권리를 옹호하려는 여러분의 공적인 회의가 모두 성공하고 좋은 결과를 거두기를 기도하는 바입니다.

존 밀턴(John Milton)

---

[8] 밀턴에 의하면, 라틴어로 쓰인 두 『변명』(*Defences*)은 물론 아마도 『우상파괴자』(*Eikonoklastes*)는 국무위원회의 명령에 의하여 썼다고 한다: "왕이 쓴 것으로 추정되는 한 권의 책이 나왔고, 의회에 대한 엄청난 악의를 지니고 쓴 것이 분명했다. 이 책에 응수하라는 명령을 받고, 나는 『왕의 성상』(*Eikon Basilike*)에 『우상파괴자』로 맞섰다. *Cf.* Milton, *Second Defence, CPW*, IV, 628.

교회 문제에 관한
국가권력론[9]

하나님의 교회와 진리의 진전에 많은 해악(害惡)을 끼치는 것으로서 여태 발견된 것은 두 가지가 있습니다. 한편으로는 교회의 스승들을 강제하는 힘이고, 다른 한편으로는 그들을 부패시키는 고용제도입니다. 우리 구세주의 부활 이래 이 두 가지 중 하나 혹은 둘 다가 우세하지 않은 시대는 거의 없었습니다. 그러므로, 어떤 시대에도 이런 것에 대해 말하는 것이 적절하지 않은 때는 없었습니다. 그것들 때문에 교회는 끊임없이 손상되거나 억압을 받거나 위험에 처했던 것입니다. 전자[10]는 이번에 저의 논쟁거리가 되며, 후자는 하나님이 저를 쓰실 기회가 오리라 생각합니다.[11] 제가 주장하는 것은 성경에서만 끌어낼 것이며, 그 안에 있는 복음의 진정한 근본 원칙들에서 끌어낼 것이며, 이는 모든 그리스도인이 부정

---

[9] 이 산문의 전체 제목은 『교회 문제에 관한 국가권력론; 지상의 어떤 권력도 종교 문제에 억압적으로 개입하는 것은 불법임을 보여주는 글』(*A Treatise of Civil Power in Ecclesiastical Causes: Shewing That it is not lawfull for any power on earth to compell in matters of Religion*)이다. 여기서 "국가권력"(Civil power)은 교회의 권위에 대조되는 개념으로서 시민의 권한이 아니라 국가의 공권력을 의미한다. 번역서 제목은 『국가권력론』으로 약칭하기로 한다.

[10] 교회와 진리의 진전에 끼치는 두 가지 해악 중에, 전자는 교회의 스승, 즉 성직자에 대한 강제를, 후자는 그들의 고용제도를 가리킨다.

[11] 여기서 후자는 성직자 고용제도에 대한 논쟁을 말하며, 결국 다음 8월에 발행되지만 다른 의회, 즉 재건 잔부의회(the Restored Rump)를 상대로 한 산문인 『고용성직자를 제거하는 가장 손쉬운 방법』(*The Likeliest Means to Remove Hirelings*)을 예고하는 것이다.

할 수 없는 것입니다. 그리고, 만일 이 공화국의 통치자들이, 고위 성직자들이 근절된 이래, 종교 면에서 강제력을 가장 적게 사용하게 했고, 복음의 첫 전파 이래로 이 섬나라에서 누구라도 그들 앞에서 기독교적인 자유를 누리도록 호의를 가장 많이 베풀어왔다면, 그 점에 대하여 우리가 하나님께 감사를 드리고 그들을 적절히 칭찬하는 것을 잊지 말아야 할 것인바, 그들은 이 논문에서, 우리가 향유하는 기독교적인 자유를 여전히 옹호하도록 그들에게 확신을 줄 뿐만 아니라, 만일 어떤 면에서 그들이 여전히 그 자유를 제한한다면, 그들에게 그 자유를 확대하도록 격려할 내용을 발견할 수 있으리라고 저는 확신합니다.[12] 아마 이후로 종교적 경험이 더 적으면서, 우리를 다스리거나 우리에게 법을 부여할 수 있는 자들에게, 만일 그들이 마음에 들어 한다면, 이런저런 글이 시기적절한 교훈이 될 것입니다. 그렇지만, 그 글은 모든 시대의 진리에 불필요한 증언이 아닐 것이며, 기독교인에게 요구되는 일반적인 의무를 적어도 어느 정도 제시할 것인바, 그 의무는, 그가 습득한 것이 아니고는 알 길이 없으며, 만일 그리스도인이 흔히 추구하는 것 이상으로 신앙 향상에 도움이 되고, 자유롭게 전할 수 있는 무엇인가를 갖고자 한다면, 그에게 요구되는 것입니다.

여기서 종교 문제가 의미하는 것을 표명하는 데는 대단한 노력이 필요하지 않을 것입니다. 규정하자마자 곧 이해할 수 있고, 하나님에 대한 지식과 예배에 주로 속한 것들로서, 하늘에서 내려오는 계시 없이도 자연의 범위나 빛을 초월하기에, 무릇 인간의 이성에 의하여 다양하게 이해되기 쉬운 것들이거나, 아니면, 하나님의 가르침에 의하여 강제되거나 금지되는 것들이어서, 달리 이성의 빛에 의하면, 하든지 말든지 상관없게 보

---

[12] 크롬웰의 호국경 정부는, 국가의 지원을 받는 유일한 교회가 되길 바랐던 장로파와, 국가 관료에게 종교를 지배하는 권위를 부정하는 교파들 사이에서 중도노선을 견지하려 했다.

일 수도 있으며, 그래서 마찬가지로 모두에게 그 가르침이 이해되는 대로 보일 수밖에 없는 것들입니다.[13] 그리하여, 제가 여기서 양심이나 종교에 의하여 뜻하는 바는, 우리가 이해할 수 있고 아마 그렇게 보이게 만들 수 있는 한, 우리의 믿음과 행위가 하나님과 우리 안에 있는 그분 성령의 뜻에 따른 것이라고 우리가 확신하게 되는 완전한 신념을 의미합니다. 그 뜻을 우리가 인간의 어떤 법보다도 더 따라야 하며, 이는 그분의 말씀이 곳곳에서 우리에게 명하신 바와 같을 뿐 아니라, 이성의 명령 자체가 우리에게 말하는 바와 같습니다. "너희 말을 듣는 것이 하나님의 말씀을 듣는 것보다 하나님의 눈앞에서 옳은지 너희가 판단하라."[14] 이런 양심적인 신념에 따른 종교적인 신앙이나 행동을 이유로 누구나 지상의 그 어떤 외적 힘에 의해서 처벌받거나 박해받아서는 안 된다는 점을,[15] 하나님의 절실한 도움을 통해, 다음과 같은 논쟁을 함으로써, 분명하게 할 수 있을 것으로 저는 확신합니다.

첫째, 이 시대의 우리는, 공통된 기반으로 상호 간에 보장할 수 있는, 우리 외부에서 오는 다른 신성한 규칙이나 권위가 성경밖에 없고, 그리고 우리 자신에게, 또한 우리가 그들의 양심을 그렇게 설득할 수 있는 자들

---

[13] 하나님에 대한 지식이나 예배에 속하는 가르침은, 인간의 이성에 따라서 한 가지 해석으로 규정할 수 없으며, 다양하게 이해될 수 있으므로, 결국 양심의 자유에 따를 수밖에 없다는 뜻이다.

[14] 「사도행전」 4: 19.

[15] 이것이 이 논문의 나머지 부분에서 밀턴이 주장하려는 논지이다. "우리 내부의 성령"(Holy Spirit)이 해석하시는 바와 같이, 성경의 유일한 권위를 강조하는 것이 그의 성숙한 생각을 지배한다. 이처럼 성령의 인도를 강조하는 것은 외적 권위를 지지하는 모든 전통에 그를 맞서게 한다. 이를테면, 로마 교회나 영국 국교회에 의하여 예시되는 역사적인 교회의 권위를 반대하고, 반면, 퀘이커교도, 재세례파 및 급진적인 아르미니우스주의자 등과 공감대를 지녔다. *Cf.* William B. Hunter, Jr., "John Milton: Autobiographer," *Milton Quarterly*, VIII (1974), 101~104.

에게만, 그 성경을 공통적인 기반으로 보장할 수 있다고 해석하는, 우리 내부에 있는, 성령의 조명밖에는 다른 규칙이나 권위가 없으므로, 우리는 종교 문제에서 오직 성경에서 오는 것 외에는 다른 기반을 가질 수 없다는 점을 부정할 수 없습니다. 이것이 우리의 프로테스탄트 신앙의 주요한 근거이기 때문입니다. 이 신성한 조명 없이는 이런 것들을 이해할 수 없으며, 누구도 그런 조명이 그 자신 속에 항상 있는지 알 수 없고, 더구나 어떤 다른 사람에게 어느 때든 확실히 있는지 알 수 없기에, 이 시대에 어떤 사람이나 단체가 종교 문제에서 그 자신의 양심 외에 다른 사람들의 양심에 대하여 완벽한 재판관이나 결정권자가 될 수 없음은 명백해집니다. 그러므로, 베뢰아 사람들(Beroeans)이 성 바울(S. Paul)의 설교를 들을 후에도 "그것들이 그러한가 하여 날마다 성경 기록들을 탐구하므로"[16] 칭찬받습니다. 하나님 자신이 여러 곳에서 바로 그 사도를 통해 우리에게 직접 이런 것들을 조사하고, 시도하고, 판단하라고 명령한 것 이상으로 그들이 행한 것도 아닙니다. 그분은 우리에게 "오직 각 사람은 자기 일을 입증할지니라. 그리하면 그는 다른 사람이 아니라 자기 안에서만 기쁨을 누리리니 / 이는 각 사람이 자기 짐을 져야 할 것이기 때문이라."[17]라고 이유를 보여주십시오.

그러면, 만일 교황주의자가 교회가 믿는 대로만 믿으면서 하나님의 판단 안에서 자신이 해방되었다고 생각하는 것을 우리가 무식하고 반(反)종교적이라고 여긴다면, 국가가 믿는 대로만 믿으며 자신이 정당화된다고 생각하는 것은 교황주의자를 비난하는 프로테스탄트 신도에게 얼마나 더 큰 정죄가 될까요? 그러므로, 합당한 이유로, 어떤 가시적인 교회

---

[16] 「사도행전」 17: 11. 킹흠정역 성서에는 "베레아"(Berea)로 표기되어 있다.
[17] 「갈라디아서」 6: 4~5.

의 전통이나 위원회나 교리도, 더욱이나 어떤 관료나 시민 회의의 명령도 아닌, 오직 성경만이, 그것도 모든 그리스도인의 자신을 향한 양심 속에서만, 종교 문제에 있어서 궁극적인 심판관이나 규칙이 될 수 있다는 것이, 모든 건전한 프로테스탄트 저술가들이 보여주는 일반적인 의견의 일치입니다. 성경 없이 교회의 전통을 강요하는 **카를 5세**(Charles V)가 부여하는 칙령에 대하여, 우리 종교의 첫 공적인 개혁가들이 만든 항의가 **프로테스탄트**라는 이름의 첫 시작이 되었습니다.[18] 그리고 그 이름과 함께 성경을 교회보다 우선시하고, 성경만을 양심에게 있어 그 자체를 해석하는 유일한 자로 인정하는 이런 교리가 받아들여졌습니다. 만일 교회가, 우리가 주장하듯이, 무조건적으로 충분히 믿을 만하지 않다면, 교회보다 더 권위가 있는 것으로서 양심 외에 무엇이 거론될 수 있겠습니까? 양심보다 위대한 것은 하나님뿐입니다.[19] 그러나 만일 누구든지 성경이 다른 사람들을 위하여 그의 양심에 판단해주는 것처럼 여긴다면, 그는 자신을 교회뿐만 아니라, 성경보다, 다른 사람들의 양심보다, 더욱더 위대하게 만드는 것이며, 이런 태도는 인간에게는 너무 주제넘은 태도입니다. 자기의 믿음에 대한 이유를 댈 수 있는 모든 진실한 그리스도인은 하나님의

---

[18] 1529년의 두 번째 스파이어 국회(Diet of Spires or Speyer)는 보름스 국회(Diet of Worms)의 반(反)루터적인(anti-Lutheran) 결론을 지지했다. 이에 대해 몇몇 독일의 제후와 도시는 다양한 근거로 공식적으로 반대했는바, 이 조치가 "하나님의 말씀을 부정하게 될 것"이라는 사실을 포함하여, "저지를 수 있는 죄악들 가운데 가장 가증스런 죄악이 될 것이라"는 이유도 포함되었다. 그리고 "인간의 전통에 대해 말하자면, 그것은 연약한 기반에 근거하고 있다"는 것이다. 그렇게, 이 발표문은 "이것이 사실상 프로테스탄트라는 이름의 첫 기원이다"라고 결론짓는다. *Cf.* John Sleidan, *Commentaries*, tr. John Daus (London, 1560), pp. lxxxi verso-lxxxii verso.

[19] *Cf.* 「요한1서」 3: 20: "이는 우리 마음이 혹 우리를 책망할 일이 있어도 하나님은 우리 마음보다 크시고 모든 것을 아시기 때문이라."

말씀과 약속된 성령, 그리고 자신 안에 있는 그리스도의 마음을 자신보다 앞세우기 때문이며,[20] 이들이 훨씬 더 좋고 안전한 양심의 안내자가 될 것인바, 그 자신에게 관여되는 한, 그는, 그가 내적으로 아는 바 없고 알 수도 없는 다른 사람들이 그에게 부여한 어떤 외부적인 규칙보다 이 안내자를 훨씬 더 확실하게 알 수 있을 것입니다. 그들에 대하여 한 가지 가장 확실하게 아는 바는, 그들이 종교에 있어서 그의 심판관이 될 수 없다는 것입니다.「고린도전서」 2장 15절에, "신령한 자는 모든 것을 판단하나 자기는 아무에게도 판단을 받지 아니하느니라."라는 말씀이 있습니다.

주로 이러한 이유 때문에, 모든 신실한 프로테스탄트 신도들은 교황을 적그리스도(Antichrist)로 여기는 것이며, 그가 양심과 성경 둘 다보다 위에 있는 무오류성(Infallibility)을 사칭하며, 하나님과 대적하기라도 하듯이, "하나님의 성전에 앉아", "신이라고 불리는 모든 것과 숭배함을 받는 것에 대항하여 그 위에 자기를 높이고",[21] 다시 말하면, 비록 작은 신들처럼 불릴지라도 무오류성에는 훨씬 못 미치는 모든 재판관과 관료들 위에 자신을 높일 뿐만 아니라, 성경과 양심, 그리고 우리 안에 있는 하나님의 영 자체, 이 모두에게 법을 부여함으로써, 하나님 자신 위에 자신을 높이는 것이며, 우리가「야고보서」 4장 12절에서 보듯이, "입법자와 재판관은 오직 한 분이시니 능히 구원하기도 하시며 멸하기도 하시느니라. 너는 누구이기에 이웃을 판단하느냐?" 하신 말씀과 같습니다.

그리스도가 그분 교회의 유일한 법이며, 그리고 여기서 종교적인 문제에서 그렇다는 뜻임을 기초가 잘 설정된 그리스도인은 아무도 부인하지

---

[20] *Cf.*「고린도전서」 2: 16: "누가 주의 마음을 알아서 주를 가르치겠느냐 그러나 우리가 그리스도의 마음을 가졌느니라."

[21] 「데살로니가 후서」 2: 4.

않을 것입니다. 그래서 사도 **바울**이 「로마서」 14장 4절에서, "다른 사람의 종을 판단하는 너는 누구냐? 그의 서거나 넘어짐이 그의 주인에게 달려 있은즉 참으로 그가 세워지리니 하나님은 능히 그를 서게 하실 수 있느니라."라고 합니다. 말할 수 없이 대담하고 주제넘은 자에 대하여, 두 사도가 모두 힐문하듯이, 그만이 구원하시거나 멸하시기도 하시는 유일한 입법자이자 재판관인 그리스도가 양심에 부여할 수 있는 것이 아닌 다른 종교적인 법이나 판단을 감히 부여하는 "너는 누구냐?"라고 따져 묻습니다. 데살로니가 사람들에게 보낸 앞서 인용한 구절이 비교 효과에 의하여[22] 우리에게 해결해주는바, 그가 혹은 그들이 누구든, 그들이 어떤 자리에 있거나 있을 수 있든, 이런 문제에 있어서 그들이 프로테스탄트로 인정하지 않는 자들은 교회보다 훨씬 권위가 적으며, **로마**에 있는 자[23]만큼 반기독교주의(Antichristianism)의 이런 주요 쟁점에서 적그리스도이며, 교황과 같고 교황세력인 셈이며, 비록 더 하지는 않더라도 그 정도는 됩니다. 그들은 자신들이 따르는 학자들을 성경을 해석하는 최고 권위자들로 세우거나, 더 심하게는, 그들 자신이 국가적인 문제뿐만 아니라 교회 문제에서도, 근거 없는 지상권을 자처하는 일종의 세속적인 교황제(civil papacie)를 세움으로써 그렇습니다. 그러면, 입증된 바와 같이, 종교 문제들에 있어서, 이 땅 위에서 아무도 판단하고 결정할 수 없다는 것, 교회 지도자들조차도 다른 신자들의 양심에 반하여 그렇게 할 수 없다는 것을 알기에, 저의 유추는, 차라리 저의 것이 아니라 우리 구세주 자신의 유추는, 그런 문제들에 있어서, 그들이 경솔하게 해로운 결과에 치닫지 않으려면, 그들이 명령을 할 수도 강제력을 사용할 수도 없어야 한다는

---

[22] 무오류성을 자랑하는 교황도 성경 위에 군림할 수 없거늘, 다른 평범한 신도들은 더욱 그럴 수 없다는 뜻이다.
[23] 교황을 가리킴.

것입니다. 「마태복음」 13장 29절에서 31절 말씀에 나타난 비유에서 경고된바, "가라지를 뽑다가 곡식까지 뽑을까 염려하노라. 둘 다 추수 때까지 함께 자라게 두라. 추수 때에 내가 추수꾼들에게 말하기를 가라지는 먼저 거두어" 등이라고 되어 있습니다. 이런 말씀에 따라 그분이 선언하는바, 이런 일은 그 자신의 적절한 시기에, 그 자신의 직접적인 지시 없이, 그 자신의 종들이나 혹은 다른 누구도 충분히 분별력 있게 그리고 판별력 있게 수행할 수 없으며, 그때까지 그들이 그런 시도를 해서는 안 된다는 것입니다. 그것은 「고린도후서」 1장 24절에 더욱 확증되는데, "우리는 너희의 믿음을 지배하는 자가 되려 하지 아니하고 오직 너희의 기쁨을 돕는 자가 되려 하나니"라고 하십니다. 만일 사도들이 믿음이나 양심 위에 지배권이나 억제력이 없다면, 평범한 성직자들은 훨씬 더 그런 것이 없을 것입니다. 「베드로전서」 5장 2~3절에, "하나님의 양 떼를 먹이고 … 억지로 하지 말고 하나님의 상속 백성 위에 주인처럼 군림하지 말고"라고 말씀하십니다.

    그러나 만일 아무도 결정할 수 없다면, 이것은 모든 교회의 훈계와 과오의 감독을 무너뜨린다고 반대할 사람도 있을 것입니다. 저의 대답은, 그들이 성경에서 명백히 들을 수 있다는 것이며, 성경은 교회의 판결이나 결정을 금하는데, 이런 판결이나 결정은 확신 없는 양심에 대한 폭력으로 끝나기 때문이라는 것입니다. 그렇게 해석하거나 결정을 하려는[24] 자는 진정한 교회의 계율에 따라 그렇게 해야 할 것입니다. 그 계율은 연합교회의 규약(Covenant of Union)에 의도적으로 참여한 자들에게만 시행되며, 다른 사람들에게서 격리(隔離)되는 결과에 이를 뿐이며,[25] 돈의 어떤

---

[24] 즉, 교회의 결정에 따르지 않고 신앙적 양심에 따라 성경을 해석하고 결정하려는.
[25] 밀턴에게 있어서, 공동교회(corporate church)는 마음이 같은 신자들의 자발적인 연합이며, 따라서, 소속 신도가 제명[파문]될 수는 있어도, 달리 처벌될 수는 없다.

신체적 강제나 돈의 몰수로는 절대 진행되지 않는바, 이 두 가지는 모든 영적인 사안에서, 진정한 교회의 것이 아니라 적그리스도의 두 팔이 되는 것입니다. 전자[26]는 종교재판소이고, 후자[27]는 돈을 위한 죄의 일시적인 사면이기에, 교회가 강요하든 관료가 강요하든, 둘 다 그리스도가 영원히 만족시킨 것에 대한 일시적인 만족이며, 형벌에 대한 교황적인 대체로서, 영적인 것에 대한 세속적인 대체이며, 사람에게 특히 무엇이든 우리가 빚진 바 없는 관료에게 만족을 주는 것입니다. 이러한 점들과 그 이상이 종교에 있어서의 강요나 벌금의 부당함이며, 살펴본 바와 같이, 제가 가장 주장하는 것인바, 복음서에 나타난 하나님의 분명한 명령을 어기는 것이기도 합니다.

이리하여, 만일 교회의 지도자들이, 이런 이유가 없을지라도,[28] 확신도 없이 양심을 상대로 완벽한 결정을 내릴 수 없기에, 종교에서 강제력을 사용할 수 없다면, 국가 관료들은 그들이 판단해선 더욱더 안 되는 경우에 강제력을 사용하는 권위를 더욱더 갖지 못할 것입니다. 종교적으로 어떤 강제력이나 폭력을 행사하게 하는 이런 임무를 자신들에게 맡겨줄 국가적인 권력이나 교회의 권력이 없는 자들에 대하여, 그들이 국가의 집행자가 되어주려 하지 않는 한,[29] 그렇다는 것입니다. 모든 것을 간단하게 요약하자면, 만일 우리가 관료가 지정하는 대로 믿어야 한다면, 교회가 지정하는 대로는 왜 아니겠습니까? 어느 쪽이든 확신 없이 따라서는

Cf. Christian Doctrine, I, xxxii, in CPW, VI, 607~614. 그 장(Chap. I)의 마지막에, 밀턴은 교회와 국가의 분리에 대한 그의 견해를 간단히 요약하고 있다.

[26] 다른 사람들로부터 격리되는 것, 즉 기성 교회에서 파문당하는 것을 가리킴.
[27] 교회법을 어기면 부과되는 신체적 처벌이나 물질적 벌과금을 가리킴.
[28] 신앙 양심을 교회의 권위로 강제하는 것은 부당하다는 성경적 이유를 가리킴.
[29] 그런데 이런 권력의 획득이 장로파와 일부 독립파의 목적이었다.

안 된다면, 어찌하여 강제력이 합법적일 수 있을까요?

그렇다면, 신성모독(blasphemie)에 대해서는 어떻게 해야 하느냐고 항의하려는 사람들도 있을 것입니다. 저는 그들에게 먼저 그리스어 단어 하나로 사람들을 이토록 두렵게 하거나 괴롭히지 말고, 그들에게 그 단어가 무엇인지를 더 잘 가르치라고 권고하고 싶습니다. 그 단어는 그 언어에서, 하나님이나 사람이나 선에 속하는 어떤 것에 대하여, 어떤 중상이나 어떤 악의적이거나 악한 말을 뜻하는 가장 평범하고 일상적인 단어이기 때문입니다.[30] 신성모독, 즉 하나님에 대한 부당한 악한 말은, 종교적인 양심과 거리가 먼 것인바,「마가복음」9장 39절에 따르면, "예수께서 이르시되 금하지 말라 내 이름을 의탁하여 능한 일을 행하고 즉시로 나를 비방할 자가 없느니라"[31]라고 하셨습니다. 만일 이것이 충분치 않다면, 1650년 8월 9일에 공포한, 신중하고 잘 의도된 법령(Act)을 언급하고자 하는데,[32] 그때 의회는 하나님에 대한 신성모독을 "크리시푸스와 크란토르보다 더 충분하고 확실한"(pleniùs ac meliùs Chrysippo & Crantore)[33] 국가 사법(civil judicature)에 관계된 범죄라고까지 규정했습니다.[34] 이 두

---

[30] 밀턴이 가끔 "신성모독"이라는 단어를 경멸적인 의미로 사용하기는 하지만, 그는 『기독교 교리』(*CPW*, VI, 699)에서 이 경우와 흡사한 정의로 사용한다: "모든 그리스 저자들은, 불경하든 성스럽든, 'blasphemy'라는 단어를 어떤 사람을 겨냥한 어떤 종류의 악담에도 적용되는 일반적인 의미로 사용한다." 이어서 그는 그 정의를 "하나님에 대한 악담"에만 제한하는 것에 반대한다.

[31] 밀턴이 세밀하게 참조했던 흠정역 성경에는 "즉시로" 대신 "쉽사리"(lightly)로 되어 있다.

[32] 이 날짜로 발표된 <몇 가지 무신론적인, 불경스럽고 저주스러운 견해에 대한 법안>(Act Against several Atheistical, Blasphemous and Execrable Opinions)은 주로 랜더스(the Ranters)를 겨냥한 것이었는데, 밀턴은 이들에 대해 공감대가 없었다..

[33] 호레이스(Horace)는 호머(Homer)의 시가 철학자 크리시푸스(Chrysippus)나 크란토르(Crantor)보다 "더 충분하고 확실한" 안내자라고 주장한다(*Epistle* I, ii, 4).

[34] 상기한 날짜의 "몇몇 무신론적이고, 신성모독이고, 저주스런 견해에 대한 법

사람의 두 배나 되는 성직자들의 수많은 장황한 책들에서 규정한 것보다 갑절이나 더 신중하고, 더 사려와 분별이 있고, 더 정통적으로, 명확한 영어로 규정한 것입니다. 비록 이런 저술이 그들의 연구와 직업인 자들이, 그런 면에서, 그들의 대부분이 그렇듯이, 가장 지성적이고 근거가 있을 가능성이 아주 크지만, 그들이나 이들이 항상 실수가 없거나 전혀 잘못이 없는 것은 아닙니다.

그러나 우리는 그 문제를 이렇게 끌어가지 않을 것입니다. 또 다른 그리스의 유령이 우리를 방해하고 있으니, 똑같은 방식으로, 모르는 말로 떠들듯이, 사람들에게 역시 퍼부어 대는 이단(異端, heresie)과 이단자(heretic)라는 말이 그것입니다. 그들이 사람들에게 먼저 해석해줘야 할 것은, 이단이, 그 언어에서 뜻하는 바에 의하면, 나쁜 의미의 단어가 아니며,[35] 종교나 다른 어떤 학문에서, 좋든 나쁘든, 어떤 의견을 선택하거나 따르는 것을 의미할 뿐이며, 그래서 이교도 작가들뿐만 아니라 신약성경 자체에서도 비난이나 질책 없이 사용한다는 것입니다. 「사도행전」 15장 5절에는, "바리새인들의 분파에 속한 어떤 믿는 자들이"라 했고, 26장

령"(*Act Against Several Atheistical, Blasphemous and Execrable Opinions*)은 주로 랜터즈(高喊-者, Ranters)을 겨냥한 것이었다. 랜터즈는 벨퍼(Belper) 거리에서 열정적으로 찬양했던 영국의 초창기 감리교도(the Primitive Methodists)를 가리키는 별칭이다. 그 법령이 적시하는 충격적인 견해를 발설하면, 초범은 6개월 구금되고, 재범은 추방되었다. 비록 이 법령이 엄격하긴 했으나, 1648년 5월 2일에 장기의회에 의하여 통과되었던 『신성모독과 이단에 대한 처벌법』(*An Ordinance for the punishing of Blasphemies and Hersies*)보다 덜 엄격했다. 이것은 신성모독이라기보다 이단적 신앙을 포함한 더 폭넓은 의견들에 대하여 사형까지 규정했던 것이다.

[35] 밀턴은 『기독교 교리』의 "서한"(Epistle)에서도 마찬가지로 이단을 관대하게 다룬다: "신약이 편찬된 후, 그것이 신약에 모순되지 않는 한, 아무것도 이단으로 취급하는 것은 올바르지 않다"(*CPW*, VI, 123). 또한, 『진정한 종교론』(*Of True Religion* [1673], p. 6)에서, 그는 "이단은 공공연히 성경에 반대하여 의지와 선택 안에 있는 것이며, 과오는 성경을 올바르게 이해하려는 모든 진지한 노력을 한 후에 성경을 오해하는 것이므로, 의지와 상충하는 것이다."

5절에는, "내가 우리 종교의 가장 엄한 분파를 따라 바리새인으로 살았다"고 합니다. 그런 의미에서, 장로파든 독립교회파의 신도든, 질책 없이 하나의 이단으로 불릴 수 있는 것입니다. 그것이 질책과 더불어 언급될 때는, 분파와 별로 차이가 없어 보입니다. 「고린도전서」 11장 18에, "너희 중에 분쟁이 있다 함을 듣고"라 했고, 19절에, "너희 중에 파당이 있어야"[36] 한다고 합니다.

비록 자신의 견해에 따라 이단에 대해 글을 쓰는 어떤 이들은 이단을 분파보다 훨씬 나쁘게 쓰겠지만, 반대로, 분파는 분리를 뜻하고, 가장 나쁜 의미로 그러하며, 이단이란 불화가 없을 수도 있는, 다른 의견보다 한 의견을 선택하는 것에 불과한 것입니다. 따라서, 성경이 기술되기 전, 사도 시대에, 이단은 그들이 전한 교리에 맞서 주장된 하나의 교리였으나,[37] 이 시대에는, 그것이 현재 우리가 유일하게 갖는 성경의 빛에 대적하여 주장되는 하나의 교리라고밖에 규정될 수 없습니다.

그러므로, 개인, 종교회의, 사람들의 회의가, 비록 교회라고 불릴지라도, 성경의 의미를 다른 사람의 양심에게 결정적으로 판단해줄 수 없다는 것이 프로테스탄트 신앙의 일반적인 원칙임은 잘 알려져 있습니다.[38] 성경에 나타난 대부분의 증거와 가능성과 함께 그의 양심과 최대한의 이해력에 나타나는 믿음이나 그런 의견들을 갖는 자가, 비록 그가 남들에게

---

[36] "이단 파당이 있어야 한다"는 구절은 그런 여러 파당 가운데 올바른 자가 나온다는 뜻으로서, 이 구절 전체는 "너희 중에 파당이 있어야 너희 중에 옳다 인정함을 받은 자들이 나타나게 되리라."이다.

[37] 「로마서」 16: 17, 「요한2서」 1: 10 참조.

[38] 반면에, 웨스트민스터 신앙고백(Westminster Confession of Faith), 31장 3절에 의하면, 성직자 총회는 "신앙의 논쟁거리와 양심의 문제를 결정하는 것은 종교회의나 교회 회의에 속한다"고 주장했다. Cf. Philip Schaff, The Creeds of Christendom (3 vols, New York, 1991), III, 669.

잘못된 것처럼 보일지라도, 이단자라고 정당하게 비난받을 수 없는 것은, 그를 비난하는 자들이 그와 같이 비난받을 이유가 없는 것과 같습니다. 그들이 똑같은 행동에 대해 그를 비난하면서도, 그들 자신이 동일한 행동을 하기 때문입니다. 그들이나 어느 프로테스탄트에게 교회와 성경 가운데 어느 것이 최고의 권위가 있는지 물어보십시오. 그들은 분명히 성경이 최고의 권위가 있다고 대답할 것이며, 최고의 권위가 있는 것을 따라야 한다고 그들은 분명히 인정할 것입니다. 그런고로, 그의 최상의 이해에 맞게 성경을 따르는 자는, 비록 전체 교회에 수용되는 교리상의 어떤 점에 반대될지라도, 이단자가 아니지만, 성경에 입각한 그의 양심과 확신에 어긋나게 교회를 따르는 자는 이단자입니다.[39] 이것을 한층 더 부인할 수 없게 하고자, 저는 한 가지 명확한 비유를 빌리고자 합니다. 우리가 교회보다 성경을 선호하는 것이 옳다는 점을, 우리 자신의 저술가들이 명확하게 표현하고자 할 때, 이런 방식으로 교황주의자에 맞서 빈번히 사용하는 동일한 비유입니다. 사마리아인들(Samaritans)이 처음에는 여인의 말 때문에, 그러나 다음에는 훨씬 더 그리스도 자신의 말씀 때문에 그분을 믿은 것처럼,[40] 우리도 그렇게 성경을 믿습니다. 처음엔 교회의 말에 따르지만, 그 후엔 성경 자체 때문에 더욱더 그것을 하나님의 말씀으로 믿게 되는 것입니다. 그렇습니다. 그때는 우리가 성경 때문에 교회 자체를 믿는 것입니다. 이런 유추가 저절로 따르는바, 만일 프로테스탄트 교리에 의하여 우리가 교회의 말 때문이 아니라 성경 자체 때문에 성경

---

[39] 이러한 판단을 내린 더 유명한 진술은, 『아레오파기티카』에 나온 바 있다: "한 개인은 그런 진리 안에서 이단자가 될 수 있고, 만일 그가 그의 성직자가 그렇게 말한다거나 성직자 총회가 그렇게 결정한다는 이유만으로 다른 이유를 알지도 못한 채 사물을 믿는다면, 비록 그의 믿음이 진실이라 하더라도, 그가 주장하는 진리 자체가 그의 이단적 신앙이 됩니다."

[40] 「요한복음」 4: 39~42 참조.

을 하나님의 말씀으로 믿는다면, 우리는 우리 양심 속에서 성경이 말씀하신다고 이해하는 것을, 비록 가시적인 교회가 그 모든 학자와 더불어 부인한다 하더라도, 믿어야 하는 것입니다. 그리고 단지 성경 때문에 그들을 믿도록 가르침을 받았으므로, 그렇게 하는 자들은 이단이 아니라, 가장 좋은 프로테스탄트들이며, 그들의 의견이 어떤 것이든, 그들의 의견에 따라 프로테스탄트를 해칠 수 없습니다. 이들의 규칙이 성경에 의하지 않고는 그것들을 받아들이지 않을 것이기 때문입니다. 성경의 인도를 받은 자기 자신 외에는 아무도 그 자신의 양심에 확신이 들도록 해석할 수 없습니다. 그들의 규칙은 성경에서 나온 것이 아니면 어떤 의견도 받아들이지 않으며, 그렇게 인도되지 않고는 아무도 그렇게 할 수 없다는 것은, 그가 그 자신을 더 나쁘게 기만할 수 없는 것과 같습니다. 그러므로, 성경이 그들의 공통된 규칙과 시금석이 되는 프로테스탄트들에게, 그 어떤 것도, 성경에 의하여 여하튼 논의될 수 있는 어떤 의견에 대한 저술, 회의, 혹은 논쟁에 의한 항상 자유롭고 합법적인 논의보다, 더 많이 양심에 부합하고, 더 공평하게, 더 프로테스탄트 방식으로 허용될 수 있는 것은 그 어떤 것도 없습니다. 그런 논의는, 성경에 따라 예상되지 않는 전통이나 의견을 유지하는 자 외에는, 종교에 있어서 아무도 오늘날 이단이라고 정당하게 말할 수 없다는 결론을 내립니다. 내가 아는 바로는, 이런 주장을 하는 자는 교황주의자뿐이며, 자신 외에 모두를 이단이라고 여기는 유일한 이단입니다.

이런 자들은 유일한 진정한 이단이며 우상숭배자이고, 하나님과 그분의 알려진 율법을 명백하고 공개적으로 버린 자들로서, 모세의 율법에 따라, 극형(極刑)으로 처벌됩니다.[41] 그러나 복음서에는, 이런 자들이 파

---

[41] 「레위기」 20: 1~5 참조.

문으로만 처벌이 됩니다. 「디도서」 3장 10절에, "이단에 속한 사람을 한 두 번 훈계한 후에 멀리하라."⁴²고 합니다. 그러나 이것을 충분히 심각하게 생각하지 않고, 사도가 교회 계율에 속한 것으로 아주 높게 표현한, 그 두려운 경외와 영적인 효력을(「고린도 후서」 10장에 나오며, 이에 대해 조만간 언급할 것임) 이해하지 못하고, 하나님의 교회가 육체적인 공포 밖에서는 오래 존속할 수 없다고 연약하게 생각하는 자들은, 다른 증거가 없기 때문에, 「로마서」 13장에 나오는 사도 바울의 구절을 왜곡할 필요가 있을 것이며,⁴³ 그렇게 하여 국가 종교재판소를 설립하고, 교회적인 문제에서 관료에게 국가기관의 판단과 처벌의 권한을 제공할 수 있을 것입니다. 그러나 어떤 논리적인 강점이 있는지 봅시다. "각 사람은 위에 있는 권세들에 복종하라"(1절). 첫째, 바울이 뜻하는 권력이, 그가 서신을 보내는 자들이 그 당시에 지배받고 있던,—폭군과 박해자로서가 아닌 한, 교회 문제에 있어서 전혀 개입하지 않았던—권력이 아니라 다른 권력인

---

⁴² "이단인 자는 한두 번 훈계한 뒤에 거절하라"(킹제임스 성경).
⁴³ 밀턴이 이어지는 몇 문장들에서 설명하는 성경의 인용구들은 모두 「로마서」 13장 1~6절에 온 것이다. 그는 이에 앞서 바로 이 구절을 고려한 적이 있는바, 동일한 본문에 대한 살마시우스(Salmasius)의 해석을 부정했던 적이 있고(*First Defense*, *CPW*, IV, 382~386), 그 구절을 논의한 바도 있었다(*Tenure*, *CPW*, III, 209~210). 그렇지만, 사도 바울의 말씀에 부여된 근본적인 중요성은, 그 구절이 웨스트민스터 신앙고백의 23장("국가 관료에 대하여")을 시작하는 일차적 증거 본문으로 인용되고 있다는 사실에서 가장 잘 드러난다. 23장 세 번째 문단에는, "국가 관료는 … 권위가 있는데, 교회 안에 통합과 평화가 유지되고, 하나님의 진리가 순수하게 온전히 유지되고, 모든 신성모독과 이단이 제압되고, 예배와 계율의 모든 부패와 오용이 예방되고 개혁되도록 질서를 잡는 것이 그의 의무이다."라고 한다. 사보이 선언(The Savoy Declaration)은 이것을 수정하여 관료가 "정신과 대화가 부패한 사람들이 그런 것들을 받아들이는 자들의 믿음을 뒤엎고 그들의 영혼을 필연적으로 파괴하는 그들 자신의 본성 가운데서 신성모독과 실책을 멋대로 발표하고 누설하지 않도록 했으나", 엄격한 종교적인 문제에서는 "복음 안에 있는 관료가 그들의 자유를 축소하는 것은 정당한 이유가 없다." *Cf*. Schaff, III, 657 and 720.

지, 어떻게 그들이 입증할 수 있습니까? 그리고 제가 희망하건대, 그들[44]로부터 그들[45]이 이 영적인 문제를 판단할 관료의 권리나 우리의 이런 순종의 의무 중 어느 것도 도출하지 않기를 바랍니다.

다음으로, 바울이 여기서 공민적인 문제의 판결도 자신에게 속한 것만큼 간직하고 국가 관료에게 내어주지 않았거늘, 영적 문제를 판단할 자격을 그들에게 허락한다고 어떻게 그들이 입증할 수 있습니까?[46] 바울 자신이 **가이사**(Cesar)[47]에게 호소한 것은 자신의 신앙이 아니라 자신의 무죄를 판단 받으려는 것입니다. "치리자들은 선한 일이 아니라 악한 일에 대하여 두려움이 되나니."[48]라고 했으니, 그렇다면[49], 그들은 성경에 근거한 선행의 기준이나 판단인 양심에 도움이 되지 않습니다. 그러나 「갈라디아서」 5장 20절 말씀대로,[50] 마치 모든 악행을 관료가 처벌해야 하는

---

[44] 바울이 서신을 보낸 자들을 다스리고 있는, 교회문제에 전혀 개입하지 않았던 권력자들을 가리킴.

[45] 국가 권력이 종교문제에 개입할 수 있다고 주장하는 자들을 가리킴.

[46] 「고린도전서」 6: 1~5 참조. 이 구절은 교회 안의 성도들끼리의 문제를 세상 권력의 판단에 맡기는 것을 바울이 질책한 내용이다.

[47] 개정개역판 성서에는 "가이사"이나 킹흠정역 성서에는 "카이사르"(Caesar)로 표기됨.

[48] 「로마서」 13: 3.

[49] 권력자가 선행에 대해서가 아니라 악행에 대해서 두려움이 된다는 점에서. 그렇다는 것이다. 바울은 자신이 악행을 하지 않았으므로 자신의 무죄를 국가 권력에 호소하겠다는 것이다.

[50] 이 구절에서, "이단"은 "분명한"(manifest) 수많은 "육체의 일"(works of the flesh) 가운데 속한다. 밀턴은 「갈라디아서」 19절부터 21절까지 대부분의 죄악을 제시하는데, 킹 제임스 흠정역 성경에는 "간음과 음행과 부정함과 색욕과 우상숭배와 마술과 증오와 불화와 경쟁과 진노와 다툼과 폭동과 이단 파당과 시기와 살인과 술 취함과 흥청댐과 또 그와 같은 것들"(Adultery, fornication, uncleanness, lasciviousness, Idolatry, witchcraft, hatred, variance, emulations, wrath, strife, seditions, heresies, Envyings, murders, drunkenness, revellings, and such like)이 망라되고 있다.

것처럼, 이단이 악한 행위에 속하는 것으로 여겨진다고 그들은 말합니다. 그들 자신이 인용하는 이 구절은 이단 외에 그들을 논박할 수 있는 악행도 충분히 열거하고 있습니다. "부정(우상숭배), 방탕함, 원수 맺는 것, 불화, 경쟁, 증오, 다툼, 시기"[51]가 있는데, 이 모든 것은, 그들이 규정하는 바와 같이, 관료에 의하여 판결을 받기에 이단보다 훨씬 더 분명한 것들입니다. 그렇지만, 그들이 이런 악행이나 이와 같은 다른 많은 것을 그의 인식과 처벌에 종속시키지 않으리라고 저는 추측합니다. "그런즉 네가 권력을 두려워하지 아니하려느냐? 선한 일을 행하라. 그리하면 네가 바로 그에게 칭찬을 받으리라."[52] 이것은 종교적인 문제가 여기서 의도된 것이 아님을 보여줍니다. 그런 점에서, 여기서 언급되는 권력으로부터 그들이 칭찬을 받을 수 없을 것입니다. "그는 하나님의 사역자가 되어 네게 선을 베푸는 자니라."[53]하는 말씀은 진리입니다. 그러나, 만일 이 구절로부터 그들이 논쟁하고자 한다면, 그 구절에서 명확하게 찾아야 하는 그 역할에서, 그리고 그 목적으로, 그리고 그런 수단에 의하여만, 그렇다고 하겠습니다.[54] 그러면, 당신의 양심을 강제하고 억압하고 옭아맴으로써 어떻게 당신의 유익을 위할 수 있을까요?

하나님의 사역자는 많지만, 그들의 임무는 수가 많은 만큼 서로 다릅니다. 국가 정부와 교회 정부의 차이만큼 차이가 많이 나는 것은 아무것도 없습니다. 두 정부 모두에서 다스리려는 자[55]는 어떤 고위 성직자 혹

---

[51] 위의 각주에서 보는 바와 같이, 밀턴이 열거하는 악행 리스트는 성경에 열거된 악행의 예들과 순서상 정확하게 일치되지는 않는다.

[52] 「로마서」 13: 3.

[53] 「로마서」 13: 4.

[54] 관료가 하나님의 사역자라는 위 구절에 대한 조건을 부언하며 그 내용을 다시 확인한다.

[55] 국가 관료로서 교회 문제에까지 관여하려는 자를 가리킴.

은 성직 겸임자보다 더 나빠질 수밖에 없습니다. 성직자는 그 자신의 능력과 직업 안에서 다스리지만, 두 정부를 다스리려는 자는 그의 능력과 직업을 벗어나서, 대부분 철저히 이해되지 않은 일에 관여함으로써, 그의 국가 관할권이 미치는 한, 그 자신을 교회의 최고 지배자나 교황으로 만들고, 거기 있는 하나님의 모든 사역자를 그 정부 내에서가 아니라 기능상으로 그 자신의 대행자(minister)나, 차라리 보조(curate)[56]로 삼아버립니다. 그러는 동안, 그 자신은 영적 권세로만 다스려야 하는 것을 국가 권력으로써 다스리려 합니다. 바로 같은 장 6절에서,[57] 그에게 최고의 주의를 요구하는 특별한 임무를 지정하는바, 그에게 그 온전하고 막중한 책임에서 벗어나게 하는, 성직 겸직보다 더 나쁜 이런 임무를 금지하고 있습니다.

목적도 거의 없이 그들은 여기서 하나님과의 직접적인 지시에 따라 모든 것을 했던 모세의 예를 들려고 합니다. 아사(Asa), 여호사밧(Jehoshaphat) 즉 요시야(Yosiah)의 예는 필요도 없을 것인바,[58] 그들 둘 다, 그들이 원한다면, 하나님에게서 대답을 들을 수도 있었을 것이며, 그분이 그들에게 제공한, 영적인 예배보다 육적인 예배에 더욱 훈련된 국가 교회와 통합된

---

[56] 원뜻은 영국의 목사보(補)나 부목사를 말하지만, 여기서 국가 권력자가 교회의 성직자를 자신의 보조 일꾼 정도로 생각한다는 뜻임.

[57] 「로마서」 13: 6. "너희가 조세를 바치는 것도 이로 말미암음이라 그들이 하나님의 일꾼이 되어 바로 이 일에 항상 힘쓰느니라." 밀턴이 이 구절을 인용한 것은, 넓은 의미에서, 국가 관료도 하나님의 사역자라는 것이지만, 교회 일에 직접 개입하라는 것은 아니다.

[58] 이들은 구약 역사에서 모세의 율법을 시행한 선한 사람들이었다. *Cf.* 「역대하」 14: 16, 20: 31~37, 34~35. 그들은 웨스트민스터 신앙고백의 20장과 23장의 증거 본문에도 인용된다. 모세는 「신명기」 13: 5, 6 그리고 12절에 같은 식으로 예시가 된다. 밀턴은 구약 역사의 이 시기에 교회와 국가 사이의 진정한 구별은 없었다고 계속 답한다.

공화국을 가졌던 것입니다. 그리하여 교회는 하나의 공화국으로, 전체 공화국은 하나의 교회로 불렸을 것입니다. 그런 교회는 어느 것도, 관료의 도움 없이, 참으로, 그들의 반대 속에서 생겨난, 기독교의 교회와 같다고 할 수 없습니다. 그러면, 동일한 구절에서 이어지듯이, 그들이 선을 장려하고 악을 제지하는바, 이는 관료의 고유한 임무이고, 분명히 어떤 면에서 그가 하나님의 사역자인지, "악을 행하는 자에게 진노하심을 따라 보응하는 자"[59]인지를 보여주며, 그들의 국가법에 대한 우리의 순종을 언급한 것이 아니라면, 그들과의 관련성이나 언급은 그 구절에 별로 없습니다.

그러나 우리는 악을 행하는 자가 누군지를 먼저 알아야 합니다. 그들은 이단이 첫째가는 자들이라고 말합니다. 그러면, 분명히 알아야 할 것은, 이단이 누구냐 하는 것인바, 전통이나 그 자신의 발상에서, 성경으로부터가 아니라 성경에 대적하여, 공공연히 종교적 의견을 개진하는 자가 유일한 이단이라는 점입니다. 그렇지만, 비록 이런 자가 정당하게 국가법이라고 불리는 법을 어기며 악행을 저지르지 않는 한, 관료에게 항상 처벌받을 수는 있는 것은 아니어서, 그에 대해 재론할 필요성이 없음은 이미 입증되었지만, 말입니다.[60] "그러나 네가 악을 행하거든 두려워하라"[61]

---

[59] 관료는, 「로마서」 13장 4절에 의하면, "하나님의 사역자가 되어 악을 행하는 자에게 진노하심을 따라 보응하는 자"이다. 웨스트민스터 신앙고백 제20장, "기독교적 자유와 양심의 자유"는 "기독교적 자유라는 구실 아래, 국가 권력이든 교회 권력이든, 어떤 합법적 권력이나 그것의 법적 행사를 반대하는 자들은 하나님의 법령을 거부하는 것이다"라고 결론을 짓는다. 「로마서」 13장 1~8절은 첫 번째 진술의 증거 본문이고, 「로마서」 13장 3~4절은 마지막 절의 첫 증거 본문이다. 이 문단은 사보이 선언에서 생략된다.

[60] 관료가 개입하여 이런 이단을 처벌해야 하느냐 하는 기준은 이런 자가 국법을 어기는 악행을 저질렀느냐는 것이다. 따라서, 그런 기준에 해당되지 않으면 관료가 개입할 문제가 아니라는 것은 충분히 입증되었다는 것이다.

[61] 이 인용구와 다음 두 인용구는 「로마서」 13장 4~5에서 온 것이다.

고 합니다. 성경과 복음서에 의하여, 양심에 따라, 행동하는 것은 악을 행하는 것이 아닙니다.

만일 우리가 그것을 두려워하지 말아야 한다면,[62] 관료는 자신의 판단을 두려움의 근거로 제시하면 안 됩니다. 그러므로 여기서는 종교적인 이유를 뜻하는 것이 아닙니다. "그가 공연히 칼을 가지지 아니했으니"라고 합니다. 그렇습니다. 그가 무엇인지도 모르고 친다면, 전적으로 공연히 치는 것입니다. 만일 그것이 이단 때문이라면, 교회 자체도 그렇지만 더구나 관료가 절대적으로 그것을 이단이라고 결정할 수는 없습니다. 만일 진리가 과오가 된다면, 그 자신이 그만큼 자주 오류를 범할 수 있으므로, 그는 칼을 공연히 가지고 있을 뿐 아니라 부당하게 그리고 악을 위해 지닌 것이 됩니다. "복종하지 아니할 수 없으니 진노 때문에 할 것이 아니라 양심을 따라 할 것이라."라고 합니다. 양심에 반하는데, 어떻게 양심을 위해서 그럴 수 있을까요? 이 모든 이유로 인하여, 이 구절에서 사도 **바울**이 관료에게, 그 당시의 관료에게든 현재의 관료에게든, 종교 문제에서 재판권이나 강제력을 주지 않으며, **로마 사람**들에게 권고하는 것과 마찬가지로 우리에게 권고하는 것이 명백해 보입니다. 하나님의 도우심으로, 성경에서 가장 뒤틀리고 논쟁되는 이 구절을 이제 두 번째 역설하게 되었는데, 이제까지는 **살마시우스**(Salmasius)[63]와, 국가에 대한 왕의

---

[62] 그것은 악행을 처벌하는 관료의 처벌을 가리킴. 신앙 양심에 따른 행동은 악행이 아니기 때문에 두려워할 이유가 없다는 것이다.

[63] 클로디우스 살마시우스(Claudius Salmasius, 1588~1653)는 프랑스 고전학자로서 칼뱅주의자가 되었으며 청교도 혁명(1642~1651)이 계속되는 동안 그는 의회파와 장로파에 의해 동맹세력으로 간주되었으며, 찰스 1세가 처형될 때에는 스코틀랜드의 요구에 따라 독립파에 대한 공격을 준비하고 있었다. 그가 집필하여 1649년 11월 익명으로 출간한 「찰스 1세 통치에 대한 변론」(1651)이 누구의 권유를 받아 쓴 것인지는 불분명하지만 찰스 2세가 인쇄비용을 댄 것은 확실한 것으로 보인다. 초기 입장과 모순되게 이 저서에는 독립파에 대한 공격과 절대왕정 및 고위 성직

7. 국가권력론 | 235

폭정에 반대하여 역설했고, 이제 에라스투스(Erastus)⁶⁴와, 교회에 대한 국가의 폭정에 반대하여 역설할 차례입니다. 만일 이 같은 불명확한, 오히려 이와 같은 가능성 없는 근거들에서, 그들이 관료에게 영적 판단을 부여한다면, 그들은 동일한 영적인 종류에서 그에게 최고의 형벌인 파문의 권한을 부여하는 셈입니다. 또한 그들은, 갈라디아 사람들에게 그들의 남성성의 벌칙에 해당되는 할례를 다시 받도록 해버린 자들에게 사도 바울이 소원했던 "베어 버리기"(cutting off)의 의미를 해석하기 위해,⁶⁵ 에라스무스와 그 밖의 사람들이 신약성경에 대한 그들의 주석에서 인용한 바 있는, 크리소스토무스(Chrysostom), 히에로니무스(Jerom), 그리고 오스틴(Austin)만큼 나쁜 저술가들이 그러했던 것처럼, 영적인 것에서 신체적인 것으로 바꾸어버릴 수 있는 것입니다. 그리고 흐로티우스(Grotius)가 덧붙이는바, 할례자들의 이런 절단형(concising punishment)⁶⁶

자를 옹호하는 내용이 담겨 있다.
⁶⁴ 토마스 에라스투스(Thomas Erastus, 1524~1583)는 스위스의 의사이자 신학자로서, 그의 유작, 『중대한 문제 해설』(*Explicatio Gravissimae Quaestionis*)에서, 교회의 권위에 대한 범죄를 교회 권위가 아닌 국가의 권위가 처벌해야 한다고 주장했다. 이리하여, 국가가 교회 문제에 개입할 권한이 있다는 에라스투스주의(Erastianism)이 생겨났다. 이 책은 1659년 『교회 감독의 무효』(*The Nullity of Church Censures*)라는 서명으로 영어로 번역되었다 (Thomason E 1783. [2]). 웨스트민스터 신앙고백, 『겸허한 청원과 권고』 및 크롬웰의 국가 교회는 모두 에라스투스주의를 따랐다.
⁶⁵ 「갈라디아서」 5: 12 참조. "너희를 어지럽게 하는 자들은 스스로 베어 버리기를 원하노라." 이 구절의 주석을 달면서, 에라스무스는 이 같은 "베어 버리기"에 대해 두 가지 해석, 즉 거세와 파문을 인용했다. 르월스키(Lewalski)가 주목하듯이 (*Prose*, ed. Patrick, p. 473, n. 18), 에라스무스는 "암브로스, 테오필락투스, 및 크리소스토무스"(Ambrose, Theophylactus, and Chrysostom)에게서 전자의 의미에 대한 지지를 발견하지만, 후자의 의미가 사도의 품위와 더 어울린다는 그 자신의 소신을 드러낸다."
⁶⁶ "Concising"은 「빌립보서」 3장 2절에 나오는 "concision"(=circumcision)이란 단어에서 유래한 희귀한 단어로서 "절단"(mutilating)을 뜻한다.

은 서(西)고트족(Visigothes)[67] 사이에서 그 후 즉시 하나의 형법이 되었는데, 이는 영적인 것에서 시작하여 육체적인 것이 되고 마는 위험한 사례 중 하나입니다. 반면에 그 단절은 교회로부터의 단절을 훨씬 더 의미했을 것으로 보이며, 성경에서 드물지 않게 그렇게 표현되고, 열성적인 저주이지만, 명령은 아닙니다. 그러나 제가 이 구절을 언급했던 것은, 국가 권력과 교회 권력을 옳게 구별하는 법을 배우지 못한 그들이 가끔 얼마나 불합리한가를 보여주고자 함이었습니다. 그렇다면, 얼마나 많은 박해, 감금, 추방, 형벌 및 매질이 있는지, 얼마나 많은 유혈사태에 대해 양심의 강제들이 대답을 해야 할 것인지, 그것도 교황주의자들보다 프로테스탄트들에게 더 책임이 있다니 말입니다! 교황주의자는, 그의 원칙들에 따라 판단하기에, 비록 성경에 반하더라도, 교회가 믿는 대로 믿지 않는 자들을 처벌합니다. 그러나 프로테스탄트는, 교회와 어긋나더라도 성경을 믿으라고 모두에게 가르치면서도, 그가 그들에게 일반적으로 가르치는 대로 어떤 특별한 경우에 그렇게 믿는 자들을, 그 자신의 원칙들에 반하여, 이교적이라고 여기며 박해합니다. 그[68]에게 박해당하는 자들은 성경을 가장 존중하고 믿지만, 성경에 어긋나면, 비록 보편적일지라도 어떤 인간적인 해석도 존중하고 믿지 않는 자들이며, 그 자신의 입장에 따라 그들만이 그들 자신에게 해석할 수 있는 성경을 그들 자신에게만 해석하는 자들이며, 그 자신이 그들을 처벌할 때 사용하는 교리와 다르지 않게, 그 자신의 교리에 따라 성경을 자신들의 교육에 사용하는 자들입니다. 그리하여, 그의 교리가 진정한 신자라고 인정하는 자들을 그의 계율이 이단으로 몰아 박해를 합니다. 교황주의자는 교회에 대한 우리의 신앙

---

[67] 4세기 후반부터 로마 제국에 침입한 일족으로서, 비유적으로, 야성적인 남자를 뜻함.
[68] 자신이 프로테스탄트이면서도, 성경을 개인 양심에 따라 해석하는 다른 신자들을 박해하는 자를 가리킨다.

을 성경 위에 있어야 하는 것으로 강요하며, 그리고 하나님의 전체 백성이라고 할 교회에 의하여, 교황, 교무총회, 고위 성직자, 그리고 별칭이 붙은 신부들을 이해합니다. 그러나 강압적인 프로테스탄트는, 비록 이런 믿음을 어떤 교회에게도 부여하지 않지만 그 자신과 그의 스승들에게 끌어다 붙이는바, 그 자신과 그의 스승들은 교회라고 불리거나 성경 위라고 하기에는 훨씬 권위가 미흡한 것입니다. 이것이 그 행동을 그의 믿음과 어긋나게 만들고, 그가 교황주의자를 비난하는 그 믿음보다 훨씬 나쁘게 만듭니다. 이 모든 것에 따라 잘 생각해보면, 그가 진정한 프로테스탄트라고 인정할수록, 자신의 박해에 대해 교황주의자 이상으로 더 많이 해명해야 합니다. 그러므로, 프로테스탄트는, 어떤 교파에 속하든, 그들 모두가 동의하는 공통된 교파라 할 수 있고, 모든 사람 자신에게 허용된 그의 양심의 규칙이 되기도 하는, 성경만을 따르기에, 프로테스탄트들의 공통된 교리에 의하여 신앙 때문에 강제를 당하거나 간섭받아서는 안 됩니다.

그러나 교황제와 우상숭배에 대하여 말하자면, 왜 그것들 역시 여기서 묵인하자고 간청하지 못하는지, 그에 대해서는 할 말이 훨씬 더 없습니다. 그들의 종교를 더 많이 고려할수록, 하나의 종교로 인정되기가 더 어렵고, 가톨릭(catholic)[69] 종교의 새로운 이름과 순전한 그림자 아래서 옛날의 세계적인 지배를 유지하려고 애쓰던 하나의 로마 공국이 되는 것입니다. 사실상 더 합당하게 부르자면, 성경에 반하는 가톨릭 이단인 셈이며, 이 이단을 주로 세속 권력이, 로마의 경우를 제외하면, 외국 권력이 지지합니다. 그러므로, 다른 나라의 관료에게 의심받아 마땅하고 용인

---

[69] 여기서 일반 형용사로 사용된 "catholic"의 의미는 보편적, 세계적이라는 의미이다. 세계를 종교적으로 지배하려는 정치적 체제라는 것이다.

될 수 없는 것입니다. 반면에, 그들이 인정하는 무조건적 믿음에 대해서는 양심 역시 무조건적이 되고, 그래서 인간의 법에 자발적으로 노예화되어 양심의 기독교적인 자유를 몰수당합니다. 그러면, 하나님 대신에 인간에게 무조건적으로 노예화되어 있기에, 자유롭지 않은 의지는 의지가 되지 않듯이, 거의 양심이 없어진 이런 양심을 위해 누가 변론할 수 있을까요? 그럼에도 불구하고, 만일 그들[70]이 용인되어서는 안 된다면, 종교적인 이유라기보다는 단지 국가적인 이유 때문일 것입니다. 종교를 강제하는 자는, 비록 프로테스탄트라고 자백하더라도, 가장 교황다운 항목에서 교황제의 과실을 지니고 있기에, 그렇게 강제하도록 용인되어서는 안 될 것입니다. 마지막으로, 우상숭배에 대해서는, 그것이 신구약 모든 성경에 분명하게 반대되며, 그런고로, 진정한 이단이며, 차라리 불신앙이어서, 그 안에는 올바른 양심이 할 일이 아무것도 없다는 것을 모르겠습니까? 우상숭배의 작용이 너무나 분명하여, 관료는 우상숭배를 대중적으로 수치스럽게 사용하는 것을 금지하고 아주 제거해버린다면 과오가 별로 없을 것입니다.

이런 반대들을 제거했으므로, 이제 국가 관료가 종교 문제에 강제력을 사용하는 것이 왜 불법인지 또 다른 이유를 논의하고자 합니다. 그럴 능력이 없음이 입증되지만, 비록 우리가 그의 능력을 인정한다고 하더라도, 여전히 그는 국가 관료로서 그런 문제에서 판결을 내릴 권한이 없기 때문입니다. 그리스도는 그분의 교회를 다스림에 있어서 그분의 모든 목적과 의도에 그 자체로서 충분하지만, 국가 관료의 정부와는 아주 다른 그분 자신의 정부가 있고, 바로 이러한 차이점은 무엇보다도 그리스도의 정부가 외적인 힘으로써 다스리지 않는다는 것입니다. 그리고 두 가지

---

[70] 여기서 밀턴이 일종의 이단이라고 거론하고 있는 가톨릭 신자들을 가리킴.

이유 때문인데, 첫째 그것은 내적인 사람(the inward man)과 그의 행위만을 다루기 때문인바,[71] 이는 전적으로 영적이며 외적인 힘과 상관이 없습니다. 둘째, 외적인 권력에 의해서만 유지되는 이 세상의 모든 권세와 왕국을 세속적 권력이 없이도 지배할 수 있는, 그분의 영적 왕국의 신성한 탁월성을 우리에게 보여주기 위함입니다. 내적인 사람은 사람의 내적인 부문, 그의 이해와 의지일 뿐이라는 것, 거기서 나오는, 그러나 거기서만 나오는 것이 아니라 그의 행위 위에 가해진 신성한 은총의 작용에서 나오는, 그의 행위가 복음서 아래 신앙의 전체 문제라는 것은, 그 신앙이 무엇인지를 고려함으로써 명백해집니다. 복음주의 신앙이 무엇인지는 두 단어로 표현되는바, 신앙과 사랑, 혹은 믿음과 실천입니다.[72] 이 두 가지 모두, 신앙은 이해에서, 사랑은 의지에서 유래하거나, 양자 모두 연합해서 이해와 의지 둘 다에서 유래하며, 한때 사실상 원래는 자유로웠으나, 이제 그것들이 신의 은총에 의해서 소생하고 움직일 때만 그렇다는 것은,[73] 부분적으로는 일반 상식과 의심의 여지 없는 원칙에 따라 확실하며, 나머지는 성경에 의해 확실해집니다. 우리의 믿음에 관하여, 「마태복음」 16장 17절에, "이를 네게 알게 한 이는 혈육이 아니요 하늘에 계신 내 아버지시니라" 했고; 우리의 실천에 대하여, 그것이 종교적이며, 단지 공민적인 것이 아니기에, 「갈라디아서」 5장 22, 23절[74] 등에서, 그것은

---

[71] 성 바울은 「로마서」 7장 22절과 「고린도후서」 4장 16절에서 "속사람"(the inward man)의 개념을 발전시킨다.

[72] 이것이 밀턴이 『기독교 교리』를 두 권으로 배열한 바탕이 되는 전통적인 구분이다.

[73] 인간의 오성과 자유의지가 둘 다 아담의 타락으로 약해졌고 타락한 개인에게 하나님의 은총의 확대에 의해서만 회복될 수 있다는 전통적인 믿음은 『실낙원』에 나타난 하나님의 계획과 상통한다. 『기독교 교리』에 의하면, "자신의 소명의 따른 인간의 변화는 타고난 인간의 정신과 의지가 그로 인해 부분적으로 새로워지고 하나님에 대한 지식을 갖도록 신성하게 감동이 되는 것이며, 더 좋은 방향으로 변화를 겪는 것이다"(CPW, VI, 457).

성령의 열매라고 선언합니다. 아니, 종교 속에서 우리의 모든 실천적 의무는 자비, 혹은 하나님과 우리 이웃에 대한 사랑에 포함되며, 강제될 방도는 없으나, 여전히 전체 율법(the whole law)의 완수이며,[75] 즉 우리의 신앙적 실천의 전부입니다. 그렇다면, 만일 우리의 전체 신앙을 포함하는 우리의 믿음과 실천이 본성상 본래 자유롭고 억제될 수 없는 내면적 사람의 능력에서 기인한다면, 그리고 우리의 실천이 자유가 부여된 능력에서 올 뿐 아니라 반면에 강제력을 행세할 수 없는 사랑과 자비에서 온다면, 그리고 이 모든 것이 율법을 어김으로써 상실되었으나 하나님의 권능과 은총에 의해서만 우리 가운데 재생되고 소생된다면, 어떻게 이 같은 종교가 사람에게서 오는 강제력을 인정할 수 있으며, 혹은 어쨌든 이런 종교에, 특히 복음서에 나타난 은총이 무상 제공되는 상태에서, 강제력이 적용될 수 있다는 말입니까? 당장 종교와 복음서 모두를 좌절시키고 무효로 만들지 않는 한, 말입니다. 그리고 내적인 신앙은 그럴 수 없더라도 외적인 신앙은 강제되어야 마땅하다고 그들이 말하는바, 외적인 자백을 강요하는 것은 위선을 강요하여 신앙을 자라지 못하게 하는 것입니다. 비록 이것이 그 자체로서 충분히 명확하지만, 결론에 앞서 훨씬 더 분명해질 것입니다.

그리스도가 그분 교회의 정부에서 외적인 힘을 거부하는 다른 이유는,

---

[74] "오직 성령의 열매는 사랑과 희락과 화평과 오래 참음과 자비와 양선과 충성과 온유와 절제니 이 같은 것을 금지할 법이 없느니라."

[75] 바리새인들에 의해, "율법 중에서 어느 계명이 크니이까?"하고 질문을 받자, 예수께서 대답하시기를, "네 마음을 다하고 목숨을 다하고 뜻을 다하여 주 너의 하나님을 사랑하라 하셨으니 이것이 크고 첫째 되는 계명이요 둘째도 그와 같으니 네 이웃을 너 자신 같이 사랑하라 하셨으니 이 두 계명이 온 율법과 선지자의 강령이니라."(「마태복음」 22: 36~40)고 했는데, 이는 "너는 마음을 다하고 뜻을 다하고 힘을 다하여 네 하나님 여호와를 사랑하라"는 「신명기」 6장 4절 말씀과, "네 이웃 사랑하기를 너 자신과 같이 사랑하라"는 「레위기」 19장 18절 말씀을 인용한 것이다.

제가 앞서 말했듯이, 외적인 힘에 의해서만 지탱되는 이 세상의 모든 권세와 왕국들을, 세속적인 힘이 없이도, 정복할 수 있는 그분의 영적 왕국의 신성한 우월성을 우리에게 보여주기 위함입니다. 그런 외적 힘에 따라 종교를 지탱하는 것은, 외부적 폭력에서 신앙인들을 보호하려는 것이 아니라면, 그리스도나 그분의 왕국에 이바지하지 못하고, 도리어 훼손하는 것이며, 신성한 영적 왕국에서 이 세상의 왕국으로 격하시키는 것입니다.[76] 그분은 자신의 왕국이 그렇기를 거부하는바, 그것을 확증할 힘이 필요하지 않기 때문입니다. 「요한복음」 18장 36절에 그분이 말씀하시길, "만일 내 왕국이 이 세상에 속했더라면 내 종들이 싸워서 나를 유대인들에게 넘겨주지 아니 했으리라."고 하셨습니다. 이 말씀에 의하면, 그리스도의 왕국은, 전적으로 힘에 의해서만 유지되는 이 세상의 왕국이 아니기에, 외부적인 힘에 따라 통치되는 것이 아님이 입증되며, 기독교 공화국이 다른 이유에서처럼 신앙 문제에 있어서 외부적인 힘에 대항할 수 있다는 것을 부정하는 것이 아닙니다.[77] 비록 의도적으로 우리를 위해 죽으러 오신 그리스도가 그렇게 방어되길 바라시진 않으셨지만 말입니다. 「고린도전서」 1장 27절엔, "하나님께서 세상의 약한 것들을 택하사 강한 것들을 부끄럽게 하려 하시며"라는 말씀이 있습니다. 그러면 분명히 그분이 양심과, 이 세상에서 가장 연약한 자들로 여겨지는 양심적인 사람들을 제압하려고 이 세상의 힘을 선택하신 것이 아니라, 도리어 교회를 다스림에 있어서 양심의 조력자나 수단이 아니라 그의 원수가 되는 폭력을

---

[76] 이것이 『복낙원』(*Paradise Regained*)의 중심 사상으로서, 특히 세상의 모든 왕국을 예수에게 제공하겠다는 사탄(Satan)의 제안이기도 하다(IV, 163).

[77] 웨스트민스터 신앙고백(사보이 선언이 뒤따름)의 제23장은 상당한 더 많은 자유재량의 여지를 허용한다. 그리스도인은 "합법적으로, 이제 신약 아래서, 정당하고 필요한 경우에 전쟁을 야기할 수 있다"(Schaff, III, 652).

제압하고 규제하려고, 양심을, 가장 약하기에, 선택하셨던 것입니다.「고린도후서」10장, 3~6절에, "우리가 육신으로 행하나 육신에 따라 싸우지 아니하노니 우리의 싸우는 무기는 육신에 속한 것이 아니요 오직 어떤 견고한 진도 무너뜨리는 하나님의 능력이라 모든 이론을 무너뜨리며 하나님 아는 것을 대적하여 높아진 것을 다 무너뜨리고 모든 생각을 사로잡아 그리스도에게 복종하게 하니 너희의 복종이 온전하게 될 때에 모든 복종하지 않는 것을 벌하려고 준비하는 중에 있노라"라고 합니다. 같은 장의 첫 두 절에 의하여 분명하며,[78] 사도 **바울**이 여기서 그리스도가 그분의 교회를 다스리는 영적 권세에 대하여 말하는바, 그 영적 권세가 어떻게 온전히 충분한지, 그것이 주로 상대하며 그밖에 다른 권세는 상대할 수 없는, 양심과 내면적인 사람에게 도달하기 위해 얼마나 강력한지를 보여주는 것입니다. 그것과 비교하여, 여기서 이렇게 훌륭하게 묘사된 바와 같이, 외부적인 강제력은 그 소란스런 모든 도구와 함께해도 얼마나 효과가 없고 연약한지, 그리스도인들에게, 특히 교회 계율을 실행하려 국가 관료에게 그의 세속적인 힘을 개입시켜달라고 계속 요구하는 교회 인사들에게, 얼마나 수치스러운 일입니까! 그들에겐 모든 진정한 성직자의 힘과 영적인 힘이 죽어버렸다는 주장이 됩니다. 그들의 생각에 따르면, 이교도이자 박해자인 황제들 아래에서 시작하여 300년 이상 전 세계로 퍼져나간 그 복음이, 만일 그것이 국가나 법규나 국가종교에 의하여 그들이 말하는 식으로 강제되고 정착되지 않는다면,[79] 똑같은 신성한 임

---

[78] "너희를 대면하면 유순하고 떠나 있으면 너희에 대하여 담대한 나 바울은 이제 그리스도의 온유와 관용으로 친히 너희를 권하고 또한 우리를 육신에 따라 행하는 자로 여기는 자들에 대하여 내가 담대히 대하는 것 같이 너희와 함께 있을 때에 나로 하여금 이 담대한 태도로 대하지 않게 하기를 구하노라."

[79] 이 문장에서 밀턴이 "그들이 말하는 식으로 정착되지(settled)", "종교 ... 정착(settle)", "정착시키는(settling) 청원", "정착된(settled) 고백" 등의 단어를 사용하

재와 보호를 지원받고, 그리스도인 관료의 방어적인 호의를 받으며, 훨씬 더 쉽게 세상의 종말까지 지탱되거나 계속될 수는 없다는 것입니다. 또한 교회 자체는 물론 국가는 더욱이나 우리의 무조건적 순종에 근거하여 종교의 조그만 부분이라도 정착시키거나 강요할 수 없고, 그저 그것을 우리의 자유로운 양심적인 검토에 추천하고 제안할 수 있을 뿐이라는 점을 이해하지 못한다는 것입니다. 그리고, 만일 그들이 신앙 문제에서 국가를 교회보다 높이려 하거나, 엄청난 모순을 지닌 채, 그들이 확정된 고백[80]에서는 우리의 맹신적 믿음에 대한 지휘권을 국가와 교회 모두에게 주지 않지만, 그들의 확정 중인 청원[81]에서는 국가에 부여하려는 의도가 아니라면 말입니다.

그런고로, 관료가 그의 국가적인 도덕적 사안에 있어서 그 자신의 책임에 집중하지 못하도록 그들이 그에게 간청하고 간섭하는 것을 멈추어야 하는바, 그의 책임은 사태의 올바른 해결이자 정직한 해결이며, 그들 내부에서 교회에 의하여 해결된 종교적인 문제를 보호하는 것이고, 본성

는 것은, 모두 겸손한 청원과 권고(Humble Petition and Advice)를 상기시키는데, 이 헌법의 첫 문장은 하나님이 크롬웰과 군대를 "우리의 자유를 정착시키고 안정시키는 데"에 사용하기를 기도하는 것이다.

[80] 사보이 선언(The Savoy Declaration)은 웨스트민스터 신앙고백(Westminster Confession) 제20장과 거의 일치하는데, "하나님 홀로 양심의 주인이며, 인간의 교리나 명령으로부터 그것을 자유롭게 했다"는 것이다. 그러나 에라스티우스적인(Erastian) 해석을 허용하는, 수정된 글이 즉시 따라온다: "어떤 사안에서, 혹은 그 밖에 신앙과 예배 문제에서, 하나님의 말씀과 상반되는 인간의 교리나 명령으로부터 자유롭게 했다"는 것이다. 반면에, "무조건적인 믿음과 절대적이고 맹목적인 순종의 요구는 양심과 이성의 자유를 파괴하는 것이다"라는 주장이 나온다. 결국, 그 장은 종교 문제에서 국가 관료의 권력을 인정하는 결론으로 끝나는데, 이 부분은 사보이 선언에서 삭제된다.

[81] 겸손한 청원과 권고(The Humble Petition and Advice)는 "신앙 고백은 성경의 규칙과 보장에 의하여 주장되어야 하며", "아무도 그것을 욕하는 것은 용인되거나 허용되지 않는다."고 규정했다. 한 해 이상 지나서, 사보이 회의가 소집되었다.

의 공통된 빛에 의하여 결정할 수 있는 그것들과 상반되는 것들을 제압하며, 성경에 의하여 가능한 신앙이 아니라 신앙의 파괴자들과 박해자들을 강제하거나 진압하는 것입니다. 관료는 이 모든 것을 함으로써 충분하고 충분하고도 남으며, 여전히 할 일이 남았으며, 그래서 나라가 신음하고 있고, 정의가 그 와중에 파괴됩니다. 그가 판단할 권한이 없는데도—양심이 그의 영역이 아니므로—「마태복음」 23장 23절에,[82] 바리새인들에 대하여 우리의 구세주가 비난하신 것보다 더 나쁜 과오를 범하여 더 심한 화(woe)가 그에게 닥치지 않도록, 그가 강제력을 사용하지 못하게 해야 합니다. 바리새인들에게 하신 말씀은, 너희는 강요하면 안 되는 양심을 강요했고, 정의와 긍휼은 이행하지 않았으나, 너희는 정의와 긍휼은 이행해야 했고, 다른 것은 버렸어야 했다는 것입니다. 그리고 연약하게 여겨지는 영적인 수단에 의하여 하나님에게 대적하는 모든 권세를 정복하는 것이[83] 복음서에서 하나님의 계획이자 확정된 목적이기에, 세상이 연약하다고 여기는 수단에 의하여 행하라고 그분이 명하신 것을 그들이 세속적인 힘에 의하여 하지 못하게 해야 하며, 다른 구절에서 바리새인들에 대하여, 「누가복음」 7장 30절에, "그들이 하나님의 뜻을 저버리니라"고 하신 말씀을 다시 듣지 않으려면, 그래야 합니다.

주요한 변명은, 그들이 모방했으리라는 의심을 상당한 열성을 지니고 제기할 수 있는바, 제가 앞서 거론한 바와 같이, 유대(Juda)[84]의 왕들, 특

---

[82] "화 있을진저 외식하는 서기관들과 바리새인들이여 너희가 박하와 회향과 근채의 십일조는 드리되 율법의 더 중한바 정의와 긍휼과 믿음은 버렸도다 그러나 이것도 행하고 저것도 버리지 말아야 할지니라."

[83] 「고린도전서」 1: 27: "하나님께서 세상의 미련한 것들을 택하사 지혜 있는 자들을 부끄럽게 하려 하시고 세상의 약한 것들을 택하사 강한 것들을 부끄럽게 하려 하시며."

[84] "Judea"를 말한다. 팔레스타인 남부에 있었으며 고대 로마령(領)이었다.

히 요시야(Josiah)가 종교 문제에 판결도 하고 강제력을 사용했다는 것입니다. 「열왕기후서」 34장 33절에, "그가 이스라엘의 모든 사람으로 그들의 하나님 여호와를 섬기게 했으므로"[85]라는 말씀은, 잘 평가해 본다면, 「예레미야」 29장 24, 26절 등에 나오듯이, 여호야다(Jehoiada)를 대신하여 그가 예레미야(Jeremie)에게 차꼬를 채워야 한다는, 거짓 선지자 스마야(Shemaia)가 대제사장에게 사용한 주장보다 더 나쁜 주장입니다.[86] 이런 거짓 주장 때문에 그는 하나님에게서 그에 합당한 경고를 받았던 것입니다. 그러나 그 외에도 이에 대해 저는 세 가지 답변을 하고자 합니다.

첫째, 복음서 아래 신앙의 상태는 율법 아래 그랬던 것과 아주 다르다는 것입니다.[87] 그때는 엄정, 유년기, 속박, 그리고 행위의 상태였고, 그 모든 것에 강제력이 부적합하지 않았습니다. 지금은 은총, 성년, 자유 그리고 신앙의 상태이며, 그 모든 것에 강제력이 아닌 의지와 이성이 속합니다. 율법은 당시에 석판에 쓰였고, 자의적이든 타의적이든, 문자에 따라 이행되도록 한 것이었습니다. 우리의 새 언약인 복음서는 모든 신자의 가슴에 쓰인 것이고, 사랑과 내적 확신의 인식에 의해서만 해석되도록 한 것입니다. 율법은 교회와 공화국에서 정부나 지도자를 구분하지 않았

---

[85] 위의 각주 80에 언급된 웨스트민스터 신앙고백 제20장의 마지막 구절에 대한 증거 본문이다.

[86] 거짓 선지자 스마야(Shemaiah)가 예루살렘의 제사장들을 초기 제사장 겸 지도자였던 여호야다(Jehoiiada)의 권위를 행사하는 자들로서 지시했고(「역대하」 22: 11 ~ 14: 16), 그들이 예레미야를 포함한 "선지자 노릇 하는 모든 미친 자들"을 족쇄를 씌우게 했다. 예레미야가 이에 대해 듣고 나서, 주님이 그에게 모든 사람에게 알리게 했다. 스마야가 거짓 예언을 했기에 "그가 너희에게 거짓을 믿게 했으며", "그의 백성 중에 살아남을 그의 자손이 하나도 없을 것이라 내가 내 백성에게 행하려 하는 복된 일을 그가 보지 못하리라"는 벌을 받게 된다(「예레미야」 29: 24~32).

[87] 외적으로 선언된 구약의 율법과 내적으로 경험된 신약 복음 사이의 대조가 근본적인 기독교 원리이다. 밀턴은 이어지는 구절에서 세부사항을 소명하고 있으며, 그의 글 중에 다른 곳에서도 빈번히 나타난다. *Cf. Hirelings, CPW*, VII, 281.

으며, 「신명기」 17장 8절 이하에 나타난 바와 같이,[88] 성직자들과 레위 족속들(Levites)이 모든 사건, 즉 교회와 연관된 사건뿐만 아니라 국가적 사건까지 판결했습니다. 그런 판결은 「누가복음」 12장 14절에서[89] 그들의 주님이신 그리스도가 그분의 사역에서 부인한 것이며, 「고린도전서」 6장 4절에서[90] 그분의 사역 아래에 둔 것으로서,[91] 그리고 많은 다른 법령에 따라, 그들 스스로 특이하고 아주 다른 정부를 가진 자들에게 그렇듯이, 복음서 아래 모든 교회 성직자에게도 그것이 금지됩니다. 만일 그렇지 않다면, 지배자들이 뭐가 다른가요? 왜 국가 정사를 교회 성직자들이 다스리지 않으며, 교회 문제를 국가 관리들이 다스리지 않는단 말인가요? 만일 율법 아래에서 그랬던 것처럼 교회와 국가가 하나의 몸으로 다시 만들어진다면, 그때 그것들을 통합했던 하나님이 그 후 분리해온 것을 함께 생각해봐야 할 것입니다.[92] 그분이 그렇게 명하여 당시에 합법

---

[88] "네 성중에서 서로 피를 흘렸거나 다투었거나 구타했거나 서로 간에 고소하여 네가 판결하기 어려운 일이 생기거든 너는 일어나 네 하나님 여호와께서 택하실 곳으로 올라가서 레위 사람 제사장과 당시 재판장에게 나아가서 물으라 그리하면 그들이 어떻게 판결할지를 네게 가르치리니 여호와께서 택하신 곳에서 그들이 네게 보이는 판결의 뜻대로 네가 행하되 그들이 네게 가르치는 대로 삼가 행할 것이니"(「신명기」 17: 8~10).

[89] "이르시되 이 사람아 누가 나를 너희의 재판장이나 물건 나누는 자로 세웠느냐 하시고."

[90] "그런즉 너희가 세상 사건이 있을 때에 교회에서 경히 여김을 받는 자들을 세우느냐."

[91] 밀턴이 「신명기」에서 인용한 구절에서 제사장은 국가적 판결을 하고, 「누가복음」에서 인용한 구절에서 예수는 세습재산의 권리를 판결하기를 거부하며, 그리고 「고린도전서」의 인용구에서는 재판관이 "교회에서 경히 여김을 받는 자들"로 취급된다.

[92] 이처럼 결혼의 연합과 확대하여 비교한 것은 이혼의 용인을 주장하는 밀턴 같은 자들에게 더 효과적으로 작용할 수 있을 것이다. 그의 주장에 따르면, 하나님이 분리한 것을 재결합하는 것은 불가능하다. 그렇게 시도하는 것은 결혼의 연합이 아니라 간음을 일으키는 것이다.

적인 결합이었던 것이, 그분이 갈라놓은 것을 다시 합치는 자에게는 어느 편이든, 이제 그들 자신의 거만한 간음일 뿐일 것입니다.

둘째, 율법 아래 있었던 유다의 왕들과 관료들은, 제가 앞서 말씀드린 바와 같이, 하나님의 영감에 의존했을 것이나, 복음서 아래 있는 우리의 관료들은 동일한 영에게 의존하는 것 이상으로 영감에 의존하진 않았을 것이며,[93] 그들의 강제를 받는 자들은 그들 자신보다 그 영을 종종 더 많이 품고 있는 것입니다. 그래서, 그리스도인을 강제하는 대신, 그들은 성령을 강제하는 것이며, **가말리엘(Gamaliel)**의 현명한 경고를 무시하고,[94] 하나님과 대적하여 싸웁니다.

셋째, 그 왕들과 관료들은 모세의 율법에서 분명히 알려지고 금지된 우상숭배, 그리고 하나님에 대한 국가적이고 엄격한 강제된 숭배에서의 직접적인 배교(背敎) 같은 사안들에 대해 강제력을 사용했습니다. 그것들에 대한 신체적인 처벌은 그 자신에 의하여 분명하게 제시되었습니다. 그러나 우리의 자유롭고, 선택적이고, 이성적인 예배인 복음서 아래에 있는 관료들은, 그들에 의하여 강요되거나, 양쪽 진영의 저자들이 대등하게, 혹은 때로는 그들과 대적하는 편에 승산이 있게끔 논쟁하는 경우에, 복음서에 자유롭게 남아 있거나 혹은 때때로 철폐된 그런 것들을 강요하느라 가장 바쁩니다. 그런 수단에 의하여 그들은 자신들이 선호하거나 보호해야 하는 것을 처벌하거나, 그들이 아니라 교회가 명령을 받은 데다

---

[93] 예를 들자면, 「역대하」 34~35장에서 언급된 부분에서 요시아 왕이 행했던 것처럼, 선지자들로부터 내린 하나님의 영감을 받을 수도 있다. 반면, 그리스도인은 그들 자신의 내부에 있는 하나님의 영 – 혹은 양심 – 의 소리를 듣는다는 것이다.

[94] 「사도행전」 5: 38~39 참조. 가말리엘은 그의 동료 유대인들에게 베드로와 대적하지 말라고 충고했는데, 베드로가 하고 있는 것이 사람의 소행이면 무너질 것이고, 만일 하나님께로부터 났으면 아무것도 그것을 멈출 수 없을 것이고, 그들이 "도리어 하나님을 대적하는 자가 될까 하노라"라고 판단한다.

영적인 회초리로만 응징하라고 명령하신 것을 육체적인 형벌과 그들 자신이 발명한 방식으로 처벌을 합니다.

그렇지만 어떤 이들은 강제력을 사용하려고 아주 열성적이어서 「누가복음」 14장 16절 이하에 나오는 우화적인 증거를 극단적으로 전환하는 데까지 결국 전락하는 것을 불사하는바, "사람을 강권하여 데려다가 내 집을 채우라"(23)고 했으므로,[95] 관료는 종교 문제에서 강제력을 행사할 수 있다는 것입니다.[96] 마치 비유가 모든 단어나 구절을 통해 곡해되고, 그것의 전체적인 의도에 따라 설명되지 않듯이 말입니다. 이 구절의 전체 의도는 불복하는 유대인들에 대한 하나님의 불쾌감과, "강권하여"(compel)라는 단어에 의하여 여기서 표현된바, 그들보다 어떤 조건이건 이방인들을 선호하는 그분의 목적을 가장 진지하게 표현한 것일 뿐입

---

[95] 이 우화를 다루는 관련 구절은 이러하다: "이르시되 어떤 사람이 큰 잔치를 베풀고 많은 사람을 청하였더니 / 잔치할 시각에 그 청하였던 자들에게 종을 보내어 이르되 오소서 모든 것이 준비되었나이다 하매 / 다 일치하게 사양하여 한 사람은 이르되 나는 밭을 샀으매 아무래도 나가 보아야 하겠으니 청컨대 나를 양해하도록 하라 하고 / 또 한 사람은 이르되 나는 소 다섯 겨리를 샀으매 시험하러 가니 청컨대 나를 양해하도록 하라 하고 / 또 한 사람은 이르되 나는 장가 들었으니 그러므로 가지 못하겠노라 하는지라 / 종이 돌아와 주인에게 그대로 고하니 이에 집주인이 노하여 그 종에게 이르되 빨리 시내의 거리와 골목으로 나가서 가난한 자들과 몸 불편한 자들과 맹인들과 저는 자들을 데려오라 하니라 / 종이 이르되 주인이여 명하신 대로 했으되 아직도 자리가 있나이다 / 주인이 종에게 이르되 길과 산울타리 가로 나가서 사람을 강권하여 데려다가 내 집을 채우라"(「누가복음」 16~23절).

[96] 「누가복음」 14: 16~23의 "큰 잔치"의 비유는 어떤 사람이 많은 사람을 초대했을 때 각자 못 오는 핑계를 댄다. 그들 대신 그는 가난한 자와 병든 자들과 병든 자들을 초대했다. 초대 손님들의 수가 그래도 충분치 않으니, 그는 "사람을 강권하여 데려다가 내 집을 채우라"는 지시와 함께 "길과 산울타리"로 보냈다. 밀턴이 관찰하는 바로는, 이것은 종교적 일치를 강요하는 권위가 되지 못한다. 그러나 도우네임(Downame)은 이 구절을 바로 이런 의미로 해석하기도 한다. Cf. John Downame, *Annotations Upon All Books of the Old and New Testament* (2 vols., London, 1651), II, *ad* Like 14: 16 ff.

니다. 그러나 어떻게 그분이 강권하나요? 분명히 그분이 끌어들이는 방법밖에는 없으며, 「요한복음」 6장 44절 말씀처럼,[97] 그러지 않고는 누구도 그분에게 올 수 없기 때문입니다. 그리고 그것은 그분의 영이 하시는 내면적인 설득의 감동으로써, 그리고 그분의 사역자들이 해내는 것이며, 관료나 그의 관리들이 외부적으로 강제함으로 되는 것이 아닙니다.

그리스도의 진정한 백성은, 「시편」 110장 3절에 예언된 바와 같이, "그의 권능의 날에 즐거이 헌신하는 백성이며", 그러니 그가 모든 사물을 외부적인 연약함으로 다스리는 지금 더욱더, 그의 내적인 권능과 그들의 진정성이 더 많이 나타날 수 있을 것입니다. "하나님은 즐겨 내는 자를 사랑하시느니라."[98]라고 했으니, 분명히 내키지 않는 숭배자를 즐기지 않으십니다. 바로 말씀 자체가 그분의 복음주의적인 초대에 대하여, 「이사야」 55장 1절에서 선언하는바, "오호라 너희 모든 목마른 자들아 나아오라."는 것입니다. 「요한복음」 7장 37절엔, "누구든지 목마르거든"이라 했습니다. 「요한계시록」 3장 18절에, "내가 너를 권하노니"라고 하십니다. 22장 17절엔, "원하는 자는 값없이 생명수를 받으라."라고 하십니다. 그리고 만민을 초대하는 그 장중한 설교 임무에서, 오는 자들의 보답처럼, 오지 않는 자들의 벌칙은 영적인 것에 불과합니다.

그러나 그들은 지금 그들의 강제력에 수반되는, 답변 없이 넘어가서는 안 되는 어떤 이유를 제시합니다. 「요한계시록」 2장 20절에, **두아디라**(Thyatira) 교회가 책망을 받은 이유는 그 거짓 "여자 선지자가 가르치고 꾀어내도록" 용납했다는 것입니다.[99] 저의 응답은, 그 유혹이 교회의 계

---

[97] "나를 보내신 아버지께서 이끌지 아니하시면 아무도 내게 올 수 없으니."
[98] 「고린도후서」 9: 7: "각각 그 마음에 정한 대로 할 것이요 인색함으로나 억지로 하지 말지니 하나님은 즐겨 내는 자를 사랑하시느니라."
[99] 이 증거 본문은 웨스트민스터 신앙고백 제20장 4절에 첨부되어 있다.

율로서 명령한 합당한 고유의 수단에 의하여, 그 반대되는 즉각적이고 강력한 본보기를 보임으로써 제지할 수 있고, 과오에 대해 진리로 맞서게 함으로써 막을 수 있으며, 감당 못 할 상대가 아닌바, 비록 교활한 술책을 쓰긴 해도, 약자인 과오를 상대로 강자인 진리가 맞서게 하는 것입니다.[100] 강제력이란 정직한 논박이 아니라서 효과가 없는 것이며, 대부분 성공하지 못하고, 그것을 사용하는 자들에게 종종 치명적입니다. 건실한 교리는, 부지런히 그리고 적절히 가르치면, 스스로 충분하며, (하나님의 어떤 신비스러운 판단이 개입하지 않는다면) 미혹하는 자들에 대하여 항상 우세하기도 합니다. **두아디라 사람들**은 이 점을 소홀히 했고, 교회 계율에 어긋나게, 그 여자가 그들 사이에서 가르치고 꾀어내도록 용납했습니다. 그때 그들은 그 도시의 기독교도 일부였으므로, 그들의 힘에 공권력이 없었고, 더구나 특별히 열 가지 큰 박해 가운데 한 가지 박해를 받고 있었으며, 이는 바로 두 번째 박해, 도미티아누스(Domitian)[101]의 박해였습니다. 그러므로, 이런 문제에 있어서 강제력은 그들 자신이 그 때 강제력 아래 있는 자들에게는 요구될 수 있는 것이 아니었습니다.

제가 보여드린 바는, 국가 권력이 권한도 없지만, 종교적인 사안을 강제함으로써, 공정하게 할 수도 없다는 것입니다. 이제 제가 보여드리고자 하는 바는, 그것이 복음의 근본적인 특권이자 모든 진정한 신자의 새로운 생득권(生得權)인 그리스도인의 자유를 훼손하는 부당 행위라는 것

---

[100] 『아레오파기티카』에 나타난 진리에 대한 찬사의 공명이 분명하다: "진리와 거짓이 맞붙어 싸우게 하십시오. 자유롭고 개방된 대결에서 진리가 더 악화된다고 알게 된 자는 여태 없었습니다. Cf. CPW, II, 561.
[101] 로마의 황제(81~96년)이며, 요한이 그의 통치 기간에 밧모(Patmos) 섬으로 유배되어 그곳에서 「계시록」을 썼다는 전통은 에우세비우스 팜필리우스(Eusebius Pamphilius)의 『교회사』(Ecclesiastical History, III, 18)에 기인한다. Cf. A Select Library of Nicene and Post-Nicene Fathers, 2nd Series, I, 148.

입니다. 「고린도후서」 3장 17절에, "주는 영이시니 주의 영이 계신 곳에는 자유가 있느니라."라고 했고, 「갈라디아서」 4장 26절에, "오직 위에 있는 예루살렘은 자유자니 곧 우리 어머니라."고 했습니다. 그리고 31절에, "우리는 여종의 자녀가 아니요 자유 있는 여자의 자녀라."라고 했습니다. 여기서 그리스도인의 자유에 대하여 그것이 하나님의 예배에서 의례의 속박만이 아니라 장소와 시간의 그런 상황의 강제적인 부담으로부터 우리를 자유롭게 한다는 정도로만 말해도 충분할 것입니다.[102] 하나님께서 옛 율법에서 명령하셨으나, 복음적인 진리와 자유의 관점에서, 사도 바울은 그것들을—두 가지 모두, 즉 의례와 상황을—「갈라디아서」 4장 3, 9, 10절에서[103] 하나의 동일한 경멸스런 이름, "약하고 천박한 초등학문"(weak and beggarly rudiments)[104] 아래 놓인 것으로 이해합니다. 「골로새서」 2장 8절과 16절은[105] 우리의 구세주 자신이 가르치신 것과 일치하고, 「요한복음」 4장 21, 23절에는, "이 산에서도 말고 예루살렘에서도 말고, 영과 진리로, 아버지께서는 자기에게 이렇게 예배하는 자들을 찾으시느니라."고 합니다.[106] 다시 말하면, 그분이 이런 자를 항상 찾

---

[102] 이런 상세 규정을 한 구약의 율법은 신약에 의하여 취소되었으며, 이는 신구약 성경의 관계를 기독교적 관점에서 이해하는 일반적인 방법이다.
[103] 「갈라디아서」 4장 3절: "이와 같이 우리도 어렸을 때에 이 세상의 초등학문 아래에 있어서 종노릇 했더니"; 9절: "이제는 너희가 하나님을 알 뿐 아니라 더욱이 하나님이 아신 바 되었거늘 어찌하여 다시 약하고 천박한 초등학문으로 돌아가서 다시 그들에게 종노릇 하려 하느냐"; 10절: "너희가 날과 달과 절기와 해를 삼가 지키니."
[104] 킹제임스 흠정역 번역에는 "약하고 천한 초등 원리"라고 번역되어 있는데, 이 번역이 더 적절한 듯하다.
[105] 8절: "누가 철학과 헛된 속임수로 너희를 사로잡을까 주의하라 이것은 사람의 전통과 세상의 초등학문을 따름이요 그리스도를 따름이 아니니라"; 16절: "그러므로 먹고 마시는 것과 절기나 초하루나 안식일을 이유로 누구든지 너희를 비판하지 못하게 하라."

으신바, 이런 자는 마음이 정직해야 할 뿐 아니라, 이 구절의 말씀이 주로 뜻하는 바대로, 그 정직한 마음은 장소에 제한되지 않고, 똑같은 이유로, 어떤 정해진 시간에 제한되지도 않습니다. 그의 사도가 똑같은 영에 의하여 우리에게 가르치신바, 「로마서」 14장 6절 이하에서, "어떤 이는 이 날을 저 날보다 중히 여기고"라 했고,[107] 「갈라디아서」 4장 10절 이하에, "너희가 날과 달과 절기와 해를 삼가 지키니"라 했고, 「골로새서」 2장 16절[108]도 같은 내용입니다. 최상의 가장 박식한 개신교 저술가들은 성경에 나오는 이 구절들과 다른 이런 구절들이, 의례뿐만 아니라 그러한 상황으로부터도 우리를 자유롭게 함에 있어서, 우리를 교육하기에 충분히 분명하다고 생각해온 것입니다. 비록 그런 의례와 상황에 도덕성에 대한 확고한 설득이 부여되었지만, 그들은 그 도덕성이 시공을 초월한다

---

[106] 밀턴이 선별적으로 인용하고 있는바, 전체 내용은, 21절: "예수께서 이르시되 여자여 내 말을 믿으라 이 산에서도 말고 예루살렘에서도 말고 너희가 아버지께 예배할 때가 이르리라"; 22절: "아버지께 참되게 예배하는 자들은 영과 진리로 예배할 때가 오나니 곧 이때라 아버지께서는 자기에게 이렇게 예배하는 자들을 찾으시느니라." 이 모든 구절에서 성 바울은 그리스도인에게 새로운 은총을 주장한다.

[107] 이 구절은 사실 「로마서」 14장 6절이 아니라 5절부터 시작되는 구절이다. 6절: "날을 중히 여기는 자도 주를 위하여 중히 여기고 먹는 자도 주를 위하여 먹으니 이는 하나님께 감사함이요 먹지 않는 자도 주를 위하여 먹지 아니하며 하나님께 감사하느니라." 본문에서 밀턴의 요지는 어떤 시간도 그 자체는, (안식일이 유대인에게 그러하듯이) 거룩한 것이 아니라는 것이다. 동일한 관점이 다른 데서도 등장하는데, 『기독교 교리』 II, 7 (*CPW*, VI, 708~715)에도 나온다. 반면, 웨스트민스터 신앙고백 제21장은 "부주의 때문에 혹은 의도적으로 소홀히 되거나 포기하게 되는" 공적인 예배와, "이레 중 하루의 안식일 규정"을 지지한다(Schaff, III, 648). 주일(the Lord's Day)을 더 잘 지키게 하는 법령(Act)은 1657일 6월 26일에 통과되었다. 그 법령은 "국가의 공적 고백과 신앙 문제에서 다르지 않은 그리스도인들의 어떤 교회나 예배당 혹은 다른 편리한 회합 장소에 출석을 요구했다"(p. 1167). *Cf*. C. H. Firth and R. S. Raid, ed., *Acts and Ordinances of the Interregnum, 1642-1660* (3 vols., London, 1911), II, 1162~1170.

[108] "그러므로 먹고 마시는 것과 절기나 초하루나 안식일을 이유로 누구든지 너희를 비판하지 못하게 하라."

고 주장합니다.

　그러면, 어떤 증거에 의하여 이 점에서 우리의 의견과 행동이 근래에 모든 다른 프로테스탄트들과 아주 어긋나게 되었는지, 그리고 그들에게 정통적인 것이 우리에게 수치스럽고 법에 따라 처벌받을 수 있는 것이 되었는지를, 만일 우리가 이런 쟁점에서 해외에 있는 최상의 가장 개혁된 교회들에서 이탈한 분파라고 선언하지 않으려 한다면, 저는 다시 한번 고려했으면 좋겠습니다. 더 학식이 풍부하게 보이고 싶은 자들은 이런 것들이 아무래도 좋은 것이라고 하지만, 바로 그 때문에 관료가 그것을 명령할 수 있다고 실토합니다. 복음서에서 그분의 특별 은총을 보인 하나님이 이런 문제들에 있어서 그분 자신의 계명에서 우리를 자유롭게 한 것이, 마치 우리의 자유가 우리를 더 비참한 멍에인 인간의 명령에 굴종시키기 위한 것처럼 말입니다. 관리가 하나님이 청결하게 한 것을 속되다거나 불결하다고 하는 것이나 마찬가지입니다. 이것은 「사도행전」 1장 15절에서[109] 사도 베드로에게 금지된 것입니다. 하나님이 신앙에서 자유롭게 하신 것들을 즐길 수 있고, 하나님이 풀어놓은 멍에를 다시 지울 수 있는 것처럼, 하나님이 팽팽하게 하신 것을 느슨하게 하거나, 하나님이 느슨하게 하신 것을 팽팽하게 하는 것과 마찬가지입니다.[110] 그분은 복종적 율법 위에 자유로운 복음의 특권과 우월성으로서 이런 선물을 우리에게 주셨을 뿐만 아니라, 엄격하게 우리에게 그것을 지키고 즐기라고 명령하셨습니다. 「갈라디아서」 5장 13절에, "너희가 자유를 위하여

---

[109] "하나님께서 깨끗하게 하신 것을 네가 속되다 하지 말라."
[110] 욥(Job)에 대한 하나님의 아이로니컬한 질문, 즉 "네가 묘성을 매어 묶을 수 있으며 삼성의 띠를 풀 수 있겠느냐"(「욥기」 38: 31)에서 확대된 것이다. 킹 제임스 흠정역의 같은 구절은 "네가 플레이아데스 별 무리의 감미로운 영향력을 묶거나 오리온 별자리의 띠들을 풀 수 있느냐?"이다.

부르심을 입었으냐"라 했습니다. 「고린도전서」 7장 23절에, "사람들의 종이 되지 말라."고 하십니다. 「갈라디아서」 5장 14절에는, "그리스도께서 우리를 자유롭게 하려고 자유를 주셨으니 그러므로 굳건하게 서서 다시는 종의 멍에를 메지 말라."[111]고 하십니다.

이것은 단순한 명령도 아니며, 앞서 인용한 구절 대부분에서 기독교의 가장 무겁고 내면적인 이유들에 수반된 것입니다.[112] 「로마서」 14장 9, 10절에는 "이를 위하여 그리스도께서 죽었다가 다시 살아나셨으니 곧 죽은 자와 산 자의 주가 되려 하심이라 네가 어찌하여 네 형제를 비판하느냐."라고 하십니다. 적어도 이런 문제에 있어서 당신의 유일한 주님이 되시고자 그리스도가 죽었다가 다시 살아나셨는데, 어찌하여 당신은 그의 주인이 감히 되려고 합니까? "우리가 다 하나님의 심판대 앞에 서리라."[113] 그런데 우리 주님이며 입법자이신 그리스도의 심판대 앞에서 우리가 해명할 의무가 있는 이런 문제들에서 왜 당신은 판단할 뿐만 아니라, 박해를 합니까? 「고린도전서」 7장 23절에, "너희는 값으로 사신 것이니 사람들의 종이 되지 말라."고 하십니다. 만일—한때 하나님을 섬기던 상태에서 하나님이신 그분이 사들이시고 구원해주신—우리가 사람들에게 봉사하는 것일 뿐인 우리의 현재 상태로 사람들에 의하여 다시금 노

---

[111] 이 구절은 「갈라디아서」 5장 1절 말씀인데 잘못 표기되었으나, 뒤에 제대로 밝혀진다.
[112] 여기서부터 밀턴은 에라스투스(Thomas Erastus, 1524~1583)의 추종자에 의하여 그의 입장을 지지하는 것으로 제시된 성경의 인용구를 상상한다. 에라스투스주의는 스위스의 프로테스탄트 신학자였던 에라스투스가 교회를 국가에 종속시키려 했던 운동이었다. 밀턴은 이미 그 자신의 주장에서 반대 자료를 이미 거의 대부분 사용해버렸다. 이런 대화식 논쟁은 본문에서 비정상적인 구두점 표기에서 반영된다. 강요된 십일조에 대한 밀턴과 옹호자 사이의 유사한 대화식 논쟁도 찾아볼 수 있다(Hirelings, CPW, VII, 298~299).
[113] 「로마서」 14: 10.

예화되고 강제될 것이라면, 그들의 의견대로라면, 추측건대, 어떤 시시한 대가이고 어떤 경미한 구실을 위한 지불이 될 것입니다. 「갈라디아서」 4장 31절과 5장 1절에, "우리는 여종의 자녀가 아니요 자유 있는 여자의 자녀니라. 그러므로 굳건하게 서서 다시는 종의 멍에를 메지 말라."고 하십니다. 「골로새서」 2장 8절에는, "누가 철학과 헛된 속임수로 너희를 사로잡을까 주의하라 이것은 사람의 전통과 세상의 초등학문을 따름이요 그리스도를 따름이 아니니라."하고 하십니다. 그것의 확실한 이유는 전 장을 통해 이어집니다. 10절에, "너희도 그 안에서 충만하여졌으니 그는 모든 통치자와 권세의 머리시라."고 하십니다. 그러므로, 그들의 머리인 그리스도가 우리를 거기에서 해방한 국가 권력의 법령에 의하여 완전하게 된 것도 아니고 더 종교적으로 되지도 않았습니다. "우리를 거스르고 불리하게 하는 법조문으로 쓴 증서를 지우시고 제하여 버리사 십자가에 못 박으시고"(14절). 하나님 자신이 쓰신 규례들, 더구나 사람들이 대담하게 다시 쓴 것들, 우리 자신을 거스르는, 즉 우리의 연약함을 거스르는, 더구나 우리의 양심을 거스르는 규례들을 없애신 것입니다. 16절에는, "그러므로 [먹고 마시는 것과 절기나 초하루나 안식일을] 이유로 누구든지 너희를 비판하지 못하게 하라."[114]고 합니다. 「갈라디아서」 4장 3절 이하에는, "이와 같이 우리도 어렸을 때에 이 세상의 초등학문 아래에 있어서 종노릇 하였더니 / 때가 차매 하나님이 그 아들을 보내사 여자에게서 나게 하시고 율법 아래에 나게 하신 것은 / 율법 아래에 있는 자들을 속량하시고 우리로 아들의 명분을 얻게 하려 하심이라 / 너희가 아들이므로 하나님이 그 아들의 영을 우리 마음 가운데 보내사 아빠 아버지라 부르게 하셨느니라 / 그러므로 네가 이후로는 종이 아니요 아들

---

[114] 밀턴의 본문에는 [ ] 안의 문구가 생략되어 있고 16절(v. 16)이라는 표시만 있다.

이니 아들이면 하나님으로 말미암아 유업을 받을 자니라 / 그러나 너희가 그때에는 하나님을 알지 못하여 본질상 하나님이 아닌 자들에게 종노릇 하였더니 / 이제는 너희가 하나님을 알 뿐 아니라 더욱이 하나님이 아신 바 되었거늘 어찌하여 다시 약하고 천박한 초등학문으로 돌아가서 다시 그들에게 종노릇 하려 하느냐 / 너희가 날과 달과 절기와 해를 삼가 지키니."라고 합니다. 그런고로, 만일 우리가 자유롭지 않다면, 우리가 아들이 아니라, 여전히 입양되지 않은 종일 뿐인 것이 확실해 보입니다. 그리고 만일 우리가 다시 약하고 천박한 초등학문(초등원리)으로 돌아간다면, 우리는 자유롭지 않을 것입니다. 그렇습니다. 비록 의지적으로, 오도된 양심으로 그렇더라도, 우리는 그것에 예속되기를 희망하는 셈입니다. 만일 뜻하지 않게 우리의 양심에 맞지 않게 그렇다면, 얼마나 더욱더 예속되겠습니까? 율법에서 복음으로 변화된 우리의 조건이 나쁜 것이었고, 복음에 의하여 조그만 유익이 생겼을 뿐일 것입니다. 만일 우리가, 우리에게 약속된 자유로의 입양 정신 대신, 두려움에 예속되는 영을 다시 받는다면, 만일 그 당시엔 하나님만을 향해 추종적이었던 우리의 두려움이, 이제 종교 안에서 인간을 향해 굴욕적이라면, 그렇습니다. 또한, 만일 우리 구세주의 구원에 의하여 하나님에게만 효도를 하기에 이르렀던 그 때 그곳에서, 그 두려움이 관료를 향해 이제 예속되어야 한다면, 그것은 이상하고 터무니없는 두려움인 것입니다. 관료가 이 같은 문제들에서 현재 그가 공민적인 범죄에만 내리는 처벌에 우리를 복종시킴으로써 공포와 만족의 법을 종교 속에 다시 가져오는 것입니다. 그렇게 하여 우리에게 전보다 더 나쁜 종노릇의 멍에가 되도록 율법을 다시 세움으로써 결국 복음을 철폐하는 것입니다. 그러므로, 관료들이 그리스도인으로 여겨지기를 얼마나 더 바라느냐에 따라,—왜냐하면 그들이 그리하여, 이런 문제들에 있어서 그들이 그래야 하듯이, 더욱 우리의 형제가 되고, 우리의 주인 노릇을 하지 않을 테니까,—그만큼 더 거리낌 없이 그리스도인 관료들을 염두에 두는 것을 가장 미천한 그리스도인조차도 합당하게 여길 것이며, 그들은 우리의 입양으로 인한 생득권과 외부적인 증거가 되는 기독교적인 자유를 경솔하게 간섭하지 않을 것입니다. 관료들이 기독교적인 자유를 별로 생각하지 않고, 아니, 자신들이 하나님을 섬긴다는 생각을 하지 않는 동안, 그들 자신이, 그 여종의 아들들처럼,[115] 성령으로 자유롭게 태어난 자들을 박해하고, 우리의 구세주가 그들을 위해 그분 자신의 피로써 값 주고 사신 성스러운 자유를 그들에게서 빼앗는, 적잖게 악화된 신성모독에 의하여, 그들을 박해하는 것이 밝혀지지 않으려면, 말입니다.

왜 관료가 종교에서 강제력을 사용하면 안 되는지, 네 번째 이유는 그가 거기에 그의 강제력을 개입시킴에 있어서 핑계로 삼을 만한 모든 목적을 고려함으로써 찾아보려 합니다. 그리고 그 이유는 먼저 하나님의 영광이 아닐 수가 없습니다.[116] 다음으로 그 이유는, 그의 강제력이 그가 강제하는 자들의 영적 유익이나, 다른 사람들에게 끼친 그들의 불명예에 대한 일시적인 처벌일 뿐이기 때문입니다. 하나님의 영광을 높인다는 것에 대하여 말하자면, 그분의 영광이 종교적인 사안에 있어서 입증할 수 없는 수단에 의하여 증진되어야 한다고 아무도 말하지 않을 것이며, 더구

---

[115] 「창세기」 21장 9절("사라가 본즉 아브라함의 아들 애굽 여인 하갈의 아들이 이삭을 놀리는지라")은 여종 하갈(Harar)의 아들 이스마엘(Ishmael)이 이삭(Isaac)을 놀리는 것을 묘사한다. 바울은 이전으로 되돌아가는 개종자를 언급하면서(「갈라디아서」 4: 29), 이 사건을, 시내(Sainai)의 언약을 따르는 "여종의 아들"이 더 새로운 언약을 따르는 자를 결과적으로 놀리는 하나의 비유에 적용한다: "그러나 그때에 육체를 따라 난 자가 성령을 따라 난 자를 박해한 것 같이 이제도 그러하도다."

[116] 장로교의 「소요리문답」(小要理問答, Shorter Catechism)에 나오는 첫 번째 질문은, 인간의 주요 목적을 "하나님을 영화롭게 하고 하나님을 영원토록 즐거워하는 것이다"라고 규정한다(Schaff, III, 676).

나 하나님이 명령하신 것과 상반된 수단에 의하여 증진되어야 한다고 아무도 생각을 하지 않으리라고 생각합니다. 외부적인 강제력은 이와 같으며, 하나님의 영광이 그분 자신의 의지와 권고에 따라 복음의 전체적인 운영에 있어서 강제력에 의해서가 아니라 연약함에 의하여—적어도 그렇게 논박되는바,—성취되어야 한다는 것입니다. 혹은 만일 외부적이고 육체적인 강제력이 아니라 내면적이고 영적인 강제력에 의한다면, 이미 대체로 입증된 바입니다. 외부적인 강제력은 종교에서 강요당하는 자의 유익에 도움이 될 수 없다는 것은 의심할 여지가 없습니다. 신앙생활에서, 복음 아래 우리가 무엇을 행할지라도, 우리는 거기에 대하여 망설임 없이 확신이 들어야 하며, 우리가 하는 행위에 의해서가 아니라 우리가 가진 신앙에 의하여 그 확신은 정당화됩니다. 「로마서」 14장 5절에, "각각 자기 마음으로 확정할지니라."고 합니다. 필수적으로 따라오는 다른 이유[117]는 복음서 전체의 토대와 근거로서, 「갈라디아서」 2장 16절과 사도 **바울**의 다른 많은 구절에서 분명하게 나타납니다. 우리가 "의롭게 되는 것은 율법의 행위로 말미암음이 아니요 오직 예수 그리스도를 믿음으로 말미암아"라는 것입니다. 만일 하나님의 율법의 행위에 의해서가 아니라면, 어찌 인간의 법의 금지에 의해서 가능할까요? 분명히 강제력은 신앙적인 확신을 주지 못하며, 그러므로, 양심을 정당화할 수도 진정시킬 수도 없습니다. 복음서에서 의롭다 하지 않고 정죄한 것은 선하지 않을 뿐만 아니라, 그것을 행하면 죄가 됩니다. 「로마서」 14장 23절에, "믿음을 따라 하지 아니하는 것은 다 죄니라"라고 합니다. 그러면, 관료가 신

---

[117] 여기서 밀턴은 관료가 종교 문제에서 강제력을 사용하는 이유로서 강제력의 사용 목적을 하나씩 반박하고 있다. 앞서 하나님의 영광을 위해 사용한다는 핑계를 반박했고, 두 번째로 신자의 영적 유익을 위해서 강제력을 사용한다는 이유를 반박한다.

앙에서 양심적인 사람들을 어떻게 강제하느냐를 그가 주의할 필요가 있습니다. 그들의 영적인 선을 겨냥하는 대신, 그들이 확신을 가질 수 없는 것, 즉 그들 자신이 정당화되지 않고 그들 자신의 양심에 따라 정죄당함을 알 수 있는데도, 그들에게 그것[118]을 하도록 강요함으로써, 그가 그들에게 악을 행하도록 강요하지 않도록 말입니다. 그리고 그가 그 자신이 아사(Asa), 요시야(Josia), 느헤미야(Nehemiah)라고 생각하는 반면, 그가 이스라엘에 죄를 짓게 한 여로보암(Jeroboam)[119]으로 판명되고,[120] 그렇게 하여 자신이 강요한 일치와 무조건적인 신앙의 그 모든 죄악과 파멸, 그리고 그 작은 자들에게 준 모든 상처를—「마태복음」 18장 6절[121]에 언급된 그 폭력적인 익사보다 그들을 실족하게 한 것이 더 나쁘다는 것을 어느 날 발견하게 될 것인바, 그 자신의 머리 위에 끌어오지 않으려면 말입니다.

마지막으로, 강제력에 대한 전제로써, 흔한 핑계거리는, 비록 유약한 양심은 관용해야겠지만, 그로 인해 생겨나는 추문(scandals)[122]은 처벌하지 않을 수 없다는 것, 유약한 양심에 자유를 주는 어떤 법의 구실 때문에, 불경스럽고 방종한 사람들이 종교적인 거룩한 의무의 수행을 소홀히

---

[118] 양심적 확신이 서지 않지만 강제적으로 하는 일을 가리킴.
[119] 이스라엘 최초의 왕으로서, 「열왕기상」 11: 26에 등장한다.
[120] 느헤미야는 바빌론 유폐 후 한 세기 지나서 예루살렘에서 유대의 회복 운동을 이끌었다. 그의 예는 웨스트민스터 신앙고백 제20장의 마지막 구절, 즉 종교 문제에서 국가 관료의 권력을 인정하는 대목을 지지하는 것으로 인용된다. 반면, 여로보암(Jeroboam)은 우상숭배를 제도화했고(「열왕기상」 12: 25~33), 선지자들의 경고를 무시한 후, 그의 아들의 죽음으로 벌을 받았다(「열왕기상」 14: 17).
[121] "누구든지 나를 믿는 이 작은 자 중 하나를 실족하게 하면 차라리 연자 맷돌이 그 목에 달려서 깊은 바다에 빠뜨려지는 것이 나으니라."
[122] 부정행위나 이에 따른 불명예 혹은 그런 스캔들에 수반되는 수치나 분노 등 광범위한 의미가 있음.

하도록 조장해서는 안 되리라는 것입니다.[123] 그런 계략에 의하여, 어떤 관료가 아니라 그리스도와 그분의 복음이 줄 권한이 있는 그 자유를 조금씩 빼앗아갈 그런 의향이 있을 수 있는 자들에게, 이제부터 그 길이 열립니다. 비록 관료가 주는 이런 방식이 한 손으로 주고 다른 손으로 빼앗아가는 것일 뿐이며, 주는 것이 아니라 속임수일지라도 말입니다. 추문에 대해 말하자면, 만일 어떤 사람이 다른 사람의 양심적인 자유에 기분이 상한다면, 그것은 주어진 것이 아니라 획득한 추문입니다. 하나의 양심을 치료하고자, 우리가 다른 양심을 상하게 해서는 안 됩니다. 그리고 관료에게 강요당하지 않는 기독교적인 자유 안에서 추문을 조심하라고 사람들에게 권고해야 합니다. 주어진 것인지 쟁취된 것인지 불확실한 그 추문을 그가 없애려고 하는 동안, 확실하고 거룩한 하나님의 선물이며, 관료가 손대거나 우리가 떼어놓을 수 없는, 우리의 자유를 그가 빼앗지 않도록 말입니다. 사도 **바울**보다 물의를 일으키는 것을 더 조심한 자는 없습니다. 그렇지만 「고린도전서」 9장 19절에 보면, 그 자신이 "모든 사람에게 종"이 된 것은, 그가 "더 많은 사람을 얻고자" 자발적으로 그렇게 한 것이며, 외부적인 힘에 따라 그렇게 된 것이 아니었고, 동시에 그가 "모든 사람에게서 자유로움"을 입증하는 것이었습니다. 그리고 그 뒤에 「갈라디아서」 5장 13절에서, 우리에게 역시 권고하기를, "너희가 자유를 위하여 부르심을 입었으나 그 자유로 육체의 기회를 삼지 말고 오직 사랑으로 서로 종노릇 하라"고 하며, 그러므로, 강제력에 의하여 그렇게

---

[123] 르월스키(Lewalski)는 이것이 사보이 선언을 향한 것이라고 주장한다(*Prose of John Milton*, ed. J. Max Patrick (New York, 1967), p. 474, n. 29). 그러나 그것은 웨스트민스터 신앙고백에 명백히 반대되는 듯한데, 그것은 제20장에서 양심의 자유를 옹호하고 나서, "기독교 자유라는 구실로, 어떤 권력에 반대하는 자들은... 그것이 국가 권력이든 교회 권력이든, 하나님의 규례를 범하는 것이며" 처벌되어야 한다고 주장한다(Schaff, III, 645). 그 구절은 사보이 선언에서 생략되었다.

하라는 것이 아닙니다. 불경하고 방종한 사람들이 신앙적인 거룩한 의무를 생략하도록 조장하지 않을까 하는 그런 두려움에 대해서는, 그 근심에 찬 보살핌이 어떻게 국가 관료에게, 특히 그의 강제력에 예속될 수 있을까요? 만일 불경하고 방종한 사람들이 신앙적인 거룩한 의무들을 소홀히 하지 않아야 한다면, 그것은 그들이 이 같은 의무들을 수행할 수 있다는 것을 암시하기 때문인데, 프로테스탄트라면 아무도 이를 인정하지 않을 것입니다. 외적인 행동을 의미하는 자들은 그것을 그렇게 설명할 수도 있을 것입니다. 그리고 더 명확하게 드러날 것은, 신앙적인 거룩한 의무들을 이렇게 수행하는 것은, 특히 불경하고 방종한 사람들에 의한 수행은, 하나님을 경배하기보다 모독하는 것입니다. 그리고 그분이 요구하시는 것이 아니라 증오하시는 것입니다. 「잠언」 21장 27절에, "악인의 제물은 본래 가증하거든 하물며 악한 뜻으로 드리는 것이랴?"라고 합니다. 그러므로, 불경한 자에게 그의 불경함 가운데서 거룩한 일을 하도록 강제하는 것은 율법 아래에서 부정한 자에게 그의 부정 가운데서 제사를 지내도록 하는 것과 복음 아래서는 완전히 같은 것입니다. 그리고 제가 더욱이 부언하고자 하는바, 방종한 자를 그의 방종 가운데서, 그리고 양심적인 자를 그의 양심에 반하여 강요하는 것은 똑같은 결과에 이를 것이며, 하나님의 영광에 이바지하지 않고, 그들 모두로 하여금 죄의 증식과 악화에 이바지하게 할 것입니다. 우리는 그리스도가 강제력을 행사한 적이 단 한 번밖에 없음을 읽어서 알고 있는바, 그것은 불경한 자들을 그분의 성전에서 내쫓은 경우이고 그들을 강제로 끌어들인 것이 아니었습니다.[124] 그리고 만일 그들이 그 안에 있는 것이 위반이라면, 그들이 거기서

---

[124] 「요한복음」 2: 14~16에는 어떻게 그리스도가 성전에서 환전상들을 몰아내었는지 묘사한다.

기도하는 것이 가증한 것임을 많은 다른 성경 구절들에 따라 알 수 있습니다. 그렇지만, 국가는 일개 하인처럼 유대교의 율법에 예속되었지만, 개인은 복음에 자발적으로 자신을 맡기고, 말씀의 설교에 의하여 아들로서 초대될 뿐입니다. 규례나 무력에 의하여 강제로 소환되는 것이 아닙니다. 만일 「로마서」 12장 1절에서, 사도 바울이, 우리에게 "하나님의 모든 자비하심으로" 우리의 "몸을 하나님이 기뻐하시는 거룩한 산 제물로 드리라"고 권고하고, 그것은 우리가 드릴 "합당한 예배니라"고 한다면,[125] 누구도 인간의 강제적인 법에 따라 자기의 몸을 죽은 제사로 드리도록 강요되는 것이 아닙니다. 그리하여, 그것은 비이성적인 예배이기에, 즉 자발적이 아닐 뿐만 아니라 의식적이지 않고, 복음 아래서는 가장 부정하고 받아들여질 수 없는 것입니다.

그러나 만일 불경하고 방종한 자들이 거룩한 의무의 이행을 생략할 수 없다면, 왜 그들이 거룩한 일에 참여할 수 없다는 말입니까? 전자와 후자의 행위가 둘 다 외적인 것일 수 있고, 그리고 의무의 외적인 수행은 적어도 외적인 이익에 참여하게 할 수 있는데, 왜 그들이 주님의 만찬에 금지당한단 말입니까?[126] 교회가 마땅히 그러하듯이 그들에게 은총과 감사의 성찬을 거부할진대,[127] 그들 자신이 부정(不淨)하기에 사실상 수행할 수도 없는 것을 일치하여 수행하도록 왜 권력자가 강요한단 말입니까? 겉치레로 하는 것은 하나님에게 가증스럽고, 거룩한 의무를 불경하게 행

---

[125] 인용 구절에서 이탤릭체가 아닌 부분은 밀턴의 맥락에 맞게 조절한 것이다.
[126] 「고린도전서」 11: 27~28에 성찬식을 합당치 않은 자에게 금하는 그리스도의 명령이 나온다.
[127] 이를테면, 웨스트민스터 신앙고백은 제29장 8절은 사보이 선언이 따른 구절이다. 의회는 1648년 8월 29일에 오래 연속된 "부정한 죄"(scandalous offenses)가 있을 경우 신도의 성찬식 참여를 중지시킬 수 있는 교회의 권리를 확정했다. *Cf.* Firth and Rait, *Act and Ordinances*, I, 1206.

하는 것은 거룩한 기적이나 성례를 합당치 않게 받아들이는 것만큼 위험한 것입니다. 모든 불경하고 방종한 사람들은, 그렇게 알려진 대로, 교회 안에서 이제까지 결코 그렇게 여겨지지 않았던 만큼, 교회 밖에서 불경하고 방종하다고만 여겨지거나, 그들 자신의 의도에 따라 교회에서 쫓겨나거나 파문당하는 것입니다. 만일 그들이 교회 안에서 여태 결코 그렇지 않았다면, 「고린도전서」 5장 12절에서 인정한 것처럼,[128] 사도 **바울**이 인정한, 결국 교회가 판단할 것이 아무것도 없는 자들을, 그렇다면(then),[129] 그 어떤 권위에 의하여 관료가 그들을 판단하며, 혹은 더 심하게, 교회와 관련하여 강제할 수 있단 말입니까? 「누가복음」 15장 4절 이하에서 보듯이, 만일 잃어버린 양처럼 그 자신의 의지에 따라 떠났다면, 진정한 교회는 그녀 자신의 강제력이나 어떤 빌린 강제력으로 그를 다시금 끌어들이고자 괴롭히지 않고, 도리어 모든 자비로운 방식으로 그를 찾아 나섭니다. 그리고, 교회가 그를 발견한다면, 그를 그녀의 어깨에 부드럽게 올려놓고 실로 그의 짐과 실수와 약점을 용인될 수 있는 방식으로 떠맡고, 「갈라디아서」 4장 2절 말씀대로, "그리하여 그리스도의 법을 성취하는" 것입니다. 만일 교회가 나가라고 명해 파문당한 자라면, 누구의 이름으로 관료가 그를 들어오게 강요하겠습니까? 교회는, 사실상, 그 문이 모두에게 열려있기에, 그녀의 공회에서 누구나 듣는 것을 방해하지 않으며, 파멸에 이르도록 파문하지 않고, 교회에 집중되어 있는 한, 마지막 구원에 이르게 합니다. 그러므로, 교회의 의도는, 그녀의 추방이 외적 형벌을 가져오는 것이 아니듯이, 부적절하고 단지 파괴적인 권력의 외부적 처벌 능력이

---

[128] "[교회] 밖에 있는 사람들을 판단하는 것이야 내게 무슨 상관이 있으리요마는 교회 안에 있는 사람들이야 너희가 판단하지 아니하랴."
[129] 본문의 판본에 따라, "그들에게"(them)로 표기된 것도 있으나, 그럴 경우 앞의 "자들"(whom)을 받는 것으로 볼 수 있다.

그녀의 병든 양을 다시 몰아넣어서도 안 된다는 것이 틀림없습니다. 그 양이 전염되었기에 몰아냈으므로 전체 건강한 양들뿐만 아니라 그 자신이 완전히 멸망할 위험을 수반하지 않고는 몰아넣을 수 없는 것입니다. 강제력은 종교 안에서 교훈을 주지도 못하고, 회개나 개심이나 생명을 초래하지 못하며, 반대로, 마음의 완악함, 형식, 위선을 초래하고, 내가 앞서 말씀드린 바와 같이, 모든 방식으로 죄의 증식을 초래합니다. 그런 폭력은 강제로 쫓아내고 끌어들이는 폭력적인 종교에서 마음을 더 멀어지게 하고, 우리의 역사 이야기 속에서, **픽트족**(Picts)과 바다 사이에서 이리저리 내몰린 브리튼족이 불평하는 것과 같은 조건으로 내몰게 됩니다.[130] 만일, 파문된 후, 그가 다룰 수 없고, 고칠 수 없다고 판명되고, 교회의 말을 듣지 않으려 한다면, 결코 그분의 말뚝 안에 여태 있지 않은 자로서, 「마태복음」 18장 17절에 나오듯이, "이방인이나 세리"가 되며, 더이상 판결받지 않고, 공민적인 이유가 아니라면, 아니 결코 관료에 의하여 그렇게 되지 않겠지만, 불꽃을 타고 오실 그 심판자의 마지막 판결에 처하게 될 것이며,[131] 그 이상으로 **마라나다**(Maran athà)[132]라는 심판이 그에게 남을 것이며, 그보다 더 두려운 것이 없을 것이며, 종종 그에게 특별히, 다시 말하면, "주님이 오신다"는 것만큼 임박한 것은 없습니다. 그러는 가운데, 「고린도전서」 5장 5절과 「디모데전서」 1장 20절의 말씀

---

[130] 『브리튼의 역사』(*History of Britain*) 제 III권에서, 밀턴은, 스코틀랜드인과 픽트족 (옛날 스코틀랜드 북동부에 살던 민족)이 브리튼족을 계속 습격했으며 후자는 이런 습격에 대해 그 당시 로마의 집정관이었던 아에티우스(Aetius)에게 항의를 했다고 적고 있다. *Cf. CPW*, V, 138; Bede, *Ecclesiastical History* (Loeb edition), I, xiii.

[131] 「요한계시록」 1: 14.

[132] "우리 주님이 오신다는 의미의 옛 시리아 단어이다. 그것은 그리스도인들 사이의 가장 큰 파문에서 사용되는 단어이며, 이는 인자(the Son of God)의 마지막 재림 때에 그들이 파문된 자들을 두려운 심판관 앞에 소환했다는 것을 암시한다." *Cf.* Downame, *Annotations, ad* I Conrinthians 16: 22.

대로, 사탄에게 인도되어, 다시 말하면, 그리스도의 양 우리와 은총의 왕국으로부터 사탄의 왕국인 세상으로 넘겨지며, 그리고 그가 다시 와서, 「사도행전」 26장 18절 말씀대로, "어둠에서 빛으로, 사탄의 권세에서 하나님께로" 받아들여졌듯이, 그렇게 이제 다시금 빛에서 어둠으로, 그리고 하나님에게서 사탄의 권세로 끌려나가게 됩니다. 그렇지만, 두 구절 모두에서 분명히 드러나듯이, 그를 구원하려는 의도로, 어떤 육체적인 엄격함보다 영적인 엄격함에 의하여 참회로 이끄는 것입니다. 그러나 율법에서조차, 지금 복음 아래서는 더욱 그러한, 그런 거룩한 의무의 수행은 불경하고 방종한 사람들에게서는 하나님에게 가증스러웠던바, 그런 사람들이 그런 거룩한 의무의 수행을 생략하지 않는 것을 관료의 소관으로 어떻게든 인정하면, 관료로서 그리고 그리스도인으로서 그의 관리는, 이런 사안들에서 방종이 외부적으로 순응해야 한다기보다 양심이 내부적으로 파괴되지 않아야 한다는 것입니다. 그의 역할은 의심할 여지없이 그리스도인으로서의 것이며, 그런 역할이 관료로서의 역할보다 더욱더 이런 임무를 맡게 한 것이기에, 모든 점에서, 불경한 자들보다 양심적인 자들을 더 잘 돌봐야 합니다. (그들이 주는 체하면서) 자신들을 위해 가져가버리거나, 종교적인 양심의 정당한 자유를 축소하지 않도록 말입니다.

 이런 네 가지 성경적인 이유 때문에, 확고한 정사각형에 놓인 것처럼, 이런 진리, 즉 그리스도인의 복음주의적인 자유는 방종과 혼란의 가공(架空)적인 모든 결과에 대하여 요지부동할 것이며, 대부분 그들 자신이 가장 방종하고 혼란스런 자들이나, 자신의 엄격성을 하나님의 지혜보다 더 현명하게 여길 자들은, 이런 방종과 혼란을 하나님의 방식을 반대하는 이유로 주장할 경향이 가장 높습니다. 마치 하나님이, 이러한 자유를 우리에게 주었을 때, 그분 자신의 방도도 없어서, 오만에 빠진 그들이 예상하고 주장하는 최악의 경우를 그분이 알지 못하기라도 했을 것처럼 말입니다. 그렇지만, 하나님은 그것의 모든 최악의 경우를 알기에, 가장 최선이라고 판단하는 대로, 우리에게 이런 자유를 주셨습니다. 종교를 안정시키는 것이 그들의 임무라고 생각하는 관료들에 대하여, 그리고 종종 그들에게 그렇게 해달라고 요청하는 성직자들이나 다른 자들에 대하여 말하자면, 여기에 논의된 것을 잘 고려했다면, 그들은 그런 의도를 고집하지도 않을 것이며, 이들이 그들로부터 그런 기대를 계속하지도 않을 것입니다. 그때 그들은 종교의 안정이 각 교회 안에서 설득력 있고 영적인 수단에 의하여 그 교회에 속한 것이며, 교회를 방어하는 것만이 관료에게 속한 것임을 알게 될 것입니다. 그가 교회 문제에 대하여 더는 관여하지 않아야 한다는 것을 알게 되었다면, 그의 수고 중 절반은 덜게 될 것이며, 공화국은 더 잘 관리될 것입니다.

그런 목적으로 글 서두에서 제가 말씀드린 대로 적절한 자리에서 좀 더 상세히 다루게 된 것을 이제 마무리하면서, 그들이 종교가 무엇인지를 진지하게 생각하기를 저는 기대합니다. 그러면, 그들이 그것은 요컨대 하나님에게만 의존하는 우리의 믿음과 우리의 실행 모두라는 것을 알게 될 것입니다. 그런고로, 신성한 문제들에서 우리가 무엇을 믿을 것인지, 신앙적인 문제에서 어떤 실천을 해야 하는지를 지정함으로써, (그러한 문제들 가운데 어느 것도 그들 스스로 이행하거나 다른 사람들에게 할 수 있게 하는 것이 인간의 권력에 있지 않은바,) 종교 문제의 해결에서, 관료나 그의 강제력에 허용된 자리는 있을 수 없다는 점, 모든 신실한 사람들의 기독교적인 통찰력 가운데, 그들이 진지하게 더 검토하면 할수록, 이것이 진실임을 명확하게 알게 될 것이라고 저는 확신합니다. 또한 그리스도인(Christian)인 관료는 두 석판(법전)[133]의 파수꾼(Custos utriusque Tabula)

---

[133] 모세가 하나님으로부터 받은 십계명은 두 석판으로 구성되어 있었고, 첫째 석판에

이라는, 그토록 의지해온 그 평범한 말이 얼마나 거짓되고 경멸스러운지 알게 될 것입니다. 파수꾼이라는 단어에, 방어자라는 의미만 있는 것이 아니라면 말입니다. 그 격언은 이 논문의 처음이나 마지막 둘 다에서 논박되지 않은 어떤 증거나 논쟁에 따라 옹호될 수도 없으며, 두 석판, 즉 십계명은 하나님과 우리의 이웃에 대한 우리의 의무를 양자 모두에 대한 사랑으로부터 가르치며, 그 어느 것도 강제할 권위를 관료들에게 주지 않습니다. 그들은, 비록 잘못된 근거에서이긴 하지만, 제가 보여준 바와 같이, 특별히 첫 번째 석판에 나타난 사법적 근거에서 그 권위를 추구합니다. 그리고 첫째와 둘째 석판 모두에서, 하나님의 공정한 법에 따르지 않고 그들 자신의 법에 따라 그 권위를 대부분 행사합니다. 사회적, 외면적 인간의 범죄들에 대하여 말하자면, 그것들은 모두 탐욕의 범죄처럼 두 번째 석판에 맞서는 범죄가 아닌바, 그것들에 있어서는, **모세**나 두 석판이 있기보다 오래전의 처음부터, 그들이 지금 가지고 있는 권력을 가지고 있었던 것입니다. 그리고 이제 그것들이 두 개의 법적인 석판이 그렇듯이, 어느 그리스도인이 지켜내기에는 존재가 미약한 것은 아닌지, 이는 여전히 미결상태인바, 그것들이 어떤 그리스도인 관료에게 관리하도록 결코 맡겨진 것이 아님이 확실합니다. 그러나 이런 것들에 대해서는 다른 기회에 더 많이 다룰 생각입니다.[134] 현재 도움이 될 수 있는 것은

는 하나님과 그분을 대변하는 부모의 권위에 대한 존중을 나타내며, 둘째 석판은 이웃에 대한 존중을 나타낸다는 것이다. 두 석판이 제각기 동일한 십계명을 담고 있다는 주장도 있다.

[134] 밀턴은 『기독교 교리』(*Christian Doctrine*)에서 그 주제를 다루는데, 그의 관점에서, "모든 옛 언약, 즉 모세의 전체 율법이 폐지되었다." 반면에, 장로파 신도들 입장에선, 하나님이 아담에게 "행위의 언약인 율법"을 주었으며", 타락 이후에 그것은 "의의 완벽한 규칙으로 계속 남아있고, 그런 자격으로서, 하나님에 의하여 시내 산에서 십계명으로 제공된 것이었다." 이것은 "흔히 도덕적"이라고 불리는 율법이며, 그것은 "우리 모두를, 그것에 영원히 순종하도록, 다른 사람들만큼 의로

성경에 근거하여 충분히 이상에서 논의가 되었습니다. 그리고 제시한 것들에 덧붙인 것들로서, 이런 신조를 주장하는, 오늘날까지 이어지는, 모든 시대의 증거, 사례 및 경험이 있을 수 있습니다. 그러나 이 점에서 그토록 풍부하고 명백한 성경이 있으므로, 우리는 마땅히 진정한 힘과 용기라고 부를 수 있는 모든 것을 가진 셈입니다. 나머지는 허세와 장애물일 뿐일 것입니다. 독서의 허세와 과시는 저속한 자들 사이에서는 칭송되지만, 분명히 종교 문제에 있어서는 가장 명확한 자가 가장 학식 있는 자입니다.[135] 조그만 편람일 뿐인 것처럼 제가 간결하게 다루었지만, 그렇다고 덜 중요하게 여겨지지는 않으리라고 생각합니다. 방대한 책만이 대단한 문제를 결정할 수 있다고 생각하는 자들을 상대로 하지 않는다면 말입니다. 별로 그러지 않아도 되는 경우마저 야단법석을 떨지 않고자, 저는 차라리 평범한 규칙을 선택했습니다. 논쟁에서, 특히 종교적인 논쟁에서는 그렇게 하는 것이 논쟁을 덜 지루하게 만들 것이고, 결과적으로, 더 많은 자에 의하여, 더 많은 유익을 가져오며, 더 자주 읽힐 것입니다.

끝

운 사람들도 속박한다."는 것이다(*Westminster Confessions*, Chap. 19; Schaff, III, 640~641). 그리고 동일한 주장이 사보이 선언에도 나온다.

[135] 학식 있는 목사에 대한 동일한 주장이 밀턴의 『고용성직자』(*Hirelings*)에도 나타난다.

역자 해제

　존 밀턴(John Milton, 1608~1674)은 영문학사상 르네상스 휴머니즘(humanism)을 마지막으로 장식한 시인이자 산문작가이다.[1] 오늘날에는 중세 시대를 신본주의 시대, 르네상스 시대를 인본주의 시대라고 부르곤 하며, 현대의 인본주의 운동은 세속주의와 맥을 같이 하는 비종교적 운동으로 인식하기도 한다. 그러나 문예적인 휴머니즘을 추구한 셰익스피어와 달리, 밀턴은 크리스천 휴머니즘(Christian humanism)과 정치적 휴머니즘까지 추구하였다. 밀턴은 하나님(God)[2]의 섭리를 인정하는 기독교적 가치관을 따르면서도, 동시에 인간의 자유의지를 강조하는 크리스천 휴머니스트였다고 할 수 있다. 이 점이 밀턴으로 하여금 문예적인 휴머니즘에 머무르지 않고, 정치적 휴머니스트로서 영국혁명의 선봉에서 산문논쟁에 뛰어들게 한 원동력이 되었던 것이다.

　밀턴의 크리스천 휴머니즘은 종교개혁(Reformation)과 영국혁명(the

---

[1] 제임스 핸포드(James Holly Hanford)는 밀턴이 대표적인 르네상스 인물이자 기독교 인본주의 사상가였다고 주장하며, 그의 주요한 세 작품 가운데, "전체 르네상스 정신(the total Renaissance)의 총화가 보인다."라고 주장한바 있다. *Cf.* "Milton and the Return to Humanism," *Milton Criticism: Selections from Four Centuries*, ed. James Thorpe (London: Routledge & Kegan Paul, 1965), 168.

[2] 대문자로 시작하는 고유명사인 'God'을 우리말로 '신'이라고 번역하는 것은 잘못된 번역이다. 영어의 'God'은 어떤 불특정한 신을 부르는 호칭이 아니기 때문이다. 물론, 가톨릭에서 '천주님' 혹은 '하느님'이라고 부르거나 개신교에서 '하나님'이라고 부르는 것은 동일한 'God'을 가리키며, 우리말로 번역할 경우, '하느님'과 '하나님'은 다 맞는 번역이다. 그러나 밀턴의 산문에서 사용되는 'God'은, 그가 프로테스탄트 개신교도였다는 점을 감안하여, 개신교의 표현을 따라 '하나님'이라고 번역하는 것이 맞다.

English Revolution)의 거대한 역사적 흐름을 타고 종교적, 정치적 자유를 추구하는 혁명적인 에너지로 분출되었다. 영국혁명은 종교개혁과 맞물려서 종교적 성격을 띠게 되었고, 그 때문에 청교도혁명(the Puritan Revolution)으로 불리기도 한다. 이러한 혁명의 중심에서 공화주의 사상의 비공식적 대변자 역할을 한 밀턴에게, 논쟁적 산문은 그의 크리스천 휴머니즘을 실천하는 현실적인 방안이었을 것이다. 밀턴의 산문 작품들은 영국혁명이라는 토양에서 나온 결실인 동시에, 반대로 영국혁명의 사상적 자양분이 되었다고 할 수 있다. 밀턴의 문학을 역사적 맥락에서 접근하여 밀턴 문학의 새로운 지평을 연, 저명한 역사학자인 크리스토퍼 힐(Christopher Hill)에 의하면, 영국 최고의 혁명가이자 시인이었던 밀턴의 시를 이해하려면 그의 사상적 배경을 이해해야 하는데, 이를 위해서는 역사적 배경에 대한 충분한 이해가 전제되어야 한다는 것이다.[3] 밀턴의 시를 영국혁명의 결실로 조명한 이 같은 관점은 밀턴의 문학과 정치의 상관성을 이해하는 데 당연한 전제라고 생각된다. 그런데 밀턴의 사상을 이해하려면 그의 시보다 산문을 이해하는 것이 더 중요하다. 밀턴의 논쟁적 산문 작품들은 그의 문학은 물론 영국혁명 자체를 이해하는 데도 소중하고 역사적인 자료이기 때문이다.

밀턴의 시문학, 특히 후기의 『실낙원』(*Paradise Lost*)과 『복낙원』(*Paradise Regained*)[4] 등의 서사시 작품은 종교적 주제가 전면에 부각되는 반면 정치적 메시지는 수면 아래에 가라앉아 있다. 피상적으로는 이

---

[3] Christopher Hill, *Milton and the English Revolution* (New York: Viking Press, 1977), 4.
[4] 『복낙원』은 '간결한 서사시'라고 불리기도 한다. *Cf.* Barbara Kiefer Lewalski, *Milton's Brief Epic: the Genre, Meaning, and Art of* Paradise Regained (Providence: Brown UP; London: Methuen, 1966).

시들이 현세의 인간 역사보다 초월적인 신의 섭리나 종교적 관점을 보여주는 것처럼 읽힐 수도 있다. 왕정복고가 된 이후에 쓰인 시문학 작품 중에서, 공화정을 노골적으로 지지하는 정치성을 드러낸 작품을 찾기는 쉽지 않기 때문이다. 그럼에도 불구하고, 밀턴의 서사시에서마저 그의 자유사상은 그 기저에 흐르는 주요한 주제가 된다.[5] 그러므로, 밀턴의 시문학에 나타난 그의 자유사상을 이해하려면 그의 산문 논쟁을 이해하는 것이 필수적이다.

더구나 밀턴의 산문 연구는 그의 시문학을 이해하려는 문학적 차원을 넘어선다. 그의 논쟁적 산문에는 시문학이 보여주지 못하는 논리적이고 구체적인 자유사상이 분명하게 나타나기 때문이다. 밀턴 산문의 문체가 난해하고 복잡하기는 하지만, 『아레오파기티카』(*Areopagitica*)나 『국가권력론』(*A Treatise of Civil Power*)의 경우에는 수사적 표현의 우수성이 전면에 부각되어 높은 문학성을 보여주기도 한다. 물론, 그의 산문은 문학적 가치보다 사상사적 가치로서 더 큰 의의를 지닌다. 영국혁명기의 상징적인 사상가로서의 그의 진면목이 산문 작품 가운데 유감없이 발휘되기 때문이다.

밀턴은 자신의 시적 소질을 "목숨을 걸고서도 숨길 수 없는 재능"(one Talent which is death to hide)이라고 생각하였으나,[6] 찰스 1세(Charles I)의 폭정과 영국 국교회의 횡포에 맞선 투쟁의 절박성을 느끼게 되자, 시창작(詩創作)을 뒤로 미루고 20여 년간 영국혁명을 위한 산문 논쟁에

---

[5] 역자는 밀턴의 후기 시문학 작품에 나타난 정치적 주제에 관하여 일관성 있게 연구한 바 있다: 「『실낙원』에 나타난 밀턴의 공화주의」, 『밀턴연구』 제12집 5호 (한국밀턴학회, 2001), 59~90; 「『투사삼손』에 나타난 묵시적 비전과 정치성」, 『밀턴연구』 제13집 2호 (한국밀턴학회, 2003), 395~426; 「『복낙원』의 정치성」, 『새한영어영문학』 제49권 2호 (새한영어영문학회, 2007), 25~45 참조.

[6] John Milton, Sonnet 19.

전념하였다. 영국혁명이라는 현실적인 대의(大義) 앞에서, 밀턴은 이상주의적 성향이 짙은 시창작보다 현실주의적인 산문 논쟁에 뛰어들었던 것이다. 그가 산문 논쟁에 뛰어든 시기는 영국이 역사상 유례 없는 정치적 소용돌이에 휘말려 있던 혁명의 시대였고, 당대의 정치와 종교는 서로 분리하여 생각할 수도 없을 정도로 복잡한 상호 연관성을 지니고 있었다. 영국혁명이 크롬웰 공화정을 초래하기는 하였으나 그 공화정은 오래가지 못하였고 결국 왕정복고로 끝났기 때문에, 이러한 갈등의 시대를 지칭하는 명칭도 역사학자들에 따라 다양하다. 혁명, 반역, 혹은 내란 등으로 표현되기도 하지만, 결국 나중에 명예혁명(the Glorious Revolution, 1688)을 거치면서 왕권이 실질적으로 폐지되고 의회민주정치가 정착되는 계기가 되었다는 점에서 혁명이라고 보아도 무방할 것이다.[7]

밀턴의 산문 작품이 이러한 역사적 배경 속에서 태동하였기 때문에, 그의 산문 작품을 이해하기 위해서는 먼저 산문 논쟁의 터전이 된 영국혁명의 역사적 배경을 간략하게나마 살펴보아야 할 것이다. 영국혁명은 무엇보다 영국의 종교개혁과 밀접한 연관성이 있다. 종교개혁의 시발점은 헨리 8세(Henry VIII, 1509~1547)인데, 그는 자신의 이혼 문제로 로마 가톨릭으로부터의 독립을 요구하였고, 1534년 영국 국왕을 국교 주권자로 세우며 로마 교황의 주권을 부인한 수장령(Act of Supremacy)을 선포하였다. 이렇게 그는 행정개혁과 종교개혁을 단행하여 절대왕권을 유지

---

[7] 17세기 중반기에 일어난 영국의 정치적 갈등을 두고 역사가들은 그 의미를 다양하게 해석해 왔지만, 사실 그들 자신의 편견과 관점을 드러내는 데 불과하였다. 법치주의를 향한 진보과정으로 보는 역사가들이 있는가 하면, 심각한 이념적 구분이 없었다고 하는, 소위 수정주의 역사가들이 있었다. *Cf.* Sharon Achinstein, "Introduction," *Milton and the Revolutionary Reader* (Princeton: Princeton UP, 1994). 아이러니컬하게도, 콘래드 러셀(Conrad Russell)은 이 시기에 관한 자신의 논문집을 『비혁명적 영국, 1603~1642』(*Unrevolutionary England, 1603-1642*, 1990)이라고 명명하고 있다.

하였음에도 헌정질서를 존중하며 의회를 통해 중대사를 결정하였다. 에드워드 6세(Edward VI, 1547~1553)까지 개신교 성향이 이어지다가, 스페인 필립 2세(Philip II)의 부인이 된 메리 여왕(Queen Mary, 1553~1558)은 '유혈의 메리'(Bloody Mary)라 불릴 만큼 개신교도들을 탄압했다. 그녀의 뒤를 이은 엘리자베스 여왕(Queen Elizabeth, 1558~1603)은 메리 여왕으로 인해 굴욕감을 느꼈던 영국국민에게 새로운 희망이었으며 개신교적인 영국 국교회를 확고히 함으로써 신구교의 급진파를 제외한 모든 신자들에게 종교적 관용을 베풀어 국민통합을 이루었다. 엘리자베스 1세 치하의 의회는 여왕에게 순종적이었고 불화가 없었다. 정치적, 종교적 통합이 이루어진 번영의 시대에 군주제에 대한 불만이 생겨날 여지가 없었기 때문이다. 그러나 엘리자베스 1세를 끝으로 튜더왕조가 단절되고, 1603년 제임스 1세(King James I, 1603~1625)가 왕위에 오르자 다시 왕과 의회의 갈등이 시작되었다. 영국의 실정에 어두운 그는 왕권신수설을 더욱 옹호하였고 주교제도에 반대하는 청교도들을 탄압했다.

제임스 1세의 뒤를 이은 찰스 1세(1625~1649)는 부왕 이상으로 정세에 어두워 의회와의 충돌은 심화되었다. 왕은 측근에 캔터베리 대주교(Archbishop of Canterbury)였던 윌리엄 로드(William Laud)와 스트래퍼드 백작(Earl of Strafford)을 두고 성법원(Star Chamber)과 고등종무관 재판소(High Commission) 등을 이용하여 청교도를 탄압하였고, 의회 없이 수입을 얻으려고 국왕의 대권을 남용하였다. 그가 신임한 완고한 로드 대주교(Archbishop Load)는 영국 국교회의 신봉자로서 가톨릭과 유사하게 국교회를 이끌어 갔으며 청교도들에 대한 박해는 한층 심해졌다. 이 때문에 그들은 신대륙으로 도피하거나 왕권에 대항하는 세력을 구축하였다. 설상가상으로 프랑스, 스페인 등과 전쟁까지 시작하여 전비에 궁해진 찰스 1세는 더욱 전횡을 일삼았고, 과중한 과세와 강제 공채, 군대의 민가 강제 숙박, 일반인의 군법 적용 등을 통하여 지속적인 전제정치를 행하였다. 1628년 국외 전쟁 비용에 궁색해진 찰스 1세가 의회를 소집하자 의회는 강제 공채와 불법 투옥 문제를 둘러싸고 왕과 대립하게 되었고 권리청원(Petition of Right)이 발생하였다.[8] 그러나 1629년 국왕은 이 권리청원을 무시하고 의회를 해산함과 동시에 의회의 지도자들을 투옥한 뒤 11년간 의회를 소집하지 않고 전제정치를 하였다. 이것이 청교도혁명의 직접적인 원인이 되었다.[9]

찰스 1세는 1639년까지 번영을 누리다가 결국 스코틀랜드와의 전쟁에 말려들게 되었다. 1637년 그는 잉글랜드의 공동기도서(the English Book of Common Prayer)에 기초한 예배의식을 스코틀랜드에 강요하여 많은 저항을 초래하였다. 이에 장로교를 옹호하기 위해 많은 스코틀랜드인들이 국민계약(National Covenant)에 서명하자 찰스는 무력으로 교회 정책을 강화하고자 맞섰다.[10] 영국 국교회의 예배의식을 강요하려는 찰스와 감독제의 폐지를 주장하는 스코틀랜드인들 사이에 벌어진 소위 주교전쟁(Bishops' Wars; 1639, 1640)의 첫 번째 진격은 전투의 개시도 못 한 채 평화조약을 체결하는 것으로 끝났다. 두 번째 시도 역시 단기의회(the

---

[8] 권리청원은 1628년 하원에서 기초하여 그 해 6월 7일 찰스 1세의 승인을 얻은 국민의 인권에 관한 선언으로서, 청교도혁명(the Puritan Revolution)과 관련된 인권선언이었다. 역사적으로 보면, 이 청원은 주권이 국왕으로부터 의회로 옮겨지는 시발점이 되었고 따라서 영국 헌법사상 중대한 의의를 갖는다.

[9] 1640년대의 영국혁명을 청교도 혁명이라고 부르기도 하는데, 그 이유는 왕의 적대자들이 영국 국교회 소속 주교들과 적대적 관계에 있는 청교도 교파들로 구성되었으며 왕의 패배는 바로 감독제의 폐지를 뜻했기 때문이었다(Schiffhorst, *John Milton* 23). 영국혁명의 제원인에 대한 국내의 연구는 홍한유,『영국혁명의 제원인』(법문사, 1982)을 참고할 것.

[10] 스코틀랜드의 계약사상의 역사와 그 의의에 대하여는 홍치모 교수의『스코틀랜드 종교개혁과 영국혁명』(총신대학출판부, 1991), pp. 241~282를 참고할 것.

Short Parliament)의 소집과 해산[11]에 이어 다시 소집한 장기의회(the Long Parliament)와도 갈등을 남긴 채 찰스의 실패로 끝났다.[12] 이로써 왕의 의회해산권이 박탈되었으며 선박세나 작위박탈권의 위법성이 선포되었고 고등종무관 재판소와 성법원이 폐지되었다. 왕을 믿을 수 없던 장기의회 지도자들은 1641년 대간의서(the Grand Remonstrance)를 의결하였으나 이로 인해 하원들 사이에 분파가 조장되어 왕권파(Cavaliers)와 의회파(Roudheads)로 분열되었다. 왕은 1642년 다섯 명의 의원을 체포하려다 실패하여 도리어 온건파 의원들의 지지까지도 잃고 말았다.

찰스 1세는 지난 11년 동안의 통치방식의 불법성을 시인하게 되었으며 그 와중에도 스코틀랜드를 방문하여 장로교를 보장하는 조건으로 그의 반의회주의 정책에 대한 지지를 요청했다. 왕권파와 의회파 양측이 서로 군사력을 증대시키는 동안, 런던에 남아 있던 대다수 의원들이 왕에게 "십구대 제안"(Nineteen Propositions, 1642)을 내놓았는데,[13] 찰스는 이를 최후통첩으로 여기고 거부하였다. 처음에는 찰스가 기선을 잡은 듯했으나 크롬웰(Oliver Cromwell, 1599~1658)과 페어팩스(Sir Thomas Fairfax)가 창군한 신형군(New Model Army)에 의해 네이즈비 전투(the

---

[11] 단기의회는 1640년 찰스 1세가 소집해 3주 동안 존속한 의회로서, 그가 1629년 의회를 해산한 뒤 11년 동안 의회 없이 절대군주정치를 계속하였지만 스코틀랜드와의 전쟁 문제가 발생하자 의회를 소집하게 된 것이다. 이 의회는 그 해 가을에 다시 열린 장기의회와 대응하는 이름이 되었다.

[12] 장기의회는 1640년 소집되어 1653년에 해산된 영국 의회로서 청교도혁명의 중심무대였다. 단기의회 해산 후, 스코틀랜드군(軍)이 영국에 침입하여 찰스 1세는 북부 2주(州)의 점령을 인정하고 화해하지 않을 수 없었다. 이에 대처하기 위해서 왕은 다시 웨스트민스터에 하원을 소집하였으니 이것이 장기의회로서 이 의회는 1649년 공화제를 선언했으나 1653년 크롬웰에 의해 해산됐다.

[13] 이 제안에는, 성직자는 의회의 승인 없이 임명될 수 없다는 것과 군대는 의회의 통제를 받아야한다는 것, 교회의 장래는 의회가 결정한다는 것 등이 포함되어 있었다.

Battle of Naseby)를 시발로 연이어 패전을 거듭하였고, 1648년 스코틀랜드의 지지자들까지 프레스톤 전투(the Battle of Preston)에서 패함으로써 내란은 종지부를 찍었다. 프라이드의 숙청(Pride's Purge)으로 독립파 의원들로만 구성된 잔부의회(the Lump Parliament)에 의하여, 찰스는 1949년 1월 20일 국가 혼란과 유혈의 장본인으로 지목되어 반역의 죄목을 쓰고 재판을 받았다. 1월 30일 국민의 이름으로 화이트홀 연회실 밖에 세워진 단두대에서 폭군, 반역자, 살인자의 죄목으로 처형됨으로써 크롬웰 공화정이 시작되었던 것이다.[14] 독재의 수단이었던 성법원과 고등종무관 재판소가 폐지되고, 의회가 조세제도를 통제하게 되었으며, 교회법정은 힘을 상실하여 주교들이 다시는 정부를 통제할 수 없게 되었다.[15]

크롬웰은 찰스 1세를 처형한 후 국가를 보호한다는 명분 아래 1653년 의회를 해산하고 자신이 영국혁명정부의 최고행정관인 호국경(Lord Protector)의 지위에 올라 통치장전(The Instrument of Government)을 제정하여 호국경 시대를 열었다. 군사위원회(The Army Council)는 지명의회(Nominated Parliament)[16] 의원들로 하여금 국가의 장기적 안정책을 마

---

[14] 프라이드의 숙청은 1648년 12월 6일 청교도혁명 중의 장로파 의원 추방사건으로, 장로파가 다수를 점하는 의회가 군부의 의사에 반하여 찰스 1세와의 타협을 도모하자 독립파 소속 프라이드 대령(Colonel Thomas Pride)이 병사를 인솔하여 의사당을 포위한 채 장로파 의원 45명을 포함하여 의원 70여 명을 체포하고 78명의 등원을 저지한 사건이다. 이로 인하여 독립파를 중심으로 한 60명 미만의 잔부의회가 구성되었으며 1948년부터 1653년까지 자체 국무회의를 구성하는 등 임시정부로서 활동하였다.

[15] Christopher Hill, *The Century of Revolution, 1603-1714* (New York: Norton, 1982), p. 161.

[16] 이 의회를 흔히 "베어본즈 의회"(Barebones Parliament) 혹은 "축소의회"(Little Parliament)라고도 하며 1653년 7월에서 12월까지 존속한 의회였다. 잔부의회를 해산한 크롬웰은 군사위원회더러 독립파(혹은 조합교회파) 교회에 서신을 띄워 새로운 의회를 위한 적임자를 추천하게 하였다. 제출된 명단에서 140명을 선별하여

련하기 위해 헌법제정의회를 구성하였으나 그 권한도 크롬웰에게 넘어갔다. 크롬웰은 국내 정치개혁을 위한 80개 법안을 개정할 정도로 의욕적으로 개혁을 이루고자 노력하였다. 그의 목적은 법을 개정하여 청교도 교회를 세우고, 신교의 자유를 허용하며, 교육을 쇄신하고, 행정부를 지방으로 분산하는 것 등이었다. 그는 사소한 범죄에 대한 중벌에 반대하여 살인과 반역을 제외하고는 사형에서 면제되어야 한다고 생각했으며, 성직자들과 학교장들의 높은 윤리기준을 설정하고, 자신이 옥스퍼드 대학교의 총장(Chancellor)이 되어,[17] 유례없이 문법학교를 번창시켰다. 네덜란드와의 전쟁을 종식시키고 프랑스와 동맹하여 스페인에 맞서는 등 대외정책에 있어서 종교적 고려보다 국가적 이익을 위해 추진하였고, 스페인령 자메이카(Jamaica)를 정복하기도 하였다. 그러나 1654년 왕당파의 음모가 폭로되자 이듬해 크롬웰은 의회를 해산하고 군사독재정치를 감행하였다. 무정부 상태의 혼란과 외세침략의 우려를 구실로 자신의 입지를 유지하였으며, 1658년 말라리아로 사망할 때까지 의회와의 갈등은 끊이지 않았다. 아들 리처드 크롬웰(Richard Cromwell)이 호국경의 자리를 이어받았지만 군대와의 갈등으로 물러나게 되었고, 결국 찰스 2세(Charles II)가 왕위에 오름으로써 왕정복고가 이루어졌다.

밀턴은 이상과 같은 영국혁명 기간에 군주제에 반대하여 공화정을 지지하고 변호하는 수많은 산문 작품을 내놓았다. 공화정이 무너지고 왕정이 복구되기에 앞서, 크롬웰의 독주는 밀턴에게 차츰 실망을 안겨주었고, 이러한 불만은 왕정복고 후에 세상에 나온 『실낙원』에서 공화주의자를

의회를 구성한 것이다.
[17] 현재 영국대학에서 사실상의 학교운영은 부총장(vice-chanceller)이 수행하고 총장은 명예직이나 다름없으며, 중요한 상이나 메달이 총장의 이름으로 수여되기도 한다.

자처하는 사탄의 모습에 간접적으로 반영되기도 하였다. 그러나 공화주의에 대한 그의 신념이 바뀐 것은 아니었다. 그는 끝까지 논쟁적 산문을 통해 공화국을 변명하고자 했다. 실망스럽게도 1660년 결국 찰스 2세가 왕위에 복귀하자, 밀턴은 낙원상실의 서사시 『실낙원』을 통해 정치적 실망을 인류 구원의 소망으로 승화시켰다. 힐(Hill)의 지적대로, 의회의 명분이 바로 하나님의 명분이라는 크롬웰의 사상이 영국혁명을 주도한 원동력이 되었다면,[18] 밀턴의 정치사상도 그 점에서 크롬웰과 같은 입장이었다. 신교자유 사상이나 반감독제 주장, 주교 비판, 격식화된 예배의식의 철폐, 교인들의 성직자 투표권, 개별 교회 성직자의 설교, 즉석 기도 등 종교와 관련된 자유사상에 있어서 크롬웰과 밀턴은 많은 공통점을 지닌다. 밀턴의 산문 작품들이 영국혁명과 궤를 같이 한 것은 그가 영국혁명을 필봉으로 지원하고자 하였기 때문이다.

본 번역의 텍스트가 된 예일(Yale)판 밀턴의 산문전집[19]이 나오기 전까지만 해도, 정치 사상가로서의 밀턴에 대한 대체적인 견해는, 그가 혼합국가 형태를 지지하였으며 1640년대 초까지도 군주제를 가능한 정부 형태로 생각했다가 1649년 폭군살해를 옹호하게 된 후에 진정한 공화주의 이론에 도달했다는 것이다.[20] 그러나 밀턴의 독서 비망록에 언급된 스미스(Smith)의 『영국 공화국』(*De republica anglorum*)에 대한 발췌문은 밀턴이 젊은 시절부터 혼합국가에 대해 회의를 품고 있었음을 여실히 보여주고 있다. 밀턴은 스미스가 절대군주제에 반론을 제기하고 있음을 발견

---

[18] Hill, *The Experience of Defeat*, pp. 184~185.
[19] Don M. Wolfe, gen. ed., *Complete Prose Works of John Milton* (New Haven: Yale UP, 1953~1958). 본 역서에서 이하 밀턴의 산문 인용은 이 판에 의하며, *CPW*로 약칭한다.
[20] Zera Fink, "The Theory of the Mixed State and the Development of Milton's Political Thought," *PMLA* 17 (1942), 705~736.

하고, "국민에 의하여 승인되거나 의회의 결의에 의하여 승인되지 못한" 왕의 행위는 무효이며 아무도 구속하지 못한다고 논평하고 있다(*CPW*, I, 422). 또한 "국민의 동의가 없이" 통치하고 "평민의 복지"에 관심이 없는 자는 폭군이라는 스미스의 정의에 대하여 기록하고 있다(I, 443). 비슷한 시기에 마키아벨리(Machiavelli)의 『전술』(*Art of War*)을 인용하면서 "공화국이 군주국보다 좋다"(a commonwealth is preferable to monarchy)라는 결론에 도달하며, 마키아벨리의 『담론』(*Discorsi*)을 읽고서는 "마키아벨리는 군주국보다 공화국 형태를 훨씬 선호했다"라는 논평을 하기도 했다(I, 477).

이처럼 밀턴은 젊은 시절부터 공화정에 대한 관심과 소망을 품고 있었고, 영국혁명의 질곡 속에서 정치적 상황에 맞추어 반응하며 산문 논쟁을 이어갔다. 그런데 밀턴의 산문 논쟁은 공화정을 위한 투쟁에 국한되지 않았다. 그의 산문작품에 나타난 자유사상은 삶의 모든 영역에 걸쳐서 전개되었다. 본 역서에 실린 7편의 산문은 정치적, 종교적 자유에서부터 사회적, 가정적, 개인적 자유가 망라되어 있다. 밀턴의 산문은 문체도 난해하거니와, 자신의 주장만을 단순히 전달하는 것이 아니라 수많은 사상가와 저술가 또는 정치가 등에 대한 언급과 논평이 들어있고 당대의 고급 독자들과의 논쟁을 이끌어가는 글이기 때문에, 가히 학문적인 토론의 장이라고 해도 과언이 아니다. 그러면 이제 작품 이해에 도움이 되도록 각 작품에 대한 개략적인 주제와 내용을 간단히 소개하겠다.

밀턴은 『종교개혁론』(*Of Reformation*, 1941)을 필두로 『진정한 종교에 대하여』(*Of True Religion*, 1673)[21]에 이르기까지 약 20여 년간에 걸쳐서

---

[21] 이 산문의 전체 제목은 『진정한 종교, 이단, 분파, 및 관용에 대하여』(*Of True Religion, Heresy, Schism, and Toleration*)이다.

총 30여 편이 넘는 산문 작품을 쓰며 정치 논쟁에 뛰어들었다. 그런데 왕정복고 이후에 발행된 작품은 『진정한 종교에 대하여』와 『브리튼의 역사』(The History of Britain, 1670) 단 두 편뿐이며, 대부분의 산문이 혁명기 투쟁 기간과 공화정 기간에 쓰였다. 『종교개혁론』과 『교회 정부의 이유』(The Reason of Church Government, 1642)는 종교적 자유를 주장한 것이고, 『이혼의 교리와 계율』(The Doctrine and Discipline of Divorce, 1643)과 『교육론』(Of Education, 1644)은 가정적 자유의 문제를 다루고 있으며, 『아레오파기티카』(1644)는 언론출판의 자유, 즉 사회적 자유를 주장한 것이고, 『왕과 관료의 재직 조건』(The Tunure of Kings and Magistrates, 1649)은 국민주권, 즉 정치적 자유를 주장한 것이며, 『교회 문제에 있어서의 국가권력론』(A Treatise of Civil Power in Ecclesiastical Causes, 1659)[22]은 정교(政敎)분리, 즉 국가권력으로부터의 종교의 자유를 주장하는 글이다. 이상의 일곱 편은 영미에서 출간된 밀턴의 작품선집들 대부분에 실려 있는 대표적인 작품들이기도 하다.

『종교개혁론』은 밀턴이 처음으로 쓴 팸플릿으로서 이후 약 20여 년간 산문 논쟁을 통해 영국혁명에 개입하게 된 시발점이었다. 이전에 이미 일단의 **스멕팀누스**(SMECTYMUUS)라고 하는 청교도 성직자들과 왕정주의자 조셉 홀(Joseph Hall) 주교 사이의 공방전이 있었다.[23] 당시 장기의회는 교회의 개혁을 문제 삼았으며, 대주교와 주교를 모두 철폐하려는

---

[22] 이하 『국가권력론』으로 약칭함.
[23] "SMECTYMNUUS"란 Stephen Marshall, Edmund Calamy, Thomas Young, Matthew Newcomen, William Spurstow 등 다섯 명의 청교도 성직자들의 이름에서 따온 두문자어(頭文字語)인데, 마지막 William의 W를 UU로 취급하여 이루어진 것이다. 홀은 원래는 청교도였으나 주교가 된 재능 있는 작가였으며 한 해 전 로드의 요청으로 『신성한 권리로 인정되는 감독제』(Episcopacie by Divine Right Asserted, 1640)를 출판하여 종교논쟁의 불을 댕겼던 것이다.

근지법안(Root and Branch Bill, 1941)이 상정되어 있었기 때문이다. 그러나 내부적으로 이들 사이에 은밀한 협상이 전개되고 있었으며, 밀턴의 개입은 이들의 협상에 대한 불안감에서 비롯되었을 것이다.[24] 『종교개혁론』이 출판되기 전 달에 로드 주교(Bishop Laud)가 체포되어 감금되었고 연말에는 다른 주교들도 대역죄로 몰리게 되었다.[25] 이미 1637년 윌리엄 프린(William Prynne)을 포함한 세 명의 청교도 지도자들이 감독제를 모독한 책자를 출판했다는 이유로 귀가 잘리고 종신형을 선고받은 사건이 있었다. 그리고 1640년 소집된 장기의회가 로드 주교와 웬트워스 백작(Earl of Wentworth)을 감금함으로써 찰스와 의회 간의 군사적 대결로 비화하였다. 밀턴은 이러한 종교적 갈등 속에서 찰스의 국교회 지배에 반대하여 독자들을 설득하고자 종교적 논쟁에 뛰어들었다. 『종교개혁론』에서 밀턴은 교회의 가르침이 역사적으로 부패하게 된 과정을 추적하면서 감독제의 권위에 도전한다. 개신교의 후원자로 알려진 헨리 8세(Henry VIII)의 진정한 관심은 종교개혁에 있었던 것이 아니라 교황의 권위에 대한 왕권의 우위를 주장하는 것이었고,[26] 에드워드 6세(Edward VI) 치하에서 이러한 온건한 종교개혁의 시도는 중단되었으며, 엘리자베스 여왕(Queen Elizabeth)도 "주교들을 억압하면 그녀의 대권이 침해당할 것이다"(*CPW*, I, 540)라고 염려하였으므로, 감독제가 역사적으로 왕권의

---

[24] Corns, 19.
[25] 당시 전쟁에 여념이 없던 의회는 5년 뒤인 1645년에야 로드 주교를 재판에 회부하여 처형하게 된다. 기소를 주도한 자는 윌리엄 프린(William Prynne)으로서 그 자신이 감독제에 반대한 이유로 귀가 잘리고 종신형을 선고받은 바 있었으며, 보복을 지지하는 청교도 측의 여론이 비등했다.
[26] 사실상, 밀턴은 케임브릿지 대학(Cambridge University)에서 B.A.와 M.A. 학위를 취득하는 졸업서약에서 영국 국교회의 교리를 신봉하고 국왕의 최고 권위를 인정하는 맹세를 하기도 했다(Levi 38).

방편이었음을 지적한다. 그래서 밀턴은 기독교인 개인이 성서에서 직접 진리를 찾을 것을 주장하며 획일적 신앙을 강요하는 감독제에 반론을 제기한다. 돈 울프(Don Wolfe)의 주장에 의하면, 이 소책자에서 밀턴이 보여준 독창적 사상이 있다면 그것은 개별 교회의 신도들이 그들의 목회자를 선출하는 것이었다.[27] 이는 개개인이 성서를 읽고 해석하여 진리에 이를 수 있다고 생각하는 밀턴의 사상에 근거하는 것으로 그의 종교적 성향과 더불어 자유사상의 단면을 보여주는 것이기도 하다. 남녀노소를 불문하고 누구나 성서를 읽고 이해할 수 있으며 일상생활에 적용할 수 있다는 그의 주장은 개신교 교리의 근간을 이루는 것이다. 밀턴에게 있어서 진정한 신앙의 자유는 교회 내의 위계질서에 의한 권위로부터 신자 개인이 자유로워지는 것이며, 이를 위해 권위적 감독제를 폐지하고 대신 신도들이 겸손한 성직자를 선출하는 것이었다. 그는 사제나 왕에게 종교적 책임 전가하기를 거부하고 개인 양심과 책임을 중시하는 청교도 원칙을 따랐다.[28] 서른두 살의 그가 품게 된 고위 성직자들에 대한 반감은 위계질서의 철폐는 물론 영국 국교회를 원천적으로 부정하게 만들었다.[29]

『교회 정부의 이유』는 개별 교회의 민주주의적 운영을 옹호할 뿐만 아니라 영국혁명에 대한 밀턴 자신의 예언자적 소명을 보여주기도 한다. 『교회 정부』에서 밀턴이 감독제에 반대되는 교회 정부의 필요성을 제기한 것은, 성직자가 아니었던 그에게 결코 개인적 이익이 걸려있는 사안이 아니었으므로 청교도혁명의 기반을 조성하는 한 과정으로 이해해야 할 것이다. 이 산문은 교회 정부의 필요성을 새삼스럽게 제안하려는 것이

---

[27] *CPW*, I, 115.

[28] Nathaniel H. Henry, *True Wayfaring Christian: Studies in Milton's Puritanism* (New York: Peter Lang, 1987)

[29] *CPW*, I, 115.

아니라, 교회 정부의 존재 이유를 재검토함으로써 어떤 형태의 교회 정부가 바람직한가를 도출하려는 것이다. 제1권에서 제시되는 이유는 교회 정부의 일반적 이론, 즉 교회 정부의 근거와 구성에 대한 것이고, 제2권에서의 이유는 그 구체적인 작용, 즉 교회 정부의 형식과 목적에 관한 것이다. 본질적으로, 바람직한 교회 정부의 모형을 찾으려는 밀턴의 노력은 성서에 의존하면서도 종교개혁의 현실적 장애물인 주교들과의 싸움을 의미한다. 교회운영에 관한 중요한 문제를 논의하고 결정하는 주체가 주교들이 아니라 평신도들이 되어야 한다는 주장은 민주적 혁명사상이 교회 정치에 적용된 것으로서, 평신도들이 성경해석과 신앙생활의 주체로 등장하게 된 것이다. 『교회 정부의 이유』가 출판되고 약 2개월 후 출판된 『한 팸플릿에 대한 변명』(*An Apology Against a Pamphlet*, 1642)은 홀 주교(Bishop Hall)와 스멕팀누스 사이에 개입하여 후자의 입장을 변명한 내용이지만, 저자의 자전적 요소가 주목된다. 여기서 밀턴은 자신의 성실한 생활 습관을 소개하는가 하면, 조국의 자유를 위해 일하려면 심신의 건강이 중요하기에 독서와 운동으로 단련하고 있음도 공개한다. 그리고 위대한 시인은 개인적으로 덕성을 갖추어야 하므로, 위대한 시를 쓰기 위해서 시인 스스로가 "진실한 시"(a true poem)[30]가 되어야 한다는 것이다.

연이어 반감독제 산문을 낸 후 약 16개월 동안 침묵하던 밀턴은 1643년 8월에, 이혼의 자유를 주장하는 첫 번째 이혼론 소책자인 『이혼의 교리와 계율』을 출판하게 된다. 그는 산문 논쟁을 일시 중지한 듯하였으나, 결혼과 더불어 다시금 논쟁거리를 찾게 된다. 그는 이미 『한 팸플릿에 대한 변명』에서 "가장 부유한 과부보다 정직하게 양육된 가난한 처녀"를 선택하겠다는 의사를 밝힌 바 있었는데, 실제로 이러한 주장을 한 후 얼

---

[30] *CPW*, I, 890.

마 안 되어 그의 나이 33세에 17세의 가난한 처녀 메리 파월(Mary Powell)과 결혼하였다. 파월가(家)는 왕정주의자였고 로마가톨릭 신도였으며 그녀의 아버지는 치안판사였다. 이 점으로 미루어 볼 때, 파월이 결혼 후 3주 만에 그를 떠나 3년간이나 친정에 머물렀던 것은, 당대의 최고 지성과 철없는 젊은 여자의 정신적 부조화에 기인했으리라는 추정도 가능하지만, 가족들의 개입이 있었으리라는 추측도 가능하다. 역사학자 로렌스 스톤(Laurence Stone)에 의하면, 17세기 말까지 새로운 가족 유형이 생겨났고 배우자의 선택은 부모의 결정보다 개인의 선택으로 바뀌었으며 금전이나 신분 상승보다 결혼 당사자들의 애정이 관건이 되었다고 한다.[31] 그러나 당시의 법은 이혼의 조건으로 간음, 성교 불능, 신체적 잔혹행위, 유기 등 신체적 부조화나 무능 등을 인정하였으나, 정신적 조화는 문제 삼지 않았다. 따라서 근본적으로 당시의 법은 결혼의 성적 측면만을 문제 삼았으므로, 오늘날 육체적 쾌락만을 추구하는 성문화 못지않게, 정신적 조화의 중요성을 소홀히 한 것이었다. 이에 밀턴은 남녀의 정신적 조화를 결혼의 필수적인 조건으로 내세우며 그것이 충족되지 못하면 이혼의 자유가 허용되어야 한다는 주장을 하였다.

밀턴의 이혼론은 성서적 가부장제의 틀을 벗어나지 못하는 듯하나, 『이혼의 교리와 계율』[32]의 원제가 암시하듯이, 구약성경의 율법으로부터 남녀의 성을 해방시켜 기독교적 자유를 찾아주려는 것이었다. 이혼 논쟁의 첫 책자[33]가 이혼의 "교리"를 서명으로 채택한 것은 왕이 국교의 수장

---

[31] Lawrence Stone, *The Family, Sex and Marriage in England 1500-1800* (London: Weidenfeld and Nicolson, 1977; Harmondsworth: Penguin, 1979), 411~412.
[32] 이하 『이혼의 교리』으로 약칭함.
[33] 이혼에 대하 밀턴의 산문 작품은, 『이혼의 교리』의 초판과 개정판을 하나의 작품으로 본다면, 『이혼에 관한 마르틴 부커의 판단』(*The Judgment of Martin Bucer concerning Divorce*, 1644)과 『테트라코든』(*Tetrachordon*, 1645) 및 『콜라스테리

인 군주제 사회에서 이혼 문제는 다분히 성서적인 교리나 훈계를 따라야 하기 때문이었다. 따라서 그의 이혼론은 근본적으로 성서해석의 문제로 귀착될 수밖에 없었고 가부장제적인 성서적 전통에 묶일 수밖에 없었다. 영국의 경우, 법이 정하는 이혼 사유가 없더라도 이혼할 수 있도록 법이 개정된 것은 20세기 후반인 1971년의 일이었고, 이처럼 그의 이혼론은 3세기 이상을 앞서간 자유사상이었다.[34] 어니스트 서럭(Ernest Sirluck)이 지적하듯이, 『이혼의 교리』 제2판에서 밀턴이 영국 의회를 이혼법 개정을 위한 설득의 주요 대상으로 삼은 것은 성직자회의를 통한 개혁의 가능성이 희박해졌다고 생각했기 때문이다.[35] 이 시기를 시발점으로 하여 그는 장로파에 등을 돌리고 독립파 진영에 가담하여 정치적, 종교적 투쟁을 계속하게 되었다. 그의 이혼 논쟁은 단순히 개인의 종교적 자유문제일 뿐 아니라 정치적 투쟁의 한 과정이기도 하다. 그는 한 개인과 잘못된 결혼과의 관계를 한 나라의 국민과 옳지 못한 정부의 관계에 비유함으로써 이혼론을 정치적 개혁의 차원으로 끌어올린다(*CPW*, II, 229). 폭군의 통치하에 신음하는 국민이 혁명을 통해 새로운 정부를 세우듯이 잘못된 결혼으로 고통받는 개인은 이혼을 통해 새로운 출발을 해야 한다는 것이다. 결혼 서약에서 표현되지 않았더라도 부부의 한 쪽이 간음하면 그 계약이 취소되고 이혼이 성립되듯이, 왕(혹은 국가)이 폭정을 자행한다면 국민은 그에게 충성할 의무가 없어지고 위탁한 권력을 회수할 수 있다는 것이다. 이러한 비유에서 보듯이, 밀턴에게 있어서 이혼의 자유는 정치적 개혁을 위한 기초적 준비 작업의 하나였다고 할 수도 있다. 아이러니하게

온』(*Colasterion*, 1645)을 포함하여, 총 네 편이다.
[34] Thomas N. Corns, *John Milton: The Prose Works* (New York: Twayne, 1998), 36.
[35] *CPW*, II, 139.

도, 개인적 필요에서 시작된 이혼론 산문 작품을 네 편이나 쓰고 나서 아내 메리 파월(Mary Powell)이 밀턴에게 돌아왔고 7년 동안 밀턴과 함께 살았다.

이혼 논쟁의 산문들을 연이어 내놓는 도중에, 밀턴은 『교육론』과 『아레오파기티카』를 내놓았다. 1643년에서 1645년 사이에 출판된 산문들이 이혼이나 언론의 자유 등 변혁적 사고를 촉구한 것들인 데 반하여, 이러한 와중에서 출판된 『교육론』은 자유사상의 맥락에서 이해하기 어려운 것이 사실이다.[36] 그러나 언론의 자유 없는 자유공화국을 생각할 수 없듯이 전인적 인문주의 교육을 통한 지도자상의 재정립은 진정한 자유공화국의 수립을 위한 초석으로 여겨졌다. 밀턴이 실제로 주창하는 온전한 교육은 "한 남자가 평시와 전시에 공사 간의 모든 임무를 정당하고 능숙하고 관대하게 이행하기에 적합하게 하는 것"(*CPW*, II, 377~379)으로서 대중교육은 아니지만 상당히 실용성을 강조한 것임엔 틀림없다. 엄격한 규율이 강조되는 것은, 밀턴이 제안하는 교육프로그램이 대중의 의무교육을 위한 것이 아니라 전시와 평시 언제든지 지도력을 발휘할 선별적 지원자를 위한 특수교육 프로그램이기 때문이다. 그가 지향하는 교육은 근본적으로 인간의 존엄과 기독교적 자유를 성취하는 것이었으며, 이는 당시의 정치적 위기에 대한 해결책이라고 생각하였다.[37] 실용지식의 교육 못지않게 고전학문을 통한 덕성의 배양과 자유의식의 고취가 새로운 국가건설을 위해 필수적이라고 생각되었기 때문이다.

『아레오파기티카』는 『교육론』이 출판되고 4개월 후에 출판되었으며,

---

[36] 『교육론』은 밀턴의 『이혼의 교리』 제2판(1644년 2월)과 『이혼에 관한 마르틴 부커의 판단』(1644년 7월)이 출판된 사이의 시점인 1644년 6월에 출판되었다.

[37] Dzelzainis, "Milton's Classical Republicanism," *Milton and Republicanism*, ed. David Armitage, et al. (Cambridge: Cambridge UP, 1995), 14.

일련의 이혼론 산문들 사이에 출판되었다. 이 산문은 개신교 교파들 사이의 교리해석이나 예배방식 등의 자유를 근본 목적으로 삼은 글이지만, 이러한 주장 자체가 널리 전달되기 위해서는 현대적 민주주의 가치인 출판의 자유를 전제하지 않을 수 없었다. 밀턴은 글을 통한 올바른 의사 전달은 출판의 자유가 전제되어야 한다고 생각하였다. 또한 자유로운 이성적 판단의 중요성을 입증하기 위하여, 그는 역사적 맥락 외에도 상반된 예언자들이나 교부들의 글을 전략적으로 인용하여 궁극적 권위는 독자 자신들의 이성에 있음을 강조한다. 독자는 다양한 책을 선별해 읽을 자유가 있어야 하고, 자유로운 이성을 통해 올바른 판단을 해야 하기 때문이다. 밀턴은 좋은 책의 가치를 누구보다 높게 평가하였기 때문에, 그는 외적 권력이나 종교 세력에 의해 책의 가치가 규정되고 출판의 자유가 말살되는 것을 용납할 수 없었다. 위대한 고전과 성서조차도 불경스러운 내용을 담고 있지만, 이러한 이유 때문에 독자의 접근을 일률적으로 막을 수는 없다는 것이다. 외적 억압에 의해 믿는 것은 결코 진리가 될 수 없으며, 이성적 판단 없이 막연히 목회자나 성직자회의의 규정을 따라 믿는 것은 이단적 사상이라고까지 주장한다.[38] 그러나 이처럼 개인의 자유를 강조하면서도 하나의 예외적인 경우를 언급하고 있는데, 모든 종파와 시민의 권리를 말살하는 "가톨릭교와 공개적인 미신 행위"(Popery, and open superstition)가 그것이다. 여기서 간과하지 말아야 할 점은 당시 종교개혁 세력과 반(反)종교개혁 세력 사이의 갈등은 단순히 종교적 논쟁과 관용의 문제 수준이 아니라 종교에 근거한 내란 상태였다는 점이다. 가톨릭은 종교의 자유를 억압한다는 의미에서 절대군주체제나 마찬가지였으므로 신교의 자유를 위해서는 가톨릭의 자유를 억압해야 된다고 생

---

[38] *CPW*, I, 543.

각한 것이다. 밀턴이 주장한 출판의 자유는 비록 영국혁명기를 통해 결실을 거두지는 못했지만, 약 50년 후인 1695년에 사전검열제가 폐지됨으로써 결실을 거두었다.

1649년 1월 30일 찰스 1세가 처형되고 공화정이 수립되자, 밀턴은 자유공화정의 성공적인 정착을 위해 의회의 편에서 다시금 필봉을 들었다. 크롬웰의 새로운 정부가 들어서자, 밀턴은 크롬웰 공화정부의 국무위원회(Council of State)에 속한 외국어 담당 서기관(Secretary of Foreign Tongues) 임무를 수행하게 되었는데, 외교문서의 작성을 담당하는 직책으로서 그의 외국어 실력을 발휘하기에 적당한 자리였다. 그는 단순히 번역자의 역할에 안주하지 않고 적극적으로 새로운 공화국을 홍보하였고, 팰런(Fallon)의 연구가 보여주듯이, 정부의 정책에 상당히 깊이 관여하기도 했다.[39] 찰스 1세의 처형을 정당화한 『왕과 관료의 재직조건』(Tenure of Kings and Magistrates, 1649)과 찰스 1세의 처형 전날 쓴 것으로 여겨지는 『이미지 파괴자들』(Eikonoklastes, 1649)은 이 시기에 밀턴이 새로운 정치적 상황에 대응하여 공화국의 대의를 옹호한 작품들이다. 이제 드디어 공화정의 틀이 잡힌 마당에 다시 폭군의 처형을 놓고 왈가왈부하는 장로파 의원들을 비롯한 국내외의 비난에 대해 외국어 담당 서기관으로서 필봉으로 대응할 필요가 있었기 때문이다.

『왕과 관료의 재직조건』은 1649년을 분기점으로 하여 개인적 자유와 가정적 자유를 위한 투쟁에서 국민의 권리와 공민적 자유를 위한 투쟁으로 일보 진전했음 보여주는 첫 번째 산문이다. 찰스가 패배하여 재판에 회부되고 교수형을 선고받기 이전에 밀턴은 공민적 자유에 대해 특별한

---

[39] Cf. R. T. Fallon. *Milton in Government* (University Park: Pennsylvania State UP, 1993).

관심을 보이지 않았다. 그의 사상적 발전이 사건 전개에 의한 반응의 결과임을 인정한다고 해도, 그의 정치사상 기저에 깔려있는 자유로운 사회를 겨냥한 일관된 신념을 부인할 수는 없다.[40] 밀턴의 산문에서 일관성이 없는 듯이 보이는 경우, 대개는 수사적 방편으로 인한 것이다. 『왕과 관료의 재직조건』에서 논리의 일관성이 없어 보이는 주된 근거는 밀턴 자신이 논리를 상실했다기보다는 장로파 의원들이 왕과 대적하여 내란을 일으키고 지금 와서 왕의 처형을 비난하는 모순된 행태에 대한 반론에서 오는 것이다. 다시 말하면, 왕의 처형을 비난하는 것이 정당화되기 위해서는 그들이 여태까지 왕의 권위와 존엄성을 지켜왔어야 했음을 강조하는 것일 뿐이며, 밀턴 자신이 그들을 비난하기 위해 왕의 절대성을 옹호하는 것은 결코 아니었다. 밀턴이 케임브리지 대학 시절에도 주교나 대학 인사들에게 바친 문학적 찬사를 왕권에는 바친 적이 없었다는 점도 상기할 필요가 있다. 크리스토퍼 힐이 이 산문을 가리켜 반감독제나 이혼론을 다룬 산문들처럼 기회주의적 작품이 아니라고 한 것도 이 때문이다.[41] 이 산문은 찰스 1세의 처형에 반대한 장로파를 상대로 처형의 정당성을 주장한 것으로서 혁명을 역사발전의 한 에너지로 받아들이고 있다는 점이 독창적이다. 공개적으로 왕의 해명을 요구할 권리와 이에 불응할 경우 폐위시킬 수 있는 권한이 국민에게 있다는 주장은 절대왕권에 대한 도전이기는 하지만, 처음부터 왕정 자체를 반대했다기보다는 잘못된 왕정의 교정에 그 목적이 있었던 것이다. 그러나 왕을 의회가 폐위시킨다면 왕의 권한은 의회에 종속되는 것이고, 이는 전통적 절대왕정의 붕괴를 의미하기 때문에 찰스 1세의 폐위는 특정 왕에 대한 조치라기보다 왕정의 철폐

---

[40] A. C. Barker, *Milton and the Puritan Dilemma*, 123.
[41] Hill, *Milton and the English Revolution*, 166.

를 전제한 혁명이 될 수밖에 없다. 이 산문의 목적이 찰스 1세의 처형을 비난하는 장로파 의원들을 논박하는 것이었던 만큼, 후반부의 대부분은 왕의 처형에 대한 개신교 신학자들의 태도를 거론하는 데에 할애된다. 의회에 의한 왕의 폐위는 왕의 처형으로 이어지게 되며, 이를 위해서는 오랜 역사에 걸쳐 하나님이 내린 권한으로 인식되어 온 왕권에 대한 새로운 인식이 요구되었으므로, 밀턴은 이러한 인식의 변화를 촉구한다.

『왕과 관료의 재직조건』과 『이미지 파괴자들』을 출판한 후, 밀턴은 여러 해에 걸쳐 국왕 처형에 대하여 그 정당성을 설파한 라틴어 『변명』(Defensio)을 내놓으며[42] 영국국민의 선택을 대외적으로 변호하였다. 1659년 공화국의 운명이 풍전등화에 놓이자, 그는 다시금 공화정을 옹호하기 위한 필봉을 들었다. 그 첫 번째 작품이 『교회문제에 관한 국가권력론』(A Treatise of Civil Power in Ecclesiastical Causes)이었다.[43] 이 산문은

---

[42] 1949년 익명의 저자가 쓴 『찰스 1세를 위한 왕권의 변명』(Defensio regia pro Carolo I)에 대한 대응으로서, 국무회의의 요청에 따라, 밀턴은 『영국인을 위한 변명』(Defensio pro populo Anglicano, 1651)을 썼다. 그는 왼쪽 눈이 멀고 오른쪽 눈마저 약화되어 가는 중이었으나, 영국 공화정을 옹호하는 글을 쓰기 위해 기꺼이 남은 시력을 바쳤다. 이듬해 그의 재혼한 아내와 아들의 사망으로 시련에 빠졌으나, 삐에르 드 물랭(Pierre du Moulin)의 『왕의 피의 절규』(Regii Sanguinis Clamor, 1652)에 대해 『두 번째 변명』으로 응수했다. 『두 번째 변명』에서 밀턴은 물랭 대신 충분한 증거도 없이 알렉산더 모어(Alexander More)를 공격 대상으로 설정하였다. 밀턴으로부터 신랄한 공격을 받은 모어는 『공개적 믿음』(Fides Publica)에서 자신이 『절규』의 저자가 아니라고 항변했다. 그러나 밀턴은 모어가 『절규』의 출판을 감독하고 찰스 2세에게 바치는 서한문을 직접 써서 서두에 첨가했다는 사실을 근거로, 『자신에 대한 변명』(Defensio Pro Se, 1655)에서 모어에 대한 자신의 이전 공격을 정당화했다. 모어는 끝내 숨겨진 저자 물랭을 발설하지 않음으로써 자신이 골수 왕정주의자임을 입증한 셈이고, 이런 모어를 공격하는 것은 자유 공화국의 대변인인 밀턴에게 당연한 의무로 여겨졌을 것이다.

[43] 이 산문의 전체 제목은 『교회문제에 관한 국가권력론: 지상의 어떤 권력도 종교문제에 있어 강제하는 것은 적법하지 않음을 보여주는 글』(A Treatise of Civil Power in Ecclesiastical Causes: Shewing That it is not lawfull for any power on earth to

온건 장로파를 선호하며 급진적 종교 사상을 기피했던 리처드 크롬웰
(Richard Cromwell)의 등극으로 변화가 예상되는 시점에서 나온 것이며,
사보이 선언(Savoy Declaration)으로 가장 영향력 있는 독립파 신교도들
이 분리파 교회나 자유주의 원리로부터 점점 멀어지게 된 상황에서 나온
것이다. 그러나 이보다 더 직접적인 동기는 새로운 의회의 소집이었다.
이 산문의 핵심은 리처드의 의회가 기독교적 자유에 입각한 종교적 양심
을 인정할 것을 권고하는 것이다. 극존칭의 사용이라든가 헌사의 격식을
갖춘 것은 호국경 통치가 범한 오류를 의회가 수정해 주기를 바라는 기
대에서 비롯된 것이지도 모른다. 세속적 권위와 영적 권위를 분리시키려
는 운동은 지명의회의 몰락과 더불어 시들해졌고, 10분지 1 교구세라든
지 유급 성직자에 대한 퀘이커교도들의 광적인 행적이 밀턴의 주장을
더욱 외면당하게 했다. 이러한 상황에서 그는 무식한 급진주의자들로부
터 자신을 분리시키고 무정부주의의 오명을 벗을 필요가 있었다. 자신의
국제적 명성과 공화국의 공민적 자유를 위해 일했던 과거 관직의 권위까
지 동원함으로써 자신의 주장을 격상시키고자 하였다. 다시 말하면, 이
산문의 의의는 독창적 사상에 있다기보다 하나의 위대한 주장을 품격과
간결함으로 포장한 데 있다. 이 산문에서 밀턴은 자신의 모든 주장의 근
거를 성경적 권위에 둔다. 성경적 권위의 강조는 외적 전통이나 교파 간
의 야합에서 비롯되는 종교적 강제로부터 해방되기 위함이었다. 이 산문
의 첫 머리에서 밀턴은 종교적 해악이 되는 두 가지 요인으로서 억압적
인 권력과 성직자 고용제도를 들고 있다.[44] 『국가권력론』에서 문제 삼고

---

compell in matters of Religion)이다. 여기서 "Civil power"는 교회의 권위에 대조되
는 개념으로써 시민의 권한이 아니라 국가의 공권력을 의미한다.

[44] 이 두 가지 요인 가운데 성직자 고용제에 대하여 밀턴은 『교회에서 국가 고용 성직
자를 제거하기 위한 가장 알맞은 방법』(*The Likeliest Means to Remove Hirelings out*

있는 것은 국가 권력의 종교적 간섭이다. 일차적으로 국가 권력으로부터 해방시키고자 하는 종교 문제란 하나님에 대한 지식과 예배인데, 이는 신성한 양심의 활동에 의한 것이며 외적 권력의 영향을 받아서는 안 된다는 것이다. 교회를 다스림에 있어서 자체로서 충분한 그 나름의 정부가 있으므로(*CPW*, III, 255), 외적 권력을 지닌 국가의 정부가 교회 정부에 간섭할 필요가 없다는 것이다.

이상에서 개략적으로 살펴본 바와 같이, 밀턴의 산문 논쟁은 다양한 차원의 자유, 즉 종교적, 가정적, 사회적 그리고 정치적 자유를 추구한 것이다. 그의 정치적 산문들은 공화정을 앞둔 시점과 공화정 기간에 대부분 쓰였으며, 자유 공화국의 이념과 명분을 옹호하는 것이지만, 때로는 크롬웰을 비롯한 공화정의 지도자들에게 경고하는 것이기도 하다. 크리스토퍼 힐에 의하면, 공화정 말기에 밀턴은 영국공화국의 최고 지성이었으며, 저명한 외국의 방문객들이 "위대한 존 밀턴"(the great John Milton)을 보기 위해 몰려들었다고 한다.[45] 그러나 밀턴이 염려한 대로 새로운 공화정은 점차 전제군주제를 닮아가면서 그 명분이 쇠퇴하였고 결국에는 왕정복고로 대단원의 막을 내리고 말았다. 단기적으로 보면, 밀턴의 산문 논쟁은 성공적이지 못했다고 할 수도 있다. 반감독제 산문 논쟁도, 이혼의 교리를 다룬 것들도, 단기적으로는 제도적 변화를 가져오지 못했으며, 출판의 자유 역시 그의 생전에 이루어지지 못했다.[46] 그는 끝까지 군주제에 반대하며 자유공화국을 위해 마지막까지 필봉을 휘두르며 저항하였지만[47] 다수 여론은 이미 공화정에 등을 돌렸으며 냉소적 반응 속

---

    of the Church, 1959)에서 본격적으로 논의한다.
[45] Hill, *Milton and the English Revolution*, 197.
[46] Thorpe, 71.
[47] 『자유공화국 건설을 위한 준비된 쉬운 방법』(*The Ready and Easy Way to Establish*

에서 결국 왕정이 복고되고 만다. 자유공화정을 향한 자신의 꿈이 수포로 돌아감으로써, 밀턴은 아담과 이브의 원죄로 인하여 인류가 자유를 상실하게 된 성서적 신화를 떠올렸을 것이며, 영국민이 과연 자유를 쟁취할 자격이 있는지에 대해 깊은 좌절과 회의에 빠졌을 것이다. 그는 곧 이러한 실망을 극복하고 또 다른 마음속의 희망을 키우며, 『실낙원』을 비롯한 마지막 세 시작품에서, 영국국민을 향한 "다른 유형의 정치적 행위"를 했던 셈이다.[48] 역사적으로 돌이켜 보면, 밀턴이 주창한 검열 없는 출판의 자유, 정신적 부조화에 따른 이혼의 자유, 교회 내의 신앙의 자유, 그리고 정치권력으로부터의 종교의 자유 등 오늘날 민주국가에서 누리는 인간의 기본적 자유는 그 당시 사람들에게 과격하고 혁명적인 사상이었다. 그렇기에, 전제군주제에 맞서 공화주의 편에서 혼신의 힘을 다해 필봉으로 싸웠던 밀턴의 자유사상은 수세기가 지난 오늘날까지 자유의 가치를 일깨워주는 각성제로 남아 있다. 윌리엄 케리건(William Kerrigan)이 밀턴을 데카르트(Descartes)나 칸트(Kant)보다 나은 스승이라고 결론짓고, 그들을 바위섬들에 비유하면서 밀턴을 살아있는 거대한 바다의 짐승 리바이어던(leviathan)에 비유한 것도 이 때문이다.[49] 아무쪼록, 본 역서가 밀턴 연구자는 물론, 영국혁명, 종교개혁, 의회정치, 언론자유 등의 주제에 관심 있는 독자들에게 다소간의 도움이 된다면, 역자로서 그 이상의 보람이 없겠다.

---

 a Free Commonwealth)이 1659년 3월 3일에 발행되었고, 심지어 이듬해 재판까지 나왔으나, 1660년 5월 30일에 찰스 2세가 왕위에 오르게 된다.
[48] Hill, *Milton*, 348.
[49] William Kerrigan, "Milton's Place in Intellectual History." *The Cambridge Companion to Milton*. Ed. Dennis Richard Danielson. 2nd ed. (Cambridge: Cambridge UP, 1999), p. 266.

참고문헌

『공동번역성서』. 대한성서공회, 1977.
김인성. "밀턴의 이혼론에 나타나는 기독인의 자유와 여성의 예속."『밀턴연구』 6 (1996): 73~107.
밀턴과근세영문학회 편.『밀턴의 이해』. 시공아카데미, 2004.
박상익.『언론자유의 경전 아레오파기티카』. 소나무, 1999.
서홍원. "Milton's Distrust of the Presbyterians and the People in *The Tenure of Kings and Magistrates*."『밀턴연구』 9.2 (1999): 363~379.
『성경전서』. 개역개정판. 대한성서공회, 2001.
송홍한. 「『국가권력론』: 밀턴의 정종분리 사상」.『새한영어영문학』 51.2 (2009): 61~79.
___. 「『밀턴의 교육론』: 실용주의적 휴머니즘」.『동아교육논총』 27 (2001): 1~12.
___. 「밀턴의 반감독제 산문에 나타난 영국 종교개혁의 정치성」.『밀턴과근세영문학』 21.2 (2011): 275~304.
___. 「밀턴의『아레오파기티카』와 이혼론 산문들의 정치성」.『밀턴과근세영문학』 22.2 (2012): 391~416.
___. 「『왕과 관료의 재직조건』에 나타난 밀턴의 국민주권론」.『밀턴과근세영문학』 17.2 (2007): 323~341.
___. 「왜 밀턴인가?—자유사상과 실중낙원을 중심으로」.『밀턴과근세영문학』 19.1 (2009): 137~159.
워커, 윌리스톤 외(Walker, Williston, et al.).『기독교 교회사』(*A History of the Reformation*). 송인설 역. 크리스챤 다이제스트, 1993.
이종우. 「종교개혁을 위한 담론의 형성과 이상적 주체의 형상—밀턴의 「『아레오파기티카』」.『영어영문학』 50.2 (2004): 515~542.
이철호. "The Fallacy of Secularizing *Areopagitica*."『밀턴연구』 11.2. (2001): 1~19.
최재헌. "존 밀턴의『아레오파기티카』에 나타난 "현명한 독자"와 검열, 그리고 자유의지." 『밀턴연구』 21.1 (2011): 131~157.
토마스 린제이(Thomas M. Lindsday). 『종교개혁사』(*A History of the Reformation*). 이형기·차종순 역. 한국장로교출판사, 1991.
『한글 킹제임스성경』. KJV 한글대역. 말씀보존학회, 1995; 2016.
홍성구. 「『아레오파지티카』에 나타난 공화주의와 언론자유」. 『한국언론학보』 55.2 (2011): 178~201.
홍치모. 『스코틀랜드 종교개혁과 영국혁명』. 총신대학출판부, 1991.
홍한유. 『영국혁명의 제원인』. 법문사, 1982.

Achinstein, Sharon. *Milton and the Revolutionary Reader*. Princeton: Princeton UP, 1994.
Agar, Herbert. *Milton and Plato*. Princeton, 1928.
Altschull, J. Herbert. *From Milton to McLuhan: The Ideas Behind American Journalism*. New York: Addison-Wesley, 1990.
Amram, David W. *The Jewish Law of Divorce According to Bible and Talmud*. Philadelphia, 1896.
Ariosto, Ludovico. *Orlando Furioso*, tr. Harrington, 1591.
Aristotle. *Ethics*, tr. H. Rackham. London and New York: Loeb Classical Library, 1926.
___. *Generation of Animals*, tr. A. L. Peck. London and Cambridge: Loeb Classical Library, 1943.
___. *The Nicomachean Ethics*, tr. W. D. Ross. London: Oxford UP, 1954.
___. *Politics*, tr. Rackham. Loeb Classical Library, 1926.
___. *Works*, tr. and ed. Smith and Ross, 1910.
Armitage, David, et al., eds. *Milton and Republicanism*. Cambridge: Cambridge UP, 1996.
Augustine. *The City of God*, tr. Henry Bettenson. Harmondsworth: Penguin Books, 1984.
___. *Confessions*, tr. R. S. Pine-Coffin. Harmondsworth: Penguin Books, 1981.
___. *On Christian Doctrine*, tr. D. W. Robertson. Jr. New York: Macmillan, 1989.
Aylmer, G. E. *Rebellion or Revolution?: England from Civil War to Restoration*.

Oxford: Oxford UP, 1986.

Bacon, Francis. *Advancement of Learning. Works,* ed. James Spedding, Robert Leslie Ellis, and Douglas Deon Heath. 15 vols. Boston, 1861~1864.

___. "An Advertisement Touching the Controversies of the Church of England." James Spedding. *Letters and Life of Francis Bacon.* 3 vols. London, 1861.

___. Francis. *New Atlantis.* 1627.

___. Francis. *World Classics.* Oxford, 1929.

Bagwell, Richard. *Ireland under the Stuarts and during the Interregnum.* 3 vols. London, 1909~1916.

Barker, Arthur. "Christian Liberty in Milton's Divorce Pamphlets." *Modern Language Review* 34 (1940): 153~161.

___. *Milton and the Puritan Dilemma, 1641-1660.* Toronto: U of Toronto P, 1942.

Bede. *Church History.* I. iv. tr. Migne. *Latina,* XCV, 30.

Boehrer, Bruce. "Elementary Structures of Kingship: Milton, Regicide, and the Family." *Milton Studies* 23 (1987): 97~117.

Bongiornom, Andew. "Tendencies in Milton's 'Of Education,'" JGE, IV. 1950.

Boyce, Benjamin. *The Polemic Character 1640-1661.* Lincoln: U of Nebraska P, 1955.

Bridge, William. *A Sermon Preached Before the Honourable House of Commons.* Nov. 29, 1643, E79 (11).

Brooke, Lord. *A Discourse.* 2nd ed. 1642.

Brooks, Cleanth and John Edward Hardy, eds. with essays in analysis. *Poems of Mr. John Milton, the 1645 Edition.* New York: Harcourt Brace Jovanovich, 1951.

Bucer, Marin. *Sacra Quattuor Evangelica.* 6th ed. Strassburg, 1555.

Buchanan, George. *Rerum Scoticarum Historia,* Edinburgh, 1582; Library of British Museum.

___. *History of Scotland.* Edinburgh, 1582; BML.

Burnet, Gilbert. *History of the Reformation of the Church of England.* ed. Nares,

4 vols. London, 1830.

Burroughs et al. *An Apologeticall Narration.* 1644.

Burton, Henry. *Jesu-Worship Confuted.* London, 1640.

Bush, Douglas. *The Renaissance and English Humanism.* Toronto: U of Toronto P, 1972.

Cable, Lana. "Shuffling up Such a God: The Rhetorical Agon of Milton's Antiprelatical Tracts." *Milton Studies* 21 (1985): 3~33.

Calvin, John. *Commentaries on the Four Last Books of Mosesvin*, ed. Charles W. Bingham. 4 vols., Edinburgh, 1885.

___. *Institutes of the Christian Religion.* 2 vols. trans. Bord Lewis Battles and ed. John T. Mcneill. Philadelpia: Westminster Press, 1696.

___. *Praelectiones in Librum Prophetiarum Danielis.* Geneva, 1561.

Camden. *Britania*, tr. Philemon Holland. 1586.

Campbell, Gordon and Thomas N. Corns. *John Milton: Life, Work, and Thought.* Oxford: Oxford UP, 2008.

Carey, John, ed. *Milton: Complete Shorter Poems.* London: Longman, 1971.

Casaubon, Meric. *A Treatise of Use and Custome.* 1638; HEFL.

Cedrenus, Georgis. *Grosses Vollständiges Universal Lexicon.* Halle and Leipzig, 1737.

Chaucer, Geofrey. *The Complete Works of Chaucer*. ed. F. N. Robinson. New York: Houghton Mifflin, 1938.

Cicero. *On the Nature of the Gods,* I, 23. tr. C. D. Yonge. New York, 1888.

Clara, Santa. *Apologia Episcoporum seu Sacri Magistratus.* 1640.

Clark, E. M. "Milton's Earlier Samson," University of Texas Bulletin, No. 2734. 1927.

Conrad Russell. *Unrevolutionary England, 1603-1642.* Bloomsbury Academic, 2003.

Constitutions and Canons Ecclesiastical. 1604.

Corns, Thomas N. *John Milton: The Prose Works.* New York: Twayne, 1998.

___. "Publication and Politics, 1640~1661: An SPSS-based Account of the Thomason Collection of Civil War Tracts." *Literary and Linguistic Computing 1* (1986): 74~84.

___. *Uncloistered Virtue: English Political Literature, 1640-1660.* Oxford: Clarendon, 1992.

Cotterill, H. B., ed. with introduction. *Milton's Areopagitica: A Speech for the Liberty of Unlicensed Printing.* London: MacMillan, 1959.

Coyle, Martin, gen. ed. *Encyclopedia of Literature and Criticism.* London: Routledge & Kegan Paul, 1991.

Crotius. *Annotationes in Libros Evangeliorum.* Amsterdam, 1641; UTSL.

___. *De Jure Belli et Pacis.* 1625.

Cyprian. *Opera.* Paris, 1593.

___. *The Epistles of S. Cyprian*, tr. Henry Carey. Oxford, 1844.

Daniel, Clay. *Death in Milton's Poetry.* Lewisburg: Bucknell UP; London and Toronto: Associated UP, 1994.

Danielson, Dennis Richard. *Milton's Good God: A Study in Literary Theodicy.* Cambridge: Cambridge UP, 1982.

___, ed. *The Cambridge Companion to Milton.* Cambridge: Cambridge UP, 1999.

___. *Milton's Good God: A Study of Milton's Theodicy.* Cambridge: Cambridge UP, 1982.

Darbishire, Helen, ed. *The Early Lives of Milton.* London, 1932.

David Masson, *The Life of John Milton.* 7 vols. London: Macmillan & Co., 1859~1894.

Davies, Stevie. *The Idea of Woman in Renaissance Literature.* Brighton, Sussex: Harvest P, 1986.

De Thou, Jacques-Auguste. *History of His Own Times* (J.-A. Thuani, *Historiarum Sui Temporis Paris Prima*). Library of British Musium., 1604.

Demetrius, *On Style,* par. 7. tr. W. Rhys Roberts (Aristotle, *The Poetics;* Longinus, *On the Sublime;* Demetrius, *On Style*). Cambridge and London: Loeb Classical Library, 1932.

Diekhoff, John. "The Function of the Prologues in *Paradise Lost.*" PMLA 58 (1942): 694~704.

Diogenes Laertius. *Lives and Opinions of Eminent Philosophers.* 2 vols.

London: Loeb Classical Library, 1925.
Dionysius. *Life,* sec. ix. in the Teubner edition of Aristophanes, ed. Theodorus Bergk, Leipzig, 1852.
Dobranski, Stephen b. and John P. Rumrich, eds. *Milton and Heresy.* Cambridge: Cambridge UP, 1998.
Downame, John. *A Guide to Godlynesse.* 1622; HEHL.
___. *Annotations Upon All Books of the Old and New Testament.* 2 vols. London, 1651.
Duvall, Robert F. "Time, Place, Persons: The Background for Milton's *Of Reformation.*" *Studies in English Literature, 1500-1900.* 7 (1967): 107~118.
Dzelzainis, Martin. "Milton's Classical Republicanism." *Milton and Republicanism*, ed. David Armitage, et al. Cambridge: Cambridge UP, 1995.
___. "Milton's Politics." Danielson, Cambridge Companion, 70~83.
Egan, James. *The Inward Teacher: Milton's Rhetoric of Christian Liberty.* Seventeenth-Century News Editions and Studies, vol. 2. University Park: Pennsylvania State UP, 1980.
Etchells, Ruth, ed. with introduction. *A Selection of Poems: John Milton, 1608-1674 Exploring His Pilgrimage of Faith.* Tring, Eng.: Lion Publishing Plc, 1988.
Euripides, *Medea, II.* 1078~1080, tr. Gilbert Murray. New york, 1910.
Eusebius, Pamphilius. *Church History.* tr. Migne, *Graeca.* XX.
___. *Ecclesiastical History*, III. A Select Library of Nicene and Post-Nicene Fathers. 2nd Series, I.
Evans, John X. "Imagery as Argument in Milton's *Areopagitica.*" *Texas Studies in Literature and Language* 8 (1966): 189~205.
Fallon, Robert Thomas. *Captain or Colonel: The Soldier in Milton's Life and Art.* Columbia: U of Mississippi P, 1984.
___. *Divided Empire: Milton's Political Imagery.* University Park: Pennsylvania UP, 1995.
___. *Milton Among the Philosophers: Poetry and Materialism in Seventeenth*

       Century England. Ithaca: Cornell UP, 1991.

___. *Milton in Government.* University Park: Pennsylvania UP, 1993.

Fenner, Dudley. *Sacra Theologia, sive Veritas Quae Est Secundum Pietatem,* Geneva, 1586.

Filmer, Sir Robert. *Patriarcha and Other Political Works of Sir Robert Filmer.* ed. Peter Laslett. Oxford: Basil Blackwell, 1949.

Fink, Z. S. "The Theory of the Mixed State and the Development of Milton's Political Thought." *PMLA* 57 (1942): 705~736.

Firth, C. H. "Milton as an Historian." *Proceedings of the British Academy* 3 (1907~1908): 227~257. rpt. ed. in *Essays Historical and Literary* (Oxford: Clarendon, 1938), 61~102.

Firth, C. H. and R. S. Raid, eds., *Acts and Ordinances of the Interregnum, 1642-1660.* 3 vols. London, 1911.

Fish, Stanley. *Surprised by Sin: the Reader in* Paradise Lost. 2nd ed. with a new preface. 1967; Cambridge: Harvard UP, 1998.

Fish, Stanley. "Driving from the Letter: Truth and Indeterminacy in Milton's *Areopagitica.*" *Re-membering Milton: Essays on the Texts and Traditions.* eds. Mary Nyquist and Margaret W. Ferguson. New York: Methuen, 1988.

Fish, Stanley. *How Milton Works.* Cambridge, Mass.: Belknap Press of Harvard UP, 2001.

Fixler, Michael. *Milton and the Kingdoms of God.* Evanston: Northwestern UP, 1964.

Flannagan, Roy, ed. *The Riverside Milton.* Boston: Houghton Mifflin, 1998.

Fletcher, Harris Francis. *Contributions to a Milton Bibliography, 1800-1930: Being a List of Addenda to Stevens's Reference Guide to Milton.* New York: Russell & Russell, 1967. rpt. of the 1931 ed.

Fletcher, Harris. *Milton's Semitic Studies.* Chicago, 1926.

Fletcher___. *The Use of the Bible in Milton's Prose.* New York: Haskell House, 1970.

Fowler, Alastair, ed. *Milton: Paradise Lost.* London: Longman, 1971.

Foxe, John. *Acts and Monuments.* 3 vols., 1631~1632.

___. "The Benefit and Invention of Printing," *Acts and Monuments*. 3 vols. 1641.

French, J. Milton. *The Life Records of John Milton*. 5 vols. New York: Gordian, 1966.

___. "Milton as a Historian." *PMLA* 50 (1935): 469~479.

Gardner, S. R. *Constitutional Documents of the Puritan Revolution*. 3rd ed. Oxford, 1906.

___. *History of England from the Accession of James I to the Outbreak of the Civil War, 1603-1642*. 10 vols., London, 1883~1884.

Geisst, Charles R. *The Political Thought of John Milton*. London: Macmillan, 1984.

Geoffrey of Monmouth. *Historia Regum Britanniae*. IV. in *Commelin, Rerum Brittanicarum*. Heidelberg, 1587.

George Bancroft, *History of the United States*. 10 vols., New York, 1895.

Gilbert, Allan H. "Milton on the Position of Woman." *Modern Language Review* 15 (1920): 7~27, 240~264.

Gilman, Wilbur Elwyn. *Milton's Rhetoric: Studies in His Defense of Liberty*. University of Missouri Studies, vol. 14, no. 3. Columbia: U of Missouri P, 1939. Rept. New York: Phaeton Press, 1970.

Goldberg, Jonathan and Stephen Orgel, eds. *John Milton*. The Oxford Poetry Library. Oxford: Oxford UP, 1994.

Goodwin, John. *Theomachia*. E12(1). 1644.

Gratianus, Johannes. *Decretum Gratiani Canonum*. 1140.

Green, John R. *A Short History of the English People*. New york, 1916.

Grosses Vollständiges Universal Lexicon. Halle and Leipzig, 1737.

Grossman, Marshall. *"Authors to Themselves": Milton and the Revelation of History*. Cambridge: Cambridge UP, 1987.

Grotius, Hugo. *Annotationes in Libros Evangeliorum*. Amsterdam, 1641.

Guibbory, Achsah. *Ceremony and Community from Herbert to Milton: Literature, Religion, and cultural Conflict in Seventeenth-Century England*. Cambridge: Cambridge UP, 1998.

Haillan, Girard du. *Histoire de France*. Paris, 1576.

Halkett, John. *Milton and the Idea of Matrimony: A Study of the Divorce Tracts and "Paradise Lost."* Yale Studies in English, 173. New Haven, Conn., and London: Yale UP, 1970.

Halkett, John. *Milton and the Idea of Matrimony: A Study of the Divorce Tracts and Paradise Lost.* Yale Studies in English, 173. New Haven: Yale UP, 1970.

Hall, Joseph. *Episcopacie by Divine Right Asserted*, 1640.

___. *Humble Remonstrance to the High Court.* 1641.

Haller, William. "'For the Liberty of Unlicenc'd Printing.'" *American Scholar* 14 (1945): 326~333.

___, ed. *Tracts on Liberty in the Puritan Revolution.* 3 vols. New York: Columbia UP, 1934.

Hanford, J. Holly. *A Milton Handbook.* 4th ed. New York: Appleton-Century-Crofts, 1961.

___. *John Milton, Englishman.* New York: Crown Publishers, 1949.

___. *John Milton, Poet and Humanist: Essays by James Holly Hanford.* Cleveland: Case Western Reserve UP, 1966.

___. "Milton and the Return to Humanism." *Milton Criticism: Selections from Four Centuries,* ed. James Thorpe. London: Routledge & Kegan Paul, 1965.

Harris, Victor. *All Coherence Gone.* Chicago: U of Chicago P, 1949.

Haug, Ralph A. "Preface and Notes" [to *Reason of Church-Government*]. *Complete Prose Works of John Milton.* vol. 1. ed. Don M. Wolfe. 736~744.

Henry, H. Nathaniel. *The True Wayfaring Christian: Studies in Milton's Puritanism.* New York: Peter Lang, 1987.

Herman, Peter C. *Squitter-wits and Muse-haters: Sidney, Spenser, Milton and Renaissance Antipoetic Sentiment.* Detroit: Wayne State UP, 1996.

Hill, Christopher. *The Century of Revolution, 1603~1714.* New York: Norton, 1982.

___. *The Experience of Defeat: Milton and Some Contemporaries.* New York: Elizabeth Sifton, 1984.

___. *Milton and the English Revolution*. New York: Viking Press, 1978.
___. *Society and Puritanism in Pre-Revolutionary England*. London: Secker & Warburg, 1964.
___. *The World Turned Upside Down*. Harmondsworth: Penguin Books, 1975. Reissued in Peregrine Books, 1984.
Himmelfarb, Gertrude. *Introduction. On Liberty*. By J. S. Mill. 1859; Penguin Books, 1980.
Hippocrates. *Hippocrates,* tr. W. H. S. Jones. 4 vols., New York and London, 1931.
Hobbes, Thomas. *Elements of Law, Natural and Politic*. London: Adamant Media Corporation, 2005.
Hodgson, Elizabeth. "When God Proposes: Theology and Gender in Tetrachordon." *Milton Studies* 31 (1994): 133~153.
Holstun, James. *Pamphlet Wars: Prose in the English Revolution*. Buffalo: State U of New York, 1992.
Honeygosky, Stephen R. *Milton's House of God: the Invisible and Visible Church*. Columbia and London: U of Missouri P, 1993.
Hooker, Richard. *Of the Laws of Ecclesiastical Polity*. 1611.
Howard, Lazarus. *Military and Spiritual Motions of Foot Companies*. 1642.
Hughes, Merritt Y. "Milton's Treatment of Reformation History in *The Tenure of Kings and Magistrates*." In *The Seventeenth Century: Studies in the History of English Thought and Literature from Bacon to Pope*. By Richard Foster Fones, et al. Stanford, Cal.: Stanford UP, 1951, 247~263. Reprinted in *Ten Perspectives on Milton* (New Haven, Conn., and London: Yale UP, 1965), 220~239.
Hughes, Merritt Y., ed. *John Milton: the Complete Poems and Major Prose*. 1957. Indianapolis: Odyssey, 1980.
Huguelet, T. L. "The Rule of Charity in Milton's Divorce Tracts." *Milton Studies* 6 (1974): 199~214.
Hunter Jr., W. B., gen. ed. *A Milton Encyclopedia*. 9 vols. Lewisburg: Bucknell UP, 1978.
Hunter, William B., Jr. "Milton's Arianism Reconsidered." *Harvard*

Theological Review 52 (1959): 9~35. Reprinted in *Bright Essence: Studies in Milton's Theology,* by W. B. Hunter, C. A. Patrides, and J. H. Adamson (Salt Lake City: U of Utah P, 1971), 29~51.

Hunte___. *Visitation Unimplor'd: Milton and the Authorship of* De Doctrina Christiana. Pittsburgh: Duquesne UP, 1998.

Huntley, John F. "The Images of Poet and Poetry in Milton's Reason of Church Government." *Achievements of the Left Hand.* eds. Michael Lief & John. T. Shawcross. 85~89.

Hunton, Philip. *A Treatise of Monarchie,* 1643.

Jacobus Thuanus [Jacques-Auguste de Thou]. *Historiarum Sui Temporis.* 1604.

Leunclavius, Johann. *Eelectus Legum Compendiarus,* in *Juris Graeco-Romani.* Frankfurt, 1596.

John Gauden. *The Religious and Loyal Protestation.* 1649.

Josephus, Flavius. *Antiquities of the Jews.* tr. William Whiston. 2 vols. New York, 1821.

___. *Against Apion,* tr. William Whiston, n.d.

Judson, Margaret A. *The Crisis of the Constitution.* New Brunswick: Rutgers UP, 1949.

Kelley, Maurice. *This Great Argument: A Study of Milton's "De Doctrina Christiana" as a Gloss upon "Paradise Lost."* Glouciester, Mass.: Peter Smith, 1962. rpt. of Princeton Studies in English. vol. 22. Princeton: Princeton UP, 1941.

Kendall, Willmoore. "How to Read Milton's *Areopagitica.*" *The Journal of Politics* 22 (1960).

Keplinger, Ann. "Milton: Polemics, Epic, and the Woman Problem, Again." *Cithara* 10 (1971): 40~52.

Kerrigan, William. "Milton's Place in Intellectual History." *The Cambridge Companion to Milton. Ed.* Dennis Richard Danielson. 2nd ed. Cambridge: Cambridge UP, 1999.

King, John N. *English Reformation Literature: The Tudor Origins of the Protestant Tradition.* Princeton: Princeton UP, 1982.

Knappen, M. M. *Tudor Puritanism.* Chicago, 1939.

Knoppers, Laura Lunger. *Historicizing Milton: Spectacle, Power, and Poetry in Restoration England*. Athens and London: U of Georgia P, 1994.

Knox, John. *The Appellation of John Knoxe from the Cruell and most Unjust Sentence*. Jenea. 1558.

___. *The History of the Reformation in the Church of Scotland*. Edingurgh, 1644.

___. *The Works of John Knox*. 6 vols. ed. David Laing. Edinburgh, 1846.

Knox, R. Buick. *James Ussher Archbishop of Armagh*. Cardiff: University of Wales Press, 1967.

Kranidas, Thomas. "Milton's *Of Reformation:* The Politics of Vision." *ELH* 49 (1982): 497~513.

Lactantius, Lucius. *Divine Institutiones*, in *Opera* (Lyons. 1548; NYPL).

Lampridiusm, Aelius, et. al. *Historia Augustae Scriptores Sex*. ed. Paris: Isaax Casaubon, 1603.

Levi, Peter. *Eden Renewed: The Public and Private Life of John Milton*. New York: St. Martins, 1997.

Lewalski, Barbara Kiefer. "Milton: Political Beliefs and Polemical Methods, 1659~1660." *PMLA* 74 (1959): 191~202.

___. *Milton's Brief Epic: the Genre, Meaning, and Art of Paradise Regained*. Providence: Brown UP; London: Methuen, 1966.

___. *The Life of John Milton: A Critical Biography*. Malden, MA: 2000.

Lief, Michael & John T. Shawcross, eds. *Achievements of the Left Hand: Essays on the Prose of John Milton*. Amherst: U of Massachusetts P, 1974.

Lilburne, John. *Tyrannie Discovered*. 1647.

Livetus. *Theologicae & Scholasticae Exercitationes*. Leyden, 1633.

Livy. *Historiarum . . . Libri*. Venice, 1590.

Locke, John. *Two Treatises of Government*. Cambridge: Kessinger Publishing, 2004.

Lowenstein, David. *Milton and the Drama of History*. Cambridge: Cambridge UP, 1990.

___. Lowenstein, David. "Milton's Prose and the Revolution." *The Cambridge Companion to Writing of the English Revolution*. ed. N. H. Keeble.

Cambridge: Cambridge UP, 2001. 87~105.
Loewenstein, David and James Grantham Turner, eds. *Politics, Poetics, and Hermeneutics in Milton's Prose*. Cambridge: Cambridge UP, 1990.
Low, Lisa and Anthony John Harding. *Milton, the Metaphysicals. and Romanticism*. Cambridge: Cambridge UP, 1994.
Mackintosh, John. *History of Civilization in Scotland*. 4 vols. Paisley, 1893.
Malvezzi., Virgilio Marquese. *Discourses upon Cornelius Tacitus*. tr. Sir Richard Baker. 1642.
Martyr, Justin. *Second Apology*. vol. 5. *Ante-Nicene Christian Library*. ed. Alexander Roberts and Aames Donaldson. 24 vols. Edinburgh, 1867~1872.
Masson, David. *The Life of John Milton: Narrated in Connexion with the Political, Ecclesiastical and Literary History of His Time*. 7 vols. London, 1881~1894; rpt. Gloucester, Mass: Peter Smith, 1965.
Matthews, A. G., ed. *The Savoy Declaration of Faith and Order*, 1658. London: Independent Press, 1959.
Mayer, John. *A Commentarie upon the New Testament*. 2 vols. 1631; UTSL.
Melczer, William. "Looking Back without Anger: Milton's *Of Education*." In *Milton and the Middle Ages*. ed. John Mulryan. Lewisburg, PA.: Bucknell UP; London and Toronto: Associated UP, 1982. 91~102.
Milner, Andrew. *John Milton and the English Revolution: A Study in the Sociology of Literature*. London: Macmillan, 1981.
Milton, John. *Complete Prose Works of John Milton*. 8 vols. gen. ed. Don M. Wolfe New Haven & London: Yale UP, 1953~1958.
Montemayor. *Jorge de. Diana*, 1559.
Morton, A. L., ed. *Freedom in Arms: A Selection of Leveller Writings*. London: Lawrence and Wishart, 1975.
Moulin, Louis de. *Irenaei Philadelphi Epistola*. 1641.
Mueller, Janel. "Embodying Glory." Loewenstein & Turner, 9~40.
Mustazza, Leonard. *"Such Prompt Eloquence": Language as Agency and Character in Milton's Epics*. Lewisburg: Bucknell UP; London and Toronto: Associated UPs, 1988.

Myers, William. *Milton and Free Will: An Essay in Criticism and Philosophy.* London: Croom Helm, 1987.

Nathaniel H. Henry. *The True Wayfaring Christian: Studies in Milton's Puritanism.* New York: Peter Lang, 1987.

Neal, Daniel. *The History of the Puritans.* 2 vols. London, 1754.

Norbrook, David. *Poetry and Politics in the English Renaissance.* London: Routledge & Kegan Paul, 1984.

___. *Writing the English Republic: Poetry, Rhetoric and Politics 1627-1660.* Cambridge: Cambridge UP, 1999.

Nyquist, Mary. "The Genesis of Gendered Subjectivity in the Divorce Tracts and in Paradise Lost." *Remembering Milton: New Essays on the Texts and the Traditions,* ed. Mary Nyquist and Margaret W. Ferguson. London: Methuen, 1988.

Origen. *Dialogue I.* tr. Migne, *Latina; Opera, Leyden.* 1635.

Ovid. *Ovid's Metamorphoses.* tr. F. J. Miller. London & New York: Loeb Classical Library, 1939.

Palmer, Hermert. *The Necessity and Encouragement of Utmost Venturing.* 1643; E60[3].

Paraeus. *Operum Theologicorum.* Frankfurt, 1628.

Pareus, David. *Operum Theologicorum.* 2 vols. Frankfurt, 1647.

Parker, William Riley. *Milton: A Biography.* 2 vols. Oxford: Clarendon, 1968; rev. Gordon Campbell, 1996.

Patrick, J. Max, ed. *Prose of John Milton.* New York, 1967.

Peck, Harry T. *Harper's Dictionary of Classical Literature and Antiquities.* New York, 1923.

Pietro Sarpi. *History of Inquisition,* tr. Robert Gentilis, 1639.

Plato. *The Dialogues of Plato.* tr. Benjamin Jowett. 5 vols. Oxford: Oxford UP, 1931.

Pliny the Elder. *Natural History.* tr. H. Rackham. 10 vols. Loeb Classical Library, 1938 ff.

Plutarch, *Brutus,* VII-X, in *Lives.* tr. Bernadotte Perrin. 11 vols. New York and London: Loeb Classical Library, 1914~1943.

Plutarch, Pompey. *Moralia*. tr. F. C. Babbitt. 14 vols. Loeb Classical Library. London, 1927.

Polybius, *The Histories*, VI. tr. W. R. Paton. 6 vols. New York: Loeb Classical Library, 1922~1927.

Ponet, John. *A Shorte Treatise of Politike Power and of ... Obedience*. Thomason, I, 144; E154 (36). 1556.

Poole, Matthew. *Synopsis Criticorum*. 5 vols. Frankfurt, 1678.

Price, John. *Clerico-Classicum*. 1649.

Prynne, William. *A Briefe Memento*. January 4, 1649.

Radzinowicz, Mary Ann. *Milton's Epics and the Book of Psalms*. Princeton: Princeton UP, 1989.

Radzinowicz, Mary Ann. *Toward Samson Agonistes: The Growth of Milton's Mind*. Princeton: Princeton UP, 1978.

Rajan, Balachandra and Elizabeth Sauer. eds. *Milton and the Imperial Vision*. Pittsburgh: Duquesne UP, 1999.

Raleigh, Sir Walter. *The Historie of the World*. 1617.

Raymond B. Waddington. eds. *The Age of Milton*. Manchester, Eng.: Manchester UP; Totowa: Barnes & Noble Books, 1980.

Redingstone, John. *Plain English to the Parliament and Army, and to the Rest of the People*. 1649.

Reuben Sanchez, Jr. *Persona and Decorum in Milton's Prose*. Madison: Fairleigh Dickinson UP, 1997.

Revard, Stella P. "Milton and Millenarianism: from the Nativity Ode to *Paradise Regained*." Milton and the Ends of Time. ed. Juliet Commins. Cambridge: Cambridge UP, 2003. 42~81.

Richmond, Hugh M. *The Christian Revolutionary: John Milton*. Berkeley: U of California P, 1974.

Robinson, Henry. *John the Baptist*. September 23, 1644, E9(13).

___. *Liberty of Conscience*. 1644.

Rowen, Herbert H. "Kingship and Republicanism in the Seventeenth Century: Some Reconsideration." *The Renaissance to the Counter-Reformation*. ed. Charles H. Carter. New York: Random House, 1965.

Rushworth, John. *Historical Collections and Tryal.* 1721.

___. John. *Petition for the Prelates.* 1641.

Russell, Conrad. *Unrevolutionary England, 1603-1642.* Hambledon & London, 2003.

Salmasius (Claude de Saumaise). *De Episcopus et Presbyteris.* Leyden, 1641.

Saltmarsh, John. *Dawnings of Light.* E1168[3]. January 4, 1645.

Samuel, Irene. *Dante and Milton: the Commedia and Paradise Lost.* Ithaca: Cornell UP, 1966.

___. *Plato and Milton.* Ithaca: Cornell UP, 1947. Paperback, 1965.

Sanchez, Jr. Reuben. *Persona and Decorum in Milton's Prose.* Cranbury, NJ: Associated UP, 1997.

Sanderson, William. *A Compleat History of the Life and Raigne of King Chrles.* 1658.

Sandys, Sir Edwin. *Europae Speculum.* 1638.

Sarpi, Pietro. *Historia del Concilio Tridentino* (1619), tr. Nathanael Brent. 1620.

Schaff, Philip. *The Creeds of Christendom.* 3 vols. New York, 1991.

___, ed. *Fathers, N. and P. N. 1*, V, n.d.

___ and Henry Wace, ed. *Fathers, N. and P. N. 2*, tr. McGiffert, n.d.

Schiffhorst, Gerald J. *John Milton.* New York: Continuum, 1990.

Schultz, Howard. *Milton and Forbidden Knowledge.* New York: Oxford UP, 1955.

Secundus, Gaius Plionius. *Historias Naturalis Libri* XXXVII. 3 vols. Leyden, 1635; PUL.

Selden, John. *De Jure Naturali et Gentium.* Juxta Disciplinam Ebraeorum. 1640.

Sensabaugh, George F. *Milton in Early America.* Princeton: Princeton UP, 1964.

Severus, Sulpitius. *Life of St. Martin.* in *History.* Leyden, 1635.

Sewell, Arthur. *A Study in Milton's Christian Doctrine.* Archon Books, 1967. First Published by Oxford UP in 1939.

Shawcross, John T. *The Complete Poetry of John Milton.* Garden City:

Doubleday, 1971.

___. "The Higher Wisdom of *The Tenure of Kings & Magistrates.*" *Achievements of the Left Hand.* ed. Michael Lieb and John T. Shawcross. Amherst: U of Massachusetts P, 1974.

___. *John Milton: the Self and the World.* Lexington: UP of Kentucky, 1993.

___. *John Milton and Influence: Presence in Literature, History and Culture.* Pittsburgh: Duquesne UP, 1991.

Siebert, F. S. *Freedom of the Press in England 1476-1776.* Urbana: U of Illinois P, 1952.

Sigonius, *De republica Hebraeorum.* Frankfurt, 1585.

Sleidan, John. *Commentaries.* tr. John Daus. London, 1560.

Smith, Nigel. "*Areopagitica*: Voicing Contexts, 1643~1645." *Politics, Poetics, and Hermeneutics in Milton's Prose.* Cambridge: Cambridge UP, 1990. 103~122.

___. *Literature and Revolution in England 1640-1660.* New Haven: Yale UP, 1994.

Socrates Scholasticus. *Ecclesiastical History.* Bohn ed. London, 1867.

Sozomen. *Church History, in EHA.* Paris, 1544.

Sparros, Anthony, ed. *A Collection of Articles, Injunctions, Canons*, 1675.

Spedding, James, et al. *Works of Francis Bacon.* 14 vols. Boston: 1857~1874.

Spenser, Edmund. *Complete Works.* ed. Charles G. Osgood et al. 10 vols. London, 1860~1912.

Stavely, Keith W. *The Politics of Milton's Prose Style.* Yale Studies in English, 185. New Haven, Conn., and London: Yale UP, 1975.

Stone, Lawrence. *The Family, Sex and Marriage in England 1500-1800.* London: Weidenfeld and Nicolson, 1977; Harmondsworth: Penguin, 1979.

Svendsen, Kester. "Science and Structure in Milton's *Doctrine of Divorce.*" *PMLA* 67 (1970).

Tacitus. Annals. tr. Arthur Murphy. *The Historical Works.* 2 vols. London: Everyman, 1943.

The Holy Bible. King James Version. 1611 ed. Hendrickson Publishers, 2006.

Thorpe, James. *John Milton: The Inner Life.* San Marino: Huntington Library, 1983.

Tillyard, E. M. W. Milton. rev. ed. London: Chatto, 1969.

Todd, Margo. *Christian Humanism and the Puritan Social Order.* Cambridge: Cambridge UP, 1987.

Traill, H. D. and J. S. Man. *Social England.* 6 vols. London, 1894~1897.

Tulloch, John. *English Puritanism and Its Leaders: Cromwell, Milton, Baxter, Bunyan.* Kessinger Publishing's Rare Reprints. Edinburgh and London: William Blackwood and Sons, 1861.

Tydale, William. *Obedience of a Christian Man. Works of W. Tyndall.* John Frith and Dr. Barnes. 1573.

Ussher, James. "A Geographicall and Historicall Disquisition, Touching on the Lydian or Proconsular Asia, and the Seven Metropoliticall Churches Contained Therein," in *Certain Brief Treatises* (CBT). Oxford, 1641.

Via, John A. "Milton's Antiprelatical Tracts: The Poet Speaks in Prose." *Milton Studies* 5 (1973): 87~127.

Walker, George. *Angl-Tyrannus.* 1650.

Webber, Joan. "John Milton: The Prose Style of God's English Poet." *The Eloquent "I": Style and Self in Seventeenth-Century Prose.* Madison, Milwaukee, and London: U of Wisconsin P, 1968. 184~218.

Wilding, Michael. "Milton's *Areopagitica:* Liberty for the Sects." *Prose Studies* 9 (1986): 7~38. Reprinted in *The Literature of Controversy: Polemical Strategy form Milton to Junius.* ed. Thomas N. Corns. London: Frank Cass, 1987. 7~38.

___. *Dragon's Teeth: Literature in the English Revolution.* Oxford: Clarendon Press, 1987.

Wilkinson, L. P. *Ovid Recalled.* Cambridge: Cambridge UP, 1955.

Willey, Basil. *The Seventeenth-century Background: Studies in the Thought of the Age in Relation to Poetry and Religion.* 1934. London: Routledge & Kegan Paul, 1979.

Williams, Arnold. *The Common Expositor.* Chapel Hill: U of North Carolina P, 1948.

Willis, Gladys J. *The Penalty of Eve: John Milton and Divorce.* New York: Peter Lang, 1984.

Wingfield-Straford, Esmé. *King Charles the Martyr.* London: Hollis & Carter, 1950.

Wolfe, Don M. *Milton and His England.* Princeton: Princeton UP, 1971.

___, M., et. al. eds. *Complete Prose Works of John Milton.* 8 vols. New Haven: Yale UP, 1953~1982.

Woodhouse, A. S. P. *Puritanism and Liberty.* Everyman Paperbacks, 1992.

Woolrych, Austin. *Commonwealth to Protectorate.* Oxford: Clarendon, 1982.

Worden, Blair. *The Rump Parliament 1648-1653.* Cambridge: Cambridge UP, 1974.

Zagorin, Perez. *Milton: Aristocrat and Rebel: the Poet and His Politics.* New York & Suffolk: D. S. Brewer, 1992.

찾아보기

1권

ㄱ

가나안적인 교리 ········· 234
가내 권력 ············ 443
가드너(Gardner) ········· 179
가인(Cain) ············ 89
가장 어려운 시도 ········· 199
가정 국가(household state) ··· 270
가정 정치(household government)
 ················ 129
가정적 불행 ············ 269
가족 사회(household society) ··· 287
가족파(Familists) ········· 167
가톨릭 ······ 33, 43, 102, 165, 406
가톨릭교도의 미신 ········· 268
간음 ········ 266, 273, 280, 324,
 340, 346, 403, 424
갈릴리학파(Galilean school) ··· 271
감독 법원(consistory) ········ 58
감독제(Episcopacy) ········ 4, 21,
 57, 65, 92, 122, 140, 157, 205, 255
감독제 반란 ············ 178
감독제 스파르타 ········· 247
감독제의 사법권 ········· 217
강제된 덕성 ············ 435
강제적인 존속 ············ 337
개인적 학문 ············ 195
개종 ············ 181, 314, 322

개혁 ············· 180
개혁교회(Reformed church) ··· 98
검열(lisence, censorship) ····· 219
게하시(Gehezi) ··········· 106
결혼생활 ········· 295, 332,
 345, 388, 416, 422, 446
결혼의 결속 ············ 419
결혼의 내적 매듭 ········· 325
결혼의 매듭 ············ 284
결혼의 비밀 ············ 416
결혼의 성례전적(聖禮典的) 교리
 ················ 280
결혼의 우상 ············ 336
결혼의 존엄 ············ 300
결혼의 평화 ············ 317
결혼 잠자리의 교제 ········ 324
결혼제도 ·········· 396, 403, 414
경건한 교제 ············ 324
경제적인 법 ············ 399
계시 ············ 3 190, 363
계율 ············· 11, 14, 125, 132,
 139, 222, 229, 232, 239, 240, 250
고대 제사장(Flamins) ········ 6
고등법원 ············· 87
고등종교위원회(Court of High
 Commission) ··········· 235
고르디아스의 난제(Gordian

difficulties) ··················· 433
고위 성직자(Prelates) ········ 11, 19, 33
고위 성직자 순교자들(Prelat-Martyrs)
  ······································ 99
고위 성직자 제도 ······················ 22
고위직 ····················· 23, 115, 175
공동기도서(The Book of Common
  Prayer) ················ 15, 246, 463
공동선 ······························· 115
공민법 ································· 96
공의회(General Council) ······· 30, 56,
  103
공화국(the commonwealth) ········· 59,
  271, 394, 407, 452, 467, 480, 481
과부급여(jointures) ················· 438
관료 ··········· 38, 87, 96, 151, 224, 438
관면(寬免, dispensation) ············ 348,
  371, 375, 377, 406, 411, 448
관면장 ······························· 266
관습 ······················· 158, 159, 246,
  259, 261, 284, 434
교령과 개요 없는 개요(decretals, and
  sumles sums) ···················· 448
교리 ········· 5, 11, 139, 167, 267, 312,
  336, 429
교파 ············· 68, 167, 170, 179, 476
교파 창설자(Patriarchat) ·············· 88
교황 ··················· 85, 101, 165,
  166, 245, 369, 470
교황 무오설(無誤說) ···················· 11
교황절대주의자들 ······················ 97
교황정치(Popedome) ················· 14
교황제 ················· 25, 72, 99, 406
교황주의(Papism) ········· 13, 215, 245
교황주의자 ····· 13, 185, 222, 274, 435
교회개혁 ······················· 17, 138

교회개혁법안 ························· 21
교회 계율 ········ 21, 94, 132, 138, 222
교회법 ····················· 21, 87, 158,
  166, 262, 279, 280, 295, 325
교회법의 굴레 ························ 276
교회법 재갈(canon bit) ············· 423
교회 법정 ···················· 280, 465
교회사 ························· 28, 100
교회 인두세(poll tax) ·············· 110
교회 의식 ····························· 12
교회의 견책 ························ 219
교회의 도피 ························ 213
교회의 분열 ························ 170
교회의 선거권 ······················ 228
교회의 예배지침 ··················· 159
교회의 잔혹 ························ 238
교회의 타락상 ························ 9
교회의 평화 ························ 193
교회 정부 ············· 38, 62, 107, 124,
  125, 134, 208
교회 통치자 ························ 136
교회 헌법과 교회법(Constitutions and
  Canons Ecclesiastical) ············ 234
교회회의(Consistory) ··············· 172
구원 ··············· 93, 106, 108, 214,
  223, 308, 454, 467
국가 정부(civil government) ········ 94
국가 통제주의자(statist) ········ 17, 63
국교반대주의자 ······················ 171
군주국 ················· 67, 71, 81, 85, 468
군주제 ············· 61, 76, 92, 173, 481
굴종적인 교리 ······················ 244
귀족원(Upper House) ············ 90, 96
귀족정치 ······················· 64, 94, 102
규범 ······························· 32, 325
그라티아누스(Gratian) ··············· 158

그레고리 교령집(The Gregorian
　　Decretals) ·························· 294
그린달(Grindal) ·························· 25
금품 강요 ································ 240
기독교 공화국(Christian
　　Commonwealth) ····················· 59
기독교 국가 ············· 11, 45, 73, 142,
　　166, 221, 265, 433
기독교인 ············· 199, 234, 287, 430
기독교적인 국민 ······················· 114
기독교적인 위안 ······················· 238
기독교적인 자유 ······················· 320
기독교적인 평화 ······················· 110
기록판(Diptychs) ························ 55
기억의 부인(Dame Memory) ······· 205

ㄴ

나체주의자(Adamites) ··············· 172
낙원 ·························· 127, 300, 387
남편의 위안 ······························ 409
내란 ···················· 90, 113, 185, 461
내면적인 신성 ··························· 214
내적 예배 ································· 145
노섬벌랜드(Northumberland) ······· 16
노예근성 ···················· 48, 207, 435
논쟁의 거친 바다 ······················ 206
「농부의 이야기」(The Plowman's
　　Tale) ································· 69
누마(Numa) ····························· 128
니케아 공의회(General Council of
　　Nicæa) ································ 30
니케포루스 포카스(Nicephorus
　　Phocas) ······························ 30

ㄷ

단테(Dante) ······························· 43
『신곡』(La Divina Commedia)
　　·· 231
대간의서(大諫議書, Grand
　　Remonstrance, 1640) ··········· 243
대학평의원회(regent house) ······· 109
대헌장(Magna Charta) ·········· 85, 245
데메트리우스(Demetrius) ··········· 429
도덕률 ····································· 317
도덕률 폐기론 ··························· 167
도덕법 ······················ 323, 353, 405
도덕적 공평의 법 ······················ 398
도덕적 종교 ······························ 323
도덕적인 시내(Sinai) ················· 397
독신생활 ······ 292, 321, 334, 388, 439
독재권 ····································· 174
드루이드(Druides) 성직자 ·········· 271
디오니시우스 알렉산드리누스
　　(Dionysius Alexandrinus) ········ 27

ㄹ

라티머 주교(Bishop Latimer) ········ 18
람프리디우스(Lampridius) ············ 29
런던 청원(London Petition) ········ 104
레오 10세(Leo X) ······················· 67
레위 지파 ············· 133, 143, 146, 153
로드 주교(William Laud) ··· 5, 32, 470
「교회법」(Canons) ················· 87
로마가톨릭교회 ············· 5, 114, 122
로마 제국의 파멸 원인 ··············· 394
로마 집정관(Roman prætor) ······· 108
로마의 낙타(Camel) ·················· 169
로욜라(Loyola) ··························· 62
루키우스 락탄티우스(Lucius

Lactantius) ······················ 47, 63
『신학 체계』(Divinae Institutiones)
··· 47
리들리(Ridley) ························ 17
리베투스(Rivetus) ················· 292
리쿠르고스(Lycurgus) ············ 128

ㅁ ──

마귀의 교리 ························· 312
마르티노(St. Martin) ·············· 23
마소레스(Masoreth) ·············· 271
마우리티우스(Mauritius) ········· 88
마운틴(Mountain) 주교 ············ 33
마이모니데스(Maimonides) ······· 307
마카리우스(Macarius) ············· 51
　『개관』(Synopsis) ················· 51
마키아벨리(Machiavelli) ·········· 60
　『군주론』(Prince) ················ 60
만인제사장설(Priestertum aller
　Glaubigen) ························· 23
말베치(Malvezzi) ···················· 62
맹목적인 미신 ······················ 242
메네니우스 아그리파(Menenius
　Agrippa) ···························· 73
메리 여왕(Mary Tudor) ··········· 17
면죄부 ··························· 266, 351
명령 ··············· 137, 207, 320, 387,
　396, 419, 430, 455
명령의 목적 ························· 351
모국어 ································ 198
모세(Moses) ························ 121
모세오경(Pentateuch) ············ 282
무관심(indifferency) ······ 77, 184, 311
무신론 ································ 325
무율법주의(Antinomianism) ······· 339
무질서 ···························· 126, 452

문명화한 간음 ······················ 398
미노스(Minos) ······················ 128
미사(Masse) ···················· 152, 170
미사 전례서(Masse-Booke) ········ 91
미신적인 제의(祭衣) ················ 214
미운 여자 ···························· 379
민주주의(Democracy) ········· 85, 102,
　471, 476
밀턴(John Milton) ················· 480
　『고위 성직자 감독제론』(Of
　Prelatical Episcopacy) ·········· 206
　『교회정부의 이유』(The Reason
　of Church Government) ········ 119
　『기독교 교리』(Christian
　Doctrine) ·························· 233
　『이혼의 교리와 계율』(The
　Doctrine and Discipline of
　Divorce) ·························· 257
　『종교개혁론』(Of Reformation) · 3
　『투사 삼손』(Samson Agonistes)
　···································· 251

ㅂ ──

바리새인 ······ 344, 380, 383, 411, 455
바빌론(Babylon) ····· 84, 185, 243, 336
바실리우스(Basil the Great) ·········· 51
바울(St. Paul) ··············· 9, 36, 103
바클레이(John Barclay) ············ 181
　『사티리콘』(Satyricon) ··········· 181
반기독교적인 폭정 ····················· 10
방종의 결함 ·························· 315
방종의 법 ···························· 350
배교(apostasy) ······················ 213
배설물의 진수 ······················ 294
백색제의(祭衣, rochets) ············ 159
버거운 분량의 전통(volumes of

tradition) ················· 213
법궤(arke) ···················· 129
법의(ephod) ·················· 153
베르길리우스(Virgil) ················· 199
베르됭(Verdune) ················· 369
베이컨(Sir Francis Bacon) ·········· 357
『법의 격언』(Maxims of the Law)
·· 357
벨사살(Belshazzar) ······················ 83
보댕(Bodin) ······················ 222
보통법(Common Law) ·········· 87, 96, 102, 103
보편적인 개혁교회 ······················ 110
보편적인 수장 ····························· 166
보편적인 정의 ····························· 75
복음, 복음서(the Gospel) ······ 49, 93, 99, 106, 121, 157
복음 사역 ······································· 86
복음서의 정부 ····························· 239
복음의 자유 ································· 369
복음적 명령 ································· 322
복음주의 ································· 7, 429
본문상의 제한 ····························· 455
본성의 반감(antipathies) ············ 436
부당한 결혼 ································· 327
부르고뉴 동맹(Burgundian league) 78
부부의 교제 ································· 299
부부의 사랑 ············ 298, 305, 306
부적당한 교제 ····························· 312
부적절한 짝 ································· 331
부적합성 ················· 287, 334, 335
분봉왕(Tetrarch) ························· 64
분파, 분파주의 ················· 12, 14, 79, 161, 359, 464
불신자 아내 ································· 321
불의한 법령 ································· 348

불일치 ··············· 279, 325, 328, 379
불필요한 속박 ····························· 283
브라운주의자(Brownists) ·········· 167
브리튼 제국(Britannick Empire) ·· 113
비기독교적인 결혼 ···················· 388
비기독교적인 불화 ···················· 341
비밀 결혼 ····································· 372
비슷한 조력자 ····························· 330
비텐베르크 법령(Ordinances of Wittenberg) ····························· 281
빅토르(Victor) 주교 ····················· 34

ㅅ
사도서간(使徒書簡, Epistles) ······ 49, 50, 135
사랑의 경륜 ································· 130
사랑의 무한한 확장 ···················· 418
사랑의 법 ····································· 380
사랑의 신(Love) ························· 305
사랑의 옹호자 ····························· 273
사르디스(Sardis)의 교회 ············ 172
사법적인 법(judicial law) ·········· 398
산타 클라라(Santa Clara) ············ 13
삼류시인 ······································· 203
삼손(Samson) ······························ 251
삼위일체 하나님(Tri-personall Godhead) ································· 112
생득권(生得權, the right of birth) 144
생명의 보존 ································· 332
샤를마뉴(Charle-main) ··············· 200
서들리 경(Lord Sudley) ··············· 18
설교단(Ambones) ························ 55
성궤 ·· 130
성도의 교제 ································· 233
성령 ············ 47, 131, 226, 376, 433
성령의 은사 ································· 131

성례교범(Meniaia's) ······················ 55
성자 하나님(God the Son) ·········· 455
성직록(聖職祿, benefice) ············· 33
성직매매 ···································· 235
성직 제도 ·························· 123, 160
성직자 계급제도 ············ 72, 89, 169
성직자 고용제도 ······················ 480
성직자 정부(priestly government) 144
성직자 총회(General Assemblies) ·····
  102, 172
성직자 회의(Convocation) ············ 25
성직자의 계급 ·························· 245
성직자의 권리 ·························· 233
성찬대 ·· 32
성체포(聖體布) ························· 232
성향의 통일성 ·························· 413
세례식(baptism) ···················· 8, 248
세베루스(Severus) ······················ 43
  『역사』(History) ····················· 43
세상의 법 ·································· 96
세속적인 교리 ·························· 241
세속적인 권위 ·························· 240
세속적인 재판 ·························· 220
셀던(Selden) ···························· 447
  『자연법과 만민법』(Of the law
  of nature & of Nations) ······· 447
소요학파(Peripateticks) ············· 393
소유권(Copy-hold) ····················· 96
소크라테스학파(Socratick school) 150
소포클레스(Sophocles) ·············· 190
  『폭군 오이디푸스』(Oedipus
  Tyrannus) ··························· 191
솔로몬(Solomon) ········ 75, 253, 307,
  317, 410
솔론(Solon) ····························· 161
수급성직(Prebends) ·················· 108

수석주교(Primat) ······················ 165
숙식의 분리(Separation a mensa
  et thoro) ···························· 439
술피티우스 세베루스(Sulpitius
  Severus) ······························ 23
숭배 ························· 6, 8, 73, 98, 133
스테파누스(Stefan) ····················· 49
스토아학파(Stoics) ··················· 359
슬픔과 불만의 일상사 ············· 414
시고니우스(Sigonius) ·················· 68
시몬 마구스(Simon Magus) ········ 106
시민적 교제 ···························· 324
신성모독(blasphemie) ········ 234, 320
신앙고백 ·························· 124, 293
신자의 선택 ···························· 318
심마쿠스(Symmachus) ················ 54
십계명(Decalogue) ············ 312, 399
십보라(Zippora) ······················· 316
15년기(Indictions) ······················ 55
십일조, 십일조세 ·············· 41, 111
십자군장(Red Crosse) ················ 91

ㅇ ─────

아나니아스(Ananias) ················ 152
아론(Aron) ············ 6, 141, 146, 153
아르미니우스(Arminius) ··········· 359
아리미눔 회의(Councell of Ariminum)
  ·· 28
아리스토텔레스(Aristotle) ·········· 61
  『윤리학』(Ethicks to
  Nicomachus) ······················ 357
  『정치학』(Politics) ················· 61
아리스티포스(Aristippus) ·········· 248
아리오스토(Ariosto of Ferrara) ····· 44
  『광란의 오를란도』(Orlando
  Furioso) ······························· 44

아리우스주의(Arianism) ······· 30
아리우스파(Arians) ············ 19
아마 대주교(Primat of Armagh) ·· 141
아브라함(Abraham) ············ 121
아비멜렉(Abimelech) ··········· 90
아사 왕(King Asa) ············· 185
아우구스티누스(St. Austin; Aurelius
  Augustinus) ················ 48
  『고백록』(Confessions) ······· 48
  『신국론』(City of God) ········ 48
아이스툴푸스(Aistulphus the
  Lombard) ··················· 68
아퀼라(Aquila) ················· 53
아타나시우스(Athanasius) ······· 39
  『말씀의 성육신』(Incarnation of
  the Word) ·················· 50
  『이방인에 대하여』(Against the
  Gentiles) ··················· 50
안 사람(the inner man, the inward
  man) ······················· 224
안셀무스(Anselme) ············ 158
안테로스(Anteros) ············· 305
알렉산데르 세베루스(Alexander
  Severus) ··················· 29
암브로시우스(St. Ambrose) ····· 103
「애가」(The Song of Solomon) ···· 201
앤드루스 주교(B. Andrews) ····· 141
앨퀸(Alcuin) ·················· 272
「약간의 의례와 의식에 대한 선언」
  (A Declaration concerning some
  Rites and Ceremonies) ······· 234
양성의 유익 ···················· 276
억압적인 성직자 ················ 232
억압 정부 ······················ 255
억제의 반작용 ·················· 345
언론의 자유 ·············· 192, 475

에드워드 6세(Edward VI) ······· 15
에스더(Esther) ················ 131
에우세비우스(Eusebius) ········ 34
에피쿠로스(Epicurus) ·········· 248
엘레우시스의 신비 ·············· 366
엘루테리우스(Eleutherius) ······ 63
엘리(Eli) ······················ 395
엘리자베스(Elizabeth) ·········· 19
여로보암(Jeroboam) ············ 62
연방주(United Provinces) ······· 78
열탕죄인판별법(Ordalium) ······ 426
영감론 ························· 202
영국 국교회 ··········· 5, 460, 462, 471
영국 국교회의 39개 조항(Thirty-Nine
  Articles of Church of England)
  ···························· 338
영국 의회(High Court of Parliament)
  ···················· 275, 464, 474
영원한 밝은 왕좌 ················ 111
영원한 영(Spirit) ··············· 205
영적 공장 ······················ 189
영적 교제 ················· 102, 237
영적 바벨(Babel) ··············· 82
영적 법령 ······················ 240
영적 정부 ······················ 233
영적 제물 ······················ 227
영적 치유 ······················ 235
영혼의 통합 ···················· 430
예레미야(Jeremiah) ············ 191
예배 의례 ················ 5, 85, 159
예수회(Jesuits) ·········· 37, 72, 359
예식의 효능 ···················· 415
예정설 ···················· 359, 362
예표(type) ················ 149, 151
오리게네스(Origen) ·········· 36, 54
오비드(Ovid) ··················· 366

『변신 이야기』(*Metamorphoses*)
.... 366
오이디푸스(Oedipus) ················ 190
오크누스(Ocnus) ······················ 440
「옥스퍼드 대학교의 겸손한 청원」
(The Humble Petition of the
University of Oxford) ············· 109
올리버 크롬웰(Oliver Cromwell) ·· 15
완전하게 매는 띠(the bond of
perfection) ······························ 418
왕국 ··············· 4, 13, 24, 70, 80, 113
왕권 ························ 16, 88, 100, 244
왕의 권한 ··································· 150
왕의 성구(聖球) ···························· 79
왕좌 ···························· 114, 273, 450
요세푸스(Flavius Josephus) ········ 121
『유대의 고대 유물』(*Jewish
Antiquities*) ··························· 121
『유대전쟁사』(*History of the
Jewish War*) ························· 121
요시야(Josiah) ···························· 262
요하네스 그라시아누스(Johannes
Gratianus) ····························· 448
『모순교회법령 조화집』(*Concordia
discordantium canonum*) ······ 448
「요한계시록」(The Apocalypse) ·· 201
「욥기」(Job) ································ 200
우림(Urim) ································ 152
우발적인 간음 ···························· 421
우상숭배 ···················· 5, 67, 139, 312
우상숭배자 ························· 185, 318
원문주의자(textuists) ·················· 274
원소의 결합(elementall Crasis) ···· 329
웨스트민스터 신앙고백(Westminster
Confession of Faith) ············· 344
위계질서 ······················ 157, 318, 471

위클리프(Wycliffe) ······················· 10
위클리프주의자(Lollards) ··········· 171
윌리엄 캠던(William Camden) ······ 24
『브리타니아』(*Britania*) ············· 24
『연대기』(*Annales*) ···················· 24
유대교 집회(Synagogue) ············ 271
유대식의 부정(Judaicall uncleannes)
··· 321
유스티누스(Justin Martyr) ············ 35
육욕적인 권력 ···························· 241
육적인 의례 ······························· 216
육체와의 만남 ···························· 296
육체적인 즐거움 ························ 292
율리아누스(Julian the Apostat) ····· 42
율법의 목적 ······························· 377
은총의 언약(covenant of grace)
·· 313, 347
은총의 조건 ······························· 377
음란한 결혼생활 ························ 391
의례용 옷 ··································· 214
의례적인 교리 ···························· 212
의례전문가(punctualist) ············· 210
의회(Parliament) ···· 96, 177, 252, 253
이교 신앙 ················ 34, 41, 169, 453
이냐시오 데 로욜라(Ignatius de
Loyola) ····································· 27
이레나에우스(Irenaeus) ················ 35
이방인(Gentiles) ························· 156
이혼 금지 ··································· 389
이혼금지법 ································· 311
이혼금지주의자 ·························· 452
이혼법 ······································· 278
이혼 사유 ······················ 287, 420, 430
이혼의 경건한 필요성 ··············· 315
이혼의 권리 ······························· 443
이혼의 원인 ······························· 289

이혼의 자유 ·············· 334, 420, 430
인간다움 ······························· 81
인간의 존엄성 ······················ 267
인간적인 교제 ······················ 335
일치의 옷 ··························· 177
잉글랜드 공화국(the Commonwealth
   of England) ················ 93, 94
잉글랜드의 용 ······················ 250

ㅈ ─

자구적 해석(literality) ················ 340
잔인한 권위 ······························· 249
잘못 묶인 결혼 ·························· 328
장로교 ················ 57, 163, 222, 228, 463
장로제 ··························· 122, 125, 140
장로회(Prebytery) ············ 58, 107, 175
재세례론(Anabaptism) ················ 170
재세례파(Aanabaptists) ········ 149, 167
적그리스도(Antichrist) ··············· 42,
   113, 165, 241
적그리스도의 교회 ······················ 341
전례서(Liturgy) ····················· 6, 295
절대적인 명령 ···························· 383
정당한 이혼 ······························· 421
정신의 부적합성 ························· 335
정신적 발가벗음 ························· 290
정욕의 치료 ······························· 298
정치 체제(Politie) ······················ 95
정치적 계략 ······························ 222
정치적 관면 ······························ 406
정치적인 검열 ··························· 219
정치적인 법 ······························ 405
정치학 ······································ 59
제네바 법령(Ordinance of Geneva)
 ·· 281
제도의 양상 ······························ 383

제한적인 간음(circumcis'd
   adulteries) ························· 404
조국의 영예 ······························ 198
조시무스(Zosimus) ······················ 39
조지(St. George) ······················ 249
존 셀던(John Selden) ················ 447
『자연법과 국민 교육』(De Jure
   Naturali et Gentium, Juxta
   Disciplinam Ebraeorum) ······ 447
존 왕(King John) ························ 71
존 폭스(John Foxe) ····················· 10
종교개혁 ························ 10, 340
종교의 자비 ······························ 411
종교재판관 ························ 44, 219
종교전통 ······· 26, 27, 46, 158, 160, 228
종교회의(Synod) ··············· 172, 270
종파분리주의 ···························· 168
주교(bishop) ········ 102, 164, 170, 234
주교관(主敎冠) ······················· 6, 93
주교전쟁(Bishops' Wars) ··········· 463
주교직(Bishoprics) ··················· 101
주권 ············ 14, 85, 87, 103, 267, 461
지방 부감독직(Deaneries) ··········· 108
지정교회(Station) ························ 55
진리의 태양 ······························ 112
진실한 예배 ······························ 188
진정한 사랑 ······························ 421
질서의 권위 ······························ 212

ㅊ ─

참사회원직(Chanonies) ··············· 108
참회왕 색슨(Saxon king the
   Confessor) ·························· 269
천주교(Popery) ··························· 98
첫 번째 종교개혁 ······················· 179
청교도(Puritan) ············ 12, 25, 167

청교도주의(Puritanism) ········· 98
초대교회 ······················· 102, 104
초대 기독교인 ························ 172
초서(Chaucer) ·························· 45
총대주교(Patriarch) ················· 173
최초의 결혼제도 ····················· 403
축복의 공동체 ························ 307
축자적인 예속(alphabetical servility)
································· 341
축자주의(逐字主義, literalism) ··· 423
70인역(譯) 성서(the Septuagint)
································· 425
칠페리쿠스(Chilpericus) ············ 68
칭송을 받게 될 주제 ············· 196

ㅋ ─────

카를 5세(Charles V) ················ 17
카이사르(Octavius Cœsar) ········ 63
칼뱅(John Calvin) ·················· 292
캠던(Camden) ························· 24
케드레누스(Cedrenus) ·············· 31
콘스탄티누스(Constantine) ······· 20
쿠르티우스(Curtius) ··············· 176
크랜머(Cranmer) ····················· 17
크세노폰(Xenophon) ·············· 126
『아나바시스』(Anabasis) ········ 126
클레멘스(Clement of Alexandria)
································· 36
클레멘스(St. Clement Romanus)
································· 162
클로디우스 살마시우스(Claudius
   Salmasius) ························ 163
『헤르마스』(Hermas) ············· 163
키레네 쾌락주의자 ················ 248
키루스(Cyrus) ························· 80
키케로(Cicero) ······················ 361

키프로스(Cyprian) ··················· 20

ㅌ ─────

타락한 법 ···························· 411
타락한 정신 ························· 225
타소(Tasso) ·························· 199
태생적인 불일치 ··················· 341
테르툴리아누스(Tertullian) ······· 36
테오도시우스(Theodosius) ······ 104
테오도티온(Theodotion) ··········· 53
토마스 스미스 경(Sir Thomas Smith)
································· 25
『영국 공화국』(The Commonwealth
   of England) ······················ 25
통제적인 수렴성(收斂性) ········ 236
트리엔트 공의회(Trentine Councel)
································· 369
티레시아(Tiresia) ··················· 190
티베리우스(Tiberius) ················ 88

ㅍ ─────

파기우스(Paul Fagius) ············ 288
파드레 파올로(Padre Paolo) ······ 72
파레우스(Pareus) ··················· 292
파멸의 노예(Vassals of Perdition) 115
파문(excommunication) ··········· 24,
   35, 69, 7184
파울루스 아에밀리우스(Paulus
   Æmilius) ·························· 444
파울루스 파기우스(Paulus
   Fagius) ···························· 277
퍼킨스(William Perkins) ········· 399
『그리스도의 산상설교에 관한
   경건한 학문적 해설』(Godly and
   Learned Exposition of Christs

Sermon in the Mount) ········ 344
『양심론』(Treatise of Conscience)
································· 399
페팽(Pepin) ················ 68
펠라기우스파(Pelagians) ······· 19
평신도(Laick) ········ 122, 227, 232
평신도 장로(lay Elder) ········ 228
폭군 ············ 80, 245, 246, 347
폭력적인 이혼 ··············· 354
폭정 ······· 31, 35, 64, 92, 178, 207
폴리비우스(Polibius) ··········· 94
프로테스탄트(Protestants) ······ 14, 72, 82, 222
프로테스탄트 교황(Protestant Pope)
································· 166
플라톤(Plato) ················ 62
『법률』(Laws) ············· 229
『파이돈』(Phaedo) ·········· 188
『프로타고라스』(Protagoras) · 393
『향연』(Symposium) ········· 188
플라톤학파(Academics) ········ 359
필리피쿠스(Philippicus) ········ 67
필립 시드니(Philip Sidney) ····· 201

ㅎ ───

하갈(Agar) ················ 144
하나님의 결합 ··············· 415
하나님의 교회 ··············· 192
하나님의 말씀 ··············· 110
하나님의 언약 ··············· 337
하나님의 영감 ··············· 202
학문적 수고 ················ 206
할례 ······················ 372
합당한 조력자(meet help) ···· 284, 384
항의자(Remonstrant) ·········· 158
해산의 율법(Law of dismission) ·· 302
해석상의 부주의 ············· 274
행복한 대화 ················ 292
행위의 언약 ················ 347
헤게시푸스(Hegesipus) ········· 34
헤이워드(Hayward) ············ 21
헨리 2세(Henry II) ············ 87
헨리 8세(Henry VIII) ·········· 14
형제 아내와의 결혼 ·········· 368
형평법 ···················· 426
호메로스(Homer) ············ 199
『오디세이』(Odyssei) ········ 360
『일리아드』(Iliad) ······· 229, 360
혼례의 결속 ················ 325
혼합 결혼 ·················· 391
홀(Hall) 주교 ················ 13
화촉 ······················ 296
후메내오(Hymenæus) ········· 136
후스 신봉자들(Hussites) ······· 171
후커(Hooker) ··············· 137
훈계 ··········· 57, 84, 105, 143, 232
휘호 흐로티우스(Hugo Grotius) ·· 277
휴머니즘 ··················· 44
히기누스 교황(Pope Higinus) ····· 227
히에로니무스(St. Jerome) ········ 158

2권

ㄱ

가부장적인 검열관 ············· 85
가톨릭 이단 ···················· 238
갈릴레오(Galileo) ·············· 91
감독제의 폐단 ·················· 93
개미들(Pismires)의 나라 ········ 183
개인 웅변가 ····················· 40
검열(lisence, censorship) ······ 41, 101
검열 계획 ···················· 44, 102
검열 위반 ························ 89
검열관 대장장이 ················· 88
검열법(licensing order) ······ 57, 125
검열하는 교회의 나태 ············ 101
겸직(pluralities) ·············· 137, 187
겸허한 청원과 권고(Humble
　Petition and Advice) ········ 213
경고장(memento's) ············· 136
계승권 ·························· 190
고품격 전인교육 ·················· 12
공개적인 미신 ··················· 120
공공의 평화 ················ 150, 172
공동교회(corporate church) ······ 223
공동기도서 ····················· 276
공동 연맹 ······················ 140
공민적인 권리 ··················· 215
공민적인 자유 ··········· 36, 170, 215
공상적인 공화국 ·················· 74
공허한 미덕 ····················· 66
공화국 ··· 35, 115, 203, 280, 293, 294
과두제(oligarchy) ··············· 113
교구담당 성직자 ·················· 99
교리서(Syntagma) ··············· 105
교양 교육 ····················· 9, 13

교육 개혁 ························ 4
교육의 이데아 ···················· 5
교파 ·························· 289
교파와 분열 ····················· 122
교황 ·························· 283
교회법 ····················· 93, 196
교회 법정 ······················ 278
교회의 권력 ····················· 224
교회의 전통 ····················· 220
구원 ·························· 280
구희극(舊喜劇, vetus comœdia) ··· 45
국가 정부(civil government) ······· 232
국가 통제주의자(statist) ·········· 38
국민의 권리 ····················· 142
국민의 생득권 ···················· 94
군주국 ························ 281
군주제 ························ 294
권력의 유혹 ····················· 141
궤변 ······················· 12, 127
그리스도인 군주 ················· 145
기계적인 검열관 ·················· 87
기독교적 지식 ···················· 30
기름 부어진 자(the Lords anointed)
　······························· 138
기질(tempers) ··········· 17, 86, 136
길다스(Gildas) ·················· 163

ㄴ

나소(Publius Ovidius Naso) ········ 51
『성애 기술』(性愛技術, Ars
　Amatoria) ······················ 51
나에비우스(Naevius) ············· 49
내란 ··························· 274

내적인 노예 ·················· 131
내적인 사람(the inward man) ······ 240
노르만인 윌리엄(William the
  Norman) ················· 142
노예근성 ················ 10, 131
논리학 ·················· 10, 23
논쟁할 자유 ················· 115
뉴포트(Newport) 조약 ········· 179
니칸데르(Nicander) ············ 19

ㄷ ───

다반차티(Bernardo Davanzati Bostichi)
  ························· 54
『잉글랜드의 이교』(Scisma
  d'Inghilterra) ············· 54
다양한 독서 ·················· 67
다윗 왕(King David) ··········· 145
당파 ··················· 138, 184
더들리 펜너(Dudley Fenner) ······ 198
『성스러운 신학』(Sacra
  Theologia) ··············· 196
데모스테네스(Demosthenes) ······ 23
도구적인 과학 ················ 17
도미티아누스의 박해 ·········· 251
두아디라(Thyatira) 교회 ········ 250
디오니시우스 알렉산드리누스
  (Dionysius Alexandrinus) ····· 61

ㄹ ───

라다만투스(Rhadamanthus) ······· 56
라이르티우스(Laertius) ·········· 20
라케다이몬(Lacedaemon) ········ 46
러더퍼드(Rutherford) ·········· 174
『법과 왕』(Lex, Rex) ········· 174
레딩턴(William Maitland of
  Lethington) ·············· 165
레오 10세(Leo X) ············· 53
로드 주교 ·················· 283
로마가톨릭의 겸인 ············ 54
로버트 웰던(Robert Weldon) ······ 145
『성서의 교리』(Doctrine of the
  Scriptures) ·············· 145
로버트 필머 경(Sir Robert Filmer) 139
『가부장제』(Patriarcha) ········ 139
로보암(Roboam) ············· 148
로크리(Locrian) ··············· 20
롱기누스(Longinus) ············ 23
『숭고미에 대하여』(On the
  Sublime) ················· 24
루도비쿠스 피우스(Ludovicus Pius)
  ························ 160
루이기 풀치(Luigi Pulci) ········· 61
『모르간테 소령』(Il Morgante
  Maggiore) ················ 61
루크레티우스(Lucretius) ····· 19, 50
루킬리우스(Lucillius) ··········· 50
룰리우스(Lullius) ·············· 58
릴리(Lilly) ··················· 12

ㅁ ───

마닐리우스(Manilius) ··········· 19
마라나다(Maran athà) ········· 265
마르티노 5세(Martin V) ········· 52
마초니(Mazzoni) ·············· 24
막시밀리언(Maximilian) ········ 185
말하기 ················ 13, 57, 59
맹목적인 신앙 ················ 96
메로스(Meroz) ··············· 179
멜라(Mela) ··················· 16
몬테마요르(Monte Mayors) ······· 76
무관한 사물(things indifferent) ···· 118

무신론자 ·············· 45, 188
무자비한 법률 ·············· 114
민주주의 ·············· 284, 289
밀턴(John Milton) ·············· 294
　『교육론』(On Education) ·········· 3
　『국가권력론』(A Treatise of
　　Civil Power) ·············· 211
　『논리술』(Art of Logic) ·········· 23
　『두 번째 변명』(Second Defence)
　　·············· 29
　『마르틴 부커의 판단』(The
　　Judgment of Martin Bucer) ··· 35
　『변명』(A Defence) ·············· 132
　『복낙원』(Paradise Regained)
　　·············· 242
　『비망록』(Commonplace Book)
　　·············· 29
　『실낙원』(Paradise Lost) ······· 183
　『아레오파기티카』(Areopagitica)
　　·············· 33
　『왕과 관료의 재직조건』(The
　　Tunure of Kings and
　　Matgistrates) ·············· 131
　『우상파괴자』(Eikonoclasts) ··· 131
　『준비되고 쉬운 길』(Ready and
　　Easy Way) ·············· 183
　『진정한 종교론』(Of True
　　Religion) ·············· 226
　『해명』(An Apology) ·············· 25

ㅂ

바실리우스(Basil the Great) ·········· 60
　『그리스 문학의 올바른 용도에
　　관하여』(On the Right Use of
　　Greek Literature) ·············· 61
반기독교주의(Antichristianism) ·· 222

반대논증(Elenchs) ·············· 127
발도파(Waldenses) ·············· 170
백성의 유익 ·············· 147
법의 거래 ·············· 10
법의 변경 ·············· 133
법적인 정의 ·············· 22
베드로의 규칙(St. Peters rule) ····· 203
베이컨(Sir Francis Bacon) ·············· 86
벨기에 연방(Belgic Provinces) ···· 169
보름스 국회(Diet of Worms) ······· 220
복음, 복음서(the Gospel) ·············· 20,
　　156, 240
복음의 황금률(黃金律, the Golden
　　Rule of the Gospel) ·············· 201
복점관(卜占官, augurs) ·············· 48
복종적인 합의 ·············· 98
부커(Bucer) ·············· 193
분파 ·············· 277
비국교도의 비밀집회 ·············· 94
비잔틴 법(Byzantine Laws) ········ 160
비트루비우스(Vitruvius) ·············· 16

ㅅ

사무엘(Samuel) ·············· 148
사보이 선언(The Savoy Declaration)
　·············· 230
사악한 통치 ·············· 131
산수의 규칙 ·············· 14
삼년회기 의회(trienniall Parlament) 38
상호 결속 ·············· 156
새뮤얼 하틀립(Samuel Hartlib) ······· 3
서사시(epic poem) ·············· 24
서정시(lyric) ·············· 24
석판(법전)의 파수꾼(custos utriusque
　　tabula) ·············· 267
선악의 지식 ·············· 65

선의 지식 ················· 64
선택의 권리 ················· 147
선택할 자유 ················· 78
설교 의무 ················· 100
『성경과 이성』(Scripture and
　Reason) ················· 200
성경의 인도 ················· 229
성령의 조명 ················· 219
성령의 하나 되게 하신 것(the unity
　of Spirit) ················· 121
성실청(星室廳, Star Chamber) ··· 126
성직 겸직 ········ 82, 199, 208, 233
성직자 고용제도 ········· 216, 293
세네카(Seneca) ················· 16
『헤라클레스의 격분』(Hercules
　Furens) ················· 154
세상의 거울 ················· 103
세속적인 교황제 ················· 222
소곡(ditties) ················· 28
소르본 신학자(Sorbonists) ········· 70
「소요리문답」(小要理問答, Shorter
　Catechism) ················· 258
소프론 미무스(Sophron Mimus) ··· 74
솔리누스(Solinus) ················· 16
수평파(Levllers) ················· 134
순종의 교리적 진리 ················· 199
슈말칼덴 프로테스탄트 동맹(the
　Protestant League of Schmalkald)
　················· 189
스파이어 국회(Diet of Spires or
　Speyer) ················· 220
스페인 왕 펠리페(Philip) ········· 169
스페인 종교재판소(Spanish
　Inquisition) ················· 53
스페인식 서적검열 정책 ········· 126
스펜서(Edmund Spenser) ········· 66

『선녀 여왕』(Faerie Queene) ··· 66
슬라이던(Sleidan) ················· 189
『신성모독과 이단에 대한 처벌법』
　(An Ordinance for the punishing
　of Blasphemies and Hersies) 226
신성한 음악 ················· 28
신학적 학문 ················· 106

ㅇ ─────

아각(Agag) ················· 157
아라투스(Aratus) ················· 18
아레오파고스(Areopagus) ········· 44
아르킬로코스(Archilochus) ········· 47
아리스토텔레스(Aristotle)
　『수사학』(Rhetoric) ················· 23
　『시학』(Poetics) ················· 24
　『정치학』(Politics) ················· 145
아리스토파네스(Aristophanes) ····· 46
아우구스투스(Augustus) ········· 49
아테네 의회(the Parliament of Athens)
　················· 39
아테네의 비극(Attic tragedies) ······ 22
아폴리나리우스(Apollinarius)
　부자(父子) ················· 59
아합(Ahab) ················· 158
악의적인 찬사 ················· 37
안젤로 성(the castle St. Angelo) ···· 90
알렉산드리아의 클레멘스(Clement
　of Alexandria) ················· 68
알반스 자작(Viscount St. Albans) · 95
알케스티스(Alcestis) ················· 21
야간좌담회(academick night-sitting)
　················· 73
야누스(Janus) ················· 116
양서(good Booke) ················· 43
양심의 자유 ······· 165, 218, 234, 261

어리석은 잔치 ·················· 11
언론의 자유 ··················· 288
언어학습법 ······················· 9
엄숙동맹과 계약(The Solemn
　League and Covenant) ·········· 135
에글론(Eglon) ·················· 154
에우리피데스(Euripides) ······ 47
　『안드로마케』(Andromache) ····· 47
에우세비우스(Eusebius)
　『복음예비서』(Book of Evangelic
　Preparation) ····················· 68
에우스토키움(Eustochium) ·········· 61
에피파니우스(Epiphanius) ······ 68
　『파나리온』(Pararion) ··········· 68
에훗(Ehud) ······················ 154
여호와의 기름 부은 자(the Lords
　anointed) ······················ 158
연합교회의 규약(Covenant of Union)
　································· 223
열두 법조문(twelve Tables) ········· 48
영국 국교회 ········· 273, 275, 284
영국 의회(High Court of Parliament)
　···················· 33, 277, 287
영어식 표현(Anglicisms) ·············· 8
영웅시 ··························· 22
영적 권세 ·················· 233, 243
예후(Jehu) ······················ 157
오르페우스(Orpheus) ············· 18
오피아누스(Oppian) ············· 19
완전한 전인교육 ·················· 12
왕과 관료의 권력 ·············· 143
왕에 대한 소송절차 ············ 164
왕의 동료(Peers) ··············· 161
왕의 목적 ······················· 161
왜곡된 계약 ······················ 135
외부적인 일치 ··················· 119

외적 소명 ························ 123
외적인 형식주의 ················· 120
요람(Jehoram) ··················· 157
위계질서 ··························· 284
유기적인 학문 ····················· 23
유스티니아누스(Justinianus) ········ 22
유스티니아누스 법전(Code of
　Justinian) ······················· 147
유토피아의(Eutopian) 정치 ········· 77
윤회전생(輪廻轉生, metempsychosis)
　································· 106
율리우스 아그리콜라(Julius Agricola)
　································· 106
이교도 군주 ······················ 145
이단(異端, heresie) ········· 139, 226
이단 교리 ························· 52
이단자(heretic) ············· 51, 226
이단적 신앙 ······················ 96
이레나에우스(Irenaeus) ············ 68
　『이교에 대한 반론』(Against
　Heresies) ························ 68
이성의 명령 ······················ 218
이소크라테스(Isocrates) ·········· 26
　『아레오파고스 연설』
　(Areopagiticus) ················· 39
이중적 폭정 ······················ 131
이집트의 티폰(Ægytian Typhon) · 103
인간의 제도 ······················ 150
인간의 존엄성 ··················· 144
인조 아담(artificial Adam) ··········· 78
일곱 가지 교양 학문(seven liberall
　Sciences) ······················· 59
일반교양(Arts) ····················· 9
잉글랜드 공화국(The Commonwealth
　of England) ············ 162, 213
잉글랜드의 자유 ··················· 91

ㅈ

자기방어와 보존 140
자발적인 순종 14
자연법 63, 138, 203
자연적 질문 16
자연철학 15, 17
자유로운 양심 109
자유로운 저술 114
자유로운 표현 114
자유롭게 태어난 인간 147
잔부의회(the Restored Rump) 216
잘레우쿠스(Zaleucus) 21
장기의회(the Long Parliament) ... 138
장로교 276
장로법원(Consistory) 188
장로제 주의(Presbyterianism) 41
재직 조건 163
저작검열 56
적격(適格, decorum) 24
전술(Tactiks) 29
전체 율법 241
절제의 원칙 63
정부의 변화 133
정의의 심판대 134
제관(flamen) 48
제네바의 규율(the discipline of
 Geneva) 117
조셉 홀(Joseph Hall) 37
『고등법원에 바치는 겸손한 항의』
 (Humble Remonstrance to the
 High Court) 37
존 고든(John Gauden) 136
『종교적인 충성스런 항의』
 (The Religious and Loyal
 Protestation) 136
존 굿윈(John Goodwin) 151

『힘과 권력의 상봉』(Might and
 Right Well Met) 151
존 녹스(John Knox) 165
『녹스의 호소』(Knox's Appeal)
 195
『독자에게』(To the Reader) .. 195
『두 번째 나팔 소리』(The Second
 Blast of the Trumpet) 195
『스코틀랜드 교회의 종교개혁사』
 (The History of the Reformation
 of the Church of Scotland) .. 167
존 크레이그(John Craig) 166
존 포넷(John Ponet) 196
『정치 권력과 순종에 대한 소논문』
 (A Shorte Treatise of Politike
 Power and of ... Obedience) 196
종교재판소(Inquisition) 43
종교 창고 97
종의 멍에 255
종파분리론자 110
주교단(Pontifick College) 48
주교전쟁(Bishops' Wars) 276
주권 274
중세의 삼학(三學) 9
지복직관(beatific vision) 103
지상권(至上權) 승인 선서(the Oath
 of Supremacy) 171
지상의 퇴위 군주 193
지식의 깊은 광산 117
진리의 갑주(甲冑) 124
진리의 논박 117
진리의 몸체 105
진리의 발견 122
진리의 전쟁 118
진리의 탄세와 파운드세 98
진정한 전투적인 그리스도인 65

집필의 자유 ·············· 94

ㅊ

천부적 왕권 ·············· 150
철학적 자유(Philosophic freedom)
·············· 91
철회 명령 ·············· 125
출판승인(Imprimatur) ·············· 55
출판의 자유 ·············· 94, 127
출판허가법(Order of Licensing) ···· 72
출판허가제 ·············· 91
출판허가증 ·············· 83, 125
충성맹세(Oath of Allegeance) ····· 171
츠빙글리(Zuinglius) ·············· 105

ㅋ

카론다스(Charondas) ·············· 21
카르타고 공의회(Carthaginian Council)
·············· 52
카스텔베트로(Castelvetro) ·············· 24
카토(Cato) ·············· 48
카툴루스(Catullus) ·············· 50
카트라이트(Cartwright) ·············· 195
『의회에 주는 권고』(Admonition to Parliament) ·············· 195
칼뱅(John Calvin) ·············· 105
『기독교 강요』(Christianae Religionis Institutio) ·············· 166
『다니엘 예언서 강의』
(Praelectiones in Librum Prophetiarum Danielis) ········ 193
케베스(Cebes) ·············· 14
케티브(Chetiv) ·············· 67
켈수스(Celsus) ·············· 16
코메니우스(John Atmos Comenius) 6

『대교수법』(Didactica Magna) ·· 6
『언어입문』(Janua Linguarum Reserata) ·············· 6
코클래우스(Cochlœus) ·············· 190
『잡문』(Miscellanies) ·············· 190
콘스탄티누스 레오(Constantinus Leo)
·············· 160
퀸틸리아누스(Quintilian) ·············· 14
크리소스토무스(Chrysostome) ···· 151
크리스토퍼 굿맨(Christopher Goodman) ·············· 196
『최고 권력에 대한 백성의 순종 방법』(How Superior Powers Oght to Be Obeyd of their Subjects) ·············· 197
크리스티에른 2세(Christiern II) ·· 185
클레멘스(Clement of Alexandria) · 68
『그리스인들에게 주는 권고』
(Hortatory Address to the Greeks) ·············· 68
클로디우스 살마시우스(Claudius Salmasius) ·············· 235
클로디우스 세젤(Claudius Sesell) 142
키니코스학파 ·············· 45
키레네학파 ·············· 45
키케로(Cicero) ·············· 20
「베레스 연설」(Verrine Orations)
·············· 91
『웅변가』(Orator) ·············· 23

ㅌ

타르퀴니우스(Tarquinius) ·········· 149
타쏘(Tasso) ·············· 24
『시 예술론』(Discorsi dell'Arte Poetica) ·············· 24
『영웅시론』(Discorsi del Poema

Eroico) ················· 24
탈레스(Thales) ················· 47
테르툴리아누스(Tertullian) ········ 143
『왕위론』(On the Crown) ······ 143
테오크리투스(Theocritus) ············· 18
토마스 스미스 경(Sir Thomas Smith)
·· 162
토마스 아퀴나스(St. Thomas Aquinas)
·· 132
『정부 관리』(De Regimine
Principum) ················· 132
토마스 에라스투스(Thomas Erastus)
·· 236
트라야누스(Trajan) ················· 146
트라키니에(Trachiniœ) ················ 21
트리엔트 공의회(Trentine Councel) 52
특허권자들(patentees) ··············· 127
티투스 리비우스(Titus Livius) ······ 50

ㅍ ─

파렐레우스(Phalereus) ················· 23
파리(Paris)의 대학살 ················· 185
파올로 세르비타(Paolo Servita) ···· 52
『종교재판소의 역사』(History of
the Inquisition) ················· 52
『트리엔트 공의회사』(Historie
of the Council of Trent) ······· 52
팔라스의 기름(Paladian oyl) ········ 84
페트로니우스(Petronius) ············· 69
평화와 전쟁 ································ 27
평화의 결속 ······························· 121
폐위(deposing) ·························· 172
포르피리우스(Porphyrius) ··········· 52
폭군살해의 관습 ······················· 154
폭압적 권력 ······························· 151
프로아이레시스(Proairesis) ·········· 19

프로클루스(Proclus) ··············· 51
프로타고라스(Protagoras) ······· 44
프로테우스(Proteus) ·············· 118
플라우투스(Plautus) ··············· 49
플라쿠스(Flaccus) ················· 50
플라톤(Plato) ······················· 20
『대화록』(Dialogues) ············ 74
『법률』(Laws) ····················· 73
『크리티아스』(Critias) ············ 77
플라톤주의(Platonism) ············· 5
플루타르코스(Plutarch) ··········· 14
플리니우스(Pliny) ··················· 16
피에트로 사르피(Pietro Sarpi) ······ 42
『종교재판소의 역사』(History of
Inquisition, tr. Robert Gentilis) 42
피타고라스(Pythagoras) ··········· 26
피타고라스(Pythagoras)학파 ····· 106
피터 마터(Peter Martyr) ·········· 162
필립 시드니(Philip Sidney) ········ 76
『펨브룩 백작부인의 아카디아』
(The Countesse of Pembrokes
Arcadia) ················· 76

ㅎ ─

하나님의 섭리 ······················· 204
하나님의 영광 ······················· 258
하위분파(subdichotomies) ········· 120
학동의 회초리(ferula) ·············· 83
학문의 목적 ···························· 6
학문의 자유 ··························· 95
학원(Academy) ················· 12, 73
항의서(Protestations) ··············· 93
해리 7세(Harry VII) ··············· 123
행복한 양육 ··························· 12
허가증(tickets) ······················· 88
헤라클레스(Hercules) ··············· 15

헤르모게네스(Hermogenes) ·········· 23
헤시오도스(Hesiod) ····················· 18
호국경 정부 ······························· 217
호라티우스(Horace) ····················· 24
  『시의 기술』(Ars Poetica) ········ 24
호메로스(Homer) ························ 47

『마르기테스』(Margites) ·········· 60
홀란트 연방(the United Provinces of
  Holland) ······························· 176
후스(Huss) ································· 53
히에로니무스(St. Jerom) ············· 60

지은이 **존 밀턴** (John Milton)

1608 출생
1632 케임브리지, 크라이스트 대학(Christ College) BA, MA.
1637 「코머스」(*Comus*)
1638 「리시더스」(*Lycidas*)
1641~1673 『종교개혁론』, 『교회 정부의 이유』, 『이혼의 교리와 계율』, 『교육론』, 『아레오파기티카』,
『왕과 관료의 재직조건』, 『국가권력론』 등 30여 편의 산문작품
1646 『존 밀턴의 시집』(*Poems of Mr. John Milton*)
1649~1658 크롬웰 공화정 외국어 담당관(Secretary of Foreign Tongues)
1652 실명(失明)
1667 『실낙원』(*Paradise Lost*)
1671 『복낙원』(*Paradise Regained*), 『투사 삼손』(*Samson Agonistes*)
1674 사망

옮긴이 **송 홍한**

1980 서울대학교 영문학석사
1985 미국 인디애나 대학교 영문학박사 과정 수료
1994 서강대학교 영문학박사
1994, 2000, 2005 미국 하버드, UC 버클리, 인디애나, 켄터키 대학교 등 객원교수
2003~4 한국밀턴학회(한국중세근세영문학회로 통합) 회장
1987~현재 동아대학교 영어영문학과 교수
『영문학과 종교적 상상력』(공저, 도서출판 동인, 1994)
『문학 비평』(공역, 형설출판사, 1998)
『문학연구와 정치적 변화』(역서, 도서출판 동인, 2001, 문화관광부 우수학술도서)
『문학의 생명력』(공저, 한울, 2002)
『리더십 3막11장』(역서, 씨앗을 뿌리는 사람, 2003)
『밀턴의 이해』(공저, 밀턴과근세영문학회 편, 2004)
『구어영어 발음과 청취』(공저, 개정 10판, 베이직북스, 2009)
Milton's Vision of History in Paradise Lost, Paradise Regained, and Samson Agonistes(박사학위 논문) 외
  논문 40여 편
『밀턴과 영국혁명』(집필 중)